河南省教育科学规划重大招标课题《河南省教育经费使用绩效评价研究》
（项目编号：［2015］-JKGHZDZB-07）研究成果
新乡医学院人文社会医学研究中心资助

地方政府
教育投入与支出绩效研究

·以河南省为例·

张　睿◎著

A Study of Local Government's Educational Investment and Expenditure Performance

TAKING HENAN PROVINCE AS AN EXAMPLE

中国经济出版社
CHINA ECONOMIC PUBLISHING HOUSE
北 京

图书在版编目（CIP）数据

地方政府教育投入与支出绩效研究：以河南省为例 / 张睿著. --北京 ： 中国经济出版社，2017.12

ISBN 978-7-5136-5021-2

Ⅰ. ①地… Ⅱ. ①张… Ⅲ. ①地方教育–教育投资–研究–河南 Ⅳ. ①G527.61②526.7

中国版本图书馆CIP数据核字（2017）第310155号

责任编辑　杨　莹
文字编辑　郑潇伟
责任印制　巢新强
封面设计　华子图文

出版发行　中国经济出版社
印 刷 者　北京力信诚印刷有限公司
经 销 者　各地新华书店
开　　本　710mm × 1000mm　1/16
印　　张　22.5
字　　数　340千字
版　　次　2017年12月第1版
印　　次　2017年12月第1次
定　　价　48.00元
广告经营许可证　京西工商广字第8179号

中国经济出版社 **网址** www.economyph.com **社址** 北京市西城区百万庄北街3号 **邮编** 100037
本版图书如存在印装质量问题，请与本社发行中心联系调换（联系电话：010-68330607）

前言

PREFACE

20世纪80年代以来，随着西方各国对公共部门管理效率的重视和“新公共管理”思潮的兴起，一些发达国家开始在公共部门管理中引入“绩效”的概念，从绩效的角度评价公共支出和预算安排及支出的合理性，绩效评价日益成为各国政府提高公共管理服务效能的基本手段。在我国，中国教育科学研究院于2009年首次发布基于投入—产出理论的《高等学校绩效评价报告》，在国内教育管理领域引起轰动。《国家中长期教育改革和发展规划纲要（2010—2020年）》提出，在建设现代学校制度方面要“完善学校目标管理和绩效管理制度”，在保障经费投入方面要“建立经费使用绩效评估制度”，这是我国改革开放以来在纲领性文件中首次提出教育经费绩效的概念。

在这一背景之下，我们承接了2015年度河南省教育科学规划重大招标课题“河南省教育经费使用绩效评价研究”（[2015]-JKGHZDZB-07），组织了包括河南省科研院所教育管理专家、高校管理科学与工程学科带头人以及相关学科博硕士在内的研究团队，力求探索绩效理念在河南省各级各类教育经费投入—使用等经费管理方面的实践应用，希望通过数据梳理、构建指标体系、评价建模等方式，分析教育经费投入使用现状，为提高河南省教育经费使用效能，更好地发挥决策咨询作用。本书即是在课题研究成果基础上形成的系列著作之一。

本书立足于绩效的视角，从投入与产出两个方面，梳理了进入新世纪以来河南省教育经费投入的整体发展变化趋势，比较了教育经费投入的来源结构、支出结构、各级各类教育中的配置结构以及省内不同区域的配置情况；构建了教育经费投入—产出的绩效评价的指标体系；通过建模分析、比较分析等定量分析方法，对河南省义务教育、职业教育、高等教育的经费投入产出绩效进行了宏观的评价，同时选取一所普通本科高等学校，以其所属二级院系为评价对象进行了高校内部二级教学单位的投入产出绩效评价。并紧密围绕“投入”“产出”两个核心概念，从改革管理理念和完善经费投入机制两个方面对提高河南省教育经费使用绩效提出了政策建议。研究结论能为政府管理部门科学配置教育经费提供决策参考，同时也在如何开展教育财政领域的量化分析以及构建经费投入产出绩效评价体系等方面为教育经济管理的理论探索尽了一份微薄之力。

本书仅是课题研究的阶段性成果，此后我们将就此问题进一步深入研究，以促其日臻完善，为把河南省建设成教育强省发挥积极的作用。

张　睿

二〇一七年十二月

目 录

CONTENT

建议篇

理论篇

第一章

绪　论

第一节　问题提出与研究意义

一、问题的提出

教育是民族振兴、社会进步的基石，是提高国民素质、促进人的全面发展的根本途径。优先发展教育、提高教育现代化水平，对实现全面建设小康社会奋斗目标、建设富强民主文明和谐美丽的社会主义现代化国家具有决定性意义。[①]教育投入是支撑国家长远发展的基础性、战略性投资，是教育事业的物质基础。教育经费投入以公共财政为主，政府既要提供教育公共服务，也要确保用好每一分钱。随着我国近年来经济的快速发展和财政性教育经费占国民生产总值比例的持续增长，教育总投入也随之增长。如此巨大的教育投入，政府、社会必然关注投入的效果，政府与学校均有责任、有义务合理配置和提高经费使用效率。《国家中长期教育改革和发展规划纲要（2010—2020年）》提出，在建设现代学校制度方面要“完善学校目标管理和绩效管理制度”，在保障经费投入方面要“建立经费使用绩效评估制度”，在高等教育方面要“改进管理模式，引入竞争机制，实行绩效评估，实行动态管理”，这是我国改革开放以来在纲领性文件中首次提出教育经费绩效的概念。因此，实施教育经费使用的绩效评估，是当前教育改革发展的时代要求，是政府制定教育政策、配置教育资源、理顺政府与学校的关系、提高教育质量和促进办学效益的重要手段。

---

① 国家中长期教育改革和发展规划纲要工作小组办公室. 国家中长期教育改革和发展规划纲要（2010—2020年）［EB/OL］. (2010-07-29)http://www.moe.edu.cn/srcsite/A01/s7048/201007/t20100729_171904.html

随着我国经济的快速发展，我国的教育经费投入也在逐年增加。1995年，全国国民生产总值约为57277亿元，国家财政性教育经费支出占国民生产总值的比重为2.46%；2010年，全国国内生产总值约为401202亿元，国家财政性教育经费支出占国内生产总值的比重为3.66%；2015年，全国国内生产总值约为685505.8亿元，国家财政性教育经费支出占国内生产总值的比重为4.26%。同时教育经费的来源也日趋多元化，包括国家财政性教育经费（预算内）、社会团体和公民个人办学经费、社会捐资和集资办学经费、事业收入（学费和杂费）、其他教育经费等。纵观河南省教育经费支出数据，“十一五”“十二五”期间河南省投入的公共财政教育经费飞速增长：1995年，河南省预算内教育经费支出47.46亿元；2015年，河南省公共财政教育支出达到1150.62亿元。

这么庞大的教育经费支出是否能够合理配置、使用？如何对教育经费建立一套科学、合理而又可行的财务绩效评价指标体系？是否可以通过绩效评价机制来提高使用效率，化解教育经费投入不足与日益扩大的资金需求的矛盾，使有限的经费投入获得最大产出。教育经费使用的绩效评估既是《国家中长期教育改革和发展规划纲要（2010—2020年）》中教育体制机制改革的核心内容，也是当前教育理论界与实践界关注的热点、重点与难点问题。

二、研究意义

本研究的理论价值：在借鉴发达国家对教育经费使用绩效评价的成功经验基础上，通过对绩效评价相关理论的梳理，为河南省的教育经费绩效评价和经费管理工作提供理论支撑；针对各级各类教育经费投入使用的不同目的，从宏观、微观两个层面构建教育经费绩效评价体系，有利于促进教育经费使用绩效考核理论框架的完善；有利于促进我省教育领域绩效考核制度的建立与完善。

本研究的应用价值：通过教育经费绩效评价，能够全面了解河南省教育经费的投入及使用情况，并为教育经费预算的制定提供决策支撑；有利于促进教育机构自身去分析和改进不合理的教育费用支出，从而提高教育机构的经费管理的能力，更合理、有效地分配和使用教育经费；有利于增加教育机构收费及经费使用的透明度，增进政府管理部门、社会对河南省教育经费投入使用成效的全面客观了解，消除家长、学生、社会对学校收取学费所存在的疑虑，提高国家、政府、社会人士对教育事业加大投入的积极性。

第二节 基本概念及研究创新

教育经费，是发展教育所需资源（人力资源与物力资源）的货币形式。从宏观上看，教育经费来源有以下几方面：①由国家和各地方政府投资；②由社团组织和私人赞助或投资；③由受教育者个人负担；④学校的资产或基金的投资收入。在这些投资渠道中，主要的渠道是国家和各级地方政府投资。本研究中的教育经费，特指政府教育投入，即投入教育领域的各种财政性资金的总和。

绩效，Performance，原意为性能、业绩、工作成果等。在《现代汉语词典》中给出的解释为“成绩、成效”；在《牛津现代高级英译词典》中的释义是“执行、履行、表现、成绩”；在百度百科的解释是“从管理学的角度看，绩效是组织期望的结果，是组织为实现其目标而展现在不同层面上的有效输出；从语言学的角度来看，绩效包含成绩和效益的意思；用在经济管理活动方面，是指社会经济管理活动的结果和成效；用在人力资源管理方面，是指主体行为或者结果中的投入产出比；用在公共部门中来衡量政府活动的效果，则是一个包含多元目标在内的概念。”

对已有研究归纳，主要从以下三个角度来看绩效，Bernardin（1995）、Kane（1996）等持绩效结果论观点，Murphy（1990）、Cambell（1990）等持绩效行为论观点，行为与结果统一论越来越得到人们的广泛接受。①

第一，从结果论角度看绩效。此类观点认为，绩效是一种行为结果，是完成的工作任务、目标实现、工作成绩和输出结果等。绩效评价就是对结果和成绩进行评价。如国务院国有资产监督管理委员会于2006年通过的《中央企业综合绩效评价管理暂行办法》指出，综合绩效评价是指以投入产出分析为基本方法，通过建立综合评价指标体系，对照相应行业评价标准，对企业特定经营期间的盈利能力、资产质量、债务风险、经营增长以及管理状况等进行的综合评判。②

① 王海涛、武凤群. 政府主体下我国高等教育绩效评价分析［J］.高等农业教育，2015（10）：16-20.

② 国务院国有资产监督管理委员会.中央企业综合绩效评价管理暂行办法［EB/OL］.（2006-04-30）. http：//www.sasac.gov.cn/n2588035/n2588320/n2588335/c4259790/content.html.

在这个角度下，我们对教育经费使用进行绩效评价，将较多地关注河南省不同层次、不同类型教育办学的结果，即学校在人才培养、科学研究、社会服务、文化传承创新等方面的产出业绩。

第二，从行为论角度看绩效。此类观点认为，绩效是行为过程，反映了工作效率、效果和潜力等。即为了达成组织的目标而对员工的行为过程进行控制，不关注完成任务或达成目标等结果。如坎贝尔、迈克罗伊等人于1993年提出，绩效是行为，并不必然是行为的结果；绩效是员工自己控制的与组织目标相关的行为，这种行为必须是员工能够控制的。①

在这个角度下，我们对教育经费使用进行绩效评价，将较多地关注总量一定的教育经费在河南省不同层次、不同类型、不同地区、城乡之间等教育机构的经费配置结构分析。

第三，从行为与结果统一论角度（综合角度）看绩效。此类观点认为，绩效是指个体、团队、组织为了实现预期目标而实施各项活动或项目的过程和结果，绩效评价就是对"一定的时间内，个体、团队、组织实现预期目标的过程和结果"的评定和估价。②绩效评价所关注的是正在进行的活动或已完成的活动，既可以理解为活动的过程，也可以理解为活动过程产生的结果。亚洲开发银行的甘博（Campo）在《强化政府支出管理"绩效"》一文中提出，绩效是一个相对的概念，在实质上不仅包含外部效果，也包括内在的努力程度，它可以通过投入、过程、产出和结果来描述。普雷姆詹德（Premchand）在《公共支出管理》一书中认为，绩效包括了效率、产品与服务的质量和数量以及机构所做的贡献，包括节约、效益与效率；2009年，中国教育科学研究院进行的基于投入—产出法的高校绩效评价，就是将高校的绩效看做是这样的过程与结果及其整合。朱志刚在《财政支出绩效评价研究》中提出，绩效绝不仅是对结果的衡量，还包括对过程的衡量，甚至包括对提供方主观努力程度和接受方满意程度的衡量。

在这个角度下，我们对教育经费使用进行绩效评价，将全面地关注河南省教育经费总量与经济社会发展水平的适应程度，并与中部各省份以及全国水平进行对比研究；关注教育经费总量在河南省不同层次、不同类型、不同地区、城乡之间等教育机构的经费配置情况，并开展高等教育、

① 陈亮、段兴民. 基于行为的工作绩效结构理论研究述评［J］. 科研管理，2008（2）：133-141.

② 王奇、冯晖. 高等教育绩效评估研究［M］. 北京：高等教育出版社，2012：2.

中等职业教育、义务教育绩效的实证研究。

以上对绩效评价的理解，尽管角度各不相同，但它们各自从不同侧面反映了绩效评价的多样性和特殊性。教育经费使用绩效评价，属于教育资源配置的研究范畴。由于教育经费是有限的，所以如何合理配置、保证经费投入使用的公平性和有效性，实现效率与公平的统一，是教育经费管理的出发点和落脚点，也是实现教育发展的重要目标——教育的社会公平与效率的经济手段。

第三节 研究框架与主要内容

教育绩效评价是一项世界难题，在我国也是一个崭新的命题，缺乏固定的模式和标准，世界各国开展绩效评价的动因、评价模式、评价所关注的重心也各不相同，难以直接借鉴。本课题选取“十一五”以来河南省教育经费为研究对象，从兼顾教育经费配置与使用的“公平”与“效率”出发，结合教育经费投入使用的过程至结果，从三个层次探讨河南省教育经费的使用绩效。

第一个层次，站在全省的角度，基于河南省经济社会发展水平，运用比较分析法，分析河南省政府财政公共支出中教育经费的投入与使用情况，同时与经济发达省市、中部六省以及全国水平进行对比分析。这一层次的研究重点，侧重于河南省是否为教育部门配置了与经济发展水平相当的经费支出，教育经费的投入是否保障河南省各级各类教育的可持续发展、并最终促进省域经济文化社会的协调发展。

第二个层次，是在部门水平上，教育主管部门如何在全省各级教育之间进行教育经费的配置，也即对全省教育经费在不同教育层次中投入的结构进行研究。在全省教育经费总量一定的条件下，探讨高等教育、中等职业教育、义务教育等不同类型教育之间的投入比例，从而研究河南省各级各类教育是否协调健康发展。

第三个层次，在各级各类教育获得一定的经费投入水平上，对各级教育内部不同的教育机构，即学校、不同地区以及城乡之间进行的投入使用绩效进行评价。这一层次的研究重点，包括：

（1）对高等教育（本科及专科院校）经费的投入进行绩效评价。一方面，从规模与结构两方面分析2005年以来河南省高等教育经费投入、支出的发展变化情况，并与经济发达省市、中部省份以及全国水平进行对比研究；另一方面，将宏观对比与微观评价相结合进行实证研究，既从宏观角度、通过对全国地方高校的教育经费投入产出绩效进行评价，来反应河南省地方高校的教育经费投入产出绩效情况，又选取一所省内高校进行微观的实证研究。

（2）对义务教育经费的使用绩效进行评价。义务教育的属性决定其必须在城乡间、区域间保持均衡发展，并不断改善质量。因此，在对现阶段河南省义务教育经费的使用绩效进行评价的过程中，树立“公平优先、兼顾效率”的导向，义务教育经费的使用绩效不仅考察不同地区或对象间在经费投入或分配方面的起点公平，还考察不同地区间在义务教育绝对产出和投入产出方面的结果公平，从而在保障公平的基础上提高效率。

（3）对中等职业教育经费的使用绩效进行评价。职业教育在推动区域经济发展、促进就业、改善民生、解决“三农”问题、缓解劳动力供求结构性矛盾等方面具有重要意义。课题对职业教育经费使用的绩效进行评价，将重点从中等职业教育经费的投入使用展开工作，侧重于通过时间序列分析，从多维角度来全面描述全省中等职业教育经费投入、支出的变化情况，同时，基于区域经济发展水平、人口总量、中等职业教育资源的不同配置水平，在全国中等职业教育配置水平的视野下讨论河南省职业教育经费使用绩效。

课题组运用教育学、经济学、数学、公共管理学、系统科学、信息科学等学科理论，深入研究教育经费使用绩效评价问题。首先，基于河南省经济发展水平，研究全省教育经费总量与经济发展水平的匹配程度；其次，以不同教育层次的教育经费数据为基础，不仅分析了河南省教育经费在不同类别、不同层次教育机构的配置结构，同时分别对义务教育、高等教育、中等职业教育的经费绩效进行评价，分析经费使用效率的现状、问题，并提出建议。

从总体结构上，研究工作从理论研究和实证研究两个角度着手，研究框架见图1–1。

为了保证研究结果的客观公正性，课题中的“教育经费数据”和“产出数据”，均来源于历年《中国统计年鉴》《中国教育统计年鉴》《全国教育事业发展统计公报》《中国教育经费统计年鉴》《全国高校社科统计

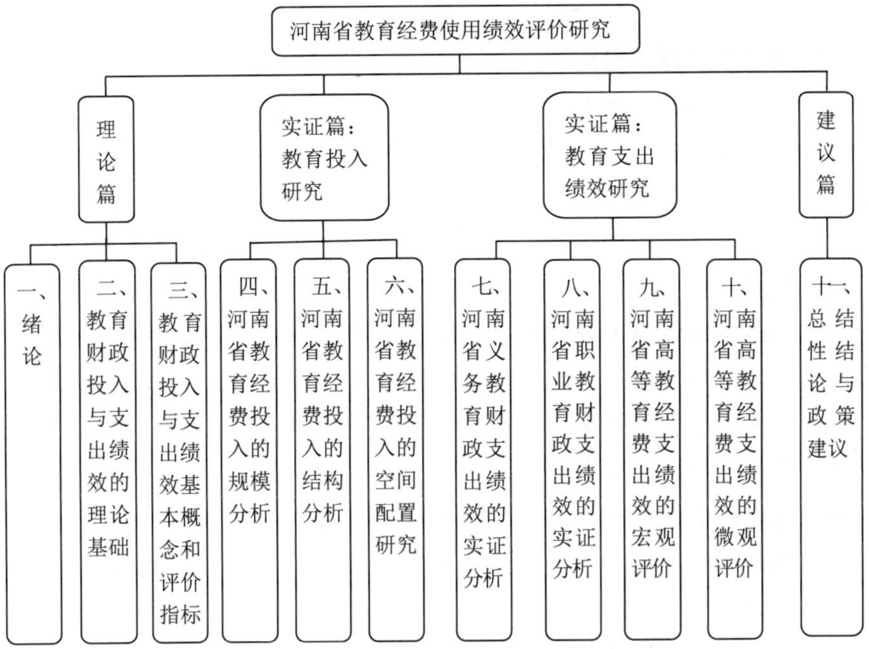

图1-1　河南省教育经费使用绩效评价研究的框架

资料汇编》《高等教育科技统计资料汇编》《高等教育学校统计报表》《河南统计年鉴》《河南省教育统计年鉴》和各类官方网站。具体包括河南省教育经费投入支出总量、各级各类教育的经费数据、各地区教育经费投入及支出数据、城乡教育经费数据以及人才培养产出、科研产出、社会服务产出、文化传承创新等方面相关数据。

第四节　国内外研究现状

一、国外研究综述

国际上，尤其欧美发达国家，教育绩效研究起步比较早，目前绩效评价已经成为政府分配学校教育经费和加强学校管理的重要手段。

1. 美国

美国的《改进高等教育绩效的策略指标体系》[①]把指标分为四大类，

① 张民选. 绩效指标体系为何盛行欧美澳[J]. 高等教育研究，1996（5）：86-91.

包括财政指标：收入及结构、支出及结构、资源及留存、捐赠及投资、发展；物资资本指标：房地产、设备及消耗；信息资本指标：图书馆、计算机；人力资本指标：学生、招生、教职工、学费与资助、研究。美国的各个州也对高校的绩效进行评价，如美国肯塔基州的高等教育绩效指标体系，共包括教育质量、教育培养、机会均等、经济发展和生活质量、协调与倡议精神等五大类共25个指标。

2. 英国

1986年，《泰晤士报》从学生质量、师资质量、办学经费以及学术研究方面构建了15项指标，对英国的高校评价。校长协会和大学拨款委员会工作小组从资金来源到支出比例、从学生入学时学业状况到毕业后的就业状况等十三个方面，构建英国大学统计和绩效指标体系，该指标体系包含60多项指标，是目前相对比较全面的评价体系。

3. 其他国家

帕亚米·努尔大学中心组织将欧洲质量管理基金会（European Foundation for Quality Management，EFQM）的公共组织绩效管理评价模型引入到高校的绩效管理中，实现综合性的、系统性的和定期的自我评价。在日本大学评价体系中，其引入了提高质量的自我检查与评价的体系。评价实施过程：大学评价机构按照专业领域来组织评价委员，并以大学内部的自我检查的有关资料为基础，再加上组织实地访问、考察，最终形成对大学的多元评价。澳大利亚也于1993年由隶属于联邦政府就业、教育和培训部的“确保高等教育素质委员会”构建评价体系，并对该国的高校评价。

除国家的对大学实施的绩效评价项目工程外，大量的学者从不同角度也研究了绩效的评价方法。Joumady O（2005）通过毕业生的能力，以及学校知识和工作需求知识的匹配，采用数据包络分析（(Data Envelopment Analysis，DEA）对欧洲209个高等教育机构进行了评价。Bougnol M. L.（2006）也采用DEA作为排名工具，实现高等院校的排名。Duque L. C.（2014）从学生的满意度、感知学习成果和辍学的意向方面构建高校的教育评价指标体系，并利用结构方程，分析其对大学教育绩效的影响。Pietro L. D.（2015）利用贝叶斯网络模型，从教育的内部和外部对高校的绩效评价分类。KH Park（2014）利用多项式logit模型分析高校的科研绩效。

二、国内研究综述

随着我国经济的快速发展，我国的教育经费投入也在逐年增加，同时教育经费的来源也日趋多元化。这种趋势使得教育经费使用绩效评价显得尤为重要。我国在教育绩效评价方面起步相对较晚，在理论探索与实践研究方面取得了一些成果。

1. 高等教育

2004年，教育部颁发的《普通高等学校本科教学工作水平评估方案（试行）》明确了普通高校本科教学水平评估指标和等级标准。在高校展开了本科的教学评估，引发各高校将教师绩效考核的标准依照评估体系来设计。2009年，中央教科所高校研究中心在对教育部下直属的72所普通高校进行绩效评估的基础上，发布了《中国高等学校绩效评价报告》。

国家社会科学基金资助了陕西师范大学张建祥教授从高等学校的人才培养方面进行教育绩效评估的研究；资助了李小娟对高职院校高技能人才培养的绩效评估的研究。线联平（2006）从高等教育财政拨款的角度，在对比分析国际上发达国家的制度的基础上，结合分析了北京市高等教育现行拨款制度的合理性与局限性，并最终构建了北京市高等教育的一般费用拨款模型和专项费用拨款模型。冯彦妍（2010）从绩效审计的角度，构建了高等教育经费（分区域）综合绩效、经费使用单位——高等学校绩效、专项项目绩效三个层次的绩效审计体系。程卓蕾（2011）借助软系统方法论（SSM）、绩效管理理论、利益相关者理论等方法，结合高校的人才培养、科学研究和社会服务三大职能，构建以战略为导向的高校绩效管理体系。赵婧轩（2014）对发达国家高等教育财政拨款体制比较，并分析对我国的高等教育绩效的借鉴意义。

2. 基础教育

基础教育是教育的重要组成部分，学者也积极从不同角度对其绩效进行分析研究。西北师范大学杨改学教授主持研究我国西部少数民族基础教育信息化资源应用的绩效研究。我国基础教育信息化发展也在不断走向深入，信息化教学资源的优化配置和高效利用已成为基础教育信息化发展的核心要素，农村基础教育信息化已作为教育信息化的组成部分。解月光（2012）探讨了农村基础教育信息化绩效的内涵、结构、考核内容。邢周凌（2010）从员工满意度、教学科研绩效、社会满意度、财务绩效四个方面构建绩效评价体系，并运用结构方程模型构建了基于平衡计分卡的组织绩效评价模型。王良健（2010）运用数据包络分析（DEA）方法对1998—2007年间中国30个省市（除西藏外）的城乡教育绩效进行评价。王彤（2011）运用模糊神经网络分类算法研究教育绩效的评估。

3. 有关河南省教育经费的研究

新世纪以来，学者对河南省教育经费投入和使用进行了不同角度的探讨。马少兵（2011）基于义务教育经费对河南省义务教育区域发展进行了实证研究。程海霞（2011）对河南省普通高等学校教育经费投资结构进行了研究。宋飞琼（2009）对河南省普通高中教育经费的政府投入情况进行了实证研究。陈思（2012）探讨了河南省普通高中教育经费投入保障机制的构建。谷振清（2012）对河南省与中西部其他地区高等教育经费投入进行了比较分析。赵海山（2012）分析了教育经费对河南省义务教育均衡发展的影响因素。樊红燕（2007）分析了2006年河南省教育经费执行情况。林淼（2004）根据某县教育经费变动情况对河南省农村税费改革后教育状况进行了研究。原忠（2011）对河南省普通高等教育经费来源进行了剖析。

三、国内外研究存在的困境

综观国内外教育绩效的研究，学者从理论到实践，进行了有意义的探讨，取得了一批重要成果，并对实践发展起到了很好的指导与促进作用。从以上的分析，我们认为当前教育经费投入、使用绩效评价的研究取得了以下几方面的成就：①介绍引进了发达国家先进的绩效评价理论思想、方法和经验；②对教育经费使用绩效评价的研究框架进行了有益的探索；③设计了一些适应实践需要、可操作性强的指标体系，并在评价实践中取得了较好的应用效果；④研究内容逐渐细化，很多学者对教育涉及的各个不同专门领域和方面的经费使用情况进行了科学的评价。

但是必须看到，已有研究仍存在以下不足。

（1）教育绩效还需要从宏观层面及体系结构进一步开展全面、系统的研究。目前，国内外的研究主要集中于高等学校的绩效评价，对基础教育的绩效研究相对较少，同时由于教育性质不同，不能简单地将高校的绩效评价体系移植到基础教育上。教育绩效研究主要偏重于高校“实力”“质量”等某一方面的研究，未进行全面、广泛、系统的探讨。指标体系中有许多是非财务性指标和定性指标，难以量化，因而在可比性上存在一定的问题。

（2）教育绩效评价的方法和模型需要进一步优化、整合。目前，教育绩效评价主要是单一的评价方法或者绩效指标体系的构建。由于选择不同的方法，实际上是从不同的角度进行，单一的评价方法有其固有的不足，所以有必要考虑选用和集成多种方法进行分析和评价。

（3）教育经费绩效评价的指标体系构建需要进一步提高可操作性和实际应用性。现有的研究成果在实证研究中，虽然提出了相应的改进措施和方法，但在应用评价结果、提高绩效管理水平等方面，通常缺乏可操作性很强的建议，实际应用性不高。

（4）有关河南省教育经费使用绩效研究有待更全面、客观和精细化。已有研究成果在研究对象、绩效评价的层次、方法及其评价模式等方面，尤其是对河南省不同层次教育经费投入—产出绩效评价、经费利用的发展状况、经费使用兼顾公平与效率的程度等问题的研究尚处于空白，亟待进一步开展深入、全面、可续性的研究。

第五节 研究方法与技术路线

一、总体研究方法

本研究的研究方法可以概括为“三个结合”，即文献研究与实地调查相结合、理论研究与规范研究和实证研究相结合、定性分析与定量分析相结合。

1. 文献研究与实地调查相结合的方法

文献研究是一种古老又富有生命力的科学研究方法，任何一个研究都离不开对前人的文献资料。在对有关教育经费绩效评价的国内外文献进行大量检索的基础上，通过比较、分析和研究，为本课题研究提供研究线索与思路。实地调查是了解研究对象客观事实和收集第一手资料的研究方法。在我们的研究过程中，通过实地调研、现场走访、发放问卷和个别交流等多种形式进行了实地调查。

2. 理论研究与规范研究、实证研究相结合的方法

以已有绩效评价研究的理论为基础，构建总课题、子课题的理论研究框架；利用所构建的规范数学模型，对河南省教育经费的相关数据、典型

案例进行研究，为课题研究提供实证分析依据。

3. 定性分析与定量分析相结合的方法

在各级各类教育经费使用绩效评价过程中，运用相关数据进行定量分析，无法进行定量分析的则采用定性分析法。

二、具体研究方法

1. 综合运用计量经济学、管理学、统计学、运筹学等多学科方法

研究依托近10年《中国教育统计年鉴》《中国教育经费统计年鉴》《河南统计年鉴》《河南教育统计年鉴》、官方网站数据等大数据，借助统计学、计量经济学方法，对我省不同层次教育经费的投入、支出、利用效率等方面进行分析，精确、全面描述"十一五"以来河南省教育经费总体投入、支出情况，以及在义务教育、职业教育、高等教育领域的使用绩效情况；采用空间计量经济学方法，对我省义务教育经费的投入-使用在全省的区域分布情况进行全面综合的描述，分析其区域配置的均衡程度；基于可拓学和层次分析法，分析河南省中等职业教育财政投入的使用绩效；基于层次分析法、DEA法、因子分析法等运筹学、管理学等方法，分析了地方高等学校二级教学单位的教育经费投入产出绩效，并提出管理建议。

2. 比较分析法

在考察欧美国家、国内已开展的有代表性的教育经费使用绩效评价经验的基础上，通过比较分析，总结已有的评价经验，确定河南省教育经费绩效评价的指标体系、评价方法、政府和学校在提高经费使用绩效的职能定位、如何兼顾教育经费投入的公平性和使用的效率性。在具体的问题分析和实证研究过程中，也注意了城乡之间、区域之间的比较分析。

3.历史分析法

研究将运用历史分析法，从纵向的角度考察我国有关教育经费使用绩效评价的进程，考察河南省2006年以来教育经费的投入-产出情况，增强研究的现实价值和历史价值。

总之，在具体的研究过程中，通过构建时间序列模型与面板数据模型，利用原始绝对值、相对值、增长率、增长弹性等函数和SPSS数据库系统、ArcGIS地理信息系统等软件，使用对比法、层次分析法、因子分析法、DEA法、倍差法、基尼系数等方法，对河南省教育经费使用的绩效进行全面、多维的综合评价。

三、研究的技术路线

本研究的技术路线见图1-2。

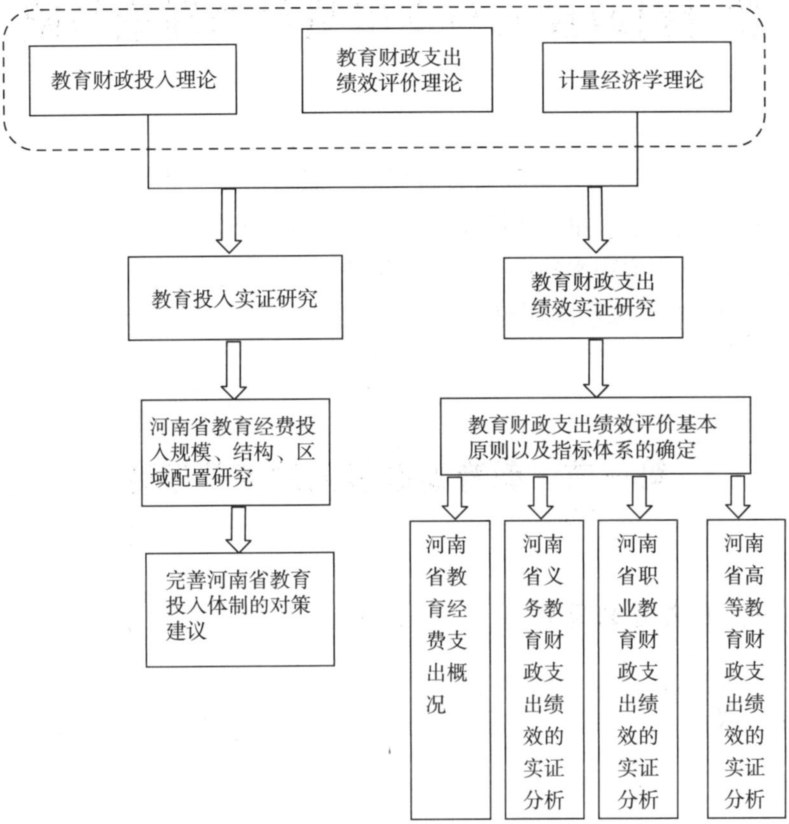

图1-2 研究的技术路线

第二章

教育财政投入与支出绩效的理论基础

从古至今，国内外学者对教育投入、教育财政支出以及支出的绩效评价等方面进行了大量深入的研究，从经济学、公共管理学、教育学等多个角度，提出人力资本理论、公共产品理论、公共财政理论、绩效评价理论等，为我们研究教育经费的投入、支出以及绩效问题提供了丰厚的理论基础。

第一节　教育财政投入的相关理论

一、人力资本理论

人力资本理论自上世纪60年代兴起，各行各业的人们广泛认可、研究、积极实践并进一步拓宽这一理论。该理论可分为人力资本的投资—收益理论、经济增长理论、产权理论、资源配置理论4种类型，国内的研究则涉及到产权、投资、教育及收入分配等多个方面。[①]今天该理论体系已经成为我国新时期内经济社会持续发展的重要指导思想。

（一）人力资本理论的演进

1. 早期的人力资本思想

从17世纪的威廉·配第（William Petty）到19世纪的阿·马歇尔，古典经济学家们已经将投资于人的有用才能的价值当作资本来看待。

早在17世纪，威廉·配第就已经提出了人力资本的思想。他在1676年

① 梁栩凌. 人力资本理论的渊源、流派和发展[J]. 北京机械工业学院学报，2005（6）：58–62.

的《赋税论》中，对作战中军人武器和其他军械的损失与人的生命损失做了比较，并提出“劳动是财富之父，自然是财富之母”。威廉·配第的这一提法被认为是首次严肃地运用了人力资本的概念。

1776年，亚当·斯密（ Adam Smith ）则将前者的思想发展了一步。他在《国富论》中，用大量篇幅首次论证了人力资本投资和劳动者技能如何影响个人收入和工作结构的问题，而且把一个国家居民后天获得的有用能力看成是资本，把投资于人的劳动都归于资本的范畴。①

此后，萨伊、李斯特等人的论述就更进了一步。萨伊将人力资本划分为普通劳工的一般性人力资本、专业性人力资本和经营管理的创新性人力资本三种类型，探索了它们各自不同的报酬规划。萨伊认为：教育是一种资本，能促进生产力的发展。李斯特则把“个人所固有的或个人从社会环境和政治环境中得来的精神力量和体力”视为“精神资本”，这应该是人力资本理论史上最早的关于人力资本的资本专用性的论述。②

阿尔弗雷德·马歇尔（Alfted Marshall）则明确提出了“所有的投资中最有价值的就是对人本身的投资” 这一经典论点。他强调教育的经济价值，认为教育可以开发人的智力，为劳动者带来能力的提高和劳动力利用的机会；他用替代原理说明厂家在人的投资和物的投资方面选择的经济学意义；还对人力资本与工业组织、工业制度之间的相互关系，企业家人力资本的有关特性进行了论述，提出可以将企业家加入生产要素之中。

这一时期，马克思对人力资本的论述异军突起。人及其劳动是马克思经济学的核心，整个劳动价值论称得上别种意义的人力资本理论。马克思认为资本由不变资本与可变资本构成，其中只有活劳动能创造价值；他将劳动分为简单劳动和复杂劳动，复杂劳动就是经过专门训练、拥有一定技术专长的劳动，具有较高的价值。这一时期对于人力资本的论证大都是思想片段，精辟却零散，没有形成完整的理论体系。直到20世纪50年代末，经济学界仍然一直把人力视为一种单纯的自然禀赋：一个均值的量，一个外生变量。60年代后，这种情况受到挑战，系统的现代人力资本理论应运而生。

2. 人力资本理论的兴起与提出

从20世纪60年代起，许多经济学家开始对人力资本理论进行系统研

① 亚当·斯密. 国富论（上卷）[M]. 北京：商务印书局. 1972.

② 李建民. 人力资本通论[M]. 上海：三联书店. 1999.

究。第二次世界大战后西方工业化国家经济增长中总产业增长率大于资本积累与劳动率增长之和的特征，以及德、日两个战败国在战后重新崛起的奇迹超越了原有经济学理论的解释范畴，由此引起了经济学家们对人力资本的研究。主要的代表人物有雅各布·明塞尔（Jacoh. Mincer）、西奥多·W. 舒尔茨（Theodore.W.Schultz）、加里·贝克尔（Cary.S.Becker）等。对人力资本要素作用进行数学计量分析则首推爱德华·丹尼森（Edward F.Denison）。

明塞尔是20世纪50年代末开创和系统发展人力资本理论与研究方法的著名经济学家之一，他在1957年的博士论文《人力投资与个人收入分配》中就运用了人力资本投资的方法研究收入分配。他在对有关收入分配和劳动力市场行为等问题进行研究的过程中开创了人力资本的计算方法。明塞尔对人力资本理论的贡献主要有如下几个方面：一是建立了人力投资的收益率模型；二是最先提出了人力资本挣得函数；三是在考察在职培训对终生收入模式的影响时，提出了“追赶时期”的概念；四是将人力资本理论与分析方法应用于劳动力市场行为和家庭决策，提出许多新的理论洞见。[①]

西奥多·W. 舒尔茨（Theodore W. Schultz）于1959年在一篇文章中首次提出了“人力资本”的概念。在1960年出任美国经济学会会长时，他发表了题为《论人力资本投资》的演讲，系统阐述了他的人力资本理论，引起世界轰动。从此，学术界进入人力资本时代。舒尔茨对人力资本的贡献主要有：第一，明确了人力资本的概念。舒尔茨认为人力资本主要指凝聚在人身上的知识、技能、经历、经验和熟练程度等，在货币形式表现为提高人口质量、提高劳动者时间价值的各项开支，体现在人身上的知识。第二，明确概括了人力资本投资的范围和内容：从小到大的卫生保健费；在职培训费（公司组织）；从小到大的学校教育费用；成人教育费（非公司组织）；择业过程中发生的费用和迁移费用。第三，建立了系统的人力资本理论体系。主要包括以下三个方面：①人的知识和能力是一种资本，存在于人的身上，表现为人的智力与体力的总和；②人力资本是通过对人的投资形成的，是效益最佳的投资形式。其在经济增长中的作用大于物的资本所发挥的作用；③人力资本是可以计量的，可以通过人的数量、质量和

① 雅各布·明赛尔. 人力资本研究[M]. 北京：中国经济出版社. 2001.

劳动时间来计算。[①]

加里·贝克尔（CaryS. Becker）从其关于人类行为的一切方面都可以诉诸经济学分析的一贯方法论出发，将新古典经济学的基本工具应用于人力投资分析，提出一套较为系统的人力资本理论框架。还把人力资本研究的框架扩展到家庭经济学，把家庭的许多行为诸如父母养育孩子、婚姻以及家庭内部分工看成与人力资本有关。

贝克尔在人力资本方面的贡献主要有：①给出了人力资本理论的基本框架，包括：人力资本生产理论、供给理论；人力资本收益—分配理论；人力资本与职业选择的问题。②提出了人力资本投资收益率计算公式，说明了高等教育收益率，同时也比较了不同教育等级之间的收益率差别；认为在职培训是人力资本的重要内容；③对家庭在人力资本形成中的地位和作用以及家庭人力资本投资问题进行了理论实证和应用研究。④提出了年龄—收入曲线。[②]

3. *人力资本理论的新发展——新经济增长理论*

20世纪80年代后，西方各国经济实力的增强和知识经济的提出促使人力资本研究再次全面发展。“新经济增长理论” 成为人力资本研究的主流力量。代表人物有保罗·罗默、罗伯特·卢卡斯（获1995 年诺贝尔奖）、凯文·墨菲等。他们将人力资本要素融入经济增长模型，在古典的生产函数模型中加入人力资本，从而使人力资本成为经济增长的要素，并确立了他们自已在经济学界的重要地位。

1986年，罗默（P. M. Romer） 开创了新经济增长理论的先河。他于当年发表《收益递增与长期增长》一文，提出了“收益递增型的增长模式”（又称罗默模型）：厂家的产出水平由“生产某产品的专业化知识”“一般厂家都可以使用的一般知识”以及“物质资本和劳动等追加的生产要素”共同决定。在罗默模型中，他将知识作为一个独立的因素纳入了经济增长模式，并且将知识分为一般知识和专业知识。在经济增长过程中，一般知识的作用是产生规模效益，专业知识的作用是产生要素递增效益。两种效益的结合，不仅使以知识为代表的人力资本要素收益递增，而且促使物质资本、劳动等其他生产要素的收益随之递增，从而使整个经济的规模

① 西奥多·W. 舒尔茨. 人力资本投资——教育和研究的作用[M]. 北京：中国经济出版社. 2001.

② 加里·贝克尔. 人力资本[M]. 北京：北京大学出版社. 1989.

收益递增，递增收益又促进着经济的长期增长。1990年，罗默在《内生技术变革》一文中，认为人力资本存量决定经济增长率，揭示了技术变革、人力资本与经济增长的内在关系。不同国家因为投资于研究和开发的人力资本数量不同而获得的递增收益不同，所以富国可以持续长期发展，而穷国却长期“锁”在“低收入陷阱”里。

1988年，罗伯特·卢卡斯（Robert Lucas）于“论经济发展的机制”一文中，提出了他的经济增长模型——“专业化的人力资本增长模式”，成为新经济增长理论的成立宣言。与罗默模型稍有不同，出于对人力资本“内部效应”和“外部效应”的不同强调，卢卡斯模型由“两时期模式”和“两商品模式”组成。“两时期模型”表示人力资本增长率由人力资本的边际产出率和时间贴现率决定。“两商品模型”表示某种商品的产出由生产该商品所需要的专业化人力资本、全部生产时间或者劳动量、以人时为计量的劳动投入来决定。

“两时期模式”是人力资本积累模式。反映了劳动者脱离生产，从正规或非正规教育中所积累的人力资本对产出和经济增长的作用，即内部效应。它将劳动力分为纯体力的“原始劳动”和表现为“技能”的劳动，即“专业化的人力资本”，并认为只有专业化的人力资本才是促进经济增长的真正动力。“两商品模式”是人力资本增长模式，它强调生产者在工作中训练与积累经验所形成的人力资本对经济增长的作用，即外部效应。它说明：决定产出增加的决定性因素与其说是一般的原始劳动不如说是某一商品所需要的专业化的劳动技能。

对人力资本两种效应的区分是卢卡斯对新经济增长理论的主要贡献（舒尔茨语），根据“两商品模式”，人们可以比较不同实体人力资本含量的差异，区别其属于劳动密集型还是知识密集型。卢卡斯模型把经济增长的源泉和动力归因于“人力资本的内在的积累和增长”，说明不同国家或者实体之间的人力资本存量差异决定经济增长率和收入水平的差异，所以“一国应集中有限的资源生产和出口具有人力资本优势的产品”。

从20世纪末到进入21世纪以来，随着知识经济和信息浪潮对现代社会的激烈冲击，人力资本的研究重点又有所改变。人力资本的概念得到发展和延伸，知识资本、智力资本在一定程度上成为人力资本的代名词；现实中研究的中心更多地从经济学范畴向管理学范畴倾斜，人力资本核算、定价和会计方法取代单一的统计分析和模型研究被大量使用；在研究内容方面，60–80年代研究人力资本对经济增长的关系和作用，到目前研究人力资本构成及其具体的作用途径，更多的人主张通过制度激励增强人力资本的增加和构成水平。①

（二）人力资本的内涵

不同的学者对人力资本的内涵有不同的认识。这里主要介绍几个论述。

人力资本理论的开创者、美国经济学家西奥多·W. 舒尔茨（Theodore W. Schultz）认为，人力资本就是"体现于人身体上的知识、能力和健康"。

我国教育经济学家靳希斌教授认为：人力资本，是指凝聚在劳动者身上的知识、技能及其所表现出来的能力。这种能力是生产增长的主要因素。它是具有经济价值的一种资本。从个体角度定义，人力资本指存在于人体之中，后天获得的具有经济价值的知识、技能、能力和健康等质量因素之和；从群体角度定义，人力资本指存在于一个国家或地区人口群体每一个人体之中，后天获得的具有经济价值的知识、技能、能力及健康等质量因素之总和。

我国学者李宝元认为，人力资本是指人们花费在人力保健、教育、培训等方面的开支所形成的资本。这种资本，就其实体形态来说，是活的人体所拥有的体力、健康、经验、知识和技能及其他精神存量的总称，它可以在未来特定经济活动中给有关经济行为主体带来剩余价值或利润收益。

王金营认为，人力资本是由通过投资形成凝结在人身体内的知识、能力、健康等所构成，能够物化于商品和服务，增加商品和服务的效应，并以此获得收益的价值。同时还认为，在分析个人人力资本的同时，应从宏观角度对人力资本概念给予考察，并提出了总体人力资本的概念。他认为："总体人力资本是指一个国家或地区中每个人具有的知识、能力、健康等个体人力资本构成因素的整合，并能够物化于商品和服务，提高商品和服务产出效应的价值。"对于一个国家来说，要改善经济发展的基础环境，必须从宏观角度着眼提高总体人力资本存量的质量。

卫思祺认为，人力资本是具有劳动能力的主体所拥有的由现有知识、技能、健康的存量以及相应的道德水平所决定的、在经济活动中可以提高

---

① 梁栩凌. 人力资本理论的渊源、流派和发展[J]. 北京机械工业学院学报，2005（6）：58–62.

物质资本使用效率的智力和体力的综合财富。①

纵观几位经济学家、专家学者等关于人力资本的论述，我们可以从静态与动态相结合、历史与现实相结合等多种角度认识和看待“人力资本”的内涵，从理论和实践两个方面积极探索“人力资本”理论的研究与应用。

（三）人力资本包括的主要方面

人力资本就是人口质量投资，是一种能力资本、素质资本。其内容主要包括以下五个方面。

第一，教育资本，即用于教育和训练的费用，以培养和提高在职或未来劳动力的工作能力、技术水平和劳动熟练程度。

第二，健康资本，即用于医疗卫生保健的费用，以保证劳动力的必要数量和在职劳动力的健康水平，健康资本的意义在于它是其他形式人力资本存在与效能正常发挥的先决条件。

第三，流动资本，即用于劳动力国内交流流动的费用，以利于调剂和合理配置各地区各部门劳动力的余缺，以利于充分发挥各种劳动力的专业技术特长；实际上是一种资源配置资本。它可以通过人力资本所有者位置的变化带来收入的增加。

第四，迁移资本，即用于国外移民入境、智力引进、国际人才吸流的费用，以增加本国劳动力和专门人才的数量，提高吸入国的人才智力水平。也是一种资源配置资本，它与其他人力资本所不同的地方，则是迁移资本存在于人体之外，它只是人的空间或社会位置的改变。

第五，提高组织的整体工作能力，形成组织文化，增强组织的综合竞争实力。

（四）人力资本理论的基本观点

人力资本理论有以下主要观点：

第一，人口质量重于人口数量。人力资本理论基本出发点是提高人口质量，增强人口素质。这一理论批评了古典经济学家李嘉图（D. Ricardo）、马尔萨斯（T.R. Malthus）等人只重视土地和人口数量的作用，

---

① 卫思祺. 教育投入理论与实践——以河南省为例[M]. 北京：中国社会科学出版社.2013.

看不到人口质量的经济价值，当今世界经济发展的关键在于人口的质量。

第二，人力资本投资与物力资本投资都是经济发展不可缺少的生产性投资，但在现代化经济条件下，人力资本投资作用大于物质资本投资作用。例如，战后美国的农业生产增长，只有20%是物质投资结果，80%主要是教育或与教育有关的科学技术作用，或者说主要是人力投资的结果。

第三，教育投资是人力资本的核心。其一，教育投资是一种生产性投资，是使隐藏在人体内部的能力得以增长的一种生产性投资。其二，提高人口质量的关键是教育投资。对人力投资有多种投资形式，但核心部分是教育投资。这是因为：1.经济增长的关键是提高劳动力质量，从而提高劳动生产率，而提高劳动生产力质量和提高劳动生产率的主要途径是教育。2.各国人口和劳动力的先天能力是趋于平衡的、相近的，但后天获得的能力，各国却相差悬殊。3.各国人口和劳动力质量的差别，要取决于后天能力。而这种后天能力主要表现就是知识、技能、文化修养、企业精神和创造力等，这一切都是与教育密不可分。人们通过教育获得的知识和技能，就是资本的一种重要形式。①

（五）人力资本理论与教育经费投入

人力资本理论的出现，被西方经济学界视为20世纪经济理论的重大发现，称为经济史上的革命。人力资本理论对教育经费投入有重大意义。

第一，知识是现代经济最为重要的经济增长源泉，特别是当人类社会进入知识经济时代以后，知识在经济发展中的贡献越来越大，我们也需要通过教育的发展来提高国民素质和劳动生产率，以适应新经济增长的需要。因此，我们应当把教育放在优先发展的位置。在政府所能提供的财政资源有限的情况下，注意采取各种措施，以吸引更多的资源进入教育领域来促进教育的快速发展。

第二，教育作为一种投资，能够给个人和社会带来收益。

从经济学角度出发，教育投资在性质上属于兼具消费性和生产性二重性质的投资。从消费与生产的关系来看，一方面，人的培养是一个长期教育的过程，教育既是一种必要的有形消费，又是一种潜在的生产，而且是附加值剧增的生产。教育过程是提高人的智力、技能，促进人的全面发

---

① 夏绘秦、董江潮.对人力资本理论的探析[J]. 西北工业大学学报（社会科学版），2005（2）：43-46.

展，把一般劳动力培养成复杂劳动力的过程。在此过程中需国家、家庭投入必要的人力、物力，消耗一定的社会资源，是一种必要的有形消费。另一方面，从教育的经济效益来看，这种消费又是一种有效的投资，它有助于个人劳动能力的提高和未来收入的增加，有助于国家社会的进步和劳动生产率的提高。但是这种知识形态的生产力，并不是显现的，只有获取了知识的劳动者在生产活动过程中通过创造性的劳动，有效地提高劳动生产率才能显现出来。科学技术是第一生产力，知识创造财富，知识改变命运。当这种知识形态的生产力显现出来后，人们会清楚地看到，较之教育消费掉的经费和资源，教育所产生的经济效益和社会价值要巨大得多，因此，教育投资是今日所必须的消费，更是明日扩大了的、具有高附加值的生产性投资。①

就个人收益而言，随着教育层次的不断升高，个人受益有明显增强的特征。在相同的年龄组里，教育水平较高的个人所得到的平均收入要大于教育水平较低的个人；同时，受教育程度高的个人的收入上升速度也较快。就社会而言，随着教育层次的不断提高，收益率呈递减趋势。基础教育具有以社会公众受益为主、个人受益不太明显的特点，国家的教育经费投入应提高；而高等教育既具有明显的社会受益，也具有明显的个人受益的特点，作为受益人的受教育者本人，也必须通过缴纳学费等方式，进行适当投资。

第三，人力资本理论论证了教育成本分担的合理性。

一般而言，在市场经济国家，通过成本分担筹措教育经费最重要的原则有三条：一是成本分担原则。所谓成本分担原则，是指教育成本应由纳税人、家长、学生及社会人士（捐赠）共同分担。二是利益获得原则。所谓利益获得原则，是指谁从教育中获得好处和利益（无论是直接的还是间接的），谁就应该支付教育成本，获得的好处和利益越多，支付的费用就越多。三是能力支付原则。所谓能力支付原则，是指所有从教育中获得好处和利益的人（无论是直接的还是间接的），都应按其能力的大小支付教育费用：能力越大，支付的越多；能力越小，支付的越少。这三条原则相互关联，缺一不可，为多渠道筹措教育经费提供了合理的依据。

我国既是人口大国又是农业大国，但不是人力资源大国，更不是人

---

① 张西栓. 高等教育投资的效益评价研究[J]. 中国电力教育，2008（2）：15-17.

力资源强国，面对全球性的激烈经济竞争、我国老龄化社会提前到来、人口众多且素质低下等一系列经济社会发展必将遇到的问题，人力资源开发是解决这些问题的途径，从这一角度来说教育投资是全社会收益率最大的投资。

二、公共物品理论

西方经济学家根据物品和服务在消费上是否具有排他性和竞争性，把物品和服务进行了分类。其中有非常著名的经济学家，如布坎南、萨缪尔森和斯蒂格里茨等。

（一）公共物品的概念

公共物品是和私人物品相对应的概念，公共选择学派的奠基人布坎南把公共物品界定为“任何由集体或社会集团决定，为了任何原因，通过集体组织提供的物品或服务”。两本著名的美国经济学教科书以及世界银行《1997年世界发展报告》给公共物品下了更通俗的定义。

萨缪尔森等人的《经济学》指出：“与来自纯粹私有物品的效益不同，来自公共物品的效益牵涉到对一个人以上的不可分割的外部消费效果。相比之下，如果一种物品能够加以分割，因而每一部分能够分别按竞争价格卖给不同的个人，而且对其他人没有产生外部效果的话，那么，这种物品就是私人物品。公共物品常常要求集体活动，而私有物品可以通过市场被有效率地提供出来。”①

斯蒂格里茨的《经济学》指出：“公共物品是这样一种物品，在增加一个人对它的分享时，并不导致成本的增长（它们的消费是非竞争性的），而排除任何个人对它的分享都要花费很大的成本（它们是非排他性的）。”②

世界银行的《1997年世界发展报告》指出：“公共物品是指非竞争性和非排他性的货物。非竞争性是指一个使用者对该物品的消费并不减少它对其他使用者的供应，非排他性是指使用者不能被排除在对该物品的消费之外。这些特征使得对公共物品的消费进行收费是不可能的，因而私人提

① 保罗·A·萨缪尔森，威廉·D·诺德豪斯. 经济学[M]. 北京：中国发展出版社，1992.

② 斯蒂格里茨. 经济学[M]. 北京：中国人民大学出版社，2003.

供者就没有提供这种物品的积极性。”①

由此可见，公共物品是指具有非竞争性和非排他性的产品，且分割或分开消费不可能或成本太高的用于满足社会公共需要的物品；②是指相对于那些可以划分为企业和个人消费单元的基本生活或生产资料等私人物品而言的共享性物质产品和服务项目 。

（二）公共物品的特性

公共物品的特性是在同私人物品的比较中得出的。相对于私人物品的特性来说，公共物品的特性可以归纳如下 。

1. 效用的不可分割性

效用的不可分割性，是指公共物品是向整个社会共同提供的，具有共同收益或联合消费的特点，而不能将其分为若干部分，分别归属于某些个人使用。换句话说，公共物品不能接照“谁付款、谁受益”的原则，限定只能由支付费用的个人或厂商享用。例如，政府为保障国家安全而提供的国防服务，其服务的对象就是一国国内所有人，而不是某个个人。事实上，只要生活在该国境内，任何人都无法拒绝这种服务，也不可能创造一种市场将为之付款的人和拒绝为之付款的人分别开来。相比之下，私人物品的效用则是可以分割的，而且效用只为对其付款的人提供，或者说谁付款谁受益。例如，日常生活中所使用的手机。它按部出售，出售后，其效用就归购买者自己或其家庭独享。这样的物品显然就是私人物品。

2. 消费的非竞争性

消费的非竞争性，是指某一个人对公共物品的享用，不排斥、妨碍其他人对其的同时享用，也不会因此减少其他人享用该公共物品的数量和质量。这就是说，增加一个消费者不会减少任何一个人对公共物品或服务的消费量，或者说，增加一个新的消费者，其边际成本等于零。

具有非竞争性的物品的例子有：不拥挤的桥梁、非满载的火车、未饱和运转的计算机等。这种消费的非竞争性同样来自于物品的不可分割性。增加一个消费者时，在这类产品还未达到充分消费时，则不用增加生产的可变成本，亦不会影响其他消费者的消费。此外，仍以一国的国防为例，

① 世界银行. 1997年世界发展报告[M]. 蔡秋生等译，北京：中国人民大学出版社，1997.

② 彭蕾蕾. 公共物品的内涵和处延综述[J]. 中国市场，2011（2）：22-23.

尽管人口往往处于逐年剧增的状态，但没有任何人会因此而减少其所享受的国家安全保障。私人物品的情况就不是这样。它在消费上具有竞争性，给某人对某种一定数量的私人物品的享用，实际上就排除了其他人对其的同时享用。再如按部出售的手机，当某一消费者将这部手机购入家中后，它显然就只能归这个消费者及其家庭享有。其他人或家庭要享受手机的效用，只能另行购入，此时它的边际成本显然不为零。

3. 受益的非排他性

受益的非排他性，是指在技术上没有办法将拒绝为之付款的个人排除在公共物品的受益范围之外。从另一个角度讲，公共物品不能由拒绝付款的个人加以阻止，任何人都不能用拒绝付款的办法，将其不喜欢的公共物品排除在其享用的范围之外。

以一国的国防为例，如果在一国的范围内提供了国防服务，则想要排除任何一个生活在该国的人享受国防保护是极端困难的。就是那些在政治上反对发展核武器而拒绝为国防费用纳税的人们，即使被投入监狱，也仍然处在核武器所提供的国家安全保障的范围之内。在私人物品上，这种情况就不会发生。私人物品在受益上就必须是排他性的，因为只有在受益上具有排他性的物品，人们才愿意为之付款，生产者也才会通过市场来提供。例如，一个人非常喜欢某种款式的手机，其他的人不喜欢，那么这个人就可以通过付款得到它，其他的人则无须这样。如果某个人拒绝付款又想得到手机，那么也很简单，卖者就可以拒绝给他。这个人肯定会被排除在手机的受益范围之外。

公共物品的非排他性和非竞争性决定了市场不能成为其有效的提供主体，因为公共物品的社会边际收益要大于个人边际收益，而消费者是根据自己的边际收益来决定自己所付的价格，而不会按照整个社会所得到的利益来定价，并且无法排除那些搭便车的人，理性的经济人不会生产这样的产品，这会导致公共物品的供应不足。公共物品的实际消费者是全部的理性人，必须由可以按照社会的收益对全部消费者进行强制收费的机构来提供。在现代社会，最具有这种强制力量的是政府，政府是一个国家最高的权威，可以运用强制的手段通过税收使得公共物品的成本分摊到纳税公民身上。在市场经济条件下，政府财政的主要任务是“提供那些社会边际收益大于社会成本，从而不能通过市场有效供给的物品或劳务”。

凡是同时具有消费的非竞争性和受益的非排他性特征的就是纯公共物

品，如国防、公共安全、外交、环境保护、基础研究、空间技术等；凡是同时具有竞争性和排他性的就是纯私人物品，如我们日常消费的计算机、手机、电视机、洗衣机等；有些产品部分满足公共物品的定义，即或满足竞争性和排他性其中的一个，或某一部分满足定义，这样的产品被称为准公共物品。如教育、能源、交通、通信、城市公共服务、广播电视、社会保障等。

（三）准公共物品与外部效应

1. 准公共物品

在现实生活中，纯公共物品并不广泛存在。一些物品虽然具有消费的非竞争性，但在技术上却能够实现收益的非排他性； 而另一些物品虽然不具有消费的非竞争性，却因为排他的成本过高而不能实现收益的非排他性。 这些产品就被称为准公共物品。道路就是一个准公共物品的例子。道路一旦铺设，在没达到它的设计通行量之前，增加通行车辆的数量并不影响行车速度和安全，你上路不影响别人上路，此时道路的消费没有竞争性和排他性。但是，一旦实际通行量已达到设计能力，增加车辆通行就会出现拥挤或交通堵塞等现象，你上路就会影响别人上路，此时道路的消费就具有了竞争性。此时，用设卡收费排他的办法把通行量限制在设计通行能力范围之内就是可行的和经济的选择。

2. 外部效应

在市场经济中，市场主体都把追求自身利润最大化作为目标，开展市场竞争活动。这些经济当事人一般不直接考虑个人利益与社会利益、整体利益及长远利益的有效结合问题，他们的生产或消费行为有可能对其他人的福利或是周围环境产生影响。这些影响在经济学中称为外部性。所谓外部性，是指某人的经济决策通过非市场的价格手段直接地、不可避免地影响其他人的效用函数，并成为后者自身所不能加以控制的变量。外部性既可能产生积极的正效应，也可能带来消极的负效应。现实生活中，随地吐痰、抽烟会危害公共卫生，许多工厂排放废气、废渣会影响农业生产和居民健康，此即外部负效应，又称外部不经济。也有些社会活动能产生外部正效应，如企业改进技术、培训员工、个人注射防疫疫苗等，利己也有利于社会。

各种外部性的存在，使得有关经济活动的个体成本和社会成本之间、个体效用和社会效用之间产生差异，其结果又不能在同一个组织内部表现出来。比如，新建一个企业，它对所在社会的经济发展会产生积极影响，即正的外部效应，但这种影响并不表现在该企业内部的经济核算上。相反，有些生产活动使企业获得了效益，却污染了环境，而污染环境并不在该企业的成本上反映出来，它所造成的损失即是一种负的外部效应。

此外，外部性的影响不是通过市场机制产生的，它独立于市场之外，扭曲市场价格。由于外部性的作用，市场机制不能有效地配置资源，即使在没有垄断的完全竞争的市场条件下，也不能使资源配置达到最优。外部性的范围越广，市场价格机制有效配置资源的作用就越小。既然外部性并非由市场机制而起，那么市场机制对外部性的矫正也就无能为力。因此，为了实现资源配置和社会福利的最优，政府必须加以干预。

三、教育投资和产品的属性

（一）从生产与消费角度分析

进入现代社会，教育投资是消费性投资还是生产性投资问题，在理论界也是争论不休。目前仍然存在着两种不同的观念，一种观念认为，教育部门是非生产部门，教育投资在属性上应属于消费性投资。另一种观念认为，教育部门是生产部门，是构成生产的要素，在属性上应属于生产性投资。对教育投资属性的认识，将会直接影响到国家、地区对教育制度、政策的制定，影响到人们投资教育的积极性和扩大教育投入所采取的策略措施的出台 。

教育投资的性质从经济学角度分析，投资一般可分为三种类型：一是纯消费性投资，这种投资可以满足消费者的嗜好，但无法提高其生产力；二是纯生产性投资，这种投资可以提高生产力，但无法满足消费者的嗜好；三是二重性投资，兼具消费性和生产性投资的性质，教育投资在性质上就属于这种兼具消费性和生产性二重性质的投资。

从消费与生产的关系来看，一方面，人的培养是一个长期教育的过程，教育既是一种必要的有形的消费，又是一种潜在的生产，而且是附加值剧增的生产。教育过程是提高人的智力、技能，促进人的全面发展，把一般劳动力培养成复杂劳动力的过程。在这个过程中需要国家、家庭投入必要的人力、物力，消耗一定的社会资源，是一种必要的有形的消费。另一方面，从教育的经济效益来看，这种消费又是一种有效的投资，它有助于个人劳动能力的提高和未来收入的增加，有助于国家社会的进步和劳动生产率的提高。但是这种知识形态的生产力，它并不是显现的，只有获取了知识的劳动者在生产活动过程中通过创造性的劳动，有效地提高劳动生产率才能显现出来。科学技术是第一生产力，知识创造财富，知识改变命运。当这种知识形态的生产力显现出来后，人们会清楚地看到，较之教育消费掉的经费和资源，教育所产生的经济效益和社会价值要巨大得多。因此，教育投资是今日所必需的消费，更是明日扩大了的、具有高附加值的生产性投资。这也正是世界各国越来越把教育投资当成生产竞争性要素的原因所在。

教育投资的特点是教育投资是以人为对象的投资，它与物质生产领域内的一般经济投资不一样，教育投资的目的既注重一定的经济效益，更注重社会效益，具有自己独特的特点。

第一，教育投资具有非营利性。一般经济投资都是以最少投入获取最大化利润为目的的。教育投资在其投资过程和结果中，虽然也会考虑经济效益，也会为国家、个人和其他各类投资主体直接或间接地带来一定的经济效益，但从根本上说，教育投资不是以追求赢利为目的的。它更注重的是促进人的全面发展，提高国民素质，推动人类文明和进步，增强民族创新能力，提升国家的综合实力和参与世界竞争的综合竞争能力等一系列重大的社会效益和社会价值。因此，世界各国包括市场经济已相当完善的西方国家，也都没有一个把教育当作营利性的事业，即使是私立学校也是如此。

第二，教育投资具有连续性。教育是一个长期的、连续不断的过程，是任何国家都无法中止的永恒事业。随着科学技术的迅猛发展，知识更新周期的加快，国家、社会组织、个人对教育的需求在层次上越来越高，在内容上越来越广泛，在愿望上越来越强烈。接受终身教育，建设学习型社会，正成为现代社会的一个显著特点。因此，对教育的投资绝不能是一次性的、或阶段式的，而必须是长期的、连续不断的。

第三，教育投资具有固定性和递增性。教育投资和一般的经济投资不一样，它的投资效益和价值的显现是非即时性的，是不可能在短时间内产生出明显效益的。这就可能导致在急功近利思想的驱使下，使人们忽视或减少对教育的投资。因此，为了发展教育事业，减少人为因素的影响，确保教育投资有一个长期稳定的来源，就需要国家和各级地方政府通过立法和纳入财政预算等措施来加以明确和固定，而且要随着教育事业的发展使教育投资得到不断的递增。

（二）从公共物品与私人物品角度分析

长期以来，人们对教育的产品属性众说纷纭。当人们解释为什么国家要投资教育时，除了列举举办公立教育可使每个公民获得平等的发展基础、教育在某种程度上起着社会的稳定器作用的理由外，另一个重要理由是教育属于公共物品，须由政府来供给才能取得最大的效果。对前一个理由没有人表示疑问，但对第二个理由，综观已经公开发表的文献，对教育的产品属性似有很多不同的理解[①]：

厉以宁从教育的供给者和教育经费的负担方式来确认教育的产品属性，认为我国现行的教育产品（即教育服务）有五种类型：具有纯公共产品性质的教育服务（如义务教育）、基本具有公共产品性质的教育服务（如政府投资提供的各类学校教育等）、具有准公共产品性质的教育服务（如某个组织为自己的成员设立的学校和培训班等）、基本具有纯私人产品性质的教育服务、具有纯私人产品性质的教育服务。[②]

王善迈从教育属于非营利的公共部门出发，认为教育提供的是公共产品或准公共产品而不是私人产品，[③]义务教育属于公共产品，非义务教育属于准公共产品。[④]

不同学者对教育产品属性的分析都涉及了公共物品概念的内涵与外延。

我们认为，一项产品是不是公共物品，不是看该产品的提供是否由公共政策或政府通过公共财政开支决定，也不是由私人提供还是公共开支决定，而是由受益对象是一个人还是多个人决定，即在消费的过程中是否具有非竞争性与非排他性。在一定时刻只能使一个人受益的产品是私人产

① 张翼. 教育的产品属性辨析[J]. 河南社会科学，2003（6）：55-56.
② 厉以宁. 关于教育产品的性质和对教育的经营[J]. 教育发展研究，1999（10）：9-14.
③ 王善迈. 教育投入与产出研究[M]. 石家庄：河北教育出版社，1996.
④ 王善迈. 社会主义市场经济条件下的教育资源配置方式[J]. 教育与经济，1997（3）：1-6.

品，能够同时使多个人受益的产品是公共物品。经济学理论表明，公共物品无法通过市场途径实现产品的有效供给，政府承担公共产品的供给责任是必然选择。教育产品的外部性的客观存在，使其具有了公共产品的意义，与此同时，教育产品消费的直接性使其又具有私人产品的性质。因此，教育属于混合产品。不同级别、不同种类的教育产品的竞争性和排他性是不同的，竞争性、排他性越明显，这个层级的教育产品就越具有私人产品的属性，反之亦然。①

从教育是否具有公共需要的视角，可以将其划分为两类：一是社会公共需要性质的教育；另一类是非社会公共需求性质的教育。前者主要包括：基础教育，基础教育以提高全民族文化素质，提升整个社会福利为目的，其追求的价值目标是社会发展与社会福利的最大化而非经济利益最大化。非社会公共需求性质的教育包括职业技术教育、高等教育等，这类教育是以更好地满足人们在获取知识和技能过程中提高自身能力与水平，以便提升其社会与经济地位为目的的教育类型。由于教育服务的受益范围、阶段、层次等方面的巨大差别，不同类型的教育具有不同的产品属性。

义务教育是一种依照法律规定，由国家、社会、学校和家庭必须予以保障的国民教育。它是一个国家民族文化素质的基础，也是一个国家民主进程的基础。按照美国著名经济学家米尔顿·费里德曼的说法，义务教育对社会来说是具有“正邻近影响”的教育，即“儿童受到的教育不仅有利于儿童自己或家长，而且社会上其他成员也会从中得到好处，我孩子受到的教育由于能促进一个稳定和民主的社会而有助于你的福利，由于无法识别受到利益的具体的个人（或家庭），所以不能向他们索取劳务的报酬”，但对受教育者来说，它却具有外部不经济的特征，即义务教育的个别效益小于社会效益，因而义务教育属于纯公益性事业，属于公共产品的范畴，私人不愿意或不能充分提供，供给不易排除他人，同时一个人受义务教育并不以另一个人少受或不接受义务教育为代价，即具有非竞争性与非排他性。

根据公共产品的特点和利益获得原则，义务教育的教育投资就应主要由政府来负担。②同时由于义务教育外部不经济给教育部门带来的损失，

① 张翼. 教育的产品属性辨析[J]. 河南社会科学，2003（6）：55-56.

② 范先佐. 论教育成本的分担与补偿[J]. 华中师范大学学报（人文社会科学版），1998（1）：21-28.

不能通过市场来对受损者进行赔偿，对义务教育外部不经济所造成的损失只能由非市场部分来进行补偿。非市场部分主要包括政府的拨款、社会组织（团体）和个人的自愿捐赠。且由于政府、社会组织（团体）和个人都是义务教育外部不经济的受益者，由他们负担义务教育的成本是合理的，但由于政府是这种外部不经济的最大受益者，因而政府就是这种外部不经济的最主要补偿者。

高级中等教育是介于九年义务教育与高等教育之间的一种过渡，主要指普通高中教育和职业技术教育与培训这两大部分。目前，受生产力发展水平的制约，世界上绝大多数国家还没有能力把整个中等教育作为人人都能享受的权利来普及。中等教育对大多数人来讲，仍然是一种非义务和非强制性的教育，因而仍是一种主要应由个人负担所需经费的教育活动，在我国也不例外。但是从高级中等教育内部来看，普通高中和职业技术教育投资的负担与补偿模式有所不同。普通高中给学生的更多的是一种教育选择的权利、选择进入更高层次的高等教育的机会或权利，同时由于它传授的是一般文化知识，具有较强的社会文化传播功能，其社会收益大于个人收益。因而普通高中的教育投资由个人和政府共同承担。①

各类职业技术教育都为社会培养具有一定专门职业技能的熟练劳动者，并都能为受教育者带来一定的收益。但若从职业教育的自身特点以及这种教育的受益情况看，普通的职业技术教育所教授的内容不以特定的行业和企业为对象，学生所学到的知识运用于绝大多数行业和企业，具有十分明显的外部效益，政府应对这类职业技术教育负责投资责任。同时，由于受教育的职工能更快适应工作环境、创造更多利润，所以企业也应支付部分职业技术教育成本。个人也受益，提高了技能进而增加了收入，也应负担相当一部分教育成本。特殊职业教育所教授的内容以特定行业和企业为对象，学生所学到的知识，只适用于特定的行业和企业，因而企业、行业就负担特殊职业技术教育的全部或绝大部分成本。

高等教育是一种终极性和专门性的教育活动，不同于以传授普通基础知识为主的初、中等教育，它是为整个社会经济活动直接服务的教育，即是舒尔茨所讲的“高等教育这种人力资本投资是为了迎合由于经济增长

① 范先佐. 论教育成本的分担与补偿[J]. 华中师范大学学报（人文社会科学版），1998（1）：21–28.

而造成的需求”[①]。从这个角度上看，高等教育仍然可视为公共产品。但是，若从总体上看，高等教育基本上可视为一种收益内在化的“私人产品或服务”，而且这种服务能给学生带来一定的预期收入和各种非货币性满足，那么从权益与义务对等这一公平角度看，个人应负担部分高等教育投资，高等教育收取学费是必要的。同时，高等教育的外部效应也十分显著，受过高等教育的人对社会民主的弘扬、社会道德的净化以及社会生产率的提高都会产生巨大作用。这种外部性受益代表是政府，自然应分担成本。尤其是当前我国经济飞速发展得依靠高等教育的快速发展。为了提高我国高等教育的质量，缩小与世界发达国家的差距，国家应加大对高等教育的投入。企业是高等教育成果的主要摘取者和受益者，从利益获得原则出发，企业也应参与高等教育投资的负担与补偿。这种补偿可以通过直接创办和管理高等院校，向学校提供捐赠，设立专项奖学金和助学金等途径。[②]

总之教育投资的属性是复杂的，如何科学合理的分配教育投资要具体问题具体对待。

第二节　教育财政支出绩效的相关理论

一、公共支出理论

（一）公共支出的内涵

古典经济学派的创始人亚当·斯密认为，公共支出结构取决于政府职能，政府有哪些职能，就需要相应类型和数量的公共支出作为基础，并以此决定了公共支出结构。政府的职能主要体现在三个方面：一是保护社会，使其不受其他独立社会的侵犯；二是保护个人，使其不受其他人的迫害或压迫；三是建设某些公共设施。与此相对应，政府公共支出主要分为三类：国防义务——国防支出，司法行政义务——司法支出，公共设

---

① 西奥多·W. 舒尔茨：《论人力资本投资》（中译本）[M]. 北京：北京经济学院出版社，1990，第22页.

② 范先佐. 教育经济学[M]. 北京：人民教育出版社，1999年，第211～221.

施——公共事业支出。因此，公共财政支出结构主要在四个方面：①公共机构支出，这是维持国家政权存在、保障国家各级管理机构正常运转必需的费用，是纳税人必须支付的社会成本；②公共安全支出，这是财政用于防范对公众造成集体侵犯或危害的支出；③公共事业支出，主要指科教文卫等事业单位支出；④公共福利支出，主要是社会保险和社会救助支出两方面。一般把公共支出的结构看成是一种构成或比重关系，其影响因素也绝不仅限于政府职能和经济发展阶段，它还取决于制度变迁、公共支出规模，以及国家经济政策等，也是上述诸多因素共同影响和制约的产物①。

研究公共支出结构要从两方面来把握：①公共支出结构是公共支出质与量的规定性统一体。所谓质的规定性是指构成公共支出各要素自身的特点，及其在相互作用方式上的特殊性质；所谓量的规定性是指公共支出构成要素在数量上的比例关系。质的规定性反映着支出结构的基本特征，而量的规定性则决定着支出构成要素之间的比例关系。财政资源要配置到哪里，各配置多少，归根结底受财政职能状况制约，有什么样的财政职能状况，就会有什么样的支出结构。然而量也反作用于质，质要以一定的量作为存在条件，这是一定事物保持自己质的规定性的数量界限，突破这个度就会引发事物质的改变。也就是说，财政支出结构并不是各项支出的简单集合，而是财政职能实现状态在量上的体现；②公共支出结构是静态性与动态性的统一体。一定的结构总是在一定的时间和条件下形成的，在这个时点上，其结构是既定的，但它又不是一成不变的，而是随着时间、条件变化而发展的。也就是说，结构的既定性是相对的，变动性是绝对的，研究财政支出结构的内涵，必须从动态着眼，静态着手，在静态与动态的统一中来把握 。

公共支出的主要原则是：①公共性。公共支出是国家公共政策的重要组成部分，也是执行公共政策的重要保障手段。公共支出要公平、公正、合法地筹集公共资金，解决社会的公共问题，维护纳税人和公民的公共利益，满足公共需要，实现公共目标；②公开性。公共支出是以部门预算、国库集中支付、政府采购、财政监督、绩效评价为体系的现代财政管理体制；③公益性。公共支出存在的基本前提是社会公共利益和这种利益的公共载体——公共需要的存在，这也是公共支出存在的一个必要条件，是实

① ［美］埃莉诺·奥斯特罗姆. 公共事物的治理之道——集体行动制度的演进，余逊达等译［M］.上海：上海三联书店2000.

现公共利益和社会公共需要的一种手段，充分体现公共财政“取之于民，用之于民”的基本原则；④法治性。公共支出是以法制为基础，在法律法规的约束规范下进行的，通过法律的形式，并依靠法律法规的强制手段，规范和监督政府的财政活动，维护社会公众的利益和个人利益。公共性决定了公共支出的基本目的是提供公共服务和满足公共需要的财力，即保证那种通过市场机制难以有效解决资源配置的领域，能够获得充分的财力保证，如教育、卫生与社会保障等民生领域；公共性的特征也意味着公共支出不是只为某一经济主体充分服务的财政，而是为所有市场活动主体提供一视同仁的服务，这就要求公共支出要向满足公共需要或提供公共服务倾斜；再次，公共支出是与公共服务型政府相对应的一种财政模式，因此，公共支出制度的建设和优化也就必然成为公共服务型政府建设的重要前提和内容。因此，公共支出作为一种制度安排，事实上是一种财政制度的变革。制度本身不能增加资源，但可以改变生产要素配置的环境和补偿机制，从而影响公共事业发展的方向、速度和效率。①

（二）公众主导型理论

公众对公共服务的需求和政府通过预算分配的福利制度，以及特殊利益集团的影响导致了财政支出的增长，即需求拉动财政支出增长。因此，随着公众收入水平的提高，公众对政府提供公共服务的需求相应增加，从而增加政府的公共支出。这里涉及两个方面的问题：一是随着公众收入水平的提高，在多大程度上能够引起对公共服务需求的增长，即公共服务需求的收入弹性；二是政府如何及时满足公众服务增长的需求，及增加公共服务供给。此方面主要包括瓦格纳法则、发展阶段增长理论、消费偏好理论、人口理论等。②

瓦格纳法则。德国经济学家阿道夫·瓦格纳（Adolph Wagner，1835-1917）通过对19世纪许多欧洲国家和日本、美国公共支出增长情况的实证研究，提出了“公共支出不断增长法则”或“政府活动扩张法则”。认为：一个国家的经济发展与该国财政支出规模存在一种函数式的因果关系：当国民收入增长时，财政支出会以更快的速度增长；即在经济发展过

① 刘俊.公共支出转型及其经济发展效应研究[D].河南大学博士论文，2009.

② 常世旺、韩仁月.公众主导还是国家主导：1952-2006年中国财政支出增长影响因素研究[J].经济评论，2008（6）：9-15.

程中，随着人均收入的提高，人们对公共产品的需求弹性较高，人们对包括法律、警察、金融、教育、文化和卫生等公共产品的需求将不断增长，并且超过人均收入的增长。因此，导致政府支出的规模也相应增长。其政治因素是，随着经济社会的发展，特别是现代工业的发展，原来的“廉价政府”已不能适应现代资本主义发展的实际，国家活动的范围和领域不断扩大，除原有职能外，在发展经济、文化教育、卫生保健和社会保障等方面有了新的职能，从而导致政府财政支出的增加；其经济因素是指市场的缺陷和外溢性，以及收入弹性问题都需要政府增加支出。“瓦格纳法则”后来被许多学者的研究所验证，一些学者在对二战后东西方国家的社会福利支出作了比较研究后发现，不但西方市场经济国家的公共支出呈现膨胀趋势，社会主义国家的公共支出也大体符合“瓦格纳法则”，只是增长速度稍低于西方国家。

发展阶段理论。美国经济学家马斯格雷夫（Rachard A. Musgrave）和罗斯托（Wmlter　W. Rostow）在1987年对经济发展史进行实证分析基础上，提出了公共支出增长的发展阶段理论。认为在经济发展的不同阶段产生不同的需要，从而导致公共支出的不断增长。在经济发展的早期阶段，为启动经济，政府往往会加大投资，提供必需的基础设施以及进行人力资本方面的投资，如公路、铁路、法律秩序、教育、卫生等，为私人投资创造良好环境；在经济发展进入中期阶段，政府还要进一步增加投资。因为经济起飞后，政府若减少投资，不利于经济持续增长，同时随着经济规模的增长又会对基础设施建设提出新的或更高的要求；在经济发展的成熟阶段，政府支出仍然会继续增加，但公共支出的投向将从提供基础设施等“硬件”转变为增加对教育、卫生、社会保障和社会福利等“软件”方面，从而导致支出增长的趋势不会停止。

“消费偏好理论”则认为可以用公民对财政支出的偏好大于私人支出的偏好来解释财政支出的增长。由于消费者更偏好公共产品或者更偏好公共生产，较高的城市化率将促进财政支出增长。福利经济学派在纯公共产品情况下，由于增加一个社会成员的边际成本为零，所以人口增长不会引起财政支出增长。但总财政支出被分配给更多的人，每个成员的支出份额将下降，这相当于支出价格下降了，因此，这会引起公共服务需求的增加。“人口理论”认为人口增长会对服务条件产生影响。随着人口增加，社会拥挤成本上升，对个人效应产生负面影响，这就要求有更多的资源被用于提供公共服务。在一定的外部拥挤成本下，如果公共服务水平和质量保持不变，人口增长将导致支出更大比例的增长。①

（三）国家主导型理论

这一理论基于官僚机构的行为模式来解释财政支出规模，并将“经济人”假设引入政府行为的分析，即官僚从财政支出规模增长中得到的边际效用高于公众；官僚倾向于隐瞒公共服务的真实成本，使公众产生财政幻觉，低估公共服务的真实成本。原用以约束官僚行为的预算平衡原则遭到破坏，这一理论包括阶梯型渐进增长理论、不平衡增长理论和官僚行为增长理论。

“阶梯型渐进增长”理论认为外在因素对解释政府公共支出的增长具有较大的影响。在正常情况下政府公共支出呈现一种渐进的上升趋势，只有在社会经历“突变”时（如战争、经济大危机或其他灾害等），政府支出才会急剧增长，而过了这个“突变”期，政府公共支出的水平就会下降，但一般不会再回到原来的水平。因此，在政府公共支出的发展趋势上呈现出一种“梯度渐进增长”的特征。这主要是由于政府的公共支出水平受制于人们“租税容忍水平”（Level of Tax Tolerance）的原因。在其他条件不变的情况下，政府公共支出的增加意味着未来税负的加重，但税负水平的提高并非取决于政府的意愿，一旦政府征税超过了纳税人可容忍的限度，将受到纳税人的抵制，他们将运用个人手中的选举权对政府进行否决。在正常情况下，在不改变整个社会平均税率的前提下，税收水平会随国民收入的增加而自动提高，由于具有累进性的所得税在整个税收收入中所占比重较大，使得税收的增长水平往往高于国民生产总值的增长水平。相应地，政府公共支出增长水平也会高于国民生产总值的增长水平，因此，政府整个公共支出就会呈现一种渐进的增长趋势。当社会发生突变时，这一渐进趋势会被打破。由于应付战争、饥荒或经济危机的需要，纳税人有可能接受较重的税收负担，私人的税收容忍水平将会提高，政府公共支出也有可能较大地增加，从而使整个政府公共支出在渐进的过程中呈现一个上升的“台阶”，这一现象称为“置换效应”（Displacement Effect）。当社会突变过去，政府公共支出的水平就会下降，但是，由于政

① 常世旺、韩仁月. 公众主导还是国家主导：1952—2006年中国财政支出增长影响因素研究[J]. 经济评论，2008（6）：9-15.

府不会轻易容许已经上升的“租税容忍水平”降到原有的状况，因此，政府公共支出水平虽然会下降，但不会降低到原来的水平。战争等社会突变迫使政府重视那些平常无须注意的问题，如战后的调整、退伍军人的退休金以及全民健康的改善等，从而促使人们对扩大公共财政支出予以支持，即存在所谓“审视效应”（Inspection Effect）。另外，战争等社会突变还会促使中央政府财权的扩大与地方政府财权的不断缩小，产生“集中效应”（Concentration Effect）。在上述效应的作用下，政府公共支出就呈现梯度渐进增长的态势。

“不平衡增长”理论认为不同部门劳动生产率的差异是导致财政支出不断增长的一个原因。“官僚行为增长”理论则用官僚机构的行为模式来解释政府支出增长。其中心论点有两个：一是官僚从财政支出中受益大于一般公众，因为每个官僚机构的办公条件、福利待遇、政绩显示和迎合选民偏好的心理都与较高水平的财政支出有某种联系，而公众从较高水平开支中的受益是非常分散和一般性的；二是官僚倾向于隐瞒公共服务的真实成本，使公众产生财政幻觉。可见，官僚政治理论强调官僚为追求自身利益而增加财政支出。①

二、成本效益分析理论

由于公共物品的特性，无论付费与否，付费多少，个人能享用的公共物品总量是相同的。公共物品的非排斥性导致的“免费搭车”的可能性诱使追求效用最大化的个人隐瞒或扭曲自己的偏好，坐享由他人的付费所形成的供给，由此造成公共物品的实际供给偏离帕累托效率。因此，对“免费搭车”、真实地“偏好显示”问题的研究，有助于公共产品有效供给，提高公共支出的效率。历史上关于这些问题的理论研究及最新文献，显然对我国政府效率的提高具有启示作用。政府的公共支出行为是一种公共选择，其结果就是政治制度的安排和决定。正如公共收入的征集一样，公共支出的分配不仅涉及资源配置问题，同时还涉及财富再分配问题。有些公共支出项目原本就带有明显的再分配意图或扶贫意图，那些不带有再分配初衷的公共项目，客观上也具有再分配效果。因此，与私人决策不同，公共支出决策必须考虑再分配问题。政府公共支出的效率，关键在于把居民

① 常世旺、韩仁月. 公众主导还是国家主导：1952—2006年中国财政支出增长影响因素研究[J]. 经济评论，2008（6）：9-15.

的消费需求集合为社会的需求，即政府只有按照人民的意愿进行资源配置才是有效率的。而地方政府公共财政支出过程就是社会资源通过财政收入集中到政府手中然后再支配其使用的过程。社会资源是有限的，因此当有限的资源集中到政府手中发挥最大效益时，政府占有资源才是有效的。地方政府公共财政支出反映着政府的政策选择，也代表政府提供的公共物品和服务的多少，对其展开的绩效评价，就是对政府资源分配的合理性、有效性的考核与评价。将成本效益分析方法用于地方政府公共支出决策中，旨在寻求在投资决策上如何以最小的成本获得最大的收益。在这个方法中，每一个项目或决策的成本和收益都将一一列出，并进行量化。

成本效益分析（Cost-Benefit Analysis）概念首先由法国经济学家朱乐斯·帕帕特提出，其后被意大利经济学家帕累托重新界定，到1940年，美国经济学家尼古拉斯卡尔德和约翰希克斯对前人的理论加以提炼，形成“成本一效益”分析的理论基础，即卡尔德一希克斯准则。成本效益分析就是通过比较项目的全部成本和效益来评估项目价值，具体有以下几种方法：

（1）净现值法（Net-Present Value，NPV）和内部收益率法（Internal Rate of Return，IRR）NPV和 IRR 考虑了货币的时间价值，将发生在不同时期的资金的流入，通过贴现计算，换算成本期的数值，从而消除了不同时间货币贴现率和市场通货膨胀的影响。净现值法是一项投资所产生的未来现金流的折现值与项目投资成本之间的差值，是评价投资方案的一种方法。净现值为正值，投资方案是可以接受的；净现值是负值，投资方案就是不可接受的。净现值越大，投资方案越好。净现值法是一种比较科学也比较简便的投资方案评价方法。净现值法所依据的原理是：假设预计的现金流入在年末肯定可以实现，并把原始投资看成是按预定贴现率借入的，当净现值为正数时偿还本息后该项目仍有剩余的收益，当净现值为零时偿还本息后一无所获，当净现值为负数时该项目收益不足以偿还本息。

内部收益率法又称财务内部收益率法（FTRR ）、内部报酬率法，是用内部收益率来评价项目投资财务效益的方法。内部收益率，就是资金流入现值总额与资金流出现值总额相等、净现值等于零时的折现率。如果不使用电子计算机，内部收益率要用若干个折现率进行试算，直至找到净现值等于零或接近于零的那个折现率。内部收益率，是一项投资可望达到的报酬率，是能使投资项目净现值等于零时的折现率。内部报酬率如果大于市场利率，说明项目在经济上是可行的，但不一定是最优的，最优的项目是内部报酬率最大的那个项目。

（2）现值指数法（Present Value Index，PVI）是指某一投资方案未来现金流入的现值，同其现金流出的现值之比。通过计算比较现值指数指标判断决策方案的好坏。所谓现值指数，是指未来收益的现值总额和初始投资现值总额之比，其实质是每一元初始投资所能获取的未来收益的现值额。

这几种方法各具所长，有其不同的适用性。一般而言，如果投资项目是不可分割的，则应采用净现值法；如果投资项目是可分割的，则应采用现值指数法，优先分析现值指数高的项目；如果投资项目的收益可以用于再投资时，则可采用内部报酬率法进行分析。

在对地方政府公共财政支出进行成本分析时，应该明确成本和效益究竟包括什么内容。政府部门不同于私人部门追求社会福利的最大化，而是服务社会全体成员关注的公共收益。由政府提供的公共物品也存在与私人物品截然不同的特性——外部性。这种外部性包括技术外部性和货币外部性。鲍莫尔（ Blaumol ）和奥茨（ Otates ）认为，不论什么时候，只要某人的效用或生产关系中含有由其他人决定的实际变量，而他人在做决定时并没有特别考虑他们对自己的福利的影响，这时候就产生了外部性。所以，在对公共物品进行成本收益分析时，还应当考虑它们的外部性。

三、公共选择理论

全球范围内，公共支出规模呈现不断增长之势已是不争的事实。对此现象，既有公共经济学方面的解释，也有公共选择理论方面的阐述。公共经济学力图从历史的、实证的角度解释政府支出规模不断增长的原因。公共选择理论学派则从政府自身的、内在的“行为”角度来阐述公共支出规模不断增长的事实。这些理论也为分析我国公共支出增长，提供了一定的理论依据。

公共选择理论（Public Choice Theory）以新古典经济学的基本假设（尤其是理性人假设）作为分析工具，来研究和刻画政治市场上主体的行为。丹尼斯·缪勒将公共选择理论定义为：非市场决策的经济研究，或者简单地定义为把经济学应用于政治科学。公共选择的主题与政治科学的主题是一样的：国家理论、投票规则、投票者行为、政党政治学、官员政治等等。从理性人角度，公共选择理论家得出的结论是：最佳的结果总是由于市场发挥了更为重要的作用，而不是政府扮演了更加重要的角色。

公共选择理论还指出了传统的行政管理模式的困境：

第一，由于官僚是理性经济人，追求个人私利。因此，理想的官僚，即“服务于公共利益的公仆”并不存在；

第二，政府产出的非市场性特征导致官僚机构缺乏竞争，使得政府没有动力降低成本，从而变得没有效率或低效率；

第三，韦伯模式下的严格的等级制度扼杀了公务员的创造性与积极性，官僚机构缺乏内部激励机制；

第四，官僚追求预算最大化，追求更大的自主权。公共选择理论认为人类社会包括经济市场和政治市场两个市场，而同一个人在两个市场上具有相同的行为动机并追求相同的目标；

第五，伴随“政府扩张”，政治权力可能介入经济活动，而产生寻租行为 。

公共选择理论的代表人物是戈登·图洛克（Gordon Tullock），他被誉为“公共选择理论之父”，他与布坎南合著的《同意的计算——立宪民主的逻辑基础》被认为是公共选择理论的经典著作。公共选择理论的另一代表人物是美国经济学家詹姆斯·布坎南（James. M. Buchanan），他认为“简单而直接的观察表明，政治家和官僚的行动与经济学家研究的其他人的行动并无不同”。通过有效的公共政治程序或公众投票规则有效率地实施公共产品供给政策，布坎南提出了著名的“俱乐部理论”。他认为在私人物品和公共物品之间存在一种“俱乐部产品”，具有某些公共性，但公共的范围是有限的，它具有排他性和拥挤性。排他性是指俱乐部产品仅仅由俱乐部全体成员共享，因而排他是可能的，而纯公共物品如路灯由全体消费者共享，不具有排他性。俱乐部产品通常包括高速公路、城市、基础设施、动物园、娱乐设施等，而这些主要由地方政府财政支出支撑。拥挤性是指单个会员对俱乐部产品的消费不会影响或减少其他会员对同一物品的消费，而对私人物品的消费却会减少其他人可以消费的物品数量。布坎南的俱乐部理论为地方政府配置非纯公共物品提供了基础。

公共选择理论的基本特点是把经济学的研究方法应用到政治领域，从经济学角度分析政府管理活动，它其实是将微观经济学应用于行政和社会领域的经济思维的体现。公共选择理论认为，一个理性的“经济人”必然会受到对其行动有影响的刺激机制的支配，而官僚与其他人一样，追求自己利益的最大化。公共选择的几种经典理论对公共支出绩效管理提出了挑战性影响 。

1. 尼斯卡南：官僚经济理论

官僚经济理论是公共选择学派的一个重要组成部分，它是针对官僚机构不能很好地满足社会对公共物品的需求而展开的研究。它是把官僚机构纳入公共选择理论的供给模型中进行分析，把官僚看成是理性的经济人，追求个人利益，如酬金、地位、权限、预算、晋升等。官僚机构和官僚个人的行为都遵循着制度约束下的刺激反应模式。1971年，尼斯卡南（William Arthur Niskanen）在《官员与代议制政府》一书中，提出了官僚预算最大化理论，即官员追求的目标是任期内获得最大化预算，包括薪金、职务津贴、公共声誉、权利等。在他看来，官僚与所有普通人一样，是个人利益最大化者。官僚是一个非营利性的组织和机构，他的收入主要是一次性的预算和拨款，而不是产品销售收入。每一个行政官员都是个人效用最大化的“合理经济官僚”。尼斯卡南认为，个人利益导致政府部门预算的最大化，官僚谋取更多利益是为了个人的私利。为了追求个人的地位、权力和收入，政府官员都会千方百计地追求机构预算的最大化，而官员在同政治家和选民进行三角博弈时，力求从政治家那获取预算规模最大化，同时又能满足选民的需求。这种追求最大预算就是尼斯卡南认为的官僚的动机，如果这种假设是成立的，那么对地方政府财政支出进行绩效评价就显得尤为必要，同时也揭示出对地方政府财政支出进行绩效评价的困难与阻碍。

2. 奥尔森集体行动理论

20世纪60年代以来，公共选择理论的迅速发展。研究者不仅将经济学方法广泛运用到政治研究，从其研究和关注的内容来看它更反映了政治学与经济学等学科交叉发展的趋势。奥尔森的集体行动理论在这种背景下产生，并成为公共选择理论的重要组成部分。他以公共选择理论为依托，比较系统地提出了集体行动理论。

奥尔森的集体行动理论是一种政治学、经济学、管理学、社会学等多学科交叉融合的理论，该理论以集体行动的发生、结构和功能作为研究对象，它关注的中心问题是集团成员如何通过集体选择的方式供给集体物品。集体行动理论可以从狭义和广义两个角度来理解。狭义上，集体行动理论就是对集体行动逻辑的研究；广义上，集体行动理论是对集体行动逻辑及其拓展和应用研究。奥尔森从个体理性出发，得出了推翻常识的、令人耳目一新的见解，即“个体理性不是集体理性实现的充分条件”，相反，除非一个集团中人数很少，或者除非存在强制或其他某些特殊手段以使个人按照他们的共同利益行事，有理性的、寻求自我利益的个人不会采取行动以实现他们共同的或集团的利益。在集团物品生产中，在没有强制和选择性激励的情况下，集团成员会自觉地采取搭便车态度，无视集团共同利益的损失。因此，当集团或组织向全体员工提供的是具有非排他性的公共物品时，任何单个官员从集团中获取到的收益要远远大于他的贡献。如果是一个小集团，他们获得利益将会更大。任何集团和组织都可能通过两条途径为其成员谋取福利：增加预算和增加预算外收入。这就极有可能导致寻租、腐败行为的产生。利益集团的这种分利行动，不但降低了社会的经济效益和人均收入，而且降低了经济增长率。同时，利益集团为了维护其成员的利益，往往阻碍新技术的开发和利用，阻碍经济改革和资源的自由流动和资源的重新配置，而由此带来的损失比从利益集团获取到的利益要大很多倍。在政府部门，这种利益集团尤为明显，然而代表“公共利益”的压力集团要么力量弱小，要么根本就不存在。对地方政府财政支出进行绩效评价极易受到这种利益集团的阻碍，而无法发挥真正的作用。

四、新公共管理理论

20世纪80年代以来，西方大多数发达国家的公共部门都有一个显著的变化，这种变化的最显著的特征是从传统公共行政向新公共管理转变。关于这种转变，有许多名称：“管理主义”“新公共管理”“以市场为基础的公共行政”“后官僚主义范式”或者“企业家政府”等等。一般说来，西方行政学界较多地使用“新公共管理”（New Public Management），又称为管理主义（Managerialism）。尽管西方发达国家政府管理领域的转变名称不一，但都具有一个相同或相似的基本取向，即都以采用私人部门管理的理论、方法及技术，引入市场竞争机制，提高公共管理水平及公共服务质量为特征的“新公共管理理论”为指导。①新公共管理理论对近数十年国家政府改革具有相当重要的影响，因此出现了新公共管理派、新公共管理思潮、新公共管理运动等。新公共管理理论假设公共组织和私营组织的管理在本质上是相似的，用于组织和激励雇员的管理机制，在公共部门

① 朱米均. 西方新公共管理理论述评[J]. 党政干部学刊，2006（8）：28-29.

和私营部门同样适用。

针对传统公共管理理论，新公共管理提出了“政府有限论”和必须以市场来解救“政府失灵”的新公共管理典范，其大致主张可归纳为：

（1）改造公共部门。其直接目标包括：提高公共部门的资源配置的效率和工作效率；增加政府的各种计划、项目的有效程度；通过职能转移，缩小公共部门及其人员的规模，削减政府的预算开支；丰富和改善公共部门提供的产品和服务的质量；增强公共服务对公众需求的反应力，使公众更加容易获得公共服务；增加行政行为的透明度，使公共权力内部化的机会最小化；完善公共机构的责任机制，使公共机构及主管人员更好地对工作负责。

（2）引进企业管理模式和竞争机制。公共部门同私人部门的管理，其本质上是相似的。因此，政府应该引入“企业家精神”和市场竞争机制，改造行政文化，提高政府效率、优化公共产品、降低行政成本。同时，有必要借鉴企业的管理理论、思想、模式、技术，重视人力资源的开发与管理。更重要的是，要在政府部门广泛实行绩效管理，明确各个机构和官员所应达到的工作目标，并创造诸如量化绩效评定、直接给予物质奖励等方法，对最终的工作结果予以评价。

（3）以顾客为导向，奉行顾客至上的全新价值理念。新公共管理完全改变了传统模式下政府与公众之间的关系，政府不再是发号施令的权威官僚机构，而是以人为本的服务提供者，政府公共行政不再是“管治行政”而是“服务行政”。公民是享受公共服务的“顾客”，政府以顾客需求为导向，尊崇顾客主权，坚持服务取向。新公共管理关注政府项目实施的有效性，表现出一种目标导向的趋势，行政权力和行政行为从属和服务于“顾客”的满意度这一中心。政府以提供全面优质的公共产品、公平公正的公共服务为其第一要务。在新公共管理看来，政府是负责任的“企业家”，而公民是其尊贵的“顾客”。这是公共管理理念向市场法则的现实复归。作为“企业家”的政府并非以盈利为目的，而是要把经济资源从生产效率较低的地方转移到效率较高的地方，“由顾客驱动的政府是能够提供多样化和高质量的公共服务的政府”。对公共服务的评价，应以顾客的参与为主体，注重换位思考，通过顾客介入，保证公共服务的提供机制符合顾客的偏好，并能产出高效的公共服务。[①]

① 朱米均. 西方新公共管理理论述评[J]. 党政干部学刊，2006（8）：28-29.

由于新公共管理主张在弹性市场机制的基础上，采用商业管理主义的理论、技术和方法对公共部门进行全方位的改革，对公共部门产生了极其深远的影响，使得公共部门管理方式发生了根本性的变革。新公共管理理论从经济学角度出发，认为在公共部门管理中能够对交易成本理论、委托代理理论和公共选择理论、公共产品理论加以利用。

澳大利亚学者欧文·E. 休斯在《公共管理导论》一书中对新公共管理模式的几个特点进行了归纳：

（1）新公共管理与传统行政管理有着本质的区别，它更注重结果和管理者个人的责任；

（2）不同于传统官僚制和科学管理理论，它强调组织、人员的灵活；

（3）著名学者芬维克（Fenrick）提出的3E公共支出绩效管理准则，是新公共管理理论的基本准则，明显区别于韦伯的官僚制理论。3E即“经济性、效率性和有效性”三者有机结合的公共支出绩效管理模式；

（4）管理人员是带有政治色彩进行管理工作的，而不是韦伯宣传的完全中立或无党派的；

（5）政府职能逐渐有通过民营化、外包化等向市场机制靠近的趋势。

根据芬维克提出的3E绩效管理模式，我们可以更加明确的考量“成本”“资源”等经济类指标，在政府公共财政支出进行绩效评价时可以明确特定对象在特定项目中花费了多少以及资金的有效使用情况和是否存在浪费现象；可以获得资源的“投入”与“产出”等效率类指标，从而清楚各种财政支出究竟有怎样的产出水平；同时，还能考察“产出”和“结果”等效果类指标，政府进行财政支出目的是为了追求社会公平，而财政支出是否实现了目标，通过投入—产出指标可以清楚的衡量。由此可见，3E绩效管理模式对于地方政府开展绩效评价活动起着重要指南作用 。

新公共管理理论意味着政府的管理理念逐渐转向追求解决实际问题、提高政府执行力和政府声誉等为宗旨，它强调根据“成本—收益分析”来确定结果、运用目标管理方法和市场运作机制、注重竞争与选择、通过权责利相一致下放权力和以绩效、成本—收益、竞争、分权为核心价值，这为公共支出绩效评价的发展奠定了一定的理论基础。

五、公平效率理论

效率作为一个经济学概念，关注的是典型的经济学问题，即投入产出、投资回报。效率的概念经常被置换为"效益"，它表示的是一种广义的社会效率，其核心是"资源的有效使用和有效配置"。公平则是典型的社会学概念，关注的是社会正义和社会资源"合理的分配"。经济效率、经济增长本身不是目的。发展经济是为了改善人民生活、增进社会福扯，包括增进社会公平。因而，公平是社会发展具有基础性和终极性的目标；而效率和经济增长则是一种工作性的、工具性的目标。对公平和效率的追求成为现代社会发展的两个基本动力，在大多数情况下，两者并不存在此消彼长的简单关系，而是可以相互促进的。①在现代社会的治理中，公平与经济发展分属两个不同的领域，政府和市场的分工是十分明确、清晰的，即所谓"政府管公平，市场管效率"。通过国家财政的二次分配以帮助弱势群体，促进和维护社会公平，是公共政策的基本出发点和政府的主要职责之一。

公平和效率这两个目标能够相互促进。例如，加强对低收入劳动者的教育和培训可以提高劳动效率，又可以改善整个社会的收入状况。然而，在大多数的情况下这两个目标是相互矛盾的：一方面，为了提高效率，有时必须忍受更大程度的不平等；另一方面，为了增进公平，有时又必须牺牲更多的效率。社会常常面临两难的选择："是要更高的效率呢，还是要更大程度的公平？"这就决定了公共财政政策或政府财政职责的选择性。

在教育领域，公平与效率的矛盾并不是截然对立的。一方面，公平与效率存在着矛盾，在教育财政领域最突出的表现是公共财政资源在不同阶段的教育之间、不同区域之间以及不同人群之间的分配。当公共资源更倾向于城市教育时有助于公共资源利用效率的提高，但是同时却会因为用于农村教育的公共资源的减少而有损教育的公平。另一方面，教育公平与教育效率是两个既可以相互独立又同样重要的教育目标，在经济学理论中，有"效率优先、兼顾公平"或者"公平优先、兼顾效率"两种观点。在教育领域、尤其是义务教育领域，应该坚持教育公平与教育效率并重的原则，使得每一个儿童获得平等的教育资源。在初等教育阶段，公平和效率

① 杨东平. 教育公平是一个独立的发展目标——辨析教育的公平与效率[J]. 教育研究，2004（7）：26-31.

之间不仅没有矛盾，而且是高度一致的。这一研究结论对发展中国家的教育政策产生深远的影响。①

社会公平是教育公平的基础，教育公平是社会公平的重要组成部分。教育不公平是由社会经济因素造成的，要真正实现教育公平必须进行经济改革和政治改革，最大限度地实现社会公平和正义。从法律角度来看，第二次世界大战后，平等受教育作为一种基本的人权已被写入国际公约、国际法及各国的法律之中，法律成为保障这一种受教育权利实现的有力武器，同时也是保证公平教育实现的重要手段之一。但从各国的实践来看，法律条文规定与实际状况毕竟存在着差距，T.Nage将教育平等分为“消极平等”和“积极平等”“消极平等”即国家对教育平等的有关规定（法律条文），“积极平等”即事实上促进教育机会均等的具体措施。两者是相辅相成的，而且后者更为重要。研究表明，英国20世纪教育公平的发展和英国政治民主化的推动有直接关系，没有后者就没有前者的迅速发展和推进。

教育的公平可以促进社会公平，例如新中国成立后，在相当长的时间内我们采取向工农子女倾斜的教育政策，很大程度上改变了旧中国遗留下来的教育不公平状况，也促进了社会的平等。美国在20世纪60年代实行了教育民主化，扩大了黑人的受教育权利，也促进了美国黑人社会地位的提高，缓和了黑人和白人的矛盾，在一定程度上促进了社会的公正。

教育公平是对教育利益关系的调整和教育资源配置合理性的价值判断，教育公平的本质是合理性，教育公平与教育平等是内涵不同的两个概念，教育平等是指公民受教育权利的相同性、一致性，受教育机会的相同性、一致性，教育平等是教育公平的基本要求。任何公平、正义都具有时代特征和标准，都应该与同时代的社会政治经济文化发展相适应，教育公平及其平等和效率也应该与社会公平及其平等和效率相一致。无论是低于还是超越社会整体发展水平的公平最终都将损害真正的公平。低于社会整体水平的公平既可能是没有充分利用社会整体经济实力不断提高基本平等水平的、贫富差距较大的低水平公平或者不平等，也可能是没有充分利用社会和谐力量和稳定基础并充分提高效率而导致的、共同贫困的平等或者

① 蒋凯. 从“奢侈品”到“生存的必需”——世界银行关于发展中国家高等教育的新观点[A]. 刘海峰. 公平与效率：21世纪高等教育改革与发展[C]. 福州：福建教育出版社，2003.

低水平的公平。高于社会整体水平的公平既可能是由于急于求成，超出社会可能提供的基本平等的整体经济实力，形成高水平的公平理想与低水平的公平现实反差很大的、不稳定的公平状态，也可能是忽视基本平等和和谐稳定状态，过分追求效率，形成高水平的公平理想与低水平的公平现实反差很大的、不稳定的公平状态。教育平等与教育效率至少可能形成高水平平等和高水平效率、低水平平等和低水平效率、高水平平等和低水平效率、低水平平等和高水平效率四种状态。最理想的状态是第一种，也就是教育的公平状态，其他三种状态都是教育的不公平状态。①

教育效率是指教育投入与产出的关系，追求教育效率就是要少花钱多办事、低投入高产出，教育效率应是教育数量与教育质量的统一，有效率的教育应是使用同样的资源培养出更多的、高质量的公民，相对于教育数量来讲，教育质量更为重要，教育质量是教育效率的本质。

在教育公平与效率中，现阶段我们更加注重教育公平，这是因为教育公平是社会公平的主要杠杆。目前，我国教育不平等的情况引起了社会的广泛关注，我国教育的不公平集中体现在城乡教育不平等上，城乡教育的二元结构还没有消失的迹象，要实现教育公平就要明确教育公平的三大基本原则：

首先，教育资源配置的平等原则，包括受教育权平等和受教育机会平等两个方面。受教育权平等是指任何公民不因其性别、身份、出生、地位、职业、财产、民族等附加条件都享有平等的受教育权利，教育对全体社会成员体现出“不偏袒性”和“非歧视性”，受教育机会平等是在教育权利平等的基础上所设立的教育制度，它要保证所有社会成员有平等地接受教育的机会，它要求社会提供的教育机会对社会每个成员都始终均等。一般地把教育机会平等界定为教育起点平等、教育过程平等和教育结果平等。但从教育平等理论来看，教育结果平等是不可能实现的 。

其次，教育资源配置的差异原则。从社会学理论上说，教育资源应均等地配置给社会成员，但由于受教育者先天禀赋不同，同等的教育资源在不同的教育者身上会得到不同的结果。应根据受教育者个人的具体情况分配教育资源，因此，要提供多元化的教育资源，尊重个体的差异性，保证每个人接受适合其特点的教育，使每个学生的个性和禀赋得到充分的发

① 郝文武. 平等与效率相互促进的教育公平量化指标和关系状态[J]. 高等教育研究，2010（8）：47–55.

展，根据这种理论制定的教育政策和这种理论指导下的教育实践更能体现出教育公平。

最后，教育资源配置的补偿原则。补偿原则优先考虑受教育者的社会经济地位，注重不同社会成员之间的差距，对社会经济地位处境不利的受教育者在教育资源配置上给予补偿，补偿原则从形式上看是不平等的，实质上是平等的。罗尔斯在其社会正义理论中提出了差别补偿原则，他认为只能允许那种能给最少受惠者带来补偿利益的不平等分配，任何不平等的利益分配都要符合最少受惠者的最大利益。这与教育公平的补偿原则是一致的。我国在2005年全部免除了西部地区和部分中部地区农村义务教育阶段5200万学生的学杂费，为3730万名农村贫困家庭学生免费提供教科书，为780万名农村义务教育阶段学生补助了生活费，这就体现了教育资源配置的补偿性原则。

经济差异直接影响教育公平。拉弗等人已经发现，在决定实际教育成就的过程中，提供给墨西哥37个城镇农民的实际教育年限是极度重要的，而“智商几乎无助于说明教育成就差别”。麦克马洪的计量经济学对美国男子所受教育程度进行了调查，结果表明家庭的可支配收入是相当重要的。孩子的能力测试成绩与父母的收入息息相关。这就说明来自较高收入家庭的孩子极可能具有进较好学校的有利条件。这类学校一般设在高收入水平的地区和学区。

政府政策也直接影响教育公平。包括税收计划和支出计划的政府财政政策，直接或间接地、有意或无意地影响着教育资源分配，进而影响教育公平与效率。政府在制定经济政策和教育政策时，就要作出选择：是缩小收入的不平等差距，还是致力于降低机会的不均等。一般说来，那些主张政府应直接影响经济成果的人更倾向于提高教育的效率，注重机会平等的人更注重教育的公平。但在政策制定过程中，两者并不一定发生矛盾和冲突。

第三章

教育财政支出绩效的基本概念及评价指标

第一节 教育财政支出绩效的基本概念

一、财政教育支出

财政教育支出（Public Education Expenditure）是指中央和地方各级政府为了维持各级、各类教育事业顺利发展进行的经费支出，包括预算内教育经费、学费和杂费及各种税费减免、各种专项资金等。我国通常意义上的财政支出就是指公共支出，因此财政对教育进行的支出也可以称为公共教育支出。上海财经大学“公共支出评价”课题组在研究成果中将公共教育支出定义为政府以公共教育经费形式用于教育事业的支出。从教育财政支出的主体看，财政教育支出既有中央财政投入部分，也有地方政府的投入。从支出用途上来讲教育财政支出包括事业性经费支出和基本建设支出两个部分。教育事业费相当于通常意义上财政支出中的经常性支出，是用于维持教育经常性活动所必需的费用。教育事业性经费又细分为人员经费和公用经费两部分。教育基本建设支出相当于教育经费中的资本性支出，主要是用于教育基础设施建设与维修方面的支出。从支出内容上来看，教育财政支出反映政府教育事务支出，有关具体教育事务包括教育行政管理、学前教育、小学教育、初中教育、高级中等教育、高等教育、留学生教育、特殊教育、干部继续教育、教育机关服务等。本研究所指的财政教育支出不包括教育行政管理、留学生教育、特殊教育、干部继续教育、教育机关服务支出。

二、绩效与教育财政支出绩效

绩效（Perfomance）的概念最早出现在企业的管理过程中。对于“绩效”一词的界定，当今学术界还没有一个相对统一的结论，从字面意思分析，绩效是绩与效的组合，绩就是业绩，体现目标；效就是效率、效果、态度、品行、行为、方法、方式。在《公共支出管理》一书中，普雷姆詹德指出：绩效包含了产品与服务质量及数量、生产效率以及机构所做的贡献与质量，还包含了效率、节约和效益。OECD在其1994年的报告《绩效测量和评价》中对绩效给出的定义是：绩效是实施一项活动所获得的相对于目标的有效性，不仅包括从事该项活动的经济性、效率和效力，还包括该项活动实施主体对预定活动过程的遵从程度和该项活动的公众满意度。从不同的绩效定义可以看出，人们对绩效理解的不同仅限于绩效涵盖的范围不同，对绩效核心思想的理解还是趋于统一的，即绩效就是实施一项活动的有效性，绩效绝不仅仅是对结果的衡量，还包括对过程的衡量，甚至包括对提供方主观努力程度和接受方满足程度的衡量。

公共支出绩效评价是对公共部门的各项支出进行绩效分析，它涉及现代管理科学、制度经济学和公共经济学等若干相关研究领域。公共支出绩效最早于1907年由纽约城市研究局提出，用于协助管理和调控，后被广泛应用于公共支出领域。公共支出绩效分析体系发展至今，基本已经形成了一套以公众需求为导向，以投入产出模式和成本收益分析为基础，综合考虑效益性、效率性与公平性的评价体系。从实践来看，美国、英国、澳大利亚、加拿大等发达国家的公共支出绩效评价体系已经比较完善和成熟。近年来，中国理论界和实践部门对财政收支矛盾和财政风险十分关注，要求政府提高公共活动效率，由此引起国内对公共支出绩效分析研究的重视。由于我国对公共支出绩效分析的研究起步晚、发展速度较慢，目前公共支出绩效评价体系并不完善。因此，我国公共支出绩效问题更加需要理论界进行深入研究，以更好地为政府部门行为决策指明正确方向，保障政府公共支出行为的有效性。作为公共支出绩效分析的一个重要分支，公共教育支出绩效评价是将绩效评价的思想用于公共教育支出领域，是政府管理公共教育方式的创新，目的是依据一定的评价原则，通过建立相应的指标体系对财政在教育领域的投入水平、支出过程与结果进行分析与评价，以提高公共教育支出的效率与效益。由于教育活动的特殊性，公共教育支出的绩效评价也更为复杂。从内容上看，公共教育支出的绩效可分为经济绩效和社会绩效，经济绩效主要是通过公共教育支出对经济增长的贡献程度来表示；而社会绩效是通过教育支出对社会发展所做的贡献来表示。从过程上来看，公共教育支出绩效评价既包括对投入阶段资金分配状况的考察，也包括对教育财政支出使用过程和使用效果的评价。

三、地方教育财政支出的绩效评价标准

教育的准公共物品属性，决定了教育几乎在所有国家或地区要消耗大量的公共资源，通常假定一个国家或地区要达到一个合理高度的经济增长率，必须要有一定的最低水平的教育准备。教育机会在不同地区、不同人群中的分布状况也会影响到社会公平。传统上，主要依据三个标准对教育财政绩效进行评判：教育经费投入的充足性、教育资源配置的公平性以及教育资源使用的效率性。

（一）教育经费投入的“充足性”

对于教育经费是否充足的认识，不同时期各有不同，且随着国家和地区经济发展水平的提高和社会对教育作用的认识提高而不断发展。从“投入”的视角来看，假设存在一个维持教育系统正常运行和健康发展的合理的经费需求水平，经费的供给达到这个水平时就称为充足，也可称为事前公平。比较有代表性的是伯恩和斯蒂菲尔的观点，他们认为财政教育支出充足，即要求政府应当为每一个学生提供足够的教育资源，以使他们都能获得适当的教育。按照这一要求，财政政策应该以充足为原则设计具体的制度规则和标准，并以此规定教育的投入和测量这些投入的方法。

从产出的角度来看，教育财政投入的充足性即保证学校拥有足够的资源去达到教育产出标准。充足的教育产出水平除了随个体和区域差异进行调整外，还应该根据教育发展水平和社会需要进行调整；与之相对应，教育财政充足性水平的评价标准也并非关心学校或者学区之间所拥有的教育经费的多寡，而是关心学校或学区是否获得足够的教育经费为每一名学生提供达到充足教育水平所必需的教学服务。即公共财政应该为公共教育提供足够的财政资源，使得每一个学生都能够达成一定标准的教育结果。

与对教育投入充足性的认识相对应，教育经费充足性的评价标准也各不相同。在20世纪60年代和70年代前半叶，对于教育经费充足性的评价重点关注投入总量，即按照用于教育的经费占国民生产总值的百分比（8%常常被认为是“充足”的）和政府预算花费在教育上的份额（20%被认为是

合适的）来认定教育经费充足与否。70年代末期，世界银行率先采用了更为全面的新标准，这些标准涉及小学与中学入学率、女性教育机会的平等以及成人的文化水平等，更为关注实际教育成果，并以此作为教育经费充足与否的评价准则。80年代以来，这种以“结果”为导向的教育财政“充足性”标准又有了新的内涵，即要提供使每一个学生获得“充足性”教育所必需的经费保障，教育财政拨款尤其是基础教育财政投入，需要为学生提供充足的教育资源，使得每一个普通学生均能够达到规定的成绩标准，同时，又为特殊需要的学生提供额外需要的教育资源，使之能够达到规定的特殊学生学业成绩标准。总之，教育经费的充足性是一个发展性的概念，已从早期单纯注重投入发展到了投入与产出并重的这样一个阶段。本研究主要基于我国的国情、当前人们关注的重点以及数据可获得性，评价充足性聚焦于投入的规模与结构。

（二）教育资源配置的“公平性”

公平性是教育财政分配的核心价值基础，有着丰富的内涵。“教育机会均等的思想”早在19世纪初就在国外提出了，此后，不少学者一直致力于这方面的研究。其中，最具有影响力的文献是20世纪60年代科尔曼关于美国教育机会均等的调查报告。科尔曼在对19世纪以来教育机会均等观念演变进行梳理的基础上，把教育机会均等分为四个标准：进入教育系统的机会均等、参与教育的机会均等、教育结果均等、教育对生活前景机会的影响均等。胡森（1985）在对科尔曼报告有关教育机会均等概念总结的基础上，从社会哲学的角度，将教育机会均等观念的演变分为保守主义阶段、自由主义阶段和教育机会平等的新概念阶段。此外，莱文（2004）从哲学思想的角度出发，总结了欧洲教育机会均等的理念，他认为，教育机会均等可以用四个标准去评估：一是进入教育体系的机会均等；二是教育参与均等，即不同社会出生的相同比例人数的适龄学童，无论在数量上和质量上都得到相等的教育参与；三是教育成效均等，即每个性别和每一个社会阶层都有一定比例的人，从每学年的教育成长和整体的教育经验中得到相似的教育成效；四是教育影响生活前景均等，教育制度介入社会制度，即个人的社会出身（或性别）和他（或她）最后的社会成就没有相应的影响关系。

教育公平理念的演变影响着世界教育财政政策发展的实践和趋势。以美国为例，20世纪初期至60年代，公立中小学教育经费主要由学区承担，学区经费主要来源于房产税，很容易造成教育经费的差异，带来教育质量的差别，进而引发了教育的不公平，而且20世纪70年代至90年代初，围绕着教育财政公平问题的诉讼案在美国各州层出不穷。从90年代初开始，美国的基础教育财政逐步从资源配置公平转向以“教育结果”为导向的财政充足，即公立中小学教育已经开始更多地关注教育质量，关注学生的教育成绩等教育效果，同时也使得教育财政研究，单纯从投入角度考虑的财政公平的焦点问题逐步被连接着投入和产出的财政充足所取代（曾满超，2002）。James W. Guthrie（2006）将以教育结果公平为导向的经费充足性的研究成果称为美国基础教育的“新财政”。

从当前国内有关教育均衡发展的研究现状来看，与国外类似，国内对教育均衡发展内涵的认识也经历了一个不断演变的过程。从早期研究教育机会的均等，到研究教育资源配置（即过程）的均等，再到追求教育质量的公平。一般来说，在尚未实现教育普及时，公平是指人人应享有教育机会；已经实现了教育普及时，公平则是指人人都应享受到较高质量的教育（谈松华，1994）。在实现“两基”之前，受教育的机会和受教育的年限尤为重要，是衡量教育公平和教育均衡发展的重要指标。但是，实现“两基”之后，教育公平和教育均衡发展的重要标志则是质量公平。事实上，无论是侧重于教育机会的均衡还是侧重于教育质量的公平，都不可忽视教育资源配置的均衡。就我国实际情况而言，尽管我国经济总量已占据世界第二位，但就人均水平来说，我国还是一个发展中国家，目前还没有能力致力于教育结果公平。因此，本研究考察的重点是地方间教育资源配置公平。

（三）教育资源使用的“效率性”

早期人们对教育支出的评价很少涉及效率的分析。效率在公共支出领域往往被视为有助于实现自由、平等、博爱道德价值意识的“衍生价值”。直到20世纪，效率才逐渐成为公共政策的主要目标。经济学中的效率被沿用到教育领域之初，教育效率的外延主要是指教育资源利用效率。它是将教育视为经济或生活活动，从而计量其投入与产出之比。1924年，苏联经济学家斯特鲁米林发表《国民教育的经济意义》，运用劳动简化法第一次计量苏联教育投资对国民收入的贡献和收益率，可以视为早期研究教育的外部效率的开始。之后到20世纪60年代，国外的学者们对教育效率的研究更多关注宏观层面的教育的外部效率，重点研究教育对经济增长的作用，美国经济学家沃尔什（1935）、舒尔茨（W. Schultz）、丹尼森（1962）和英国经济学家希恩（J. Sheehan）（1968）等都对教育对经济增长的促进作用做了较为深入的研究。20世纪60年代至70年代，教育效率的研究开始侧重于对教育组织内部投入和产出之间的关系的研究，更多的学者开始关注学校内部资源的使用效率，采用回归计量方法探究教育投入与产出的相关性，分析教育资源的投入对学生成绩的影响，如英国经济学家布劳格（M. Blung）和伍德海尔（M. Woodhall）采用时间数列分析的方法，研究了英国大学教育的生产效率。海尼曼（A. P. Heyneinan）和洛克斯（W. A. Loxley）对20世纪70年代中期的29个国家的初等学校教育质量与学生学业成绩的相关性进行了研究，得出低收入国家教师质量与学校质量对学生成绩的影响要比高收入国家明显得多的结论。20世纪80年代末至90年代初，我国教育经济学学者们也开始对教育资源利用效率进行研究，很多学者如朱国宏、李海生、陈晓宇、李实等，采用实证分析的方法对教育投资外部收益率及其差异性进行了计量分析，得出了一系列比较有价值的结论。20世纪90年代中期开始，我国学者对教育效率的研究开始转向学校内部效率，利用不同的分析指标和分析方法对我国各层级教育的内部投入产出效率进行了研究，分析对象多以某个地区或部分学校为样本，也开始关注教育财政投入的内部效率评价，并尝试采用了更为全面的指标和多种计量方法与工具，如教育增值法、数据包络分析法等，对我国教育财政投入的内部效率进行了分析。

综合近年来国内外学者的研究，我们认为基于教育的目的和教育行为的特征，对其经济效率的考量纬度理应包括内部效率与外部效率两个方面。财政教育支出的内部效率将教育投入与产出联系在一起，通过构建教育生产函数，从投入产出的角度评价财政教育投入是否达到了相应的效果，或者在达到相应标准的前提下是否实现了成本最低。教育财政投入的外部效率具体体现在如下两个方面：一是教育财政支出通过提高人力资本从而促进经济增长以及经济增长方式的转变；二是财政对教育的投入保证了低收入人群享受同等教育机会，通过提升其人力资本水平从而起到调节收入分配的作用。

第二节　教育财政支出绩效评价指标体系构建原则

教育财政支出绩效评价指标体系必须包含定性指标与定量指标，坚持定性与定量相结合的原则。开展教育财政支出绩效评价的过程中，需要遵循以下原则。

一、整体性与系统性相结合原则

整体性是系统论的核心思想，是应用系统方法解决问题的根本依据，它着眼于整体中各个要素之同的相互联系，通过分析，力求提高系统的整体水平和质量。教育财政支出绩效评价指标的设置应与教育财政体制接轨，与教育事业发展、教育财政改革的战略目标相统一，将普遍与差异性相结合，根据不同层级教育的特点分层设计指标，并从不同角度反映出地方政府教育财政支出的特征。

系统性原则要求各个细化指标要能够系统、全面地反映出地方政府教育财政投入与支出的规模、质量和效率要求，不能有任何重要指标的遗漏，以及能够通过各指标间的相互配合达到满足教育财政支出绩效各项要求的目的。

二、定性分析与定量分析相结合原则

定性分析是评价主体运用自身知识和有关标准，对评价客体做出的主观评价；而定量分析是采用科学的计算方法，将评价指标量化处理，再对评价对象进行效率、质量等方面的综合评价。在实际操作过程中，地方政府教育财政投入支出的绩效，有的可以定性分析，如公众的满意度，有的则需要通过定量化的指标来计算和衡量，如资金使用率、投入产出比等。如果单纯使用定性或定量的方法对教育财政绩效进行评价，势必会对评价结果的客观合理性有所影响。同时，教育财政投资量大、周期长，绩效作用的发挥往往具有明显的滞后性；其直接经济效益可能不明显，但其外溢性显著，若仅用定量指标则不能客观反映地方教育财政使用的真实绩效。因此，在实际评价过程中将定性指标与定量指标有机结合显得非常重要。

三、可行性与可比性相结合原则

指标体系的设置既要有一定的前瞻性，又要符合教育财政活动的实际，应具有较强的可行性。同时，地方政府教育财政支出绩效评价既要考核教育事业的直接收益，更要着重考量社会效益，做到公平与效率兼顾。因此，指标的设置应以客观指标为主，以主观指标为辅，将共性与个性指标相结合，定性指标与定量指标有机结合，形成相互补充、相互促进的绩效评价指标体系。根据财政经济和社会发展现状及趋势，针对教育事业发展的特点，将教育投入与实际工作相结合，研究并设计相应的评价指标，达到提升教育投入的综合产出的目的，是进行教育财政服务绩效评价的出发点和最终落脚点。

四、公开性与回应性相结合原则

教育财政服务信息做为公共财政服务信息的内容之一，是公共信息的重要组成部分，都是为社会公众服务的。因此，教育财政支出绩效评价指标应坚持透明、公开的原则。社会公众有权了解教育财政投入产出的情况，政府部门有责任将自身工作置于广大公众的监督之中，提高政府公共服务决策的透明度。同时，教育财政支出绩效评价能够吸引公众的注意，为公众参政、议政提供便捷的参与渠道，鼓励社会组织参与到地方教育财政政策的制定过程中，促进财政信息的透明度，增强社会公众对财政服务需求的回应力。政府部门应该充分了解公众的意见，尽可能地满足公民的公共服务需求，并及时做出有力的回应，公布教育财政支出的绩效，促进政府部门、公共财政服务提供者和公众之间的沟通与合作。

第三节　教育财政支出绩效评价的内容与方法

一、河南省教育财政支出绩效评价内容

依照上述评价标准，我们根据教育层级不同、经费数据的可得性，重点选取义务教育支出、中等职业教育支出和高等教育支出三个层级的教育，从教育经费投入、教育经费分配与教育经费使用的整个流程，系统地

对这三类教育财政支出的充足性、公平性与有效性进行评价。

考虑到这三个层级的教育具有不同特点，发展程度也有所差异，因此评价的内容与重点有所不同。义务教育阶段着重从教育经费投入的程度与教育资源分配过程的角度，通过对教育投入规模与结构、资源配置的地区差异与资金的投入产出效率分析，对义务教育投入的充足性、公平性以及资金使用的内部效率进行评价。中等职业教育侧重从与全国比较的层面，利用宏观的投入、产出数据讨论河南省的经费使用效率。对高等教育费支出的评价，在全国层面上，对2015年各个省、直辖市的高等教育投入、产出指标表现进行综合评判；在省内层面上，从全省选取部分高校，根据其投入、产出指标的表现，利用DEA法综合评价；同时，选取一所本科院校，针对其内部的二级院系的投入、产出表现，评价高校教育经费的内部使用效率。总之，对不同层级教育经费投入的绩效评价在不失一般性的基础上，力求有所侧重。

二、河南省教育财政支出绩效评价方法

基于在公共组织绩效评价中运用量化方法的可能性和必要性，国内外学者在克服传统量化分析方法局限性的基础上，把一些现代量化方法引入公共组织绩效评价领域中来，进行公共组织绩效评价量化方法研究的有益尝试，各类学校作为一种典型的公共组织也不例外。

综合国内外有关文献资料，开展绩效评价的量化方法有多种。例如：J. Ruggier（2000）和Nemi K. Avkiran（2001）使用的数据包络分析（DEA）；Masood A. Badri和Mohd H. Abdulla（2004）运用层次分析法（AHP）；谢合明（2001）运用层次分析法（AHP）；2001年网大高校排名使用德尔斐问卷调查法和层次分析法（AHP）确定指标及其权重；李汉邦和徐械巍（2004）、陈东升（2006）利用模糊评价法（FCE）；王晓红（2004）、郭明磊和李光金（2005）运用数据包络分析（DEA）测度高校产出水平，等等。

从国内外关于教育经费使用绩效评价量化方法的研究现状可以看出，相关的量化评估方法研究基本上都是在最近几年内兴起的，归纳起来主要有三种：层次分析法（AHP）、数据包络分析法（DEA）和因子分析法。

（一）层次分析法（AHP）

1. 基本原理

层次分析法（Analytic Hierarchy Process，简称AHP）是将决策有关的元素分解成目标、准则、方案等层次，在此基础之上进行定性和定量分析的决策方法。该方法是美国运筹学家匹茨堡大学教授萨蒂于20世纪70年代初，在为美国国防部研究“根据各个工业部门对国家福利的贡献大小而进行电力分配”课题时，应用网络系统理论和多目标综合评价方法，提出的一种层次权重决策分析方法。

层次分析法，是将一个复杂的多目标决策问题作为一个系统，将目标分解为多个目标或准则，进而分解为多指标（或准则、约束）的若干层次，通过定性指标模糊量化方法算出层次单排序（权数）和总排序，以作为目标（多指标）、多方案优化决策的系统方法，又称为层级分析法。

2. 层次分析法的基本步骤

（1）建立层次结构模型。在深入分析实际问题的基础上，将有关的各个因素按照不同属性自上而下地分解成若干层次，同一层的诸因素从属于上一层的因素或对上层因素有影响，同时又支配下一层的因素或受到下层因素的作用。最上层为目标层，通常只有1个因素，最下层通常为方案或对象层，中间可以有一个或几个层次，通常为准则或指标层。当准则过多时（譬如多于9个），应进一步分解出子准则层。

（2）构造成对比较矩阵。从层次结构模型的第2层开始，对于从属于（或影响）上一层每个因素的同一层诸因素，用成对比较法和1—9比较尺度构造成对比较矩阵，直到最下层。

（3）计算权向量并做一致性检验。对于每一个成对比较矩阵计算最大特征根及对应特征向量，利用一致性指标、随机一致性指标和一致性比率做一致性检验。若检验通过，特征向量（归一化后）即为权向量；若不通过，需重新构建成对比较矩阵。

（4）计算组合权向量并做组合一致性检验。计算最下层对目标的组合权向量，并根据公式做组合一致性检验，若检验通过，则可按照组合权向量表示的结果进行决策，否则需要重新考虑模型。对于高校绩效评价来说，通过一致性检验，则表明指标选取及权重是合理的，否则需重新设计指标及权重。

（二）数据包络分析法（DEA）

1. 基本原理

运筹学家A. Charnes、W. W. Cooper和E. Rhodes在1978年提出用来评价部门间的相对效率的C^2R模型，这便是数据包络分析方法（Data Envelopment Analysis，简称DEA）的发端。在这之后，又有Golany B.、Seiford L.、Stutz J.、魏权龄以及黄志民等人相继提出了C^2GS^2模型、C^2W模型和C^2WH模型，作为C^2R模型的补充。这些模型在用来研究相同类型决策单元（Decision Making Units，简称DMU）之间相对有效性方面显得较为有效。

数据包络分析法是利用数学线性规划方法，将现有可观察到的投入产出向量资料建立一个包络所有相同类型DMU（独立决策单元Decision Making Units，简称DMU）的相对最有效率的生产前沿，用以评估产业整体的生产绩效，其特点是不预设函数形式，唯一的假设是生产可能集合为外凸性（Convexity）。若某一DMU位于此一生产前沿上，则此DMU是有效的；若此一DMU位于此一生产前沿下方（或内部），则相对无效率。

高等教育的绩效是一种包括多项投入与多项产出的效率衡量。数据包络分析就是一种研究多输入、多输出系统相对效率的评估方法。

下面以C^2R模型为例进行简单的介绍。

设有n个参评的决策单元，每个决策单元有t种类型的投入，s种类型的产出。

X_{ij}：第j个决策单元对第i种类型输入的投入量；

Y_{rj}：第j个决策单元对第r种类型输出的产出量；

V_i：对第i种类型输入的一种度量（权）；

U_r：第r种类型的输出的一种度量（权）；

$i=1, 2, \cdots, t$；$r=1, 2, \cdots, s$；$j=1, 2, \cdots, n$；

X_{ij}及Y_{rj}为已知的数据，而且$X_{ij} \geqslant 0$，$Y_{rj} \geqslant 0$，V_i及U_r为变量。

记$X_j=(X_{1j}, X_{2j}, \cdots, X_{tj})^T$，$Y_j=(Y_{1j}, Y_{2j}, \cdots, Y_{sj})^T$，则可以用$(X_j, Y_j)$表示第j个决策单元。对应于权系数$V=(V_1, V_2, \cdots, V_t)^T$，$U=(U_1, U_2, \cdots, U_s)^T$，每个决策单元都有相应的效率评价指数：

$$h_j=(U^TY_j)/(V^TX_j) \quad (j=1, 2, \cdots, n) \qquad (3\text{-}1)$$

适当地选取系数V和U，使$h_j \leqslant 1$。

对于第J_o（$1 \leqslant J_o \leqslant n$）个决策单元，其$C^2R$模型

为如下最优化模型：

$$\max \quad (U^TY_{jo})/(V^TX_{jo})$$
$$s.t \quad (U^TY_j)/(V^TX_j)\leqslant 1 \qquad (3\text{-}2)$$
$$V\geqslant 0,\ U\geqslant 0$$

上式是一个分式规划。使用Charnel-Coope变换可将其化为一个等价的线性规划模型：

$$\max \quad P_tY_{jo}$$
$$s.t \quad (Q^TX_j-P^TY_j)\geqslant 0 \qquad (3\text{-}3)$$
$$Q^TX_{jo}=1$$
$$Q\geqslant 0,\ P\geqslant 0$$

其中，$P=(p_1, p_2, \cdots, p_t)^T$，$Q=(q_1, q_2, \cdots, q_s)^T$为新变量。

其对偶规划模型为：

$$\min\theta$$
$$s.t$$
$$\sum_{j=0}^{n} X_j\lambda_j-S^-=\theta X_0$$
$$\sum_{j=1}^{n} Y_j\lambda_j-S^+=Y_0$$
$$\lambda_i\geqslant 0;\ j=(1, 2, \cdots, n);\ S^-\geqslant 0;\ S^+\geqslant 0 \qquad (3\text{-}4)$$

通过计算，解得θ，S^+，S^-，λ，其中θ为该DMU_j的有效值，S^+，S^-分别为该DMU_j的输入和输出的松弛变量，λ为该DMU_j的权重系数。

当θ=1，且所有的S_+和S_-为零，则称该DMU_j为DEA有效；当θ=1，S_+和S_-不为零，则称该DMU_j为DEA弱有效；θ<1，则称该DMU_j为非DEA有效。DEA有效，则说明评价单元的投入与产出相适应，能充分利用各种投入资源；DEA弱有效或是非有效，则说明该评价单元的资源利用率未能实现最大化，从而发现资源利用过程中的问题，找出解决办法。

当然，DEA方法也存在一个缺陷，由于各个决策单元是从最有利于自己的角度分别求权重的，导致这些权重是随DMU的不同而不同的，从而使得每个决策单元的特性缺乏可比性。所以DEA方法只能够判断决策单元是否是DEA有效的，它们分为有效和非有效两大类。另外，用这种方法进行评价时容易出现大量的、甚至全部决策单元都为有效的情形，这是由于传统的DEA方法总是强调单个被评价单元的优势所致。因此，传统的DEA方法不能对决策单元进行排序，从而要做更进一步的分析评价。

在实际运用中，对决策单元按一定的标准排序也是进行分析评价时很重要的一个方面，如果能将DEA方法与其他方法结合起来，可以对多种研究方法取长补短。

（三）因子分析法

因子分析法是从研究变量内部相关的依赖关系出发，把一些具有错综复杂关系的变量归结为少数几个综合因子的一种多变量统计分析方法。它的基本思想是将观测变量进行分类，将相关性较高，即联系比较紧密的分在同一类中，而不同类变量之间的相关性则较低，那么每一类变量实际上就代表了一个基本结构，即公共因子。对于所研究的问题就是试图用最少个数的不可测的所谓公共因子的线性函数与特殊因子之和来描述原来观测的每一分量。

1. 因子分析模型

因子分析模型描述如下：

（1）$X=(X_1, X_2, \cdots, X_p)'$是可观测随机向量，均值向量E（X）= 0，协方差阵Cov（X）=Σ，且协方差阵Σ与相关矩阵R相等（只要将变量标准化即可实现）。

（2）$F=(F_1, F_2, \cdots, F_m)'$（$m<p$）是不可测的向量，其均值向量E（F）=0，协方差矩阵Cov（F）=I，即向量的各分量是相互独立的。

（3）$e=(e_1, e_2, \cdots, e_p)'$与F相互独立，且E（e）=0，e的协方差阵Σ是对角阵，即各分量e之间是相互独立的，则模型：

$$x_1=a_{11}F_1+a_{12}F_2+\cdots+a_{1m}F_m+e_1$$

$$x_2=a_{21}F_1+a_{22}F_2+\cdots+a_{2m}F_m+e_2$$

………

$$x_p=a_{p1}F_1+a_{p2}F_2+\cdots+a_{pm}F_m+e_p$$

称为因子分析模型，由于该模型是针对变量进行的，各因子又是正交的，所以也称为R型正交因子模型。

其矩阵形式为：x=AF+e.

（1）$m \le p$;

（2）Cov（F，e）=0，即F和e是不相关的；

（3）D（F）= Im，即$F_1, F_2, \cdots, F_m$不相关且方差均为1；

D（e）=，即e_1，e_2，…，e_p不相关，且方差不同。

我们把F称为X的公共因子或潜因子，矩阵A称为因子载荷矩阵，e称为X的特殊因子。

A =（a_{ij}），a_{ij}为因子载荷。数学上可以证明，因子载荷a_{ij}就是第i变量与第j因子的相关系数，反映了第i变量在第j因子上的重要性。

2. 模型的统计意义

模型中F_1，F_2，…，F_m叫做主因子或公共因子，它们是在各个原观测变量的表达式中都共同出现的因子，是相互独立的不可观测的理论变量。公共因子的含义，必须结合具体问题的实际意义而定。e_1，e_2，…，e_p叫做特殊因子，是向量x的分量x_i（i=1，2，…，p）所特有的因子，各特殊因子之间以及特殊因子与所有公共因子之间都是相互独立的。模型中载荷矩阵A中的元素（a_{ij}）是因子载荷。因子载荷a_{ij}是x_i与F_j的协方差，也是x_i与F_j的相关系数，它表示x_i依赖F_j的程度。可将a_{ij}看作第i个变量在第j公共因子上的权，a_{ij}的绝对值越大（$|a_{ij}|$ £ 1），表明x_i与F_j的相依程度越大，或称公共因子F_j对于x_i的载荷量越大。为了得到因子分析结果的经济解释，因子载荷矩阵A中有两个统计量十分重要，即变量共同度和公共因子的方差贡献。

因子载荷矩阵A中第i行元素之平方和记为h_i^2，称为变量x_i的共同度。它是全部公共因子对x_i的方差所做出的贡献，反映了全部公共因子对变量x_i的影响。h_i^2越大，表明x的第i个分量x_i对于F的每一分量（F_1，F_2，…，F_m）的共同依赖程度越大。

将因子载荷矩阵A的第j列（j =1，2，…，m）的各元素的平方和记为g_j^2，称为公共因子F_j对x的方差贡献。g_j^2就表示第j个公共因子F_j对于x的每一分量x_i（i= 1，2，…，p）所提供方差的总和，它是衡量公共因子相对重要性的指标。g_j^2越大，表明公共因子F_j对x的贡献越大，或者说对x的影响和作用就越大。如果将因子载荷矩阵A的所有g_j^2（j =1，2，…，m）都计算出来，使其按照大小排序，就可以依此提炼出最有影响力的公共因子。

3. 因子分析的步骤

因子分析的核心问题有两个：一是如何构造因子变量；二是如何对因子变量进行命名解释。因此，因子分析的基本步骤和解决思路就是围绕这两个核心问题展开的。

因子分析法分以下几个基本步骤：

（1）确认待分析的原变量是否适合作因子分析。

（2）构造因子变量。第一步，将原始数据标准化，以消除变量间在数量级和量纲上的不同；第二步，求标准化数据的相关矩阵；第三步，求相关矩阵的特征值和特征向量；第四步，计算方差贡献率与累积方差贡献率。

（3）利用旋转方法使因子变量更具有可解释性。

（4）计算因子变量得分。

（5）确定因子。设F_1，F_2，…，F_p为p个因子，其中前m个因子包含的数据信息总量（即其累积贡献率）不低于80%时，可取前m个因子来反映原评价指标。

（6）因子旋转。若所得的m个因子无法确定或其实际意义不是很明显，这时需将因子进行旋转以获得较为明显的实际含义。

（7）用原指标的线性组合来求各因子得分。采用回归估计法、Bartlett估计法或Thomson估计法计算因子得分。

（8）综合得分。以各因子的方差贡献率为权，由各因子的线性组合得到综合评价指标函数。

$$F = (w_1F_1+w_2F_2+\cdots+w_mF_m) / (w_1+w_2+\cdots+w_m)$$

此处w_i为旋转前或旋转后因子的方差贡献率。

（9）得分排序。利用综合得分可以得到得分名次。

（四）三种方法的比较

层次分析法（AHP）、数据包络分析法（DEA）和因子分析法应用到教育经费使用绩效评价过程，各有其不同的特点。

利用层次分析法可以单独分析单位的投入与产出，可以分别将投入与产出的多种变量通过赋权、比较、汇总，然后得出一个总的投入与产出的数据，从而对评价对象之间或一所高校内部的不同部门进行绩效的比较与排序。

数据包络分析模型进行绩效评估的主要优点：具有较强的客观性和可操作性；能对多维绩效指标的投入或产出进行综合性评估，从而发现评价单元是否实现效率最优，如未实现最优，可以通过哪些途径改进。

因子分析法用在教育经费使用绩效评价中的优点主要体现在：可以将大量的、种类繁多的绩效指标整合成为最具代表性、最能体现评估目的的绩效指标体系。通过因子分析对原始变量数据进行降维处理，可以浓缩数据信息，简化指标的结构，以便用最少的综合指标来概括和揭示大量的绩效信息，从而达到用简洁的绩效指标评估教育经费使用绩效的目的。它既可以解决绩效评估的指标确定问题，而且可以通过评估的结果发现评估对象本身在绩效方面的薄弱环节，从而为有效的绩效改进指明努力方向。

第四节　教育财政支出绩效评价指标体系的构建

近年来，随着宏观经济持续走好，各级政府财政收入规模迅速增长，财政资金的使用效果如何，日益成为政府和社会公众关注的重点。西方发达国家经过几十年的发展，普遍开展了财政支出绩效评价。这些国家各级政府通过开展绩效评价，不仅有效地提高了财政支出绩效，节约了财政资金，较好地维护了公众的利益，而且通过绩效评价优化了财政支出结构，使财政支出成为政府施政的重要工具，成为调控经济运行和社会发展的重要经济手段。我国财政支出绩效评价工作起步晚，绩效评价指标和标准体系方面还不完善，而这直接关系到绩效评价的成效，需要进行研究和探索。

一、教育财政支出绩效评价指标的类型

教育财政支出绩效评价指标是反映教育财政支出绩效评价总体现象的特定概念和具体数值，是衡量、监测和评价财政支出的经济性、效率性和有效性，揭示财政支出存在问题的重要量化手段。建立完善的教育财政支出绩效评价指标是开展财政支出绩效评价的核心环节。当前，在开展教育财政支出绩效评价的实践中，遇到的主要困难也集中在绩效评价指标的设计上。设置层次齐全、类别丰富的绩效评价指标体系，是开展绩效评价工作中面临的重要任务。

教育财政支出绩效评价是对教育财政支出活动的经济性、效率性和有效性进行评价，因此评价指标的设计也要围绕这三项目标进行。教育财政支出绩效评价指标的设计可分为两个层次：一是复合性评价指标，包括经济性、效率性、有效性指标；二是单一性评价指标，包括投入类、过程类、产出类和成果类指标。从四项单一性评价指标上不能直接判断一项财政支出活动的绩效高低，但是这些单一性指标是复合性指标产生的基础，通过单一性指标评价的结果可以计算出复合性指标，才能对财政支出的绩效进行评价。

（一）单一性指标

（1）投入类指标，是反映公共部门在提供公共服务中所投入的人力、物力、财力、时间、土地、设备和信息等指标，投入的社会价值可通过其机会成本加以计量。在评价教育财政支出综合绩效中，采用的投入类指标主要包括：教育财政支出总量指标、财政支出增长平均速度等指标。在教育支出绩效评价中，投入指标主要包括：教育支出增长率、财政投入系数、人均经费增长率等指标。但是，这些绩效评价采用的投入类指标，对财政支出中的人力、物力、土地、设备等投入因素考虑不周，对项目的投入存在估算不足问题。

（2）过程类指标，是指公共部门在提供公共服务过程中，对质量的控制和对预算制度的执行情况。显然，过程类指标就是用于反映公共部门在提供公共服务过程中质量控制的程度和执行预算计划的变量。在评价教育、卫生等领域的绩效中采用的过程指标主要包括：资金到位率、资金使用率、地方财政资金配套率等。但是在设计过程类指标中缺少对被评价对象内部管理机制、财政资金监督机制、财务管理状况等进行评价的过程控制类指标。

（3）产出类指标，是指政府财政支出活动所生产的商品和服务数量。产出指标包括数量指标和质量指标，产出的数量指标便于计量，而质量指标测算相对困难。教育事业产出绩效评价指标主要包括危房改造数量、新增校舍数量、新增图书数量、新增教育设备数量、新增各类反映教学与科研工作成效的产出指标。

（4）成果类指标，主要是用于反映政府、预算部门和单位、财政支出项目使用财政资金，达到预期目标程度的指标。结果类指标反映了政府财政支出活动在多大程度上实现了财政支出的目标。职业教育支出评价类指标主要包括：接受教育人员的知识水平和技能提高情况、受教育者的人均收入提高情况等。义务教育项目的结果指标主要是小学入学率、中学入学率、毕业率、就业率等。

上述4项指标只是用于反映教育财政支出绩效的原始指标，要评价财政支出的绩效还需要在这4种指标的基础上采用经济性、效率性和有效性指标，对教育财政支出的绩效进行客观评价。

（二）复合性指标

（1）经济性指标，主要用于反映财政支出项目的成本是否最低。可以通过投入类指标、过程类指标和相应标准计算得出。具体是比较完成既定质量和数量的公共服务，财政的投入是否最低。如政府为达到某个目标，而购买的商品和劳务是否为市场经济条件下同档次中价格最低，是否存在浪费现象。为提高财政支出的经济性指标，各级政府都实行了政府采购制度，大大提高财政支出的经济性。比如，教育支出绩效评价的经济性指标主要包括：平均每所学校的总科研收入、教师人均科研经费、新增和更新教育设施率等。

（2）效率性指标，是用于反映既定的财政资源投入是否获得了满足公共需要的最大产出，它往往是通过投入类指标和产出类指标比较得出。教育支出绩效评价的效率性指标主要有：固定资产管理指标（固定资产利用率、收益率等）、万元财政投入培养学生数、义务教育入学率、辍学率、城镇儿童入园率等。

（3）有效性指标，是反映财政支出项目的产出结果实现公众的需求、偏好和价值观的程度。它要求政府不仅要做正确的事，并且做的结果与公众的预期需要相符。有些工程、计划或项目具有经济性和效率性，但可能缺乏有效性或有效性不高，没有达到事先确定的目标。譬如，政府投资建设一所学校，工程设计良好、建设成本控制严格、建设进度比较快，具有了经济性和效率性原则，但如果当地没有足够的生源，或者教学质量不高吸引不到足够的生源，造成教学设施的空置浪费，这个项目的有效性就不高。因此，有效性日益成为财政支出项目绩效评价的重要指标。教育类项目绩效评价的有效性指标主要包括：大专以上文化人口比重、初中以上文化人口比重、毕业生升学率、一次就业率、学龄人口在校率等指标。在开展财政支出绩效评价实际工作中，由于财政支出的项目性质不同（包括教育、社会保障、经济建设、科技、卫生等），绩效评价的对象层次不同（政府、部门、单位和项目），而且每类指标都是由许多具体指标组成，这些具体的指标在不同的评价对象中可能差别很大。通常情况下，在设计某类财政支出项目绩效评价指标时，都设计了通用指标和特性指标。

在设计财政支出绩效评价指标时，为保证绩效评价结果的科学性、准确性、可靠性和全面性，达到预期的评价目标，还必须遵循：目的性和系统性相结合、全面性和精简性相结合、完整性和导向性相结合、科学性和可操作性相结合、定量分析与定性分析相结合的原则，确保设计出的绩效评价指标具有相关性、经济性和可比性。

二、教育财政支出绩效评价指标体系的内容

教育经费使用绩效评价指标体系的设计从以下四个方面考虑。

1. 教育投入的努力程度评价指标

对教育投资总量进行评价，主要分析教育投资在总量上是否满足了区域社会经济和教育发展的需要。包括：教育投资占GDP比例、财政性教育经费占GDP的比例、预算内教育经费占财政支出比例。通过评价教育经费占国民经济主要指标GDP和财政支出的比例是否合适，是否符合本地区特点来评价教育投资总量是否合理。

2. 教育投入的进步程度评价指标

评价教育投资增长速度是否达到法律、政策性的规定。包括预算内教育经费的增长指标（是否高于经常性财政收入的增长）、生均教育事业费增长指标、生均公用经费以及人均教育经费等指标。

3. 教育经费配置的合理性评价指标

评价教育投资的分配是否合理，主要评价教育事业费与教育基建费的配置比例，反映事业发展中的基建投入水平；教育事业费中公用经费所占比例，反映教育事业的办事效率和财政资金的支出结构；教育事业费在高等教育、中等教育、初等教育中的分配比例；不同教育类别，例如中等职业教育经费占中等教育经费的比例等；义务教育经费在城市和农村的分配比例；不同经费投资主体所投经费的分配比例；此外，各级教育生均教育事业费的比例，可以评价教育经费对各级各类学生分配的公平性。

4. 教育投资利用效率评价指标

评价教育经费利用效率的指标比较多，主要包括：教育成果数量指标、教育成果质量指标、教育人力资源利用效率指标、教育物力资源利用效率指标。

三、具体指标及解释

根据研究对象的不同特点，我们分别设计三套评价指标体系。对河南省教育经费使用绩效做整体评价时，指标要反映教育经费总量、结构及效

率，具体包括反映教育事业改革与发展、教育经费使用过程的监督与执行结果、教育经费配置状况以及各级、各类学校的教育产出等内容共计30类指标构成，见表3-1。对河南省高等教育投入产出进行宏观评价时，指标体系见表3-2。选取河南省内一所普通高等院校进行微观评价时，指标体系见表3-3。

表3-1　教育经费使用绩效评价指标体系

一级指标	二级指标	三级指标	指标说明
教育经费总量	教育经费绝对规模	教育经费总收入	总收入包括：国家财政性教育经费、民办学校中举办者的投入、社会捐赠经费、事业收入及其他教育经费
		国家财政性教育经费	包括：公共财政预算教育经费（教育事业费、科研拨款、基本建设拨款、其他拨款）、各级政府征收用于教育的税费、企业办学中的企业拨款、校办产业和社会服务收入用于教育的经费、其他属于国家财政性拨款
		公共财政预算教育经费	
		公共财政预算教育事业费	
		公共财政预算基本建设拨款	
	教育经费相对规模	教育经费占财政支出的比重	$\frac{\text{教育支出}}{\text{同期财政支出}}\times 100\%$
		财政投入乘数	$\frac{\text{教育经费收入}}{\text{财政性教育经费拨款}}$
		教育经费占GDP的比重	$\frac{\text{教育经费收入}}{\text{GDP}}$
	教育经费发展水平	教育经费总收入增长率	$\left(\frac{\text{本年度教育经费总收入}}{\text{某年度指标}}\right)-1$ 同比增长率、年均增长率
		财政性教育经费增长率	$\left(\frac{\text{本年度财政性教育经费}}{\text{某年度指标}}\right)-1$ 同比增长率、年均增长率

续表

一级指标	二级指标	三级指标	指标说明
教育经费总量	教育经费发展水平	财政性教育经费增长边际倾向	$\frac{\text{教育经费支出增长额}}{\text{GDP增长额}}$
		财政性教育经费支出弹性系数	$\frac{\text{教育经费支出增长率}}{\text{GDP增长率}}$
		生均经费增长速度	$(\frac{\text{本年生均经费}}{\text{上年生均经费}}-1)\times 100\%$
		生均公用经费增长速度	$(\frac{\text{本年生均公用经费}}{\text{上年生均公用经费}}-1)\times 100\%$
教育经费结构	教育经费层级结构	义务教育支出占教育支出的比重	$\frac{\text{义务教育支出}}{\text{同期教育支出}}\times 100\%$
		普通高级中学教育支出占教育支出的比重	$\frac{\text{普通高级中学教育支出}}{\text{同期教育支出}}\times 100\%$
		中等职业教育支出占教育支出的比重	$\frac{\text{中等职业教育支出}}{\text{同期教育支出}}\times 100\%$
		普通高等教育支出占教育支出的比重	$\frac{\text{普通高等教育支出}}{\text{同期教育支出}}\times 100\%$
		不同层级生均教育经费支出结构	高等教育：高中：初中：小学：学前教育
	教育经费用途结构	事业性经费支出占总支出的比重	$\frac{\text{事业性支出}}{\text{同期教育支出}}\times 100\%$
		公用费用占教育事业经费比重	$\frac{\text{公用经费支出}}{\text{同期教育支出}}\times 100\%$

续表

一级指标	二级指标	三级指标	指标说明
教育经费结构	教育经费用途结构	事业性经费的支出结构	$\frac{\text{个人部分支出}}{\text{公用部分支出}}\times 100\%$
		教育人员经费占教育支出的比重	$\frac{\text{教师人员经费}}{\text{同期教育支出}}\times 100\%$
		生均教育经费支出的结构	$\frac{\text{事业性经费支出}}{\text{基本建设支出}}$
	教育经费配置的区域分布	基尼系数	按人均GDP计算的生均教育经费的配置水平是否公平
	教育经费配置的城乡结构	城乡生均义务教育经费投入比例	$\frac{\text{农村义务教育生均财政性教育经费}}{\text{该地区义务教育生均财政性教育经费}}$
	教育经费投入的主体结构	各个不同投资主体占教育费总收入的比例	国家财政性教育经费、民办学校中举办者投入、学杂费、事业收入等占教育经费总收入比重/中央财政投入与地方财政投入的比重
教育经费效率	高等教育	某地区高等教育经费使用综合效率	DEA法，投入指标-经费总额，产出指标-人才培养、科学研究、师资队伍、固定资产
		某高校教育经费使用内部绩效	层次分析法、因子分析法、DEA法评价其投入、产出
	义务教育	义务教育经费使用绩效	DEA法。 投入：经费总额 产出：残疾儿童、少年入学率、小学净入学率、初中升学率、高中升学率、专任教师占教职工的比重、专任教师中具有中高级职称的比例

表3-2　2015年河南省（全国）高等学校投入产出绩效评价指标体系

一级指标	权重	二级指标	权重	三级指标	权重
投入		人力资源	0.3875	规模	0.2885
				职称	0.3614
				学历	0.3501
		财力资源	0.3225	年度经费总支出	0.4176
				投入科研总经费	0.5824
		物力资源	0.2900	生均建筑面积	0.500
				生均图书科研设备总值	0.500
产出		人才培养	0.3985	人才培养规模	0.4826
				人才培养质量	0.5174
		科学研究	0.3254	争取科研经费	0.1424
				科研立项	0.1934
				论文发表	0.1710
				专著出版	0.1112
				鉴定成果	0.1532
				科研奖励	0.2288
		社会服务	0.2761	技术转让收入	0.5
				研究与咨询报告采纳数	0.5

四、新乡医学院二级教学单位绩效评价指标体系的构建

一所高校的二级教学单位其办学效益的评估是多输入、多输出的系统，其基本假设是：输入一定数量的教师和经费，院系可以（输出）培养一定数量的学生，承担一定的科研委托（或服务）任务（以纵向、横向科研经费数为观察点），产出一定数量的高水平科研论文与著作。因此，不能仅仅把产出作为评价的唯一指标，不单是注重结果，更要注重效率，即将产出和投入结合起来做综合评价。

本研究在对一所高校内部的二级教学单位进行评价时注重过程评价，即对各院（系、部）通过良好的管理取得成绩这一过程的评价。因此，课题组根据国家和省教育主管部门下发的有关文件规定，参考国内外已有相

关文献资料中绩效评价指标体系的内容，结合专家意见和学校的实际情况，经过外出调研学习、多次召开专家讨论会、进行问卷调查等，反复修改，最后确定了《新乡医学院院（系、部）绩效评价指标体系》，并分别给予各项指标一定的权重。

构建的《新乡医学院院（系、部）绩效评价指标体系》分为投入指标和产出指标，建立了合理的输入与输出指标体系，使得每个指标的边界清楚，指标的计算口径基本一致，指标数据比较容易获取。新乡医学院院（系、部）绩效评价指标的具体内容如下。

（一）投入指标

高校的资源配置包括有形资源和无形资源。其中，无形资源在较大意义上属于定性指标，难以做到精确量化，在评价中暂不进行考虑。有形资源指标可以分为人力资源、物力资源和财力资源三大指标，每个指标还可以进一步细分为若干个子指标。

1. 人力资源投入

人力资源是各个组织最重要的资源，具有能动性的特点，起到对其他物质资源进行配置整合的作用。对高校各院（系、部）而言，人力投入主要是指各个学院的专职教师和行政辅助人员。按照人员分类，分为编制人数、在岗人数、教授、副教授、讲师、助教和其他子指标等。

2. 财力资源投入

财力投入主要是指用于院（系、部）教学与科研的可变成本的支出，具体包括支付给本院（系、部）教职员工的工资和用于教职员工培训、学术交流等方面的经费，尽管各项费用所代表的意义不同，但是它们可以统一以货币数量来表示，主要包括人员经费、教学运行经费、科研运行经费等。

3. 物力资源投入

物力投入主要是指各院（系、部）所具有的办学设施和教学设备，具体包括教学楼、教室设施、教学设备（投影仪、多媒体等）、教学和科研资源（图书资源、软件资源等）。由于各项物资资源的计算单位不同，使得该指标的计算口径不一致，因而本研究用各院（系、部）物质资源的总货币价值来表示。物力资源指标包括校舍、家具、仪器设备和图书资料等多项内容，统计各项指标的数量和价值。

（二）产出指标

反映各院（系、部）产出的指标非常多，而且比较复杂，本研究将院（系、部）产出绩效的输出指标归纳为四类：人才培养产出、教学工作产出、科学研究产出、社会服务产出。

1. 人才培养产出

人才培养的直接产出是学生在接受教育过程中所获得的知识、技能或养成的态度、品行等，指通过院（系、部）的培养，学生知识、能力等水平有所提升，并为社会输送合格的人才，是通过教育过程附加给学生的教育增值并在学生的行为中体现出来。本研究采用学生（在校生）的数量和毕业生的就业率两个指标来反映高校人才培养产出的数量和质量。

根据评价问题的需要，在校生数可以进一步划分为专科生、本科生、硕士生和留学生等不同类别，也可以用总数来表达。在计算在校生总数时，根据不同类别学生培养成本的差异或参照国家教育部的标准确定不同类型学生的权重，将自然在校生数换算成当量在校生数，包括各类在校生人数和折合本科生数。这种处理方法不仅使问题简化、使研究变得可行，而且在涉及与学校生均成本有关的研究中也可以通用。

2. 教学工作产出

（1）教学工作量。教学工作量包括本科生教学和研究生教学两类，并依据统一标准转化为标准学时。它反映了院（系、部）课堂教学、实验教学和实践教学等教学活动的劳动付出总量。

（2）教学质量工程。教学质量工程是反映院（系、部）教学质量和水平的重要指标，包括特色专业、精品课程、实验示范中心、人才培养模式试验区、规划教材、教学团队、教学名师奖、双语课程、大学生创新性实验计划等项内容。每项内容均分为国家级、省部级和校级三个层次。

（3）教研成果。教研成果是描述院（系、部）教学研究水平和层次的主要指标。教研成果主要包含教改项目和教改成果奖励。

3. 科学研究产出

科学研究工作是科学技术工作者在从事与各科学技术领域中科技知识的产生、发展、传播和应用密切相关的全部有计划的活动，所取得的成果具有一定学术意义、技术水平或实际应用价值。各院（系、部）的科学研究工作主要体现在以下几个方面：科研项目、科研成果、学术交流和学生科研等。科研项目指一个院（系、部）承担科研项目的数量和科研项目的大小，通过各个级别项目的数量来反映，如国家级项目、省级项目、校级项目等。新乡医学院的科研成果主要有以下几种表现形式：一是在各种学术期刊上发表的学术论文以及科技报告；二是出版的学术专著；三是申报的国家发明专利；四是获得国家、省部、市级设立的各种科研成果奖。另外，学术交流和学生科研也是院（系、部）科学研究工作的重要组成部分。

4. 社会服务产出

新乡医学院院（系、部）的产出还有社会服务产出，主要包括“向社会进行技术转让、出售发明专利获得的收入”“向社会开放图书馆、实验室、教学设施等获得的收入”和“为政府、企事业单位和个人提供信息、咨询服务获得的收入”等形式。由于统计等方面的原因，本研究主要采用经济收入和项目成果采用数。

新乡医学院院（系、部）绩效评价指标体系的具体内容见表3–3。

表3–3　新乡医学院院（系、部）绩效评价指标体系

一级指标	二级指标	三级指标	观测点	权重	备注
1. 投入指标	1.1 人力资源	1.1.1 师资规模	教职工总数（人）	—	
			专职教师总数（人）	0.20	
			专职辅导员人数（人）	0.20	
			其他人员人数（人）	0.50	
			外聘教师人数（人）	0.10	
		1.1.2 师资职称结构	教授人数（人）	0.45	
			副教授人数（人）	0.33	
			讲师和助教人数（人）	0.22	
		1.1.3 师资学历结构	博士学位人数（人）	0.45	
			硕士学位人数（人）	0.33	
			学士学位及其他人数（人）	0.22	

续表

一级指标	二级指标	三级指标	观测点	权重	备注
1. 投入指标	1.2 财力资源	1.2.1 人员经费	人员经费总计（元）	0.20	人员经费=所有教职工工资表中“应发合计”+绩效工资+博士学位津贴+人事处高层次人才资助经费+人事处安家费住房补贴
		1.2.2 教学运行经费	院系经费（含公务费、教学业务费、学生活动费、实习费、见习费）（元）	0.20	
		1.2.3 科研运行经费	校拨科研经费（元）	0.20	
		1.2.4 专项经费	专项经费（元）	0.20	
		1.2.5 其他经费	其他经费（元）	0.20	
	1.3 物力资源	1.3.1 办学设施	教学用房建筑面积（平方米）	0.40	教学用房指除第1、2、3教学楼公用教室外的院系专用教室、实验室及其附属用房、图书资料室、教研室等教学用房面积，以建筑图纸为依据
			办公用房建筑面积（平方米）	0.60	办公用房指院系专属的、除教学用房外的其他用房面积
		1.3.2 教学设备	教学科研仪器设备总值（元）	0.30	
			办公设备总值（元）	0.40	
			图书资料总值（元）	0.30	图书资料总值指纳入院系固定资产的图书资料的总价值

续表

一级指标	二级指标	三级指标	观测点	权重	备注
2. 产出指标	2.1 人才培养	2.1.1 人才培养规模	在校生人数合计（人）	—	
			在校本科生数（人）	0.18	
			在校研究生数（人）	0.27	
			在校留学生数（人）	0.55	
		2.1.2 人才培养质量	学位获取率（%）	0.40	学位获取率=实际获取学位人数（学士、硕士）/应届本科与研究生实际毕业人数×100%
			年底应届本科生就业率（%）	0.40	年底应届本科生就业率=年底应届本科生就业数/当年应届毕业生数×100%
			学生参加各类省级以上比赛获奖人次（次）	0.20	
		2.1.3 学生科研	本科生公开发表论文、作品数（篇）	0.30	
			研究生公开发表论文、作品数（篇）	0.30	
			省级以上优秀硕士论文数（篇）	0.40	
		2.1.4 师资队伍优化	年度教师职称晋升人次（人次）	0.50	年度教师职称晋升人次指当年度晋升为上一级别职称的教职工总人数
			年度教师博士、硕士学位获得人次（人次）	0.50	年度教师博士、硕士学位获得人次指当年度教师在职获得博士、硕士学位的总人数

续表

一级指标	二级指标	三级指标	观测点	权重	备注
2. 产出指标	2.2 科学研究	2.2.1 科研项目	科研项目立项总数（项）	—	
			国家级立项数（项）	0.50	
			省部级立项数（项）	0.30	
			厅级校级立项数（项）	0.20	
		2.2.2 科研成果	科研项目结项总数（项）	—	
			国家级项目结项数（项）	0.50	
			省部级结项数（项）	0.30	
			厅级校级结项数（项）	0.20	
		2.2.3 发表论文	论文数（篇）	—	
			被SCI、EI、ISTP或A&HCI、CSSCI收录，或被《新华文摘》《高等学校文科学报文摘》全文收录（篇）	0.70	出具相关的证明材料
			中文核心期刊及本学科领域公认的权威性学术刊物、国家级一级学术刊物（篇）	0.25	权威期刊以《关于印发〈新乡医学院权威期刊目录（试行）〉的通知》为认定依据
			一般CN学术期刊（篇）	0.05	
		2.2.4 出版著作（教材）	公开出版著作数（册）	0.14	
			教育部、卫生部规划教材数（册）	0.72	以教材管理部门认可为准
			省政府主管部门批准的省级规划教材数（册）	0.14	

续表

一级指标	二级指标	三级指标	观测点	权重	备注
2. 产出指标	2.2 科学研究	2.2.5 专利	专利数（项）	—	
			发明专利（项）	0.90	提供相关的证明材料
			实用新型专利、外观设计专利（项）	0.10	提供相关的证明材料
		2.2.6 科研奖励	科研成果奖励总数（项）	—	
			国家级奖（项）	0.44	
			省部级一等（项）	0.20	
			省部级二等（项）	0.16	
			省部级三等（项）	0.11	
			厅级校级奖（项）	0.09	
		2.2.7 学术交流	举办学术交流会议次数（人次）	0.60	特指举办省级以上学术交流会议
			开讲校内博士论坛人次（人次）	0.10	
			派出进修访问学者人次（人次）	0.10	
			出席国际学术会议人次（人次）	0.10	
			国际会议交流论文人次（人次）	0.10	
	2.3 社会服务	2.3.1经济收入	成果转化收入（元）	0.34	出具有关的财务证明材料
			争取科研经费（元）	0.33	出具有关的财务证明材料
			其他创收（元）	0.33	出具有关的财务证明材料
		2.3.2社会影响	成果转化数（项）	0.50	
			重大研究成果各级政府决策采信数（项）	0.50	出具政府部门采信证明材料

续表

一级指标	二级指标	三级指标	观测点	权重	备注
2. 产出指标	2.4 教学工作	2.4.1 教学工作量	教学工作总量（学时）	—	
			理论课教学量（学时）	0.25	
			见习教学量（学时）	0.25	
			实习教学量（学时）	0.25	
			实验教学量（学时）	0.25	
		2.4.2 教学质量工程	特色专业数（个）	—	
			国家级特色专业（个）	0.15	
			省级特色专业（个）	0.05	
			精品课程数（个）	—	
			国家级精品课程（个）	0.15	
			省级精品课程（个）	0.06	
			校级精品课程（个）	0.04	
			实验示范中心数（个）	—	
			国家级示范中心（个）	0.15	
			省级示范中心（个）	0.05	
			教学团队数（个）	—	
			国家级教学团队（个）	0.15	
			省级教学团队数（个）	0.05	
			教学名师（位）	0.2	
			国家级教学名师（位）	0.08	
			省级教学名师（位）	0.04	
			省级特聘教授（位）	0.08	
		2.4.3 教学研究	教改项目立项数（项）	0.2	
			国家级（项）	0.1	
			省级（项）	0.08	
			厅级校级（项）	0.02	

续表

一级指标	二级指标	三级指标	观测点	权重	备注
2. 产出指标	2.4 教学工作	2.4.3 教学研究	教改项目结项数（项）	0.3	
			国家级（项）	0.15	
			省级（项）	0.1	
			厅级校级（项）	0.05	
			教育科学研究成果奖数（项）	0.5	
			一等奖（项）	0.4	
			二等奖（项）	0.1	
		2.4.4 教学成果	教学成果奖数（项）		
			国家级教学成果奖数（项）	0.5	
			省级教学成果奖数（项）	0.3	
			特等奖（项）	0.15	
			一等奖（项）	0.10	
			二等奖（项）	0.05	
			校级教学成果奖数（项）	0.2	
			特等奖（项）	0.10	
			一等奖（项）	0.06	
			二等奖（项）	0.04	

说明：

1. 1.2.1师资结构中普通教师（讲师和助教）为1，其他教师分别按副教授×1.5、教授×2进行折算。

2. 在校生人数按本科生为1，研究生×1.5，留学生×3进行折算。

3. 产出指标2.2科学研究中具体观测点权重依据新乡医学院文件《关于印发〈新乡医学院专业技术职务评审业绩量化办法（修订稿）〉的通知》（校发［2010］60号）的相关规定确定。

4. 2.4.1教学工作量为折合后的标准学时。标准学时计算办法为：教师每完成1学时小班理论课（本科、三全学院、成人教育）为1个标准学时；1学时大班理论课、研究生课、留学生课为1.5个标准学时；1学时实验课、见习、实习教学、指导毕业设计、毕业论文为0.7个标准学时；实验技术人员1学时实验课为0.5 个标准学时。教师完成的1学时研究生实验课为1.05标准学时，实验技术人员完成1学时研究生实验课为0.75标准学时。

5. 表中各指标数据缺少或为零的，请填“0”。

6. 表中所有涉及的各类数据以在学校人事、教务、科技、财务、国资、高等医学教育研究、学生及就业指导与服务等管理部门登记备案的为准。

实践篇（上） 教育投入研究

第四章

河南省教育经费投入规模分析

任何一种社会实践活动，都要投入一定的人力、物力和财力资源。教育做为培养人的一种社会实践活动，也必然要投入一定的资源。教育经费是教育投资中最重要的教育资源，教育经费不仅是教育事业赖以发展的必要的物质保障和必要前提，而且是影响教育规模扩大和教育质量提升的最直接的物质因素。《国家中长期教育改革和发展规划纲要（2010—2020年）》进一步强调了“教育投入是支撑国家长远发展的基础性、战略性投资，是教育事业的物质基础，是公共财政的重要职能”。河南省作为人力资源大省，多年来一直重视教育投入的作用，增强教育事业发展的各项保障。

第一节　河南省教育投入对教育事业发展的贡献

“十一五”“十二五”（2006—2015年）期间，在省委、省政府的正确领导下，全面贯彻落实国家及河南省中长期教育改革和发展规划纲要，深入实施科教兴豫和人才强省战略，紧紧围绕河南经济社会发展大局，以办好人民满意的教育为出发点，坚持优先发展、育人为本、改革创新、促进公平、提高质量、强化服务，加大教育投入力量，改善办学条件，统筹推进教育事业改革发展，在圆满完成了两个五年规划制定的主要目标任务同时，实现了河南省教育的大跨越、大发展。2005年年末与2015年年末的全省教育办学状态数据直观地显示出全省教育的发展成绩（见表4–1）。

表4–1　2005年年末与2015年年末河南省教育办学状态有关数据

序号	指标	2005年年末	2015年年末	绝对增长量	增长率（%）
1	全省各级各类学校（万所）	5.92	5.87	–0.05	–0.84

续表

序号	指标	2005年年末	2015年年末	绝对增长量	增长率（%）
2	学前三年毛入学率（%）	45	83.18	38.18	84.84
3	小学净入学率（%）	99.65	100	0.35	0.35
4	普通初中净入学率（%）	98.21	99.95	1.74	1.77
5	高中阶段毛入学率（%）	48.3	90.30	42	86.96
6	高等教育毛入学率（%）	17.02	36.50	19.48	114.45
7	小学专任教师学历合格率（%）	99.11	100	0.89	0.89
8	小学专任教师中具有专科及以上学历占比（%）	49.54	90.64	41.1	82.96
9	小学生师比	20.8：1	19.85：1	–0.95	–4.57
10	中学专任教师学历合格率（%）	94.68	99.31	4.63	4.89
11	中学专任教师中具有本科及以上学历占比（%）	25.51	71.58	46.06	180.56
12	中学生师比	19.72：1	14.16：1	–5.56	–28.19
13	全省研究生培养单位数（处）	22	27	5	22.73
14	普通高等学校数量（所）	83	129	46	55.42
15	本科院校数量（所）	28	52	24	85.71
16	高职高专院校（所）	55	77	22	40.00
17	全省博士一级学位授权点	12	55	43	358.33
18	全省硕士一级学位授权点	78	279	201	257.69
19	全省研究生招生（万人）	0.6561	1.36	0.7039	107.29
20	全省在学研究生（万人）	1.5830	3.76	2.177	137.52
21	全省普通本专科招生（万人）	27.76	55.92	28.16	101.44
22	普通高等学校校均规模（人）	9819	13606	3787	38.57
23	普通高等学校教职工总数（万人）	7.58	13.34	5.76	75.99
24	普通高等学校专任教师总数（万人）	4.63	9.8	5.17	111.66
25	专任教师中研究生及以上学历人数（万人）	1.4318	5.18	3.7482	261.78
26	专任教师中研究生及以上学历人员占比（%）	30.92	52.81	21.89	70.80
27	普通高等学校占地面积（万亩）	9.91	16.42	6.51	65.69
28	普通高校教学科研仪器设备总值（亿元）	46.26	164.59	118.33	255.79

续表

序号	指标	2005年年末	2015年年末	绝对增长量	增长率（%）
29	普通高等学校校舍建筑面积（万平方米）	2613.43	5705.1	3091.67	118.30
30	各级各类民办学校数量（所）	4297	16707	12410	288.81

数据来源：河南省教育厅《2005年河南省教育事业发展统计》《2015年河南省教育事业发展统计公报》。

教育普及程度大幅提高。2015年年末，全省共有各级各类学校（机构）5.87万所，在校生总数2553.99万人。2006—2015年十年期间，全省基础教育蓬勃发展，完成了基本普及义务教育、基本扫除青壮年文盲的历史任务，以县为主的义务教育管理体制和保障机制得到确立，义务教育均衡发展深入推进。“两基”工作顺利通过国家验收，实现了免费义务教育。小学、初中入学率分别由99.65%、98.21%，增长为100%、99.95%，分别提高0.35和1.74个百分点。学前教育和普通高中教育快速发展，学前三年毛入学率由45%提高到83.18%，高中阶段教育毛入学率从48.30%增长至90.30%，提高42个百分点。职业教育不断壮大。各类中等职业学校在校生从2005年年末的124.96万人增长至2010年年末的189.31万人，又回落至2015年末的131.48万人。职业教育攻坚计划取得突破性进展，国家职教改革实验区建设初见成效。高中阶段毛入学率由48.30%提高至90.30%，提高42个百分点。高等教育大众化水平不断提高。规模逐步扩大，质量明显提升，结构更加合理，学位与研究生教育较快发展。普通高等学校发展到129所，较2005年末增加46所；本科院校由28所增加至52所，高职高专院校由55所增加至77所；全省博士一级学位授权点由12个增加至55个，硕士一级学位授权点由78个增加至279个；全省研究生招生数由2005年的0.6561万人增加至2015年的1.36万人；全省普通本专科招生数由2005年的27.76万人增加至2015年55.92万人；全省高等教育毛入学率由2005年的17.06% 增加至2015年36.50%，高等教育毛入学率与全国平均水平进一步缩小；普通高等学校校均规模大幅提高，由9819人提高至13606人，增长了3787人，增幅达38.57%；普通高等学校教学科研仪器设备总值由46.26亿元增长至164.59亿元，增长了118.33亿元；民办教育健康发展，各级各类民办学校由4297所发展到16707所，增加12410所，增长288.81%。

教育质量持续提高。基础教育质量标准体系不断完善，基层创新经验不断涌现。河南省首创的每天上、下午各半小时“大课间”和阳光体育的“金水模式”，被教育部在全国推广。职业教育特色发展，着力建设了100所职业教育品牌示范院校和200所特色院校。实施河南省优势特色学科建设工程，推进高水平大学、特色骨干大学、国内一流学科和优势特色学科建设；郑州大学入选中西部高校综合实力提升工程，河南大学等7所高校入选中西部高校基础能力建设工程；河南农业大学牵头的河南粮食作物协同创新中心入选国家首批14个协同创新中心。高校国家科技进步一等奖、长江学者、百篇优秀博士论文均实现历史性突破。

教育公平有效促进。“十二五”期间，全省有57个县（市、区）通过国家义务教育均衡发展评估认定，普通高中招生指标均衡分配到初中的比例达50%以上；财政投入40.8亿元，招聘7.6万名特岗教师到农村学校任教。累计投入各类资金390亿元，资助家庭经济困难学生1.5亿人次。阳光招生扎实推进，高考录取更加公平，录取机会大幅提升，全省高考录取率和本科录取率达到83%和44.4%，分别较“十一五”末提高18和14.9个百分点，基本达到全国平均水平。实施农村贫困地区定向招生等专项计划，农村考生上重点大学比例明显提高。

教育改革不断深化。河南省教育综合改革方案得到教育部充分肯定。110多所职业院校积极探索多种形式办学体制机制改革。考试招生制度改革稳步推进，取消了7类26项高考加分项目。累计吸引300多亿元社会资本进入教育领域，各类民办学校和在校生总数达到16707所和525.68万人，较“十一五”末（2010年）增长97.34%和65.08%，较2005年末增长288.8%和274%。

教育保障更加有力。教育投入不断加大，2012年教育财政投入顺利实现4%目标。2006—2015年十年间，河南省共投入财政性教育经费8554.6亿元，其中，“十二五”期间财政性教育经费比“十一五”期间增加636.98亿元，增长93.51%，占GDP比重提高0.9个百分点。全省有1.01万所中小学校完成了数字校园建设任务。教师队伍建设进一步加强，颁布《河南教师誓词》，建立了教师宣誓制度；开展“河南最美教师”公益评选活动，涌现出“践行焦裕禄精神的好校长”张伟等一批模范人物；实施一系列教师队伍建设重点项目，师德师风建设得到加强。教师队伍建设不断加强，教师整体素质明显提高。2015年年末与2005年年末相比，全省小学专任教师学历合格率由99.11%提升至100.00%；专任教师中专科及以上学历49.54%

提升至90.64%，提高了41.1个百分点；全省小学生师比由20.8∶1减小至19.85∶1；全省初中专任教师学历合格率由94.68%提高至99.31%，其中本科及以上学历占比由25.51%提高至71.58%；全省初中生师比由19.72∶1降低至14.16∶1；普通高中生师比由22.42∶1降低至17.04∶1，专任教师学历合格率由82.55%提高至97.12%；普通高中专任教师中具有研究生学历所占比例由1.55%提高至7.6%；普通高等学校教职工总数由7.58万人增长至13.34万人，增长了5.76万人，增幅达到75.99%；普通高等学校专任教师总数由4.63万人增长至9.8万人，增长了5.17万人，增幅达到111.66%；专任教师的学历层次快速提升，研究生及以上学历人数由1.4318万人增加至5.18万人，增长率达到261.78%；专任教师中研究生及以上学历人员占比由30.92%提高至52.81%，提高了21.89%。

服务能力明显增强。全省教育系统主动融入、主动服务经济社会发展的意识和能力，特别是服务“三重”的意识和能力持续提升。职业教育和高等教育学科、专业结构进一步优化。高校科技创新步伐加快，成果转化能力不断增强。每万人口中接受普通高等教育的在校生在2015年年末达到187人，高校毕业生就业率保持在80%以上。

教育开放和影响力逐步提升。中外合作办学进展顺利，教育国际交流不断扩大。本科院校转型发展、职教攻坚、扩充城镇基础教育资源等举措得到教育部充分肯定。河南省成为教育部产教融合发展战略国际论坛的永久驻地，一批本科院校转型发展的做法和经验在全国产生重要影响。省政府与教育部签署了省部共建战略合作协议，建立了省部会商机制。省政府与教育部共建河南师范大学，与国防科工局共建河南科技大学，至此，河南省共有10所院校实现了省政府与国家部（委、局）共建。教育对外合作交流持续加强，与13所世界500强高校开展了国际交流合作。2013年与北京市签署了京豫教育合作协议，2014年5月启动了南水北调京豫教育协作项目，北京市政府连续2年援助河南省南水北调水源地6县（市）实施教育培训等项目。

2006年以来，全省教育事业成绩突出，教育惠民政策得到较好落实，教育公平得以较好体现，人民群众对教育的满意度不断提升。教育系统服务经济社会发展的成效显著，为河南经济发展、社会进步和民生改善作出了重大贡献，为办好人民满意的教育、加快推进教育现代化奠定了坚实的基础。

第二节　河南省教育经费投入总量分析

教育投入是支撑国家长远发展的基础性、战略性投资，是教育事业的物质基础，是公共财政的重要职能。1995年，党中央提出全面实施科教兴国战略，确立了教育优先发展的战略地位，为加快教育改革与发展提供了根本保证。进入21世纪，在教育优先发展战略思想的指导下，我国各级政府采取多种新措施以增加教育经费投入，并不断完善教育经费保障机制。2006年以来，河南省的各级各类教育事业迅速发展，在规模、效益和结构上都有很大的提高和优化，教育经费投入也有了明显的增长，并基本形成了多渠道的经费投入体制。2000—2015年，河南省共投入财政性教育经费9547.6亿元。2015年，河南省国家财政性教育经费投入1374.6亿元，当年河南省国内生产总值3.70万亿元，国家财政性教育经费占国内生产总值比例为3.71%；2005年，河南省国家财政性教育经费投入235.74亿元，国内生产总值10587.4亿元，国家财政性教育经费占国内生产总值比例为2.23%，2015年相比2005年国家财政性教育经费年投入量增长了1140.86亿元，国家财政性教育经费占国内生产总值比例提高了1.48%。

一、教育经费投入总量的含义

教育经费投入总量是指一定时期内（通常为一年）一个国家或地区的各投资主体（包括政府、民间组织和个人）根据现代化大生产和社会发展的需要，向教育领域投入的人力、物力和财力的货币表现的总和，它反映了一定时期内一个国家或地区的教育投入的总体规模。

教育经费是教育教学活动开展和教育事业发展的物质基础。从世界范围内教育发展的实践看，随着社会进步和科技水平的提高，社会和个人对教育服务的需求数量呈现不断上升趋势，教育需求的种类日益多样化，教育内容和教育手段也日趋丰富和先进，这些变化要求教育投入出现相应的扩大，以保障教育供给与教育需求之间相互协调，并从根本上保障一个国家经济、社会与教育的和谐、持续发展。

教育经费投入总量衡量的是一个国家或地区一定时期内教育投入的绝对数量。但是，由于一个国家或地区在不同时期的经济规模、经济发展水平、经济结构特点、产业技术水平、人口分布状况是不相同的，因此单纯考察教育经费投入总量，难以科学判断一个国家或地区教育经费投入的规模是否合理、是否能满足社会与个人不断增长的教育需要。

目前，国家教育经费总投入包括五大部分：一是国家财政性教育经费；二是民办学校中举办者投入；三是捐赠收入；四是事业收入以及其他教育经费。其中，“国家财政性教育经费”在教育经费总投入中占比最大，包括：公共财政预算安排的教育经费、政府性基金预算安排的教育经费、企业办学中的企业拨款、校办产业和社会服务收入用于教育的经费、其他属于国家财政性教育经费。“公共财政预算安排的教育经费”包括：公共财政教育经费（教育事业费、基本建设费、教育费附加），以及其他公共财政预算安排的教育经费（科研经费和其他经费）。“政府性基金预算安排的教育经费”包括：地方教育附加和其他政府性基金预算安排的教育经费（包括从政府土地出让收益中计提的教育资金）。教育经费投入中的“事业收入”包括了各级各类教育机构收取的“学费”。[①]

目前，对教育经费总量的考察除借助绝对量指标外，更经常采用相对量指标，即用教育经费总量占国内生产总值（GDP）的比重、公共财政教育支出占公共财政总支出的比例、国家财政性教育经费和公共财政教育支出占国内生产总值（GDP）来反映一个国家或地区对教育的重视程度以及教育发展程度。由于相对量指标具有可比性，它已经成为国际公认的评价国家教育投入充足与否的重要工具。根据经济合作与发展组织的国际标准分类，衡量教育经费投入规模的关键指标主要分为两个方面：一是公共财政教育经费占公共财政总支出的比例；二是国家财政性教育经费和公共财政教育经费占国内生产总值（GDP）的比例。两个比值越高，说明国家在公共教育领域的投资比重越大。随着经费投入规模不断扩大，教育投入的累积效应将逐步显现。

但是，仍需强调指出，对这一相对量指标的考察必须建立在对当地现状具体分析的基础上，因为一个地区的经济发展水平、人口规模、技术进步水平、产业结构特点等因素既直接影响教育经费供给能力，又决定着教育需求的规模、层次和强度。因此，了解一个国家或地区的经济、社会、人口、技术以及制度发展特点，是正确评价一国或一个地区教育经费总投入水平的基础。

---

① 教育部财务司，等. 2015中国教育经费统计年鉴[M]. 北京：中国统计出版社，2016：659-660.

二、教育经费投入的主要影响因素

教育经费总量的大小不是由人的主观愿望所决定的，而是受多种因素的综合影响。有些因素从社会和个人需求方面影响着教育经费的现实增长速度，有些因素对教育供给和教育需求产生双重的交互影响。我们有必要了解和分析这些影响因素，以使我们深刻认识和把握一个国家或地区教育经费总量的历史变化、存在不足以及发展潜力。

（一）经济发展水平

现代教育的大规模普及迅速发展与工业革命后，尤其是第二次世界大战以后世界各国经济发展水平的迅速提高息息相关。经济发展的规模、水平和速度从根本上决定着教育的总需求水平和需求结构的变化方向，也决定着教育经费的供给水平。只有在经济发展水平提高的情况下，政府、社会和个人才有能力将更多的资源投向教育领域，推动教育经费总量的扩张。与此同时，在一定的技术条件下，教育发展的规模、速度又决定着劳动力的供给数量、供给质量和增长速度，这会对未来的经济增长产生重要而直接的影响。因此，从积累人力资本、提高经济增长潜力的角度讲，即使人均教育费用不变，教育投资规模也将随着教育要培养的人力资本的增加而加大。

（二）人口因素

受教育者的数量和增长速度与现有人口规模和增长速度成正比，因此人口规模和增长速度在很大程度上决定了教育经费总量的规模和增长速度。此外，人口的年龄分布也对教育经费投入具有十分重要的影响。由于各种原因，一个国家或地区的人口出生率在一个阶段内往往不是固定的，通常会呈现较大幅度的波动。当生育高峰期出生的人口进入学龄期时，大幅增加的适龄受教育人口要求社会各方必须未雨绸缪，投入更多资金用于发展教育，否则将出现教室爆满、 教师不足、学生延迟入学等教育供给不足的现象。

（三）科技进步水平

科技进步水平综合反映了一个国家将各种技术应用于生产、生活的水平和程度。科技水平较高的国家，生产活动中技术研发的投入明显较多，产品的技术含量较高，产品生产的全过程严重依赖专业的技术人才和高素质的劳动力来参与、控制和完成。因此，较高的技术水平必然要求大量高素质的技术人才和劳动力来支撑，而这无疑需要发达完善的教育培训机构做后盾。第二次世界大战以后，科学技术水平的飞速发展普遍地提高了社会对劳动力素质的基本要求，劳动者必须掌握更多的知识和技能，才能胜任原来的工作。因此，技术进步推动了教育需求的飞速增长，客观上要求社会各方投入更多的资金用于教育发展。

（四）产业结构

一个国家在经济发展的过程中，产业结构会出现由以农业为主向以工业为主并最终向以服务业为主的转变。在这一过程中，三次产业的技术水平也会出现相应提升，由劳动密集型向资本密集型进而向技术密集型转变，从而使社会生产对高层次人才的需求量大幅增加，相应地提高了对教育服务的需求。

（五）国家的教育管理体制和政策

由于教育兼有公共产品和国家上层建筑的属性，因此各国政府都对教育活动实行一定程度的管制。从管制水平来看，可以分为管制水平相对较高的集权式管理体制和管制水平相对较低的分权式管理体制，前者主要由政府承担对各级各类教育的供给责任，后者则相对均衡地由政府、社会和个人共同承担教育投入责任。显然，在国家财力不十分雄厚的情况下，集权的教育管理和投入体制是难以保证足够的教育经费投入的。分权式管理具有发挥社会各方力量、动员全社会资源的优势。因此，教育经费的来源渠道更丰富，经费来源基础也更稳固，并且由于社会力量的参与，教育经费在各级各类教育间的分配比例可能更能满足市场需求，教育经费的使用效率也可能更高。此外，如果国家制定推行的是精英化教育政策，则只有少数人接受高等教育，教育经费的总量就会相对较小，如果国家推行的是大众化教育政策，则接受高等教育的人口比重会较高，教育经费总量就会相对较大。①

---

① 卫思祺. 教育投入理论与实践——以河南省为例[M]. 北京：中国社会科学出版社，2013年8月.

三、河南省教育投入总量分析

（一）河南省教育经费总投入以及占GDP比重持续高速增长

从教育经费总量上来看，河南省教育经费投资总量和国家财政性教育经费从1997—2010年都在逐年增长，且增幅较大。国家在“十一五”期间一直在加大教育经费的投入力度，在2006年先后颁布的《国民经济和社会发展第十一个五年规划纲要》和《中共中央关于构建社会主义和谐社会若干重大问题的决定》中，以及在2010年出台的《国家中长期教育改革和发展规划纲要（2010—2020）》中，都明确提出了提高国家财政性教育经费支出的要求和在2012年国家财政性教育经费支出占国内生产总值的比例达到4%的目标。所以，国家层面上教育总投入、财政性教育经费占教育经费总投入的比例一直在持续提高。河南省教育投资总量发展趋势与国家趋势保持高度一致，从2000—2015年间有了大幅增长。2015年，国家教育经费总额为36129.1亿元，是2000年3849.1亿元的 9.39倍；河南省教育经费总额由2000年168.7亿元，增至2015年的1749.2亿元，增加了9.37倍。国家教育经费总量占GDP比重由2000年的3.84%提高至2015年的5.24%，提高了1.4个百分点；河南教育经费总量占GDP比重由2000年的3.34%提高至2015年的4.69%，提高了1.35个百分点（见图4-1、表4-2）。数据显示，河南省教育经费投入总量虽然持续快速增长，且和全国的发展趋势保持一致，但教育经费总量占GDP比重一直低于国家平均水平。

除了绝对数量的快速增长以外，相对增长率的数据同样表明，河南省在增加教育经费投入方面做出了很大努力，河南省教育经费增长率在2004—2013年这十年期间均高于全国年度增长水平（见图4-2、表4-3）。

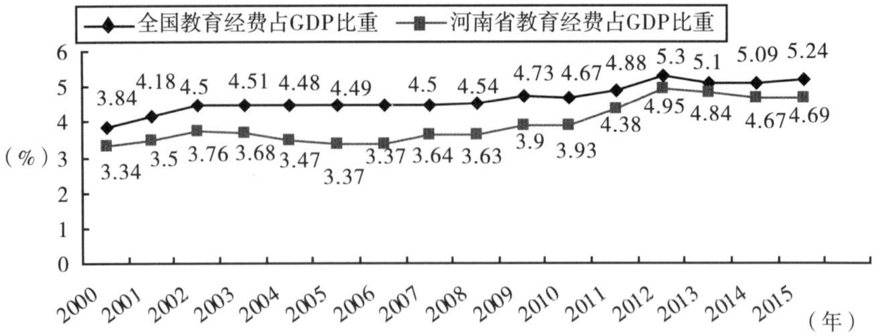

图4-1　2000—2015年全国与河南省教育经费占GDP比重的对比

表4-2　2000—2015年全国与河南省教育经费总量情况

年	教育经费总量（亿元）		GDP（亿元）		教育经费总量占GDP比重（%）	
	全国	河南省	全国	河南省	全国	河南省
2000	3849.1	168.7	100280.1	5052.99	3.84	3.34
2001	4637.7	193.9	110863.1	5533.01	4.18	3.50
2002	5480	226.8	121717.4	6035.48	4.50	3.76
2003	6208.2	252.7	137422.0	6867.70	4.51	3.68
2004	7242.6	297.8	161840.2	8579.42	4.48	3.47
2005	8418.8	358	187318.9	10621.56	4.49	3.37
2006	9815.3	417.9	219438.5	12412.86	4.47	3.37
2007	12148.1	549.4	270232.3	15076.21	4.50	3.64
2008	14500.7	657.6	319515.5	18097.05	4.54	3.63
2009	16502.7	764.2	349081.4	19590.35	4.73	3.90
2010	19271.2	912.4	413030.3	23222.91	4.67	3.93
2011	23869.2	1185.7	489300.6	27098.62	4.88	4.38
2012	28655.3	1474.3	540367.4	29797.13	5.30	4.95
2013	30364.7	1568.6	595244.4	32423.55	5.10	4.84
2014	32806.4	1644.9	643974.0	35198.65	5.09	4.67
2015	36129.1	1749.2	689052.1	37278.20	5.24	4.69

资料来源：历年《中国统计年鉴》《河南统计年鉴》《中国教育经费统计年鉴》。

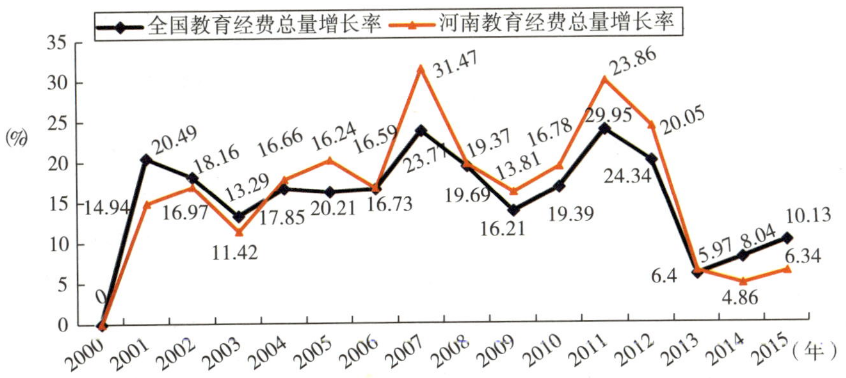

图4-2　2000—2015年全国与河南省教育经费增长率对比

表4-3　2001—2015年全国与河南省教育经费增长率比较

年份		2001	2002	2003	2004	2005	2006	2007	2008	2009	2010	2011	2012	2013	2014	2015	平均增长率
教育经费增长率	全国	20.49	18.16	13.29	16.66	16.24	16.59	23.77	19.37	13.81	16.78	23.86	20.05	5.97	8.04	10.13	16.2
	河南省	14.94	16.97	11.42	17.85	20.21	16.73	31.47	19.69	16.21	19.39	29.95	24.34	6.40	4.86	6.34	17.1

（二）财政性教育经费及占GDP比重持续高速增长

从绝对数量上分析财政性教育经费的发展情况：国家财政性教育经费由2000年的2562.6亿元增加到2015年的29221.5亿元，增加了10.4倍，年均增长69.35%；河南省财政性教育经费由2000年的115.1亿元增加到2015年的1367.8亿元，增加了10.88倍，年均增长率达到72.56%（见图4-3）。河南省财政性教育经费的增长速度高于国家相应水平。

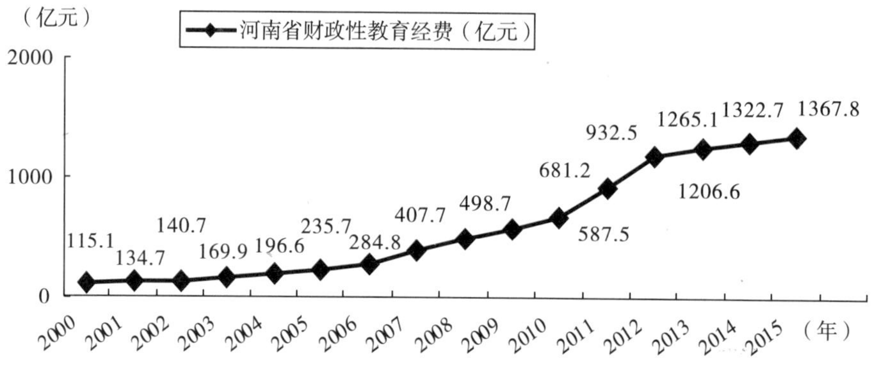

图4-3　2000—2015年河南省财政性教育经费发展趋势

表4-4　2000—2015年全国与河南省财政性教育经费总量情况

年份	财政性教育经费总量（亿元）		GDP（亿元）		财政性教育经费总量占GDP比重（%）	
	全国	河南省	全国	河南省	全国	河南省
2000	2562.6	115.1	100280.1	5052.99	2.55	2.28
2001	3057.0	134.7	110863.1	5533.01	2.76	2.43
2002	3491.4	140.7	121717.4	6035.48	2.87	2.33

续表

年份	财政性教育经费总量（亿元）		GDP（亿元）		财政性教育经费总量占GDP比重（%）	
	全国	河南省	全国	河南省	全国	河南省
2003	3850.6	169.9	137422.0	6867.70	2.80	2.47
2004	4465.8	196.6	161840.2	8579.42	2.76	2.29
2005	5161.1	235.7	187318.9	10621.56	2.76	2.22
2006	6348.4	284.8	219438.5	12412.86	2.89	2.29
2007	8280.2	407.7	270232.3	15076.21	3.06	2.70
2008	10449.6	498.7	319515.5	18097.05	3.27	2.76
2009	12231.1	587.5	349081.4	19590.35	3.50	3.00
2010	14670.1	681.2	413030.3	23222.91	3.55	2.93
2011	18586.7	932.5	489300.6	27098.62	3.80	3.44
2012	23147.6	1206.6	540367.4	29797.13	4.28	4.05
2013	24488.2	1265.1	595244.4	32423.55	4.11	3.90
2014	26420.6	1322.7	643974.0	35198.65	4.10	3.76
2015	29221.5	1367.8	689052.1	37278.20	4.24	3.67

资料来源：历年《中国统计年鉴》《河南统计年鉴》《中国教育经费统计年鉴》。

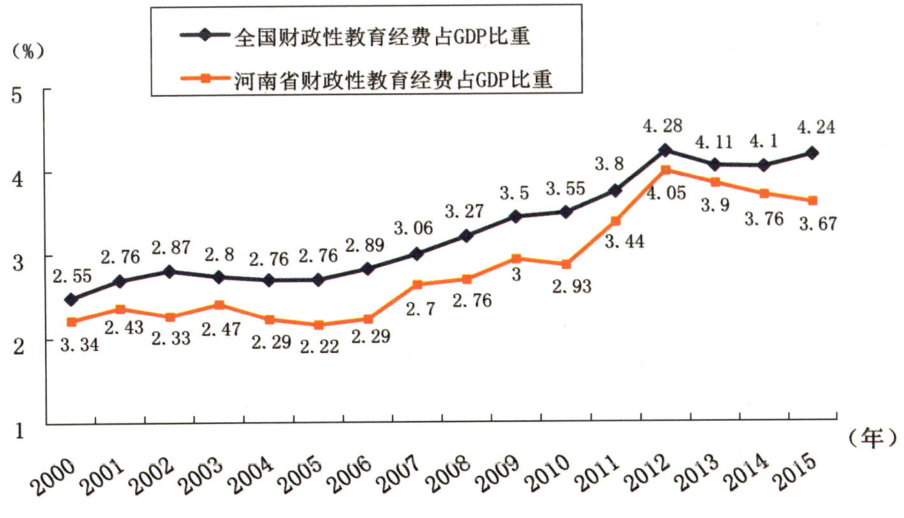

图4-4　2000—2015年河南省财政性教育经费发展趋势

从相对指标分析财政性教育经费的发展变化：国家财政性教育经费占GDP比重由2000年的2.55%增加到2015年的4.24%，增加了66%，年均增长4.4%；河南省财政性教育经费占GDP比重由2000年的2.28%增加到2015年的3.67%，增加了60.96%，年均增长4.06%（见表4-4）。进入21世纪以来，河南省财政性教育经费虽然高速增长，且平均增长率达到18.47%，略高于全国的17.83%（见表4-5），但财政性教育经费占GDP比重持续低于国家相应指标的水平（见图4-4）。

表4-5　2001—2015年全国与河南省财政性教育经费增长率比较

年份		2001	2002	2003	2004	2005	2006	2007	2008	2009	2010	2011	2012	2013	2014	2015	平均增长率（%）
教育经费增长率（%）	全国	19.29	14.21	10.29	15.98	15.57	23.00	30.43	26.20	17.05	19.94	26.70	24.54	5.79	7.89	10.60	17.83
	河南省	17.03	4.45	20.75	15.72	19.89	20.83	43.15	22.32	17.81	15.95	36.89	29.39	4.85	4.55	3.41	18.47

（三）公共财政教育经费的增长

国际上，一般用公共财政教育经费来衡量国家公共财政对教育的投入程度。我国公共财政教育经费数据于1991—2012年期间包括教育事业费、基本建设经费、教育费附加、科研经费和其他经费，2012年起仅包括教育事业费、基本建设经费和教育费附加，2015年起教育事业费增加地方教育附加和土地出让收益计提的教育资金。“公共财政预算安排的教育经费”与“公共财政教育经费”的数据统计口径不一致。本研究为方便开展国际比较，采用公共财政教育经费总量及其占公共财政总支出的比例等指标进行分析。

从绝对数量分析，国家公共财政教育经费总额由2000年的2191.7亿元增至2015年的25861.9亿元，增加了10.80倍，年均增长率达到72%。河南省公共财政教育经费总量由2000年的108.1亿元增加至2015年的1152.3亿元，增加了9.66倍，年均增长率达到64%（见表4-6、图4-5）。2000年以来，河南省公共财政教育经费总量的增长速度低于同期国家公共财政教育经费总量增长速度10.56%。

图4-5　2000—2015年河南省公共财政教育经费发展趋势

表4-6　2001—2015年全国与河南省公共财政教育经费总量情况

年份	公共财政教育经费总量（亿元）		GDP（亿元）		公共财政教育经费总量占GDP比重（%）	
	全国	河南省	全国	河南省	全国	河南省
2000	2191.7	108.1	100280.1	5052.99	2.19	2.14
2001	2705.7	117.1	110863.1	5533.01	2.44	2.12
2002	3254.9	150.5	121717.4	6035.48	2.67	2.49
2003	3619.1	165.4	137422.0	6867.70	2.63	2.41
2004	4244.4	192.4	161840.2	8579.42	2.62	2.24
2005	4946.0	232.4	187318.9	10621.56	2.64	2.19
2006	6135.3	283.7	219438.5	12412.86	2.80	2.29
2007	8094.3	406.5	270232.3	15076.21	3.00	2.70
2008	10213.0	497.0	319515.5	18097.05	3.20	2.75
2009	11975.0	586.8	349081.4	19590.35	3.43	3.00
2010	14163.9	675.5	413030.3	23222.91	3.43	2.91
2011	17821.7	918.0	489300.6	27098.62	3.64	3.39
2012	20314.2	1055.2	540367.4	29797.13	3.76	3.54
2013	21405.7	1107.6	595244.4	32423.55	3.60	3.42
2014	22576.0	1099.1	643974.0	35198.65	3.51	3.12
2015	25861.9	1152.3	689052.1	37278.20	3.75	3.09

资料来源：历年《中国统计年鉴》《河南统计年鉴》《2016中国教育经费统计年鉴》。

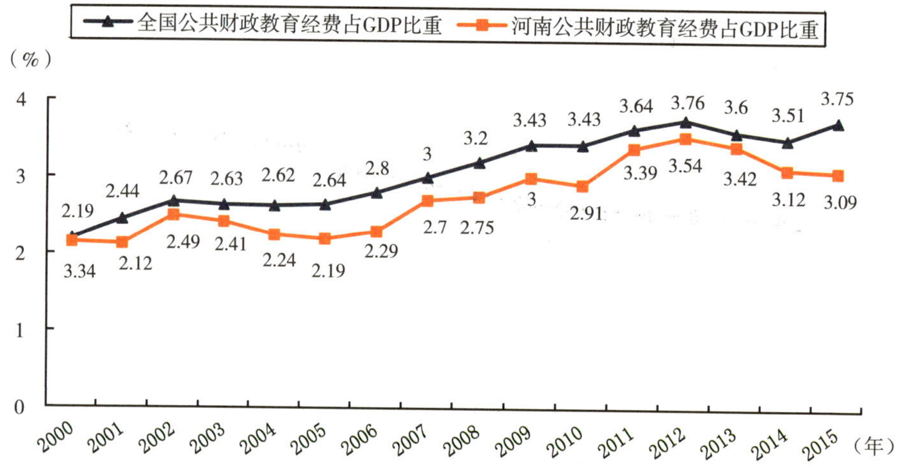

图4-6 2000—2015年全国与河南省公共财政教育经费占GDP比重比较

公共财政教育支出占GDP比例和公共财政教育支出占财政总支出比例最直接反映了政府对教育投入的重视程度。数据显示，2000年以来，全国的公共财政教育经费占GDP比例整体呈现持续增长趋势，从2000年的2.19%增至2015年的3.75%；河南省的公共财政教育经费占GDP比例整体也呈现持续增长趋势，从2000年的2.14%增至2015年的3.09%。全国和河南省公共财政教育经费占GDP比例在2002年达到第一个高峰，在2003年、2004年、2005年有小的回落，2006年以来则快速提升。但从整体趋势来看，河南省公共财政教育经费总量占GDP比例一直低于全国相应指标。

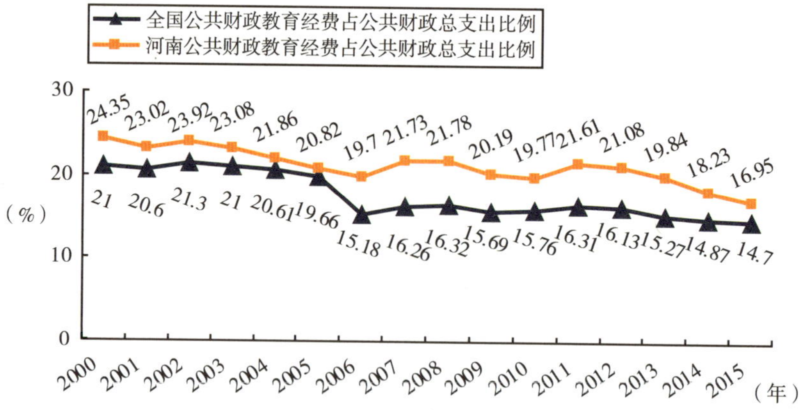

图4-7 2000—2015年全国与河南省公共财政教育经费占公共财政总支出例比较

数据表明，2000年，全国和河南省虽然公共财政教育经费持续增长，但公共财政教育经费占公共财政总支出的比例呈逐年下降的趋势（见表4-7）。2000—2015年，全国公共财政支出总量增长了15.85倍，河南公共财政支出增长了14.31倍，公共财政教育经费的增长水平相对滞后于同期公共财政支出增长的水平。

表4-7　2000—2015年全国与河南省公共财政教育经费占财政支出情况

年份	公共财政教育经费总量（亿元）		公共财政支出（亿元）		公共财政教育经费占公共财政支出比例（%）	
	全国	河南省	全国	河南省	全国	河南省
2000	2191.7	108.1	10436.6	444	21.00	24.35
2001	2705.7	117.1	13134.6	508.58	20.60	23.02
2002	3254.9	150.5	15281.5	629.2	21.30	23.92
2003	3619.1	165.4	17229.8	716.6	21.00	23.08
2004	4244.4	192.4	20592.8	880	20.61	21.86
2005	4946.0	232.4	25154.3	1116	19.66	20.82
2006	6135.3	283.7	40422.73	1440.09	15.18	19.70
2007	8094.3	406.5	49781.35	1870.61	16.26	21.73
2008	10213.0	497.0	62592.66	2281.61	16.32	21.78
2009	11975.0	586.8	76299.93	2905.76	15.69	20.19
2010	14163.9	675.5	89874.16	3416.14	15.76	19.77
2011	17821.7	918.0	109247.79	4248.82	16.31	21.61
2012	20314.2	1055.2	125952.97	5006.40	16.13	21.08
2013	21405.7	1107.6	140212.10	5582.31	15.27	19.84
2014	22576.0	1099.1	151785.56	6028.69	14.87	18.23
2015	25861.9	1152.3	175877.77	6799.35	14.70	16.95
2015年比2000年增长倍数	10.80	9.66	15.85	14.31	–	–

资料来源：历年《中国统计年鉴》《河南统计年鉴》《中国教育经费统计年鉴》。

第三节　河南省教育投入与同期经济发展水平的比较

区域教育投入的发展水平受到同期经济发展水平的直接影响，经济发展水平主要用GDP增速来表示。数据表明，2000—2015年，全国和河南省GDP分别增长了5.87和6.38倍，年均增长速度分别达到13.8% 和 14.4%；国家和河南教育经费总额分别增长了9.39和9.37倍。教育经费投入总量等指标的增速远远大于国民经济增长速度。特别是在2006年以后这一趋势表现得更加明显，即使在2009年国际金融危机的影响下，整个宏观经济发展形势并不乐观的前提下，河南省教育经费总量、国家财政性教育经费、公共财政教育经费的投入也比上年有较大增幅并远远高于国民经济增长速度。

一、教育经费总量的增速远高于同期GDP增长速度

2000年以来，全国和河南省均重视并加大教育经费投入力度，首先体现在教育经费总量的增速与同期GDP增速的比较结果中。2000—2015年间，全国教育经费总量的年增长率在2004年、2010年、2013年略低于GDP增速，2006和2014年二者增速相差无几，其他10个年度教育经费的增速均高于GDP的增速（见表4–8、图4–8）。

表4–8　2000—2015年全国与河南省教育经费总量与GDP增长率比较

年份	教育经费总量增长率（%）		GDP增长率（%）		教育经费总量增长相对GDP增长系数	
	全国	河南省	全国	河南省	全国	河南省
2000	–	–	–	–	–	–
2001	20.49	14.94	10.55	9.50	1.94	1.57
2002	18.16	16.97	9.79	9.08	1.86	1.87
2003	13.29	11.42	12.90	13.79	1.03	0.83
2004	16.66	17.85	17.77	24.92	0.94	0.72
2005	16.24	20.21	15.74	23.80	1.03	0.85
2006	16.59	16.73	17.15	16.86	0.97	0.99
2007	23.77	31.47	23.15	21.46	1.03	1.47

续表

年份	教育经费总量增长率（%）		GDP增长率（%）		教育经费总量增长相对GDP增长系数	
	全国	河南省	全国	河南省	全国	河南省
2008	19.37	19.69	18.24	20.04	1.06	0.98
2009	13.81	16.21	9.25	8.25	1.49	1.96
2010	16.78	19.39	18.32	18.54	0.92	1.05
2011	23.86	29.95	18.47	16.69	1.29	1.79
2012	20.05	24.34	10.44	9.96	1.92	2.44
2013	5.97	6.40	10.16	8.81	0.59	0.73
2014	8.04	4.86	8.19	8.56	0.98	0.57
2015	10.13	6.34	7.00	5.91	1.45	1.07
年均增长率（%）	16.2	17.1	13.8	14.4	—	—

资料来源：历年《中国统计年鉴》《河南统计年鉴》。

注：教育经费总量增长相对GDP增长系数=年度教育经费总量增长率/GDP增长率）。

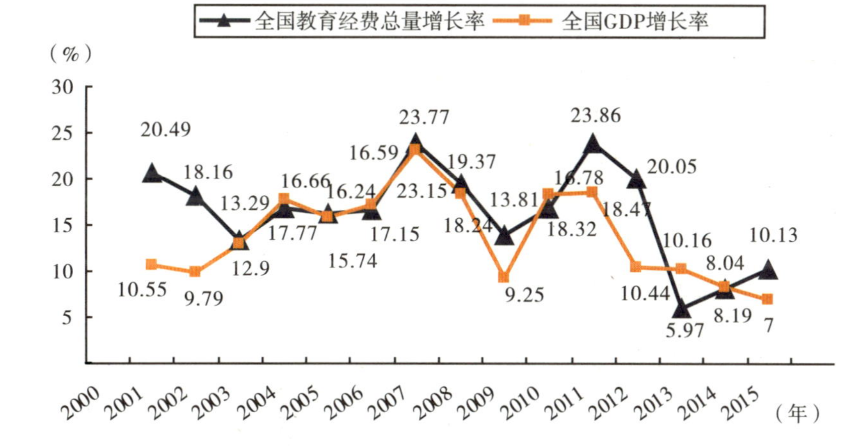

图4-8　2000—2015年全国教育经费与GDP增长率的比较

河南省相关数据表明，15年间河南省教育经费总量、GDP年均增长速度分别达到17.1% 和 14.4%，年均教育经费总量增速高于GDP增速2.7%，其中，2001年、2002年、2007年、2009年、2010年、2011年、2012年、2015年八个年度的教育经费总量年增长率高于河南省年度GDP增长率（见表4-8、图4-9），其中2012年教育经费总量当年增速是GDP当年增速的2.44倍。

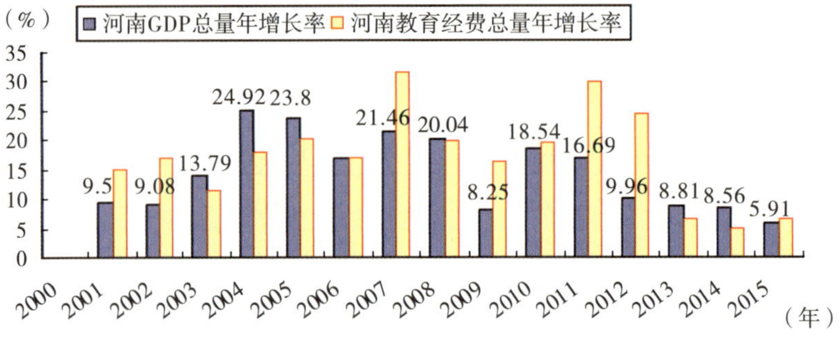

图4-9　2000—2015年河南省教育经费年增长与河南省GDP年增长率比较

二、国家财政性教育经费的增速远高于GDP增长速度

表4-9　2000—2015年全国与河南省国家财政性教育经费与GDP增长率比较

年度	财政性教育经费增长率（%）		GDP增长率（%）		财政性教育经费增长相对GDP增长系数	
	全国	河南省	全国	河南省	全国	河南省
2000	—	—	—	—	—	—
2001	19.29	17.03	10.55	9.50	1.83	1.79
2002	14.21	4.45	9.79	9.08	1.45	0.49
2003	10.29	20.75	12.90	13.79	0.80	1.50
2004	15.98	15.72	17.77	24.92	0.90	0.63
2005	15.57	19.89	15.74	23.80	0.99	0.84
2006	23.00	20.83	17.15	16.86	1.34	1.24
2007	30.43	43.15	23.15	21.46	1.31	2.01
2008	26.20	22.32	18.24	20.04	1.44	1.11
2009	17.05	17.81	9.25	8.25	1.84	2.16
2010	19.94	15.95	18.32	18.54	1.09	0.86
2011	26.70	36.89	18.47	16.69	1.45	2.21
2012	24.54	29.39	10.44	9.96	2.35	2.95
2013	5.79	4.85	10.16	8.81	0.57	0.55
2014	7.89	4.55	8.19	8.56	0.96	0.53
2015	10.60	3.41	7.00	5.91	1.51	0.58
年均增长率（%）	17.83	18.47	13.8	14.4	—	—

资料来源：历年《中国统计年鉴》《河南统计年鉴》。

2000年以来，全国和河南省对教育经费投入力度，还体现在国家财政性教育经费总量的增速与同期GDP增速的比较结果中，国家财政性教育经费的增速远高于同期GDP增速。数据表明，2000—2015年，全国和河南省GDP分别增长了5.87和6.38倍，同期国家和河南财政性教育经费总额则分别增长了10.4和10.9倍。15年间，河南省财政性教育经费的年均增长率18.47%，高于同期全国的国家财政性教育经费的年均增长率17.83%近1个百分点。国家财政性教育经费总量的年均增速在2003年、2004年、2013年略低于GDP增速，2005年和2014年二者增速相差无几，其他10个年度财政性教育经费的增速均高于GDP的增速（见表4-9）。

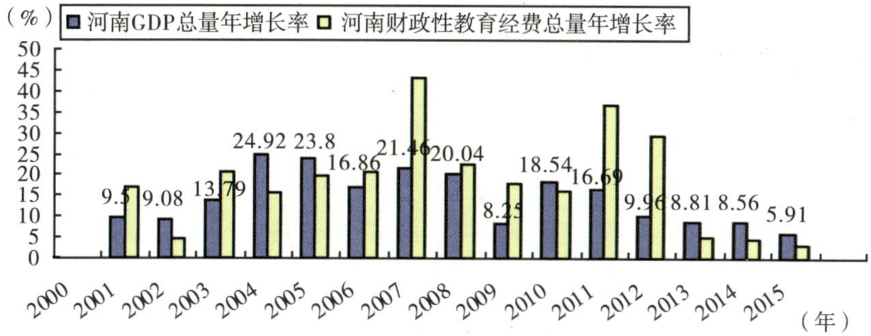

图4-10　2000—2015年河南省财政性教育经费年增长与河南省GDP年增长率比较

河南省相关数据表明，15年间河南省国家财政性教育经费总量、GDP年均增长速度分别达到18.47% 和 14.4%，年均财政性教育经费总量增速高于GDP增速4.07%，其中2001年、2003年、2006年、2007年、2008年、2009年、2011年、2012年八个年度的财政性教育经费总量年增长率高于河南省年度GDP增长率（见表4-9、图4-10），其中2012年财政性教育经费总量当年增速是GDP当年增速的2.95倍。

值得注意的是，虽然，财政性教育经费增速明显快于GDP的增速，但我们还要清醒地认识到，河南省教育经费投入仍显不足，进入新世纪已经过了三个五年经济发展规划期，但多数年份的比例未达到1993 年中共中央、国务院颁布的《中国教育改革和发展纲要》提出的“财政性教育经费占国民生产总值的比重，在本世纪末达到4%”的战略目标。教育经费短缺还制约着教育规模扩大、教育质量的提升。因此，限制河南教育可持续发展的“瓶颈”依然是教育经费问题。

三、公共财政教育经费的增速远高于同期GDP增速

2000年以来，全国和河南省对教育经费投入力度，还体现在公共财政教育经费总量的增速与同期GDP增速的比较结果中。数据表明，2000—2015年，全国和河南省GDP分别增长了5.87 和6.38倍，同期国家和河南公共财政教育经费总额则分别增长了10.8和 9.7倍。15年间，河南省公共财政教育经费的年均增长率17.6%，低于同期全国的国家财政性教育经费的年均增长率18.1%0.5个百分点。河南省公共财政教育经费总量的年均增速在"十五"末"十一五"期间的2006年、2007年、2008年、2009年增速均高于GDP的增速（见表4-10）。

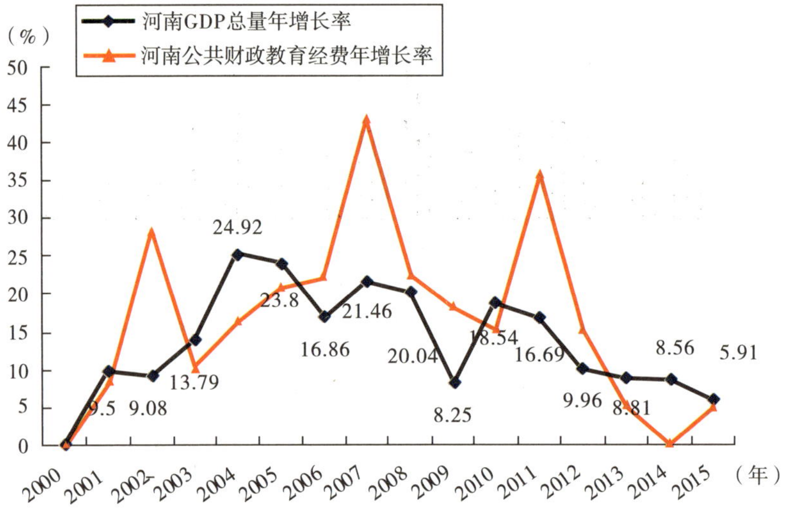

图4-11　2000—2015年河南省财政性教育经费年增长率与河南省GDP年增长率对比

表4-10　2000—2015年全国与河南省公共财政教育经费与GDP增长率比较

年份	公共财政教育经费增长率（%）		GDP增长率（%）		公共财政教育经费增长相对GDP增长系数	
	全国	河南省	全国	河南省	全国	河南省
2000	—	—	—	—	—	—
2001	23.45	8.33	10.55	9.50	2.22	0.88
2002	20.30	28.52	9.79	9.08	2.07	3.14
2003	11.19	9.90	12.90	13.79	0.87	0.72

续表

年份	公共财政教育经费增长率（%）		GDP增长率（%）		公共财政教育经费增长相对GDP增长系数	
	全国	河南省	全国	河南省	全国	河南省
2004	17.28	16.32	17.77	24.92	0.97	0.65
2005	16.53	20.79	15.74	23.80	1.05	0.87
2006	24.05	22.07	17.15	16.86	1.40	1.31
2007	31.93	43.29	23.15	21.46	1.38	2.02
2008	26.18	22.26	18.24	20.04	1.44	1.11
2009	17.25	18.07	9.25	8.25	1.86	2.19
2010	18.28	15.12	18.32	18.54	1.00	0.82
2011	25.82	35.90	18.47	16.69	1.40	2.15
2012	13.99	14.95	10.44	9.96	1.34	1.50
2013	5.37	4.97	10.16	8.81	0.53	0.56
2014	5.47	–0.77	8.19	8.56	0.67	–0.09
2015	14.55	4.84	7.00	5.91	2.08	0.82
年均增长率（%）	18.1	17.6	13.8	14.4	—	—

资料来源：历年《中国统计年鉴》《河南统计年鉴》。

四、生均教育经费总支出保持较快增长

（一）全国各级各类教育生均教育经费总支出均持续增长

2000年以来，全国各级各类教育生均教育经费总支出保持快速持续的增长态势（见表4–11、图4–12）。小学生均教育经费支出增长速度在各级各类教育中最快，高等学校生均教育经费支出增长速度在各级各类教育中最慢。

1. 高等学校生均教育经费支出逐年增加

2015年，全国高等学校生均教育经费总支出为28991.70元，普通高等学校生均教育经费支出为29470.65元，比2001年的15445.23元增长了 14025.42元，年均增率为6.49%。“十一五”期间，增长了33.69%，“十二五”期间增长了43.77%。2010—2015年数据表明，尽管高等本科学校生均教育经费的增长率是41.22%，低于高职高专相应指标，但是高等本

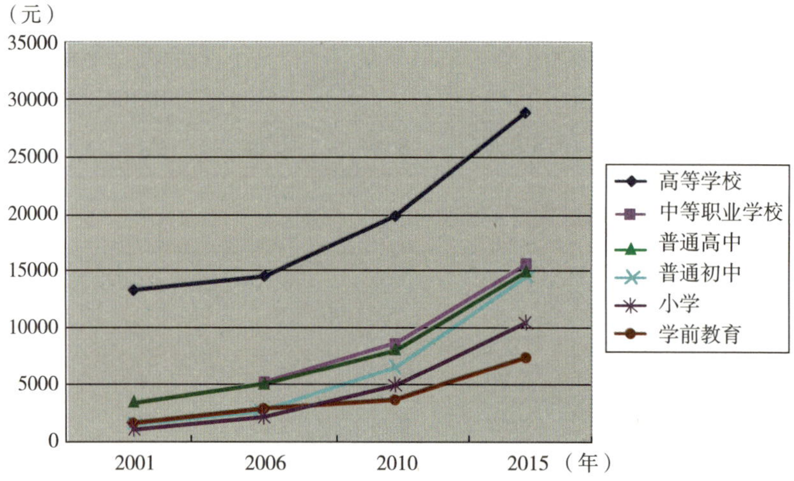

图4-12　2001—2015年全国各级各类教育生均教育经费增长情况

科学校的生均教育经费绝对支出和支出的增长数量均比高职高专学校要高出许多。2010年，本科学校生均教育经费比高职高专学生多9739.77元；2015年，二者在绝对值方面的差距扩大至12678.48元。国家对高等本科学校的教育投入力度要大于对高职高专的投入力度。

2. 中等职业学校生均教育经费支出实现2倍的增长

根据数据统计口径的变化，2006—2015年，中等职业学校生均教育经费支出快速增长，十年间增长了2倍，由2006年的生均5245.42元增至2015年的15722.29元。其中，2006—2010年增长率是66.03%，2010—2015年增幅达80.53%。国家对中等职业教育学生的投入逐年增加，增长幅度高于高等学校相应指标。

表4-11　2001—2015年全国各级各类教育生均教育经费总支出及增长变化　单位：元

教育经费（元）	2001年	2006年	2010年	2015年	2001—2015年增长率（%）	2006—2010年增长率（%）	2010—2015年增长率（%）
总计	1982.37	4033.95	7960.23	15100.14	661.72	97.33	89.69
一、高等学校	13334.23	14580.27	19952.96	28991.70	117.42	36.85	45.30
1.普通高等学校	15445.23	15332.8	20497.92	29470.65	90.81	33.69	43.77
其中：高等本科学校	—	—	23221.84	32793.76	—	—	41.22

续表

教育经费（元）	2001年	2006年	2010年	2015年	2001—2015年增长率（%）	2006—2010年增长率（%）	2010—2015年增长率（%）
其中：高职高专学校	—	8770.59	13482.07	20115.28	—	53.72	49.20
2.成人高等学校	3931.82	6605.03	9948.46	15311.88	289.43	50.62	53.91
二、中等职业学校	—	5245.42	8708.81	15722.29	—	66.03	80.53
1.中等专业学校	5081.06	6197.57	8968.49	15287.68	200.88	44.71	70.46
2.职业高中	3047.53	4458.78	7960.62	16287.26	434.44	78.54	104.60
其中：农村	—	—	6307.47	13264.63	—	—	110.30
3.技工学校	4284.99	5510.17	9242.28	14009.85	226.95	67.73	51.58
4.成人中等专业学校	4285.43	6611.05	12528.79	24777.77	478.19	89.51	97.77
三、中学	1746.04	3329.75	7024.56	14696.92	741.73	110.96	109.22
1.普通中学	1744.44	3326.5	7020.87	14696.87	742.50	111.06	109.33
普通高中	3503.36	5005.48	8120.05	15072.35	330.23	62.22	85.62
其中：农村	—	—	6280.88	12139.37	—	—	93.27
普通初中	1372.35	2669.49	6528.36	14487.77	955.69	144.55	121.92
其中：农村	1013.65	2190.33	5874.07	13082.75	1190.66	168.18	122.72
2.成人中学	4498.18	12246.58	16873.02	14752.83	227.97	37.78	−12.57
四、小学	970.10	2121.09	4932.02	10468.94	979.16	132.52	112.26
1.普通小学	971.69	2121.73	4932.76	10468.73	977.37	132.49	112.23
其中：农村	797.60	1846.71	4560.33	9909.85	1142.46	146.94	117.31
2.成人小学	246.13	777.32	1815.45	13592.89	5422.65	133.55	648.73
五、特殊教育	9367.81	—	38957.63	58922.56	528.99	—	51.25
1.特殊教育学校	—	16622.25	38906.66	58169.84	—	134.06	49.51
2.工读学校	—	—	40472.61	75488.53	—	—	86.52
六、幼儿园	1526.84	2857.11	3622.12	7437.56	387.12	26.78	105.34

数据来源：《中国教育经费统计年鉴（2001—2016）》。

注：其中，空出的项为各年份统计口径不一致，年鉴中没有相应指标。

3. 普通中学生均教育经费支出增长7.5倍

2001—2015年，经过三个五年国民经济建设规划的实施，中学生均教育经费支出从2001年的1746.04元增长至2015年的14696.92元，总增长率为741.73%。其中，在2001—2006年期间增长了0.91倍；在2006—2010年期间增长了1.11倍；在2010—2015年期间增长了1.09倍。2001—2015年，中学生均教育经费支出的增长率远高于同期高校生均教育经费支出增长率。普通高中的生均教育经费支出从2001年的3503.36元增长至2015年的15072.35元，增长了3.30倍；普通初中的生均教育经费支出从2001年的1372.35元增长至2015年的14487.77元，增长了9.56倍。体现了国家对义务教育阶段教育投入给予更多的重视。

数据表明，同期农村中学的生均教育经费支出增长率高于中学生均教育经费支出增长率的平均水平。2010—2015年，普通高中生均教育经费增长了85.62%，其中，农村高中生教育经费增长了93.27%；普通初中生均教育经费增长了121.92%，其中，农村初中生教育经费增长了122.72%。

4. 小学生均教育经费支出增长了9.79倍

2001—2015年，经过三个五年国民经济建设规划的实施，全国小学生均教育经费支出从2001年的970.1元增长至2015年的10468.94元，总增长率为979.16%。其中，在2001—2006年期间增长了1.19倍；在2006—2010年期间增长了1.33倍；在2010—2015年期间增长了1.12倍。2001—2015年小学生均教育经费支出的增长率是各级各类教育中位于次高水平，远高于同期高校生均教育经费支出增长率45.30%、中等职业学校80.53%、普通高中85.62%，仅低于普通初中的增长率121.92%。数据表明，同期农村小学的生均教育经费支出增长率高于小学生均教育经费支出增长率的平均水平。

（二）河南省各级各类教育生均教育经费总支出高速增长

河南省2000年以来和全国各级各类教育生均教育经费支出持续增长的趋势保持一致（表4-12）。2006年以来，河南省普通小学生均预算内教育事业费从948.57元增长至2015年的4575.27元，增长了3.822倍；普通初中生均预算内教育事业费从1195.42元增长至2015年的7262.97元，增长了5.07倍；普通高中生均预算内教育事业费从1303.74元增长至2015年的5870.64元，增长了3.5倍；职业中学生均预算内教育事业费从1188.14元增长至2015年的6690.25元，增长了4.63倍；普通高等学校的生均预算内教育事业费从4487.95元增长至12572.33元，增长了1.80倍（见表4-12、图4-13）。

比较“十一五”和“十二五”期间的生均预算教育事业费发展情况，“十一五”期间，各级各类教育中除了普通高等学校的生均预算教育事业费以外，其他教育类型的生均教育事业费增长速度均高于“十二五”期间的同类指标增长速度。

表4-12　2006—2010年全国与河南省各级各类教育生均预算内教育事业费增长情况

单位：元

学校类型		2006年	2010年	2011年	2015年	2006—2010年增长率（%）	2011—2015年增长率（%）	2006—2015年总增长率（%）
普通小学	全国	1633.51	4012.51	4966.04	8838.44	145.64	77.98	441.07
	河南省	948.57	2186.14	2736.91	4575.27	130.47	67.17	382.33
普通初中	全国	1896.56	5213.91	6541.86	12105.08	174.91	85.04	538.27
	河南省	1195.42	3410.02	4563.99	7262.97	185.26	59.14	507.57
普通高中	全国	2240.96	4509.54	5999.6	10820.96	101.23	80.36	382.87
	河南省	1303.74	2457.82	4025.99	5870.64	88.52	45.82	350.29
职业中学	全国	2163.69	4842.45	6148.28	10961.07	123.81	78.28	406.59
	河南省	1188.14	3609.54	4956.2	6690.25	203.80	34.99	463.09
普通高等学校	全国	5868.53	9589.73	13877.53	18143.57	63.41	30.74	209.17
	河南省	4487.95	4276.64	8699.04	12572.33	-4.71	44.53	180.14

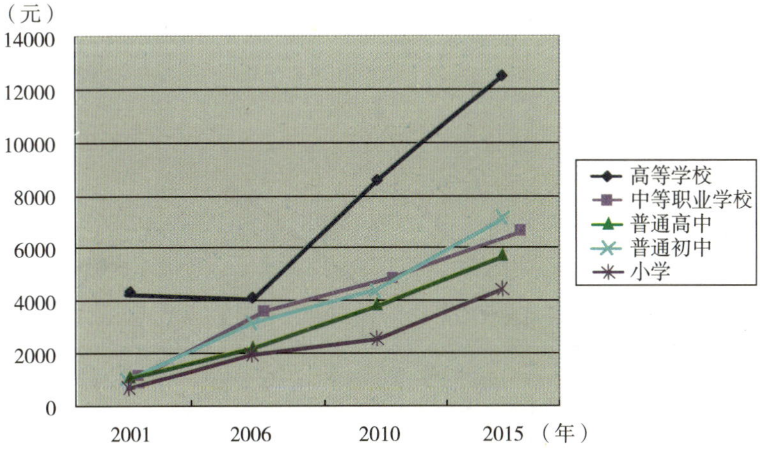

图4-13　2001—2015年河南省各级各类教育生均教育经费增长情况

（三）河南省各级各类教育生均教育经费支出均低于全国平均水平

尽管河南省教育经费投入的增长速度高于GDP增长速度，但是河南省各级各类教育生均预算内教育事业费的绝对量仍然低于全国相应指标水平，且差距逐渐增大（见表4–12、图4–14、图4–15、图4–16、图4–17、图4–18）。

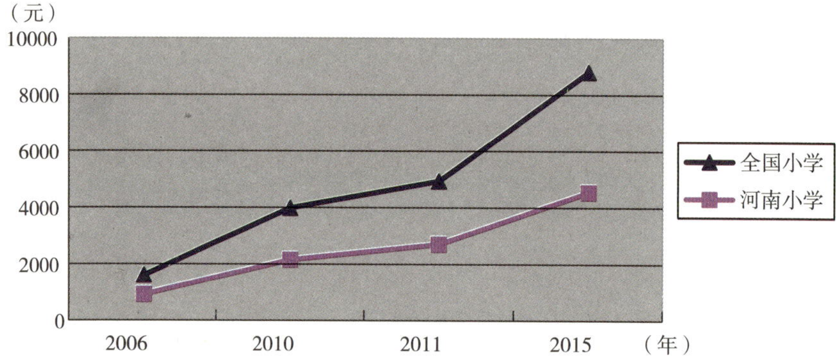

图4–14　2006—2015年河南省与全国普通小学生均预算内教育事业费发展情况

2006—2015年，全国小学生均预算内教育事业费增长了4.41倍，同期河南省增长了3.82倍。其中，“十一五”期间，全国小学生均预算内教育事业费从1633.51元增长至4012.51元，年均增长了36.41%；同期，河南省小学生均预算内教育事业费从948.57元增长至2186.14元，年均增长了32.62%。“十二五”期间，全国小学生均预算内教育事业费从4012.51元增长至8838.44元，年均增长了44.05%；同期，河南省小学生均预算内教育事业费从2186.14元增长至4575.27元，年均增长了41.86%。2006—2015年，河南省小学生均预算内教育事业费总增长率要低于全国平均水平总增长率59个百分点（见图4–14）。

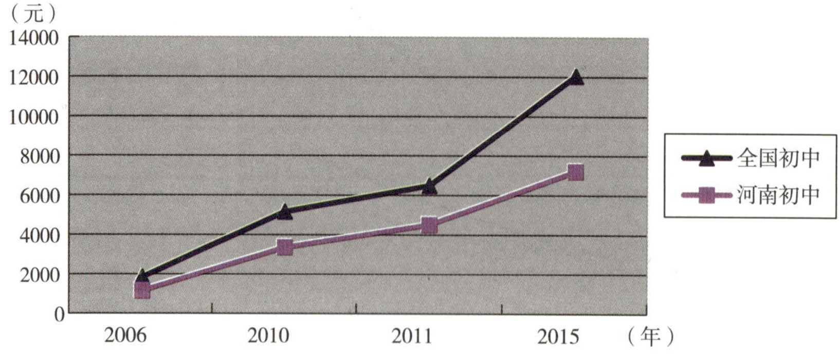

图4–15　2006—2015年河南省与全国普通初中生均预算内教育事业费发展情况

2006—2015年，全国普通初中生均预算内教育事业费增长了5.38倍，同期河南省增长了5.07倍。其中，“十一五”期间，全国普通初中生均预算内教育事业费从1896.56元增长至5213.91元，年均增长了43.73%；同期，河南省普通初中生均预算内教育事业费从1195.42元增长至3410.02元，年均增长了46.32%。“十二五”期间，全国普通初中生均预算内教育事业费从5213.91元增长至12105.08元，年均增长了26.43%；同期，河南省普通初中生均预算内教育事业费从3410.02元增长至7262.97元，年均增长了22.60%。河南省普通初中生均预算内教育事业增长速度“十一五”期间高于全国平均水平的增长速度，“十二五”期间要低于全国平均水平的增长速度4个百分点。2006—2015年，河南省普通初中生均预算内教育事业费总增长率要低于全国平均水平总增长率31个百分点（见图4-15）。

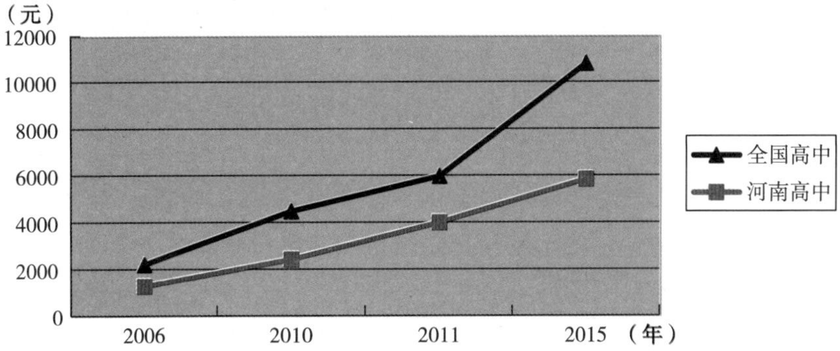

图4-16　2006—2015年河南省与全国普通高中生均预算内教育事业费发展情况

2006—2015年，全国普通高中生均预算内教育事业费增长了3.83倍，同期，河南省增长了3.50倍。其中，“十一五”期间，全国普通高中生均预算内教育事业费从2240.96元增长至4509.54元，年均增长了25.31%；同期，河南省普通高中生均预算内教育事业费从1303.74元增长至2457.82元，年均增长了22%。“十二五”期间，全国普通高中生均预算内教育事业费从4509.54元增长至10820.96元，年均增长了27.99%；同期，河南省普通高中生均预算内教育事业费从2457.82元增长至5870.64元，年均增长了27.77%。河南省普通高中生均预算内教育事业增长速度“十一五”期间年均低于全国平均水平的增长速度3个百分点，“十二五”期间与全国平均水平的增长速度基本持平。2006—2015年，河南省普通高中生均预算内教育事业费总增长率要低于全国平均水平总增长率32个百分点（见图4-16）。

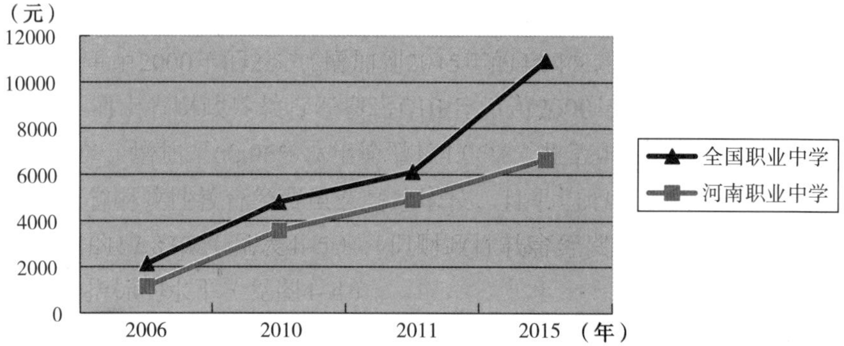

图4-17　2006—2015年河南省与全国职业中学生均预算内教育事业费发展情况

2006—2015年，全国职业中学生均预算内教育事业费增长了4.07倍，同期，河南省增长了4.63倍。其中，“十一五”期间，全国职业中学生均预算内教育事业费从2163.69元增长至4842.45元，年均增长了30.95%；同期，河南省职业中学生均预算内教育事业费从1188.14元增长至3609.54元，年均增长了51%。“十二五”期间，全国职业中学生均预算内教育事业费从4842.45元增长至10961.07元，年均增长了25.27%；同期，河南省职业中学生均预算内教育事业费从3609.54元增长至6690.25元，年均增长了17.07%。河南省职业中学生均预算内教育事业增长速度在“十一五”期间年均高于全国平均水平的增长速度20个百分点，“十二五”期间又低于全国平均水平的增长速度。2006—2015年，河南省职业中学生均预算内教育事业费总增长率要高于全国平均水平总增长率57个百分点（见图4-17）。

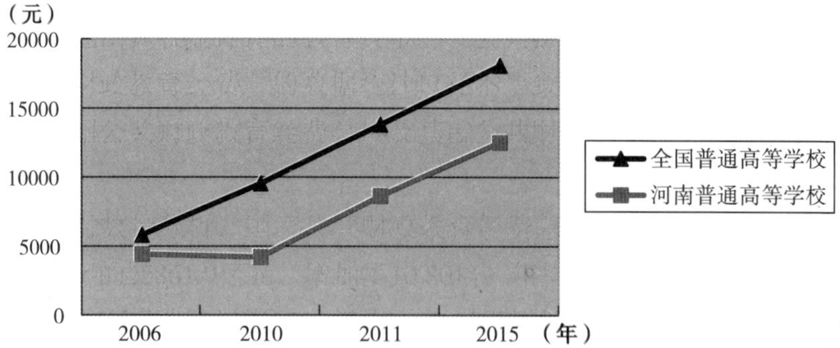

图4-18　2006—2015年河南省与全国普通高等学校生均预算内教育事业费发展情况

2006—2015年，全国普通高等学校生均预算内教育事业费增长了2.09倍，同期，河南省增长了1.80倍。其中，“十一五”期间，全国普通高等学校生均预算内教育事业费从5868.53元增长至9589.73元，增长了

63.41%；同期，河南省普通高等学校生均预算内教育事业费从4487.95元降低至4276.64元，降低了4.71%。以上数据表明，“十一五”期间，河南省教育经费的投入重点放在了义务教育阶段。在随后的“十二五”期间，河南省普通高等学校生均预算内教育事业费从4276.64元增长至12572.33元，增长了194%，同期，全国平均水平增长速度为89%，河南省普通高等学校生均预算内教育事业费在“十二五”期间的发展速度远远超出全国水平（见图4-18）。

“十二五”期间，全国与河南省的各项指标相比，除了普通高等学校生均教育经费河南省高于全国的增长水平外，普通小学、普通初中、普通高中和职业中学均低于全国的增长水平，这个阶段，河南省教育投入开始逐渐向高等教育倾斜（见图4-19）。

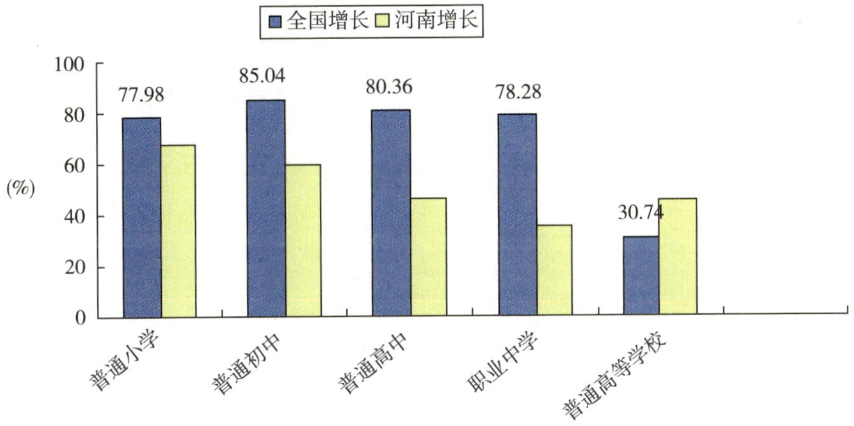

图4-19　2011—2015年全国与河南各级各类教育生均预算内教育事业费增长

第四节　河南省教育投入规模的比较分析

一、河南省教育投入的国际比较

（一）初等教育投入位于中等水平

由于数据的可得性限制，将河南省教育投入的数据与2009年国际数据进行比较。河南省2009年、2015年年初等教育占教育经费总支出的比重达到30%，与2009年的英国水平相等，低于2009年的波兰、澳大利亚、韩国、阿根廷、巴西、智利、墨西哥、冰岛、以色列、美国、南非11个国家。在25个国家中位于中等水平（见表4-13、图4-20）。

表4-13 河南省与2009年世界主要国家各级各类教育占教育经费总支出的比重对比（%）

国家或地区	初等教育占教育经费总支出比重	中等教育占教育经费总支出比重	高等教育占教育经费总支出比重	公共教育支出占该国GDP比重	公共教育支出占财政总支出比重
中国河南省2015年	30.47	36.48	21.29	3.67	16.95
中国河南省2009年	30.26	40.98	21.73	3.00	20.19
中国	25.56	36.15	28.98	3.59	16.03
捷克	15.91	46.39	23.22	6.03	9.76
匈牙利	16.86	40.53	22.04	5.12	9.96
波兰	31.04	36.90	21.02	—	11.45
斯洛伐克	18.40	47.09	19.78	—	9.85
澳大利亚	35.96	37.78	22.11	5.11	—
日本	—	—	—	—	—
新西兰	22.65	37.09	29.73	6.42	—
韩国	32.64	38.22	17.06	—	—
阿根廷	32.80	40.77	18.85	6.03	13.95
巴西	32.38	44.61	15.99	5.72	16.82
智利	36.39	35.23	15.60	4.53	—
墨西哥	36.22	30.25	20.00	5.29	—
丹麦	24.36	33.69	27.64	8.72	15.05
芬兰	19.79	42.52	31.75	6.81	12.13
法国	20.09	45.25	22.74	5.89	10.38
冰岛	32.61	31.96	20.40	7.81	15.32
以色列	38.16	26.85	17.32	5.83	13.64
意大利	25.60	43.11	18.27	4.67	9.05
荷兰	24.87	40.63	27.43	5.94	11.53
挪威	26.06	35.12	30.43	7.32	15.67
西班牙	25.30	37.50	22.83	4.98	10.84
瑞典	24.07	36.78	28.09	7.29	13.24
英国	31.12	48.92	14.37	5.63	11.26
美国	33.56	37.59	22.61	5.40	13.07
南非	41.09	30.88	12.53	5.47	16.86

数据来源：http：//www.worldbank.org/data/.

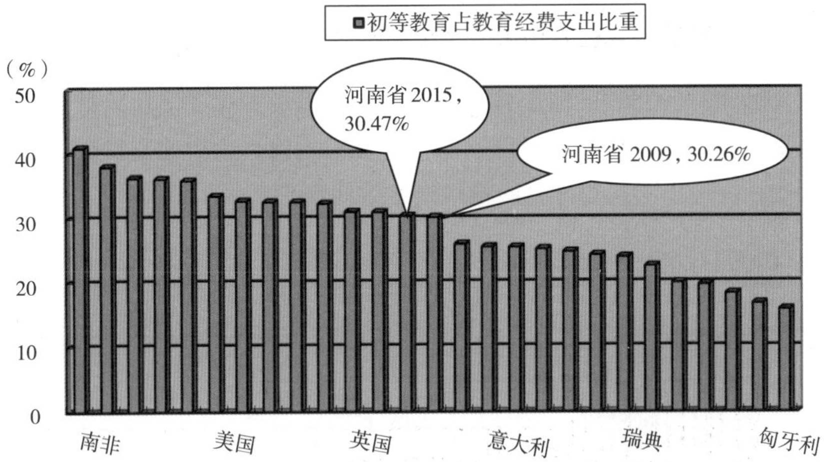

图4-20 河南省初等教育占教育经费支出比重与国际的比较

（二）中等教育投入比重和世界主要国家中的大部分投入水平相当

数据显示，2009年，表4-13中26个国家有20个中等教育经费占支出的比重在35%以上，少数国家如捷克、斯洛伐克、意大利和英国等甚至达到了45%~50%的水平。所以，我国和河南省中等教育经费占教育总支出的比重还可以适当提升。

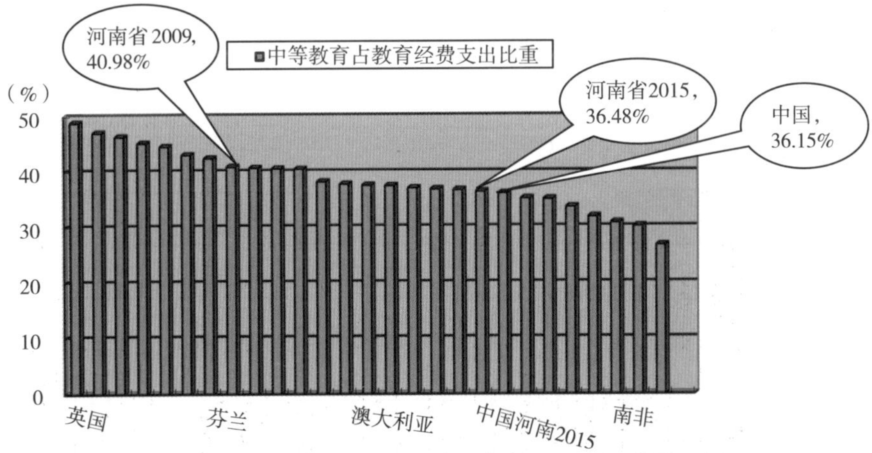

图4-21 河南省中等教育占教育经费支出比重与国际的比较

（三）高等教育投入比重处于中间水平

2009年、2015年，河南省高等教育经费占教育总支出比重低于我国同期水平，在表4-13中所列26个国家中排在第14位。这说明与世界上其他国家相比，河南省对高等教育的投入处于中间水平。

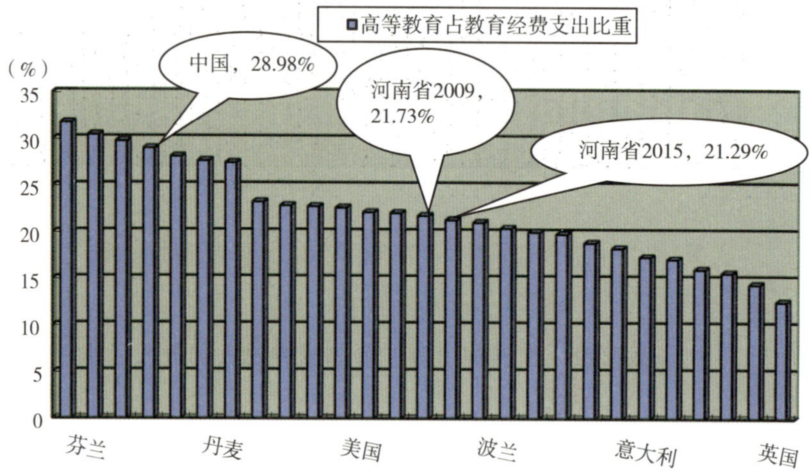

图4-22　河南省高等教育占教育经费支出比重与国际的比较

（四）公共教育支出占财政总支出比例处于世界中上水平

数据显示，2015年河南省公共教育支出占财政总支出比重比2009年呈

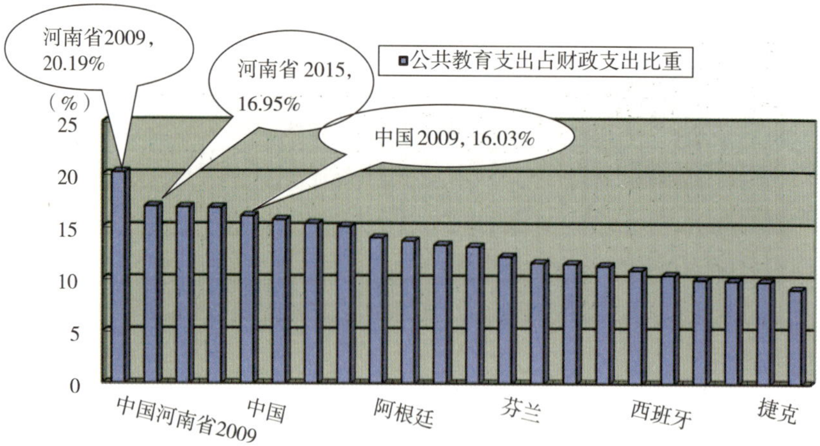

图4-23　河南省公共教育支出占财政总支出比重与国际的比较

现降低趋势。2009年，只有巴西和南非的公共教育支出占财政总支出比重超过16%。与世界其他国家相比，总体看，我国、河南省公共教育支出占财政总支出的比例处于偏上水平。可见，河南省政府十分重视对教育的投入。

二、河南省教育投入的国内比较分析

河南省作为我国的第一人口资源大省，也面临着由人口资源大省向人力资源强省转变的艰巨任务。与我国发达省市相比，河南省各级各类学校的数量、尤其是高水平的各级各类学校数量与之有很大差距，各级学校的软硬件设施也有待进一步改善。要加快河南省教育的发展速度，缩小这种差距，就必须加大教育投入，增强教育发展的物质保障。面对现状、实事求是地对河南省教育投入机制的现状予以审视，在全国范围内进行比较分析，找差距、谋发展则显得尤为重要。

为了更全面、客观地认识河南省教育投入状况，我们除了把河南省教育投入与国际其他国家相比之外，仍需要分别与国内经济发达地区、同等经济发展水平的省市、中部六省以及经济不发达地区进行比较。主要从教育经费总量的绝对值和增长率、教育经费增长相对人均国民生产总值的增长率等几个方面进行比较。

根据2015年全国31个省市的GDP水平和人均GDP水平，河南人均GDP为39123元在全国排名第22位，河南省GDP总量为37002.16亿元在全国排名第5位，从经济总量上看河南省位居全国第一梯队，但是人均水平比较低。研究主要以人均GDP为分类依据，以GDP总量为次要分类依据，将二者综合考虑，我们选取的比较对象分别为发达省市、经济发展水平相当的省、中部六省以及人均GDP排名最后4位的四个省等四个对照组省份，进行对比分析。对于经济发达地区，选择人均GDP排名前5位的北京、上海、天津、江苏、浙江和GDP总量第一的广东等六个省份。经济水平相当的省份选取2015年人均GDP在3.9万~4.1万元的省，分别是海南（40818元）、河北（40255元）、新疆（40036元）、四川（36775元）。中部地区特指中部六省，指居于中国大陆中部腹地的六个省份，包括河南省（豫）、山西省（晋）、湖北省（鄂）、安徽省（皖）、湖南省（湘）、江西省（赣）（见表4-14、图4-24、图4-25）。

表4-14　2015年全国31个省（市）GDP和人均GDP情况

地区	2015年人均GDP（元）	2015年人均GDP排名	2015年GDP排名	2015年GDP（亿元）
天津	107960	1	19	16538.19
北京	106497	2	13	23014.59
上海	103796	3	12	25123.45
江苏	87995	4	2	70116.38
浙江	77644	5	4	42886.49
内蒙	71101	6	16	17831.51
福建	67966	7	11	25979.82
广东	67503	8	1	72812.55
辽宁	65354	9	10	28669.02
山东	64168	10	3	63002.33
重庆	52321	11	20	15717.27
吉林	51086	12	22	14063.13
湖北	50654	13	8	29550.19
陕西	47626	14	15	18021.86
宁夏	43805	15	29	2911.77
湖南	42754	16	9	28902.21
青海	41252	17	30	2417.05
海南	40818	18	28	3702.76
河北	40255	19	7	29806.11
新疆	40036	20	26	9324.8
黑龙江	39462	21	21	15083.67
河南	39123	22	5	37002.16
四川	36775	23	6	30053.1
江西	36724	24	18	16723.78
安徽	35997	25	14	22005.63
广西	35190	26	17	16803.12
山西	34919	27	24	12766.49
西藏	31999	28	31	1026.39
贵州	29847	29	25	10502.56
云南	28806	30	23	13619.17
甘肃	26165	31	23	13619.17

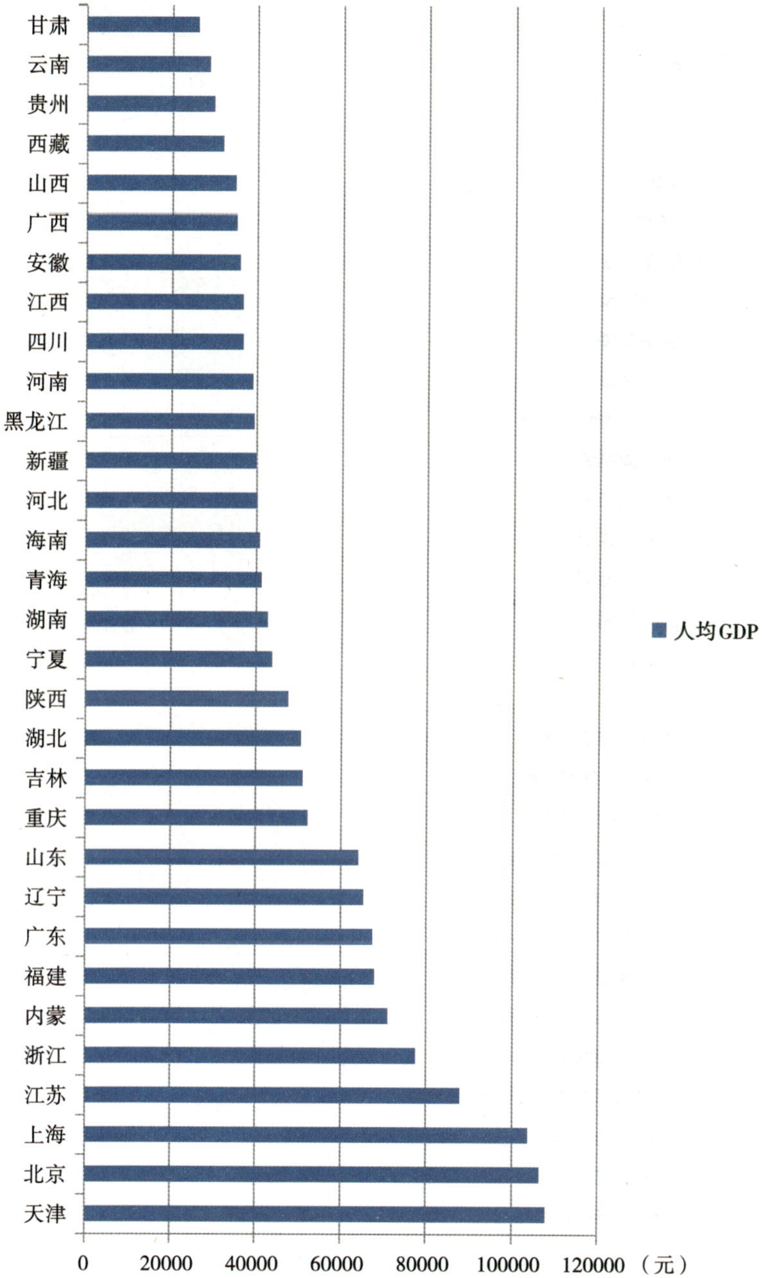

图4-24　2015年全国31个省（直辖市、自治区）的人均GDP

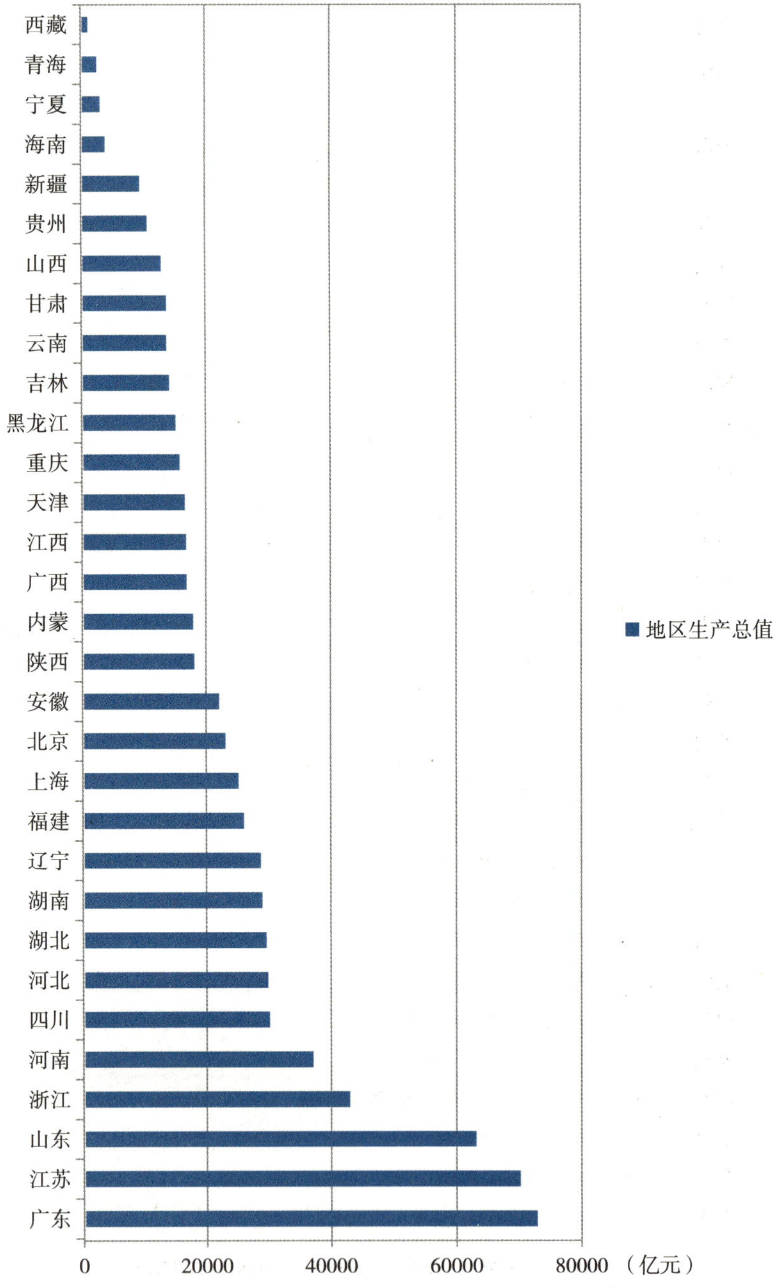

图4–25 2015年全国31个省（直辖市、自治区）的地区生产总值

（一）与经济发达省市的比较

2015年的国内生产总值数据显示，广东省的72812.55亿元傲居榜首；其次为江苏省，为70116.38亿元位列全国第2名；浙江省以42886.49亿元位居全国第4；上海和北京分别位列全国第12、13名；最少的为天津市16538.19亿元，位列全国第19名。河南省的国内生产总值与它们相比，总量位于全国第5，人均位于全国第22名。一般采用教育经费总量占区域GDP的比重来反映区域教育投入的努力程度。数据表明：相较河南省人均GDP在全国的水平，河南省对教育投入的努力程度要高于经济发达省市的努力水平。

在我们选择的六个经济比较发达省市中，2015年教育经费总量最高是广东省，为3165.2亿元，其次为江苏省和北京市，分别为2453.7亿元和2011.6亿元；教育经费总量最少的省份为天津市640.5亿元。河南省在2015年教育经费总量为1749.2亿元，教育经费投入总量低于经济较为发达的北京市、江苏省和浙江省和广东省，并且高于东部地区天津市、上海市（见表4-15、图4-26）。

表4-15　2006年和2015年部分省市教育投入的比较

地区	2015年人均GDP排名	2006年教育经费总额（亿）	2015年教育经费总额（亿）	2015年教育经费总额占GDP比重（%）	2015年比2006年经费增长量（亿）	2015年比2006年教育经费总额增长倍数
北京	2	611.7	2011.6	8.74	1399.9	2.29
天津	1	158.4	640.5	3.87	482.1	3.04
上海	3	422.4	1280.1	5.10	857.7	2.03
江苏	4	691.6	2453.7	3.50	1762.1	2.55
浙江	5	597.7	1861.9	4.34	1264.2	2.12
广东	8	809.2	3165.2	4.35	2356	2.91
河南	22	417.9	1749.2	4.69	1331.3	3.19

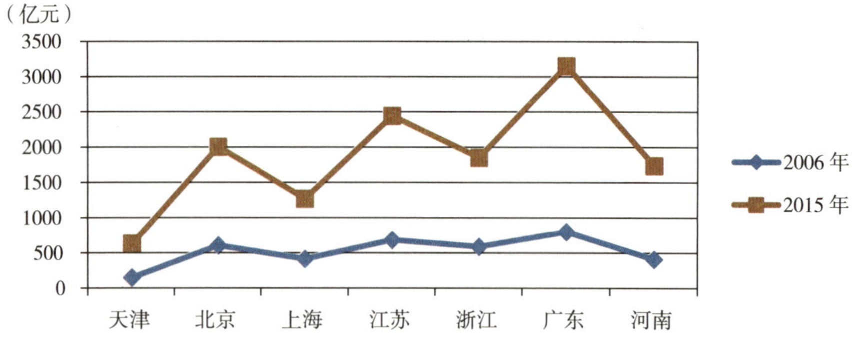

图4-26　2006年和2015年部分省市教育经费总量发展情况

从教育经费总量占国内生产总值的比重来看，最高为北京市的8.74%，其次为上海市的5.10%，河南省是4.69%，超过广东的4.35%、浙江省的4.34%和天津的3.87%。从这一指标上看，河南省的水平与发达省市相比，仅低于北京、上海（见图4-27）。

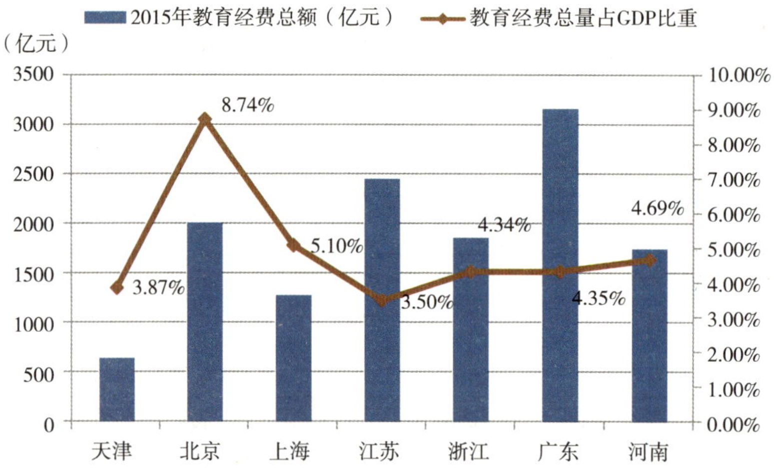

图4-27　2015年部分省市教育经费总量及占GDP比重

河南与北京、上海、天津、江苏、浙江和广东相比，2006年以来，教育经费总额均呈现快速增长趋势，河南省教育经费无论从经费的绝对值增长量，还是教育经费占GDP比重的提高程度，均超过北京、天津、上海、江苏、浙江和广东。2006年以来，河南省年教育经费投入总额的增长倍数以3.19高于国内经济较为发达的几个省市（见表4-16、图4-28）。

表4-16　部分省市教育经费总量增长情况

地区	2015年比2006年教育经费总额增长倍数	教育经费占GDP比重的提高程度（%）
北京	2.29	0.97
天津	3.04	0.24
上海	2.03	1.02
江苏	2.55	0.30
浙江	2.12	0.54
广东	2.91	1.26
河南	3.19	1.33

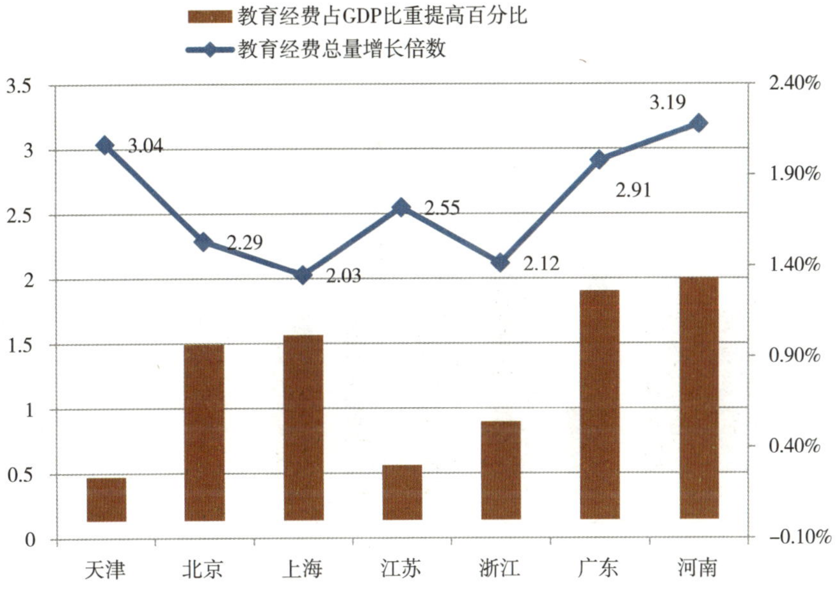

图4-28　部分省市教育经费总量及占GDP比重的增长情况

从教育经费增长速度与经济水平的发展速度相比，七个省市中有五个省市的教育经费增长速度要高于经济水平的发展速度。其中，河南省教育经费总投入增加倍数高于人均生产总值的增长倍数1.49倍，仅仅低于广东省的1.53倍，高于其他经济发达省市。2006年以来，全国各省市人均GDP呈增长趋势，与经济发达省市相比，江苏省人均地区生产总值增长了2.05倍，位列六个省市之首，上海增长的倍数最小（见表4-17、图4-29）。

表4-17　部分省市教育经费增长速度与经济水平发展速度的对比

地区	2015年比2006年教育经费增长倍数	人均生产总值2015年比2006增长倍数	教育经费总投入增加倍数高于人均生产总值的增长倍数
天津	3.04	1.62	1.42
北京	2.29	1.11	1.18
上海	2.03	0.80	1.23
江苏	2.55	2.05	0.49
浙江	2.12	1.44	0.68
河南	3.43	1.94	1.49
广东	2.91	1.38	1.53

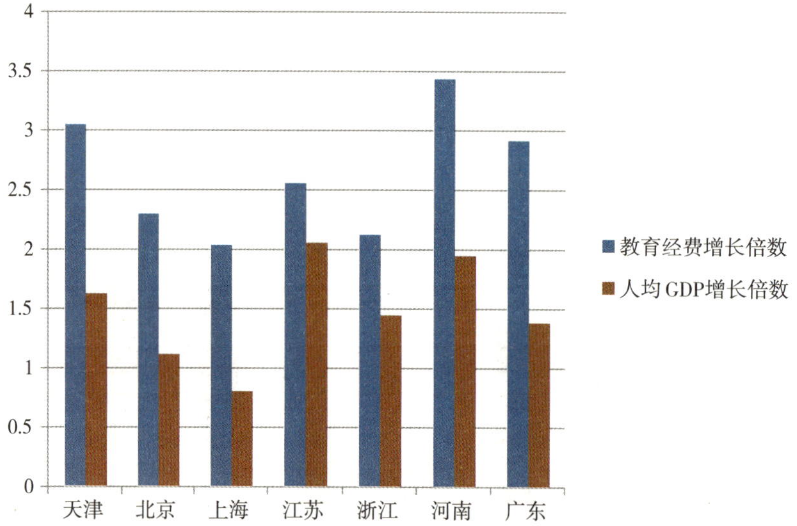

图4-29　部分省市教育经费总量及人均GDP的增长情况

分析各地区政府财政投入对教育投入的支持力度，数据表明：2006年以来，经济发达省市政府在教育经费投入中更好地发挥了财政的支持力量，国家财政性经费在教育总经费中的比重均有大幅提升。河南省的水平与经济发达省市的水平基本相当，河南省的比重达到78.59%，仅低于天津市和江苏省的水平，高于北京市、上海市、浙江省和广东省的水平（见表4-18、图4-30）。

表4-18 2006年和2015年部分省市教育经费总量中国家财政性经费占比情况

地区	国家财政性经费在教育经费总量中占比（%）	
	2006年	2015年
北京	65.92	78.27
天津	66.30	83.44
上海	68.55	77.30
江苏	60.55	79.88
浙江	61.41	72.19
河南	71.84	78.59
广东	66.32	73.82

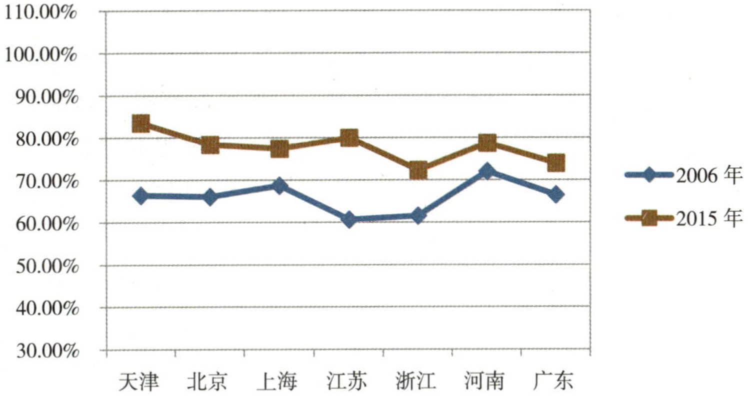

图4-30 2006和2015年部分省市教育经费总量中国家财政性经费占比情况

（二）与人均GDP水平相近省份的比较

2015年，全国31个省市人均GDP与河南省比较接近的是海南省人均40818元、河北省人均40255元、新疆人均40036元、黑龙江人均39462元和四川人均36775元，分别位列全国的第18、19、20、21和23名。从地区生产总值的绝对数量上分析，河南省与这5省相比，地区生产总值以37002.16亿元位居首位，排全国第5名；四川省以30053.1亿元位居第2位，排全国第6位；河北省以29806.11亿元位居第3位，排全国第7位。全国地区生产总值排名第5、6、7名的三个省，其人均地区生产总值均处于全国的中等偏下水平。黑龙江省以15083.67亿元位居全国的第21名；新疆是9324.8亿元，位居全国的第26名；海南省地区生产总值3702.76亿元，位居全国的第28名。

表4-19　2006年和2015年部分省教育经费与人均地区生产总值发展的比较

地区	人均GDP（元）		人均生产总值增长倍数	教育经费总收入（千元）		教育经费增长倍数	教育经费增长金额（亿）
	2006年	2015年		2006年	2015年		
海南	12654	40818	2.23	4784544	28161002	4.89	233.76
河北	16962	40255	1.37	34160323	130538833	2.82	963.79
新疆	15000	40036	1.67	15032503	80147843	4.33	651.15
黑龙江	16195	39462	1.44	23579188	80424227	2.41	568.45
四川	10546	36775	2.49	38192834	179095207	3.69	1409.02
河南	13313	39123	1.94	41790000	174915035	3.19	1331.25

2015年的教育经费数据显示：六省中，四川省教育经费总量1791.0亿元位居首位；河南省为1749.2亿元位居第2位；河北省为1305.4亿元位居第3位。河南省地区生产总值高于四川省，但教育经费投入总量低于四川省近44亿元。新疆省地区生产总值9324.8亿元，低于黑龙江省15083.67亿元近6000亿，但其对教育的经费投入量801.5亿元与黑龙江省的804.2亿元接近。海南省的教育经费投入总量为281.6亿元，位居六省末位，但是其教育经费的增长倍数以4.89倍位居六省首位。2006—2015年以来，四川省和河南省教育经费总量的增长量排在六省的前列，分别是1409.02亿元和1331.25亿元，相比其他四省、四川省和河南省投入更多的经费来发展和支持教育事业（见表4-19、图4-31）。

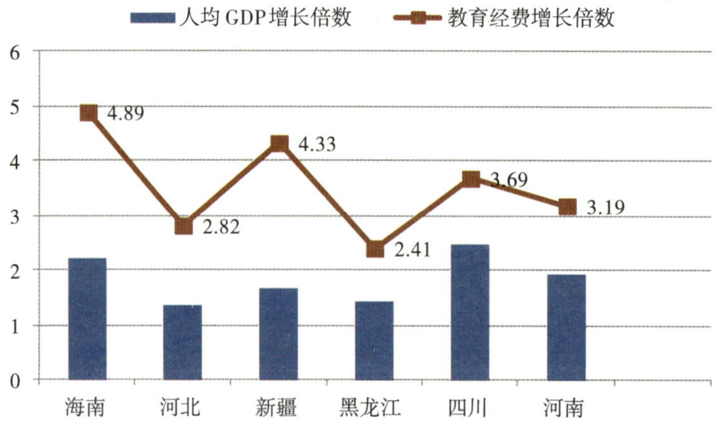

图4-31　部分省市教育经费和人均GDP增长情况

表4-20　2006年和2015年部分省教育经费与地区生产总值发展的比较

地区	GDP全国排名	2015年度		2006年度		教育经费占地区生产总值比重的提高百分点
		地区生产总值（亿元）	教育经费占GDP（%）	地区生产总值（亿元）	教育经费占GDP（%）	
海南	28	3702.76	7.61	1052.85	4.54	3.06
河北	7	29806.11	4.38	11660.43	2.93	1.45
新疆	26	9324.80	8.60	3045.26	4.94	3.66
黑龙江	21	15083.67	5.33	6188.90	3.81	1.52
河南	5	37278.20	4.69	12412.86	3.37	1.33
四川	6	30053.10	5.96	8637.81	4.42	1.54

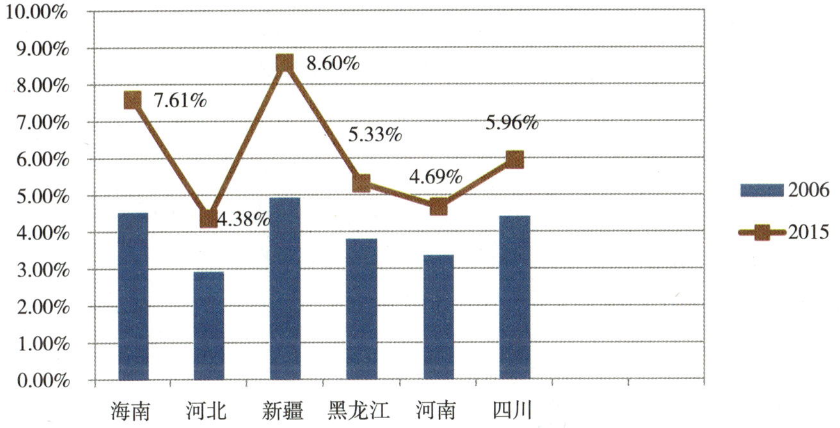

图4-32　2006年和2015年部分省市教育经费占GDP比重的变化情况

六省地区生产总值与教育经费发展数据显示，2015年河南省GDP总值高于四川省近7000亿元，但是河南教育经费总量低于四川省44亿元，教育经费占GDP比重4.69%，比四川省的5.96%低1.27个百分点。六省中新疆的教育经费占GDP比重在2006—2015年间提升的幅度最高，达到3.66个百分点；海南提高了3.06个百分点位居六省第2名；四川省和黑龙江省提高了1.54和1.52个百分点；河南省仅提高了1.33个百分点，低于四川省、河北省和黑龙江省水平。

表4-21　2015年部分省财政拨付的教育经费情况

地区	GDP全国排名	国家财政性教育经费		公共财政教育经费	
		2015 年绝对量（千元）	占教育总经费的比重（%）	2015年绝对量（千元）	占财政性教育经费比重（%）
海南	28	23405066	83.11	20661357	88.28
河北	7	108732863	83.30	101194613	93.07
新疆	26	73018041	91.10	70493002	96.54
黑龙江	21	67651193	84.12	61400665	90.76
河南	5	137460807	78.59	115234416	83.83
四川	6	142579641	79.61	131418110	92.17

财政拨付的教育经费数据显示，无论是国家财政性教育经费，还是公共财政教育经费，2015年河南省教育经费中财政拨付的款项均低于四川省。六个省份中，新疆的教育经费中来自国家财政性经费的比重、公共财政教育经费的比重均位于最高水平，达到91.10%；河南省国家财政性教育经费、公共财政教育经费占财政性教育经费比重最低。相比河南省，新疆、河北、海南更依靠政府投入来发展教育。河南省和四川省教育经费对政府财政的依靠程度大体水平相当（见表4-21、图4-33）。

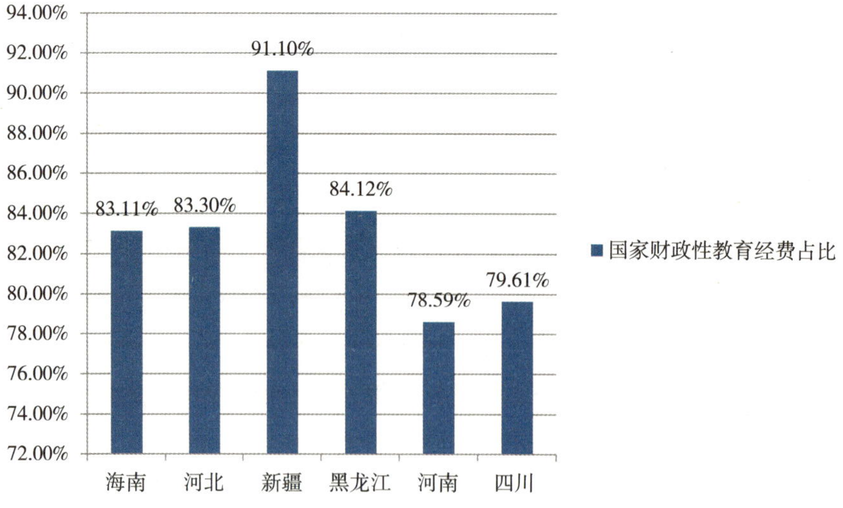

图4-33　2015年部分省份国家财政性教育经费在教育经费总量中的占比

（三）与中部六省其他省的比较

河南省与湖北省、湖南省、江西省、安徽省和山西省并称为中部六省，因有相同的地理区位，因此，河南省的经济发展状况、教育发展情况等方面与这几个省市也更接近。

1. 中部六省的基本情况

中部六省地处中国内陆腹地，起着承东启西、接南进北、吸引四面、辐射八方的作用。从中国整体发展的角度考虑，中部就是中国的“腰”，只有“腰板”直了，中国这个巨人才能走得正、走得稳，中国经济才能协调健康发展。从这个意义上来说，加快中部地区发展是提高中国国家竞争力的重大战略举措，是东西融合、南北对接，推动区域经济发展的客观需要。

根据2015年GDP水平，中部六省的经济社会综合发展水平层级很明显，如果将中部六省划分为两个层级的话，河南省、湖北省和湖南省属于第一层次，山西省、安徽省、江西省属于第二层级。如果按照人均GDP的水平分析，湖北和湖南处于同一水平，河南、山西、安徽和江西处于同一水平（见表4-22、图4-34）。

表4-22 2006年和2015年中部六省教育经费投入与人均GDP发展情况

地区	GDP排名	人均GDP（元）				教育经费总投入			
		2015全国排名	2006年	2015年	增长倍数	2006年（千元）	2015年（千元）	增长倍数	增长金额（亿）
湖北	8	13	13296	50654	2.81	34720725	136490076	2.93	1017.69
湖南	9	16	11950	42754	2.58	32079867	128817069	3.02	967.37
河南	5	22	13313	39123	1.94	41790000	174915035	3.19	1331.25
山西	24	27	14123	34919	1.47	20135576	84519292	3.20	643.84
安徽	14	25	10055	35997	2.58	28620001	121591217	3.25	929.71
江西	18	24	10798	36724	2.40	19679742	97453154	3.95	777.73

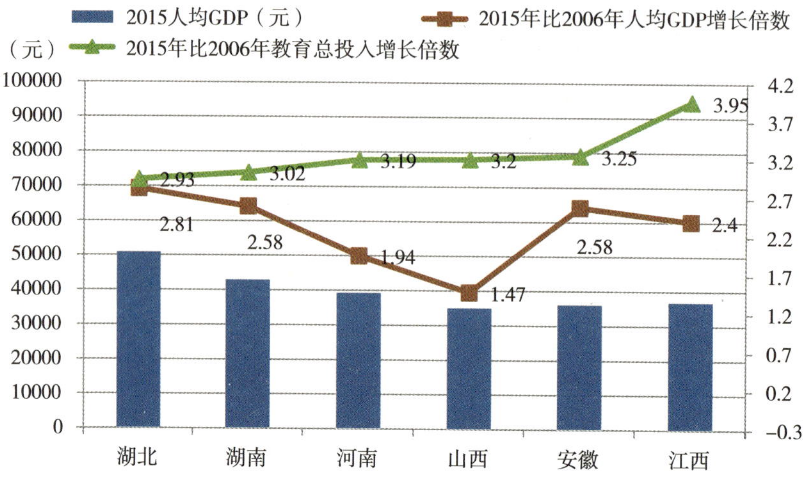

图4-34　2015年中部六省人均GDP及教育经费增长与经济发展水平的比较

教育经费总量：河南省以1749.1亿元位居六省第一名，湖北省以1364.9亿元位居六省第二名，湖南省、安徽省、江西和山西省分别位列第三、第四、第五和第六名。2006年以来，河南省年教育经费总量增长金额最高，从417.9亿元增加至1749.1亿元；其次是湖北省，从347.2亿元增加至1364.9亿元；湖南省从320.8亿元增加至1288.2亿元，安徽省从286.2亿元增加至1215.9亿元，两省经费的增长幅度接近，分别是967.37亿元和929.71亿元。山西省从201.4亿元增至845.2亿元，增长了643.8亿元。从增长的倍数来看，江西省增长了3.95倍，位列六省首位。湖北省的增长倍数为2.93，位列六省末位（见表4-22）。

表4-23　2006—2015年中部六省年教育经费占GDP比重变化情况

地区	2015年		2006年		2015年较2006年	
	GDP（亿元）	经费占GDP比重（%）	GDP（亿元）	经费占GDP比重（%）	GDP占比提高	GDP增长倍数
河南	37278.20	4.69	12412.86	3.37	1.33	2.00
山西	12766.49	6.62	4752.54	4.24	2.38	1.69
湖北	29550.19	4.62	7581.32	4.58	0.04	2.90
湖南	28902.21	4.46	7568.89	4.24	0.22	2.82
安徽	22005.63	5.53	6148.73	4.65	0.87	2.58
江西	16723.78	5.83	4670.53	4.21	1.61	2.58

在教育经费总量占GDP比重方面，2006年，河南省位于中部六省的最低水平；发展至2015年上升到中部六省的中间水平。2015年，山西省经费GDP占比以6.62%位列第1名，安徽省和江西省水平相当，分别是5.53%和5.83%。河南省、湖南省和湖北省处于同一水平，分别是4.69%、4.46%和4.62%。2006年以来，六省教育经费总量占GDP比重均呈现增长趋势，其中，山西省提高了2.38个百分点，增长幅度最大；湖北省提高了0.04个百分点，增长幅度最小。河南省教育经费总量占GDP比重从2006年的3.37%增至2015年的4.69%，增长了1.33个百分点，增长幅度在六省中居于中间水平（见图4-35）。

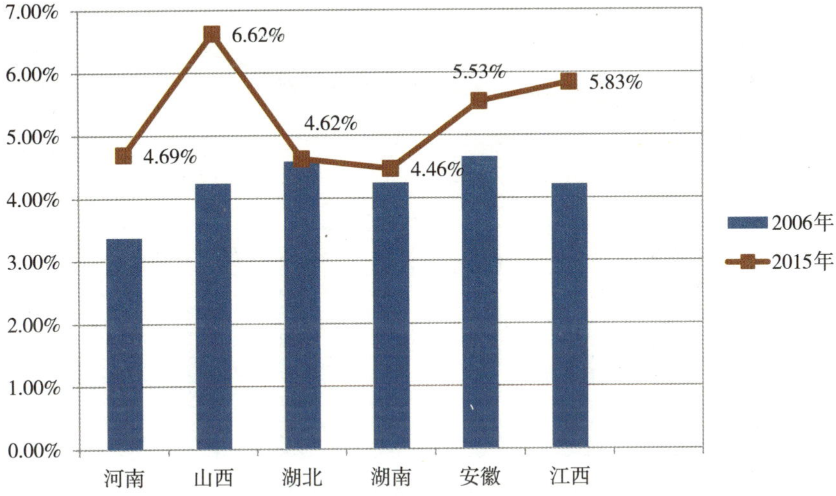

图4-35　2006—2015年中部六省教育经费占GDP比重对比

表4-24　2015年中部六省国家财政性教育经费及公共财政教育经费情况

地区	国家财政性教育经费		公共财政教育经费	
	绝对数量（千元）	占教育经费总量比重（%）	绝对数量（千元）	占教育经费总量比重（%）
河南	137460807	78.59	115234416	65.88
山西	72425090	85.69	59888633	70.86
湖北	105343346	77.18	97024143	71.08
湖南	99953063	77.59	94750778	73.56
安徽	100347754	82.53	88145717	72.49
江西	81586480	83.72	78341801	80.39

在财政性教育经费和公共财政教育经费方面，河南省的绝对数量是六个省份中最高的，分别是1374.6亿元和1152.3亿元。山西省的绝对数量是六个省份中最低水平，分别是724.3亿元和598.9亿元。从财政经费占教育经费总量的比重方面分析，江西省公共财政教育经费占教育经费总量比重最高，达到80.39%，河南省和山西省相应指标分别是65.88%和70.86%，在六省中处于较低水平。2015年，相比山西、湖北、湖南、江西和安徽省，河南省教育经费来源对于财政的依赖程度较低（见图4-36）。

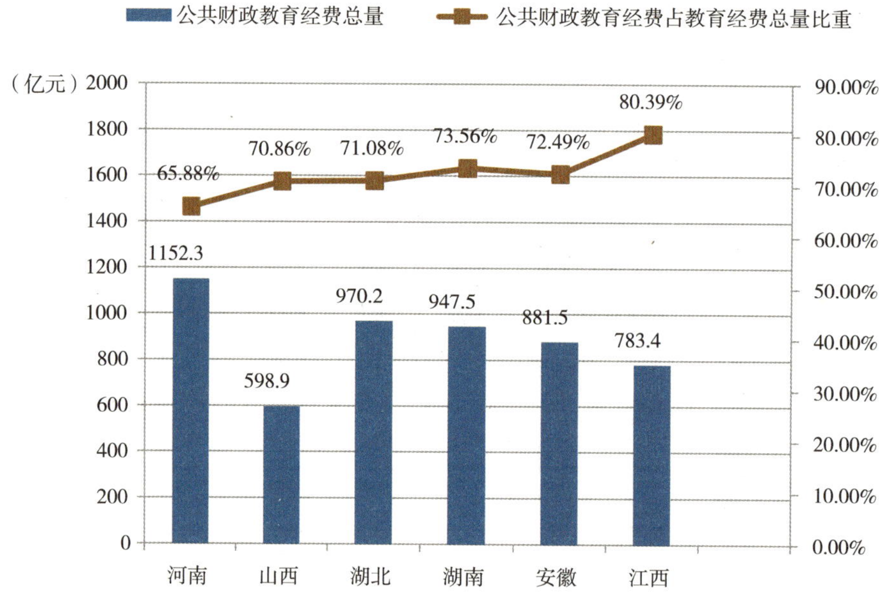

图4-36　2015年中部六省公共财政教育经费总量及在教育经费总量占比情况

第五章

河南省教育经费投入结构分析

2006年以来，各省、自治区、直辖市政府积极贯彻落实教育优先发展战略，逐步完善教育经费保障机制，努力增加教育投入，使地方教育经费总投入实现了持续快速增长。教育经费除了总量有变动之外，其投入结构也有相应的变化。

第一节　河南省教育经费来源情况分析

从世界范围来看，各国教育经费的来源与其政治制度、经济制度、教育制度密切相关，差异很大，大体可以分为两类：

第一，相对单一型。其基本特点是经费来源相对单一，以中央拨款为主。这些国家一部分是实行计划经济的社会主义国家，一部分是实行高福利制度的发达资本主义国家。

第二，广泛多样型。其基本特点是：一是财源广泛，政府拨款为主。这些国家的教育经费来源主要有政府拨款和资助、学费、捐赠、借贷收入、学校经营收入等五种。但五种财源承担的份额相差悬殊，其中以政府拨款为主。二是不同学校，各有经济靠山。具体到各级各类学校，争取财源的途径及其承担的比例则各有不同。主要体现在：公立学校靠政府拨款，私立学校靠其他收入，义务教育及中等教育靠地方政府，高等教育主要靠省级政府。

我国各省教育经费来源有着统一的构成。教育经费总收入从来源上看主要由以下五个方面构成：国家财政性教育经费、民办学校中举办者投入、捐赠收入、事业收入及其他教育经费。

1. 国家财政性教育经费

指学校（单位）取得的所有属于财政性质的经费。包括公共财政预算安排的教育经费，政府性基金预算安排的教育经费，企业办学中的企业拨款，校办产业和社会服务收入用于教育的经费，其他属于国家财政性的教育经费。

（1）公共财政预算安排的教育经费：指学校（单位）从同级财政部门取得的公共财政预算拨款。包括教育事业费、基本建设经费、教育费附加、科研经费和其他经费。

①教育事业费：指学校（单位）从同级财政部门取得的、列入《政府收支分类科目》公共财政预算205类“教育支出”的拨款，不含基本建设经费和教育费附加。

②基本建设经费：指学校（单位）从同级发展与改革部门取得的、列入《政府收支分类科目》309类“基本建设支出”的拨款。

③教育费附加：指学校（单位）从同级财政部门取得的、列入《政府收支分类科目》205类09款“教育费附加安排的教育支出”的拨款。

④科研经费：指学校（单位）从同级财政部门取得的、列入《政府收支分类科目》206类“科学技术支出”的拨款。

⑤其他：指学校（单位）从同级财政部门取得的、列入《政府收支分类科目》205类“教育支出”、206类“科学技术支出”以外（如208类“社会保障和就业”、210类“医疗卫生”、219类“援助其他地区支出”、221类“住房保障支出”等）的其他公共预算投入。

（2）政府性基金预算安排的教育经费：指学校（单位）从同级财政部门取得的政府性基金预算拨款。包括城市基础设施配套费收入、彩票公益金收入等安排用于学校（单位）的支出。

（3）企业办学中的企业拨款：指中央和地方所属企业在企业营业外资金列支或企业自有资金列支，并实际拨付所属学校的办学经费。

（4）企业和社会服务收入用于教育的经费：指学校举办的校办产业和各种经营取得的收益及投资收益中用于补充教育经费的部分。

（5）其他属于国家财政性教育经费：指学校（单位）取得的除上述财政性收入以外的其他属于财政性质的经费。

2. 民办学校中举办者投入

指民办学校举办者投入给民办学校的办学经费。

3. 捐赠收入

指境内外社会各界及个人对教育的资助和捐赠资金。

4. 事业收入

指学校（单位）开展教学、科研及其辅助活动依法取得的、经财政部门核准留用的资金和从财政专户核拨回的资金。其中，学费指学校经财政部门核准留用或经财政专户核拨回的学费金额。

5. 其他教育经费

指学校（单位）取得的除上述各项收入以外的其他收入。

以上这些经费的来源按照不同的标准可以有不同的分类：依据教育经费来源的层次可以分为中央教育经费和地方教育经费；依据是否为财政性可以分为财政性教育经费和非财政性教育经费；依据是否来自财政预算可以分为预算内教育经费和预算外教育经费。

表5-1　2006—2010年全国教育经费总投入按经费来源构成（%）

教育经费	2006年	2007年	2008年	2009年	2010年	2010年比2006年增减百分点
总投入构成	100.00	100.00	100.00	100.00	100.00	—
一、国家财政性教育经费	64.68	68.16	72.06	74.12	74.99	10.31
1. 公共财政预算教育经费	59.05	63.01	66.79	69.20	68.96	9.91
（1）教育事业费拨款	48.16	52.67	55.64	57.04	57.23	9.07
（2）基本建设拨款	2.45	1.66	1.98	2.34	2.36	–0.09
（3）科研经费拨款	1.11	1.02	1.15	1.18	1.36	0.25
（4）其他拨款	7.33	7.66	8.03	8.64	8.01	0.68
2. 各级政府征收用于教育的税费	4.35	4.47	4.76	4.47	4.75	0.42
（1）教育费附加	3.62	3.62	3.64	3.37	3.45	–0.17
（2）地方教育附加	0.72	0.85	0.84	0.82	0.86	0.14
（3）地方基金	—	—	0.28	0.28	0.44	—
3. 企业办学中的企业拨款	0.70	0.43	0.34	0.27	0.27	–0.43
4. 校办产业和社会服务收入用于教育的经费	0.58	0.25	0.17	0.18	0.12	–0.46

续表

教育经费	2006年	2007年	2008年	2009年	2010年	2010年比2006年增减百分点
5. 其他属于国家财政性教育经费	—	—	—	—	0.90	—
二、民办学校中举办者投入	5.59	0.67	0.48	0.45	0.54	–5.05
三、社会捐赠经费	0.92	0.77	0.71	0.76	0.55	–0.37
其中：农村	0.08	0.05	0.05	0.04	0.04	–0.04
四、事业收入	24.53	26.15	23.22	21.38	20.99	–3.54
其中：学杂费	15.82	17.54	16.20	15.24	15.42	–0.40
五、其他教育经费	4.29	4.25	3.53	3.29	2.93	–1.36

数据来源：中国教育经费统计年鉴（2007—2011）。

一、河南省教育经费来源的总构成

（一）全国教育经费来源的总构成

数据表明：2006年以来，全国教育经费总投入构成中，国家财政性教育经费的比重呈逐年上升趋势，从2006年的64.68%上升至2015年的80.88%。与此同时，民办学校中举办者投入、社会捐赠、事业收入和其他教育经费的比重呈现逐年下降的趋势。

表5-2　2011—2015年全国教育经费总投入按经费来源构成（%）

教育经费	2011年	2012年	2013年	2014年	2015年	2015年比2011年增减百分点
总投入构成	100.00	100.00	100.00	100.00	100.00	–
一、国家财政性教育经费	77.87	80.78	80.65	80.53	80.88	3.01
1. 公共财政预算教育经费	74.66	70.89	70.50	68.82	71.58	–3.08
二、民办学校中举办者投入	0.47	0.45	0.49	0.40	0.52	0.05
三、社会捐赠经费	0.47	0.33	0.28	0.24	0.24	–0.23
四、事业收入	18.54	16.12	16.22	16.54	16.08	–2.46
其中：学杂费	13.90	12.23	12.31	12.35	11.95	–1.95
五、其他教育经费	2.66	2.32	2.36	2.28	2.28	–0.38

数据来源：中国教育经费统计年鉴（2012—2016）。

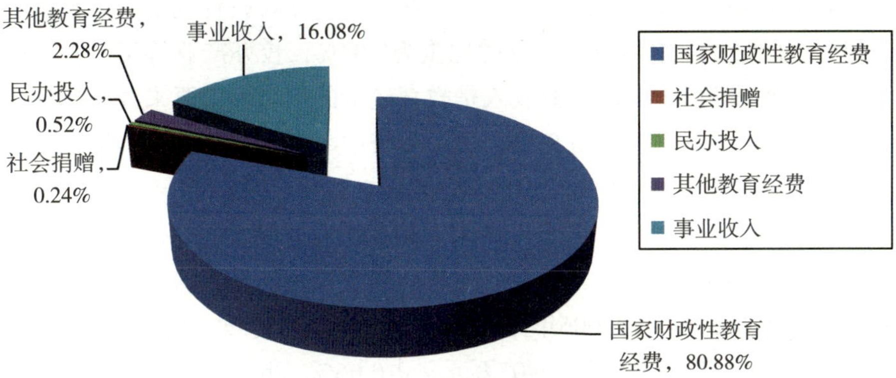

图5-1　2015年全国教育经费来源构成

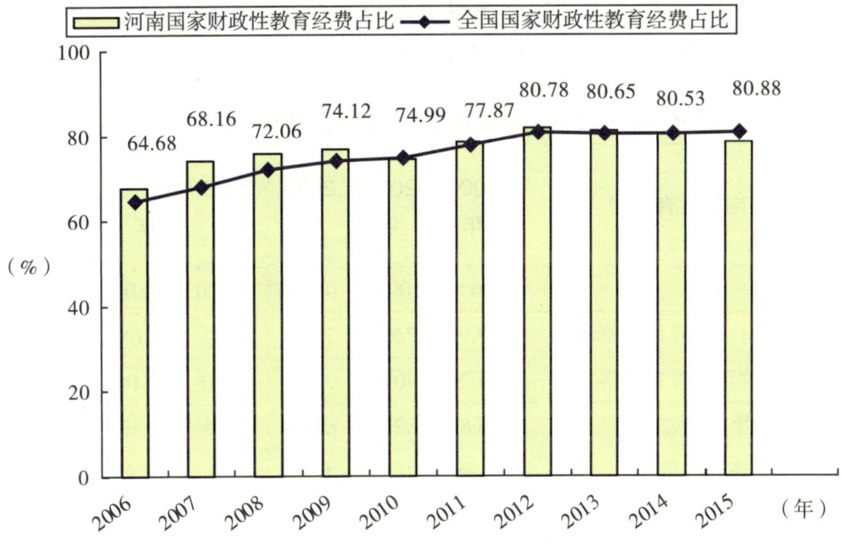

图5-2　2006—2015年全国与河南省国家财政性教育经费占比的比较

（二）河南省教育经费来源的总构成

1. 河南省教育经费来源主要是国家财政性教育经费为主，其他来源为辅。从图5-3和图5-4中可以看出，河南省教育经费来源构成由国家财政性教育经费、民办学校中举办者投入、社会捐赠经费、事业收入和其他收入几部分共同构成。从河南省教育经费的构成情况来看，2006年国家财政性教育经费是教育经费的主要来源，所占比重为67.94％，其中，国家预算内教育经费所占比重为64.26%，各级政府征收教育税费所占比重为3.44%，企业办学中的企业拨款的比重为0.04%，校办产业等用于教育的经费所占比重为0.20%。事业收入是教育经费的第二大主要来源，达到了1535621万元，其比重为23.89%，民办学校中举办者投入、社会捐赠和其他收入所占比重分别为5.38%、0.14%和2.64%。

但是，到了2015年，教育经费来源构成情况有较大的变化，国家财政性教育经费1374.6亿元，国家财政性教育经费投入仍然占据主导地位，其比重达到了78.59%，比2006年比重提高了10.65个百分点。民办投入20.9亿元，占1.2%；社会捐赠经费9807万元，占0.06%。事业收入依然是教育经费的第二大主要来源，其比重达到了18.70%，比2006年降低了5.19个百分点。其次为其他收入和社会捐赠，其比重分别为1.46%和0.06%。

2. 从纵向比较来看，河南省教育经费来源构成中国家财政性教育经费占比呈现增长趋势（见表5-3、表5-4）

表5-3　2006—2010年河南省教育经费总投入按经费来源构成（单位：%）

河南省教育经费	2006年	2007年	2008年	2009年	2010年	2010年比2006年增减百分点
总投入	100.00	100.00	100.00	100.00	100.00	—
一、国家财政性教育经费	67.94	74.16	75.84	76.88	74.65	6.71
1. 公共财政预算教育经费	64.26	70.29	72.21	73.70	71.14	6.89
（1）教育事业费拨款	55.80	62.94	63.64	64.45	62.36	6.56
（2）基本建设拨款	0.88	0.38	0.97	1.12	1.09	0.21
（3）科研经费拨款	0.09	0.14	0.14	0.12	0.14	0.04
（4）其他拨款	7.48	6.83	7.46	8.01	7.56	0.08
2. 各级政府征收用于教育的税费	3.44	3.65	3.38	3.09	2.97	–0.47
（1）教育费附加	3.41	3.65	3.37	3.09	2.89	–0.51
（2）地方教育附加	0.03	—	—	—	0.04	0.00
（3）地方基金	—	—	—	—	0.04	0.04
3. 企业办学中的企业拨款	0.04	0.13	0.21	0.04	0.07	0.03
4. 校办产业和社会服务收入用于教育的经费	0.20	0.09	0.05	0.05	0.04	–0.16
5. 其他属于国家财政性教育经费	—	—	—	—	0.43	0.43

续表

河南省教育经费	2006年	2007年	2008年	2009年	2010年	2010年比2006年增减百分点
二、民办学校中举办者投入	5.38	0.50	0.61	0.79	1.09	-4.29
三、社会捐赠经费	0.14	0.13	0.06	0.06	0.09	-0.05
其中：农村	0.02	0.00	0.01	0.00	0.00	-0.01
四、事业收入	23.89	22.61	21.72	20.39	21.72	-2.17
其中：学杂费	17.10	17.21	17.04	15.66	17.35	0.25
五、其他教育经费	2.64	2.60	1.77	1.89	2.44	-0.20

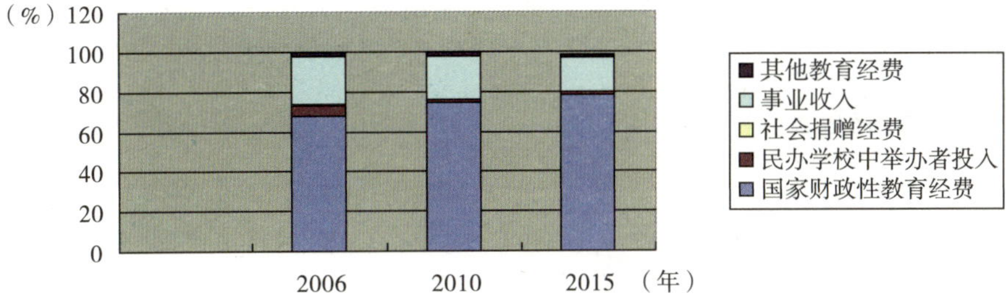

图5-3　2006—2015年河南省教育经费来源构成

表5-4　2011—2015年河南省教育经费来源结构

河南省教育经费	2011年	2012年	2013年	2014年	2015年
总投入	100	100	100	100	100
一、国家财政性教育经费	78.64	81.84	81.20	80.41	78.59
1.公共财政预算安排的教育经费	74.31	77.28	76.34	77.66	77.94
公共财政教育经费	77.43	71.57	70.61	66.82	65.88
（1）教育事业费拨款	64.95	67.01	66.26	63.11	61.79
（2）基本建设拨款	0.94	1.77	1.57	1.18	1.37
其他公共财政预算安排的教育经费	—	—	—	10.84	0.00
（3）科研经费拨款	0.16	0.13	0.12	0.10	0.15
（4）其他拨款	8.26	8.37	8.40	10.74	0.00
2.各级政府征收用于教育的税费	4.08	4.38	4.41	0.00	—

续表

河南省教育经费	2011年	2012年	2013年	2014年	2015年
（1）教育费附加	3.12	2.79	2.79	2.53	2.73
（2）地方教育附加	0.73	1.06	1.07	1.22	0.00
（3）地方基金	0.24	0.54	0.55	2.43	0.25
3.企业办学中的企业拨款	0.17	0.12	0.17	0.03	0.07
4.校办产业和社会服务收入用于教育的经费	0.03	0.01	0.04	0.04	0.04
5.其他属于国家财政性教育经费	0.05	0.05	0.24	0.26	0.28
二、民办学校中举办者投入	1.11	1.00	1.27	0.97	1.20
三、社会捐赠经费	0.05	0.04	0.04	0.05	0.06
其中：农村	0.00	0.00	0.00	0.00	0.00
港澳台及海外捐赠	0.00		0.00	0.00	0.01
四、事业收入	17.76	15.20	15.79	17.60	18.70
其中：学杂费	15.89	13.51	13.22	14.66	15.49
五、其他教育经费	2.44	1.92	1.70	0.97	1.46

2006—2015年，河南省国家财政性教育经费占比整体呈现上升趋势。其中，2006—2010年，国家财政性教育经费占比逐年提高，从67.94%增至74.65%，增长了6.71个百分点。2011—2016年“十二五”期间，呈现先升后降的趋势（见图5-4）。

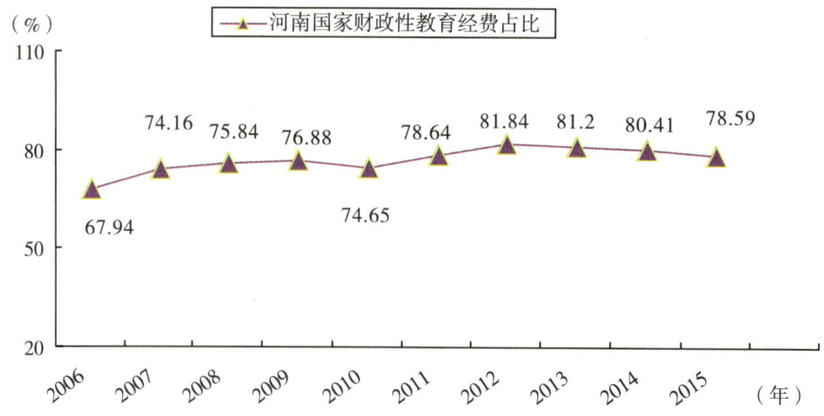

图5-4　2006—2015年河南省国家财政性教育经费占比的发展趋势

3. 从纵向比较来看，河南省教育经费来源构成中事业收入占比呈现降低趋势

河南省事业收入占比在2006年是23.89%，2006—2010年（“十一五”）期间从23.89%降至2010年的21.72%，降低了2.17个百分点，2011—2015年（“十二五”）期间先降后升，从2011年的17.76%降至2012年的15.2%、2013年的13.22%，在2015年末又回升至18.70%。整体来看，事业收入，尤其是学费收入在教育经费总收入的比重呈现降低趋势（见图5-5）。

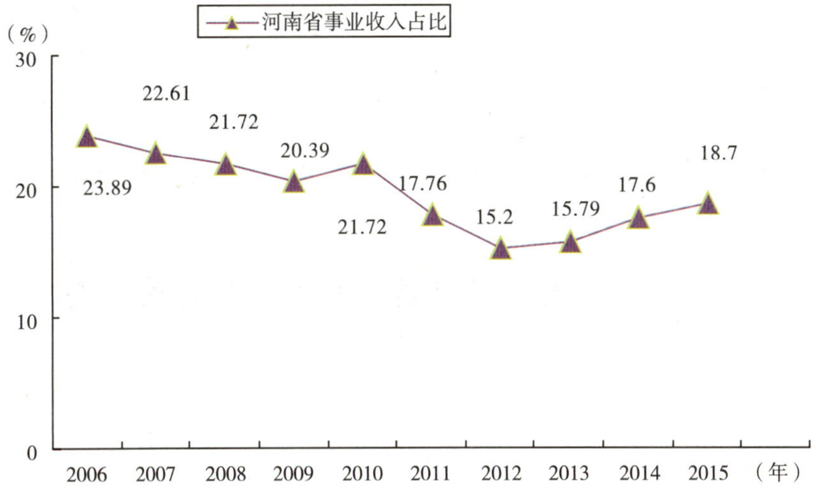

图5-5　2006—2015年河南省事业收入教育经费占比的发展趋势

4. 从纵向比较来看，河南省教育经费来源构成中民办学校中举办者投入占比呈现降低趋势

河南省民办学校举办者投入占比在2006年是5.38%，2006—2010年（“十一五”）期间从5.38%降至2010年的1.09%，降低了4.29个百分点，2011—2015年（“十二五”）期间先降后升，从2011年的1.11%降至2014年的0.97%，在2015年末又回升至1.2%。整体来看，民办学校中举办者投入在教育经费总收入的比重整体呈现降低趋势。

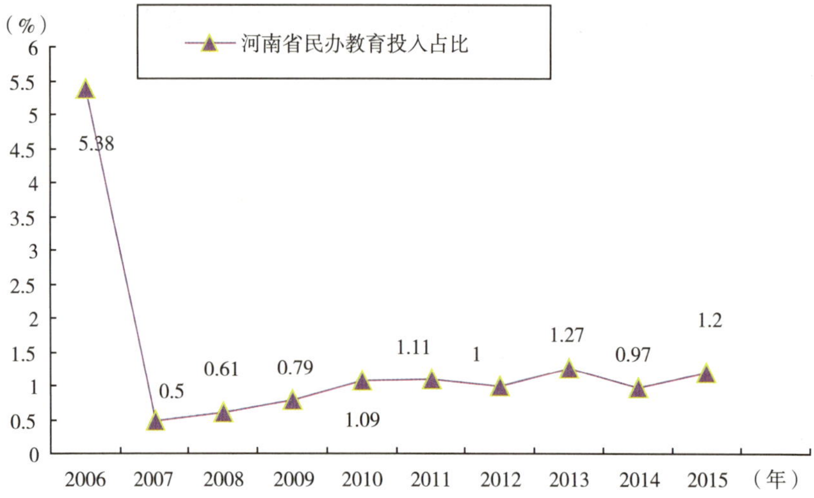

图5-6　2006—2015年河南省民办学校举办者投入经费占比的发展趋势

第二节　教育经费在各级教育间的配置结构

教育经费在各级教育间的配置结构，是指教育经费在各级各类学校之间分配的比例关系，反映的是在教育部门内部如何在各级各类教育之间进行资源配置，即总教育经费中各级各类教育经费应各占多大比例。

教育经费总量是反映一个国家经费充裕程度的重要指标，但单纯考察总量多少并不能准确说明一个国家或地区教育经费使用的真实情况，因为教育资源在不同等级教育上所产生的效益是有差异的，教育经济学的研究显示：不同层级教育投资的社会收益率有所不同，初等教育最高，中等教育次之，高等教育最低，发达国家如此，发展中国家更甚之。这是由于经济发展与教育普及程度提高之间的联系，教育经费在三级教育之间的分配结构与经济发展水平呈现出某种相关关系。比如，随着经济的发展和教育水平的提高，高等教育在总经费中的占比往往整体呈现升高的变化趋势。教育投入的分类和结构应与教育结构相适应，并随着教育事业的发展和教育结构的改变而不断调整。合理的教育经费配置结构对于提高教育经费使用效益，促进整个教育事业协调发展具有重要意义。在分析全国教育经费在各级教育间的配置情况基础上，进一步对河南省教育经费在各级教育配置情况进行分析是评价教育经费充足程度和经费使用效率的一项重要内容。

一、1995—2015年全国教育经费在各级教育间的配置结构

（一）总体情况

近二十年，我国国民经济进入了快速增长阶段，全国教育经费支出增速明显，1995—2015年，全国教育经费年总支出由1770.9亿元增加到36129.2亿元，增长了19.4倍。其中，高等学校、普通中学和小学教育的经费总量迅速提升，相比之下，中等职业教育和学前教育的经费总量要少许多（如图5-7）。

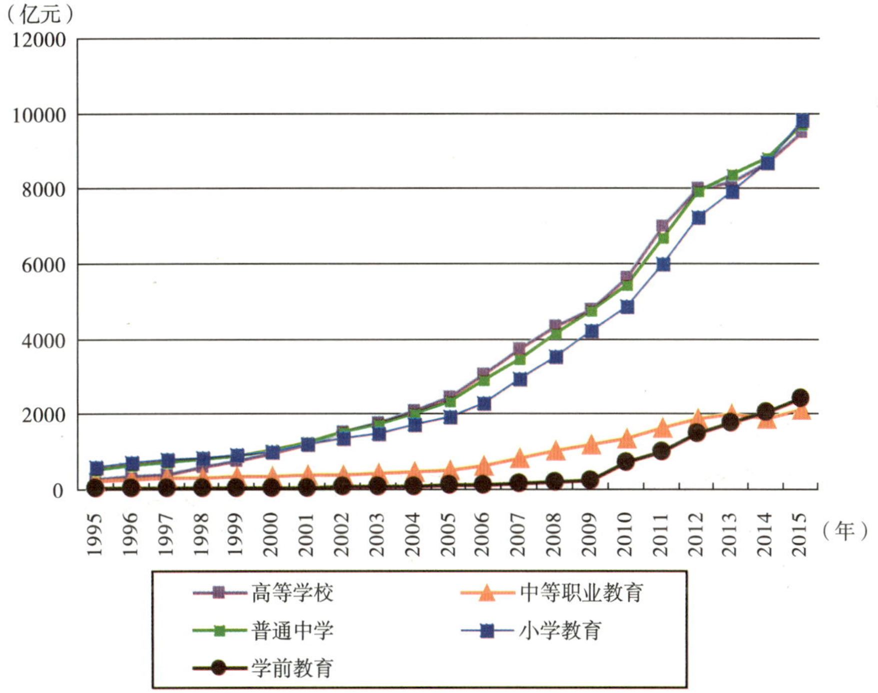

图5-7　1995—2015年全国不同教育类型年教育经费绝对数量的变化趋势

表5-5　1995—2015年全国各级教育经费数量的对比

学校类型	教育经费数量（亿元）		
	1995年	2005年	2015年
高等学校	292.20	2443.54	9518.18
中等职业教育	224.41	513.94	2137.80
中学	531.43	2344.71	9724.75

续表

学校类型	教育经费数量（亿元）		
	1995年	2005年	2015年
小学	607.62	1940.74	9827.66
学前教育	24.71	104.55	2426.74

从经费的绝对数量和增长倍数看，1995年，中学和小学的年教育经费数量分别是高等学校经费的1.82倍和2.08倍；发展至2005年，高等学校的年教育经费均超过了中学教育经费和小学教育经费；1995—2005年，高等学校、中学、小学、中等职业教育的年教育经费数量呈现缓慢增长，2005年之后，四者的年教育经费呈现快速增长趋势，截至2015年，分别增长了2.90倍、3.15倍、4.06倍、4.16倍。学前教育的经费在2009年之后进入快速增长期。在近二十年里，高等学校的年教育经费增长了31.57倍，中学年教育经费增长了18.30倍，小学年教育经费增长了16.17倍，中等职业教育年教育经费增长了8.53倍，学前教育的年教育经费从24.71亿元增加至2426.74亿元，增长了97.2倍，是所有教育类型中年教育经费增长倍数最高的类型（见表5-5）。

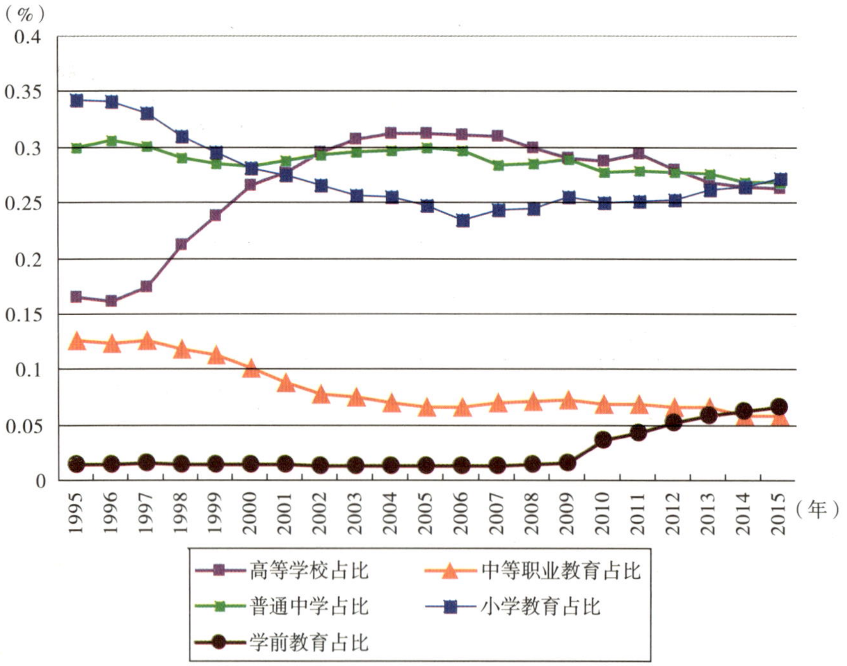

图5-8　1995—2015年全国教育经费在不同教育类型中的配置比例变化趋势

分析各级教育经费占总经费的比重，以2005年为节点。1995—2005年，高等教育经费占比呈现高速增长趋势，小学教育经费占比和中等职业教育经费占比呈现快速降低趋势，普通中学和学前教育经费占比基本保持稳定状态。2005—2015年，高等教育经费占比、普通中学经费占比、中等职业教育经费占比呈现缓慢降低趋势，而小学教育经费占比在这十年呈现快速提升的趋势，学前教育经费占比在2009年之后呈现快速提升趋势。各级各类教育经费占比的变化趋势，与我国实施的各类型教育发展政策高度吻合。

（二）义务教育

21 世纪以来，国家对农村教育、教育公平的关注逐渐取代此前以数量、规模、速度为主的追求，促进教育公平和提高教育质量成为新时期教育发展目标调整的方向。在义务教育阶段，“普九”目标的基本达成，一方面反映了我国对保障公民基本受教育权利等方面的认识和实践提高到了一个新的水平，另一方面则预示着中国教育改革和发展的重心将自此发生历史性转换。于是，原本只受到略微关注，但并未引发全社会普遍重视，高度聚焦的教育公平问题开始变得尖锐起来。具体到中国当时社会和教育发展的现实，教育公平的核心问题又集中体现为教育均衡发展问题。基础教育，尤其是义务教育作为教育均衡发展的重点领域，构成了当前阶段中国教育改革与发展的战略重心。

在这样的时代背景下，伴随着国家公共教育财政的建立，“公平优先，兼顾效率”的资源配置方式成为新时期政府的政策选择，我国各级政府加大了义务教育的投入力度，强化了财政责任，重点保障农村义务教育的均衡发展。因此，在2005—2015年，我国义务教育经费由3521.1亿元增加到15917.0亿元，增长近3.52倍，在全国教育经费支出中的比例由42.6%提高到2015年的44.1%（见表5-6）。

表5-6　2005—2015年我国义务教育阶段经费支出及在全国教育经费中所占比例情况

年份	经费支出（亿元）	所占比例（%）
2005	3521.1	42.6
2006	3948.4	42.2
2007	4981.4	42.7

续表

年份	经费支出（亿元）	所占比例（%）
2008	6070.4	43.4
2009	7205.6	45.3
2010	8288.5	44.1
2011	10084.2	43.7
2012	11668.6	44.4
2013	12974.4	44.1
2014	14142.9	43.1
2015	15917.0	44.1

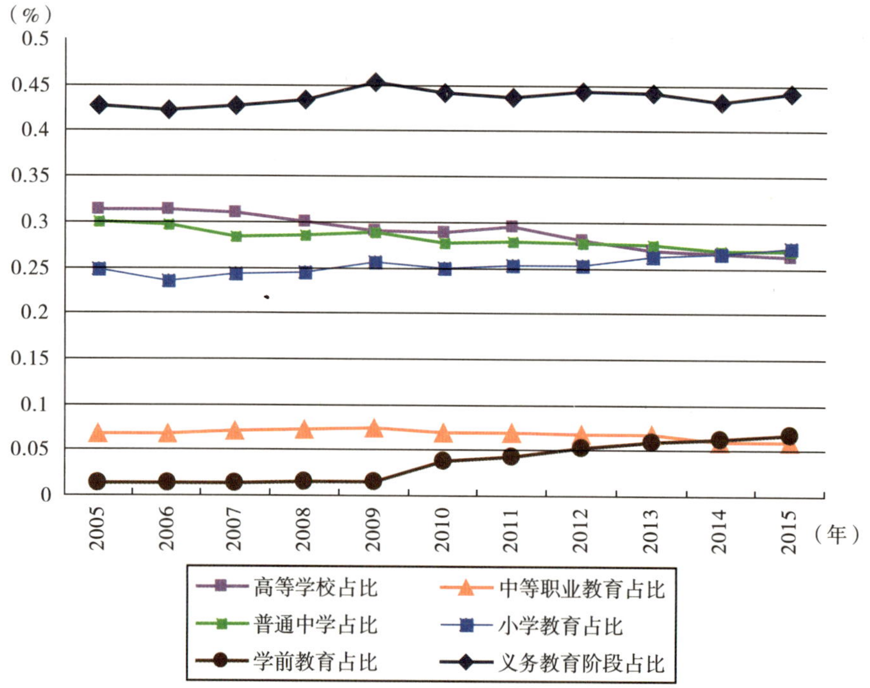

图5-9　2005—2015年全国教育经费在不同教育类型中的配置比例变化趋势

（三）高等教育及高中阶段教育

在高等教育进入大众化阶段后，高等教育发展的重点逐步转向优化结构与提高质量。高等教育规模保持适度增长，相应地，高中阶段教育规模也略有减少。与此同时，随着国家对义务教育投入政策的倾斜，财政资源在高等和高中阶段教育的分配比例减少；在非财政投入方面，普通高中和高等教育学杂费收费标准的“冻结”、对普通高中“择校生”的“三限”政策的规范，以及在中等职业教育先后实施的农村与城市贫困生免收学费政策，使得我国高中阶段和高等教育阶段的学杂费收入总量增长缓慢。政府教育投入和家庭、个人所承担的学杂费投入是高中阶段和高等教育教育经费的主要来源，这两项教育经费的增幅减慢，造成了我国高中阶段和高等教育经费投入和支出的增速趋稳。

在经费支出总量方面，2005—2015年，高等教育经费支出总量增长了2.62倍，占全国教育经费支出的比例由31.8%逐步降低到26.3%；普通高中教育经费支出总量增长了2.33倍，占全国教育经费支出的比例由13.2%逐步降低到10.1%；中等职业教育经费支出总量增长近2.94倍，占全国教育经费支出的比例降低至5.9%（见表5–7、图5–8、图5–9）。

表5–7 2005—2015年我国高中阶段教育和高等教育及在全国教育经费中所占比例情况

年份	普通高中教育		中等职业教育		高等教育	
	经费支出（亿元）	所占比例（%）	经费支出（亿元）	所占比例（%）	经费支出（亿元）	所占比例（%）
2005	1087.6	13.2	542.2	6.6	2626.9	31.8
2006	1232.7	13.2	631.0	6.7	2952.3	31.5
2007	1367.4	11.7	835.6	7.2	3618.3	31.0
2008	1527.9	10.9	1041.4	7.4	4239.0	30.3
2009	1696.2	10.7	1188.6	7.5	4653.3	29.2
2010	1924.7	10.2	1332.8	7.1	5338.4	28.4
2011	2376.8	10.3	1577.7	6.8	6653.3	28.8
2013	3076.4	10.5	1948.8	6.6	7742.7	26.3
2015	3628.3	10.1	2137.8	5.9	9518.2	26.3

（四）学前教育

2005—2009年，学前教育经费支出增速缓慢，占全国教育经费支出的比例维持在1.24%~1.52%之间。

2009年以后，国家出台了关于学前教育发展的相关文件。如2010年《国家中长期教育改革和发展规划纲要》《国务院关于当前发展学前教育的若干意见》等。自此之后，各级政府充分认识到了发展学前教育的重要性和紧迫性，将大力发展学前教育、提高学前教育办学经费置于重要地位。在各级政府和社会、个人的共同努力下，2015 年，我国学前教育经费支出达到2426.7亿元，占全国教育经费支出的比例达到6.72% ，比2009年244.8亿元增长了8.91倍，远高于同一时期其他各级教育经费支出所占比例的提高幅度（见图5-9）。

二、1998—2015年河南省教育经费在各级教育间的配置结构

（一）各级各类教育经费年投入数量增长迅速

从20世纪末期，随着河南省国民经济进入了快速增长阶段，全省各级各类教育经费支出增速明显。1998—2015年，高等学校年教育经费投入从17.15亿元增长至372.32亿元，增长了20.71倍；中等职业教育年教育经费投入从17.93亿元增长至103.49亿元，增长了5.77倍；中学教育年教育经费投入从47.27亿元增长至534.54亿元，增长了10.31倍；小学教育年教育经费投入从47.32亿元增长至532.97亿元，增长了10.26倍；学前教育从1.35亿元增长至129.98亿元，增长了95.28倍（见表5-8、图5-10）。

表5-8　1998—2015年河南省各级各类教育经费投入数量　　单位：亿元

年份	高等学校	中等职业教育	中学	小学	学前教育
1998	17.15	17.93	47.27	47.32	1.35
1999	21.16	19.02	50.06	48.76	1.53
2000	26.35	19.95	55.32	50.99	1.65
2001	30.44	21.64	64.53	59.60	1.87
2002	42.44	21.08	74.75	67.73	2.35
2003	51.00	24.72	81.27	71.79	2.58
2004	63.42	25.40	95.56	84.00	2.95
2005	76.16	29.55	115.93	97.38	3.33
2006	87.43	31.60	135.89	114.42	3.87
2007	116.62	45.46	185.87	164.16	4.86
2008	141.93	54.68	220.30	194.15	5.91
2009	166.04	64.92	248.23	231.27	7.35

续表

年份	高等学校	中等职业教育	中学	小学	学前教育
2010	205.13	79.45	273.03	265.74	29.33
2011	272.71	97.14	373.59	348.22	50.01
2012	332.39	105.60	469.69	447.18	73.99
2013	325.95	107.28	486.14	479.98	94.80
2014	344.93	100.02	509.50	507.72	111.15
2015	372.32	103.49	534.54	532.97	129.98

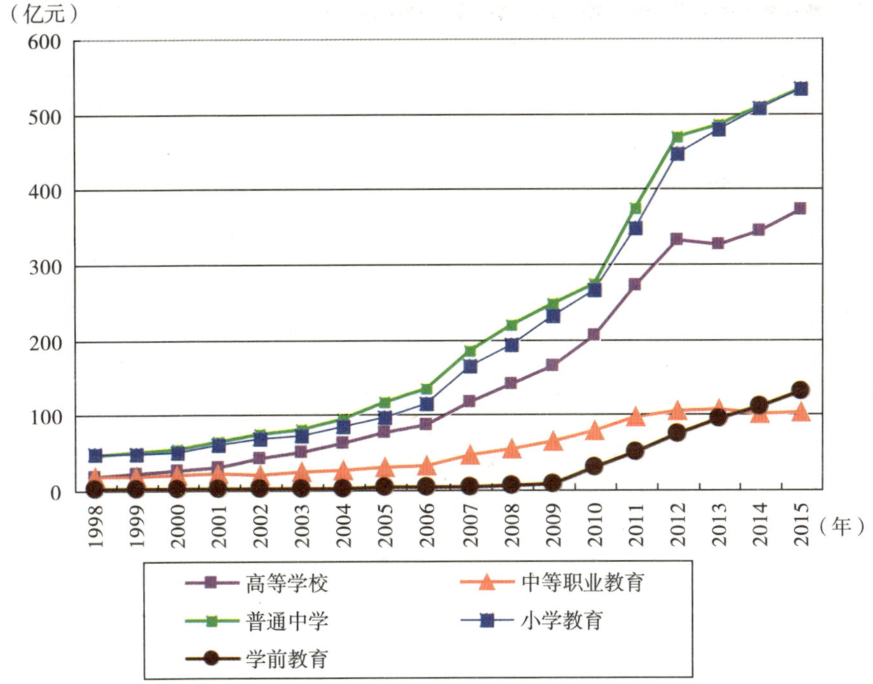

图5-10　1998—2015年河南省不同教育类型年教育经费绝对数量的变化趋势

（二）各级各类教育经费的配置比例变化呈现不同特征

1998年以来，河南省高等教育年教育经费占河南省年度教育经费总量的比重呈现快速提升的趋势；学前教育年教育经费占河南省年度教育经费总量的比重在1998—2009年期间基本稳定不变，2009年之后快速增长；普通中学年教育经费占全省年度教育经费总量比重在1998—2010年呈现缓慢降低的趋势，2010—2015年期间呈现先升后降的表现；小学教育年经费占

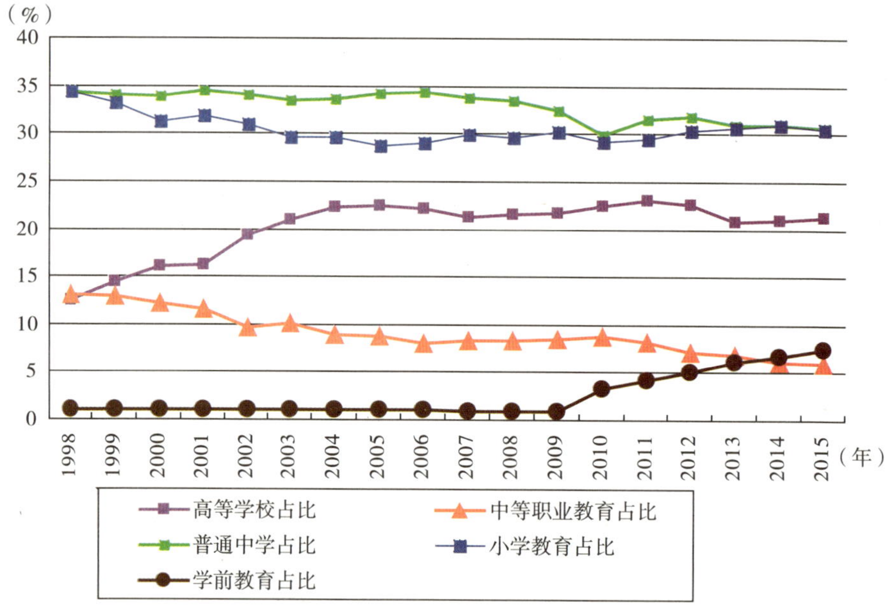

图5-11　1998—2015年河南省教育经费在不同教育类型中的配置比例变化趋势

比在1998—2005年期间呈现逐年降低的发展趋势，2005—2015年期间围绕着30%上下进行小幅波动，整体比较平稳；中等职业教育经费占比整体呈现快速降低的趋势。这些变化趋势和河南省近十几年来重视高等教育的发展、大力推进义务教育均衡发展、开始重视学前教育发展的教育财政政策紧密相关（见图5-11、表5-9）。

表5-9　2005—2015年河南省不同教育类型经费支出及在教育经费中所占比例情况

指标	不同类型教育经费支出占经费总量比重（%）	
	2006年	2015年
高等教育	22.13	21.29
义务教育	47.38	51.21
高中教育	12.49	9.82
中等职业教育	7.56	5.92
特殊教育	0.23	0.26
学前教育	0.98	7.43

（三）义务教育

2006—2015年，是我省经济社会发展成效显著的重要历史时期。省委、省政府团结带领全省人民，以邓小平理论和“三个代表”重要思想为指导，深入贯彻落实科学发展观，坚持“四个重在”（重在持续、重在提升、重在统筹、重在为民），牢牢把握发展第一要务，立足省情，抢抓机遇，着力推进经济结构战略性调整，着力深化改革、扩大开放，着力构建和谐社会，成功实现了由传统农业大省向全国重要的经济大省、新兴工业大省和有影响的文化大省的历史性转变。

这一时期也是河南省教育事业实现大跨越、大发展的重要历史时期。省委、省政府把教育摆在优先发展的战略地位，做出了一系列深化教育改革、加快教育发展的重大决策。全省教育系统认真贯彻落实科学发展观，解放思想，深化改革，优化教育结构，提高教学质量，大力促进教育公平，努力办好人民满意的教育，教育事业全面发展，取得了显著成就，有力地支撑了全省战略目标的实现。

基础教育蓬勃发展。完成了基本普及义务教育、基本扫除青壮年文盲的历史任务，以县为主的义务教育管理体制和保障机制得到确立，义务教育均衡发展深入推进。“两基”工作顺利通过国家验收，实现了免费义务教育。小学、初中入学率分别为99.94%、99.62%，分别提高0.29和1.41个百分点。

义务教育经费从2006年的198.0亿元增至2015年的895.7亿元，增长了3.52倍，其在教育经费占比从2006年的47.38%，提高至2015年年末的51.21%，提高了3.83个百分点。与全国相比，同期提高了1.9个百分点，河南省与国家的大趋势相同，且提高的程度要高于国家指标的同期增长水平（见图5–11）。

（四）高等教育及高中阶段教育

2006—2015年，河南省高等教育大众化水平不断提高。普通高等学校发展到129所，较2005年年末增加46所；本科院校由28所增加至52所，高职高专院校由55所增加至77所；全省博士一级学位授权点由12个增加至55个，硕士一级学位授权点由78个增加至279个；全省研究生招生数由2005年的0.6561万人增加至2015年的1.36万人；全省普通本专科招生数由2005年的27.76万人增加至2015年的55.92万人；全省高等教育毛入学率由2005

年的17.06%增加至2015年的36.50%，高等教育毛入学率与全国平均水平进一步缩小；普通高等学校校均规模大幅提高，由9819人提高至13606人，增长了3787人，增幅达38.57%；普通高等学校教学科研仪器设备总值由46.26亿元增长至164.59亿元，增长了118.33亿元。

高等教育的跨越发展，得益于近十年河南省对高等教育的投入。虽然高等教育经费占教育经费总量的百分比基本上没有变化，2006年的22.13%发展至2015年降至21.29%，但是2015年当年投入372.3亿元，较2006年的年投入87.4亿元，年投入数量提高了284.9亿元，增长了3.26倍。

高中教育的教育经费占比发展趋势与全国的发展趋势一致，呈降低趋势。从绝对数量上分析，河南省对高中教育年投入经费从2006年的52.2亿元提高至2015年的171.7亿元，年投入经费增长了119.5亿元；占教育经费总量的比重由2006年的12.49%降低至2015年的9.82%。

同期，对中等职业教育的投入比重也呈降低趋势，从2005年的7.56%降低至2015年的5.92%。2015年，中等职业教育经费占教育经费总额比重和全国指标处于同一水平。

（五）学前教育

学前教育在近十年得到了快速发展。按照2010年《国家中长期教育改革和发展规划纲要》《国务院关于当前发展学前教育的若干意见》等国家政策文件，省政府充分认识到了发展学前教育的重要性和紧迫性，将大力发展学前教育提高学前教育办学经费置于重要地位。学前教育经费占教育经费总额比重从0.98%提高至7.43%，增长幅度在所有教育类型中位居第一位。

河南省需要进一步完善保障机制，推进教育事业的持续快速发展，为全省经济社会又好又快发展发挥重要作用，为全面建设小康社会、中原经济区建设和实现中原崛起河南振兴提供坚实的人才保障和智力支持。

第三节　教育经费来源和配置结构的国内比较

为了更全面地认识河南省教育经费配置结构情况，除了分析河南省自身的数据，除了将河南省水平与全国整体水平进行比较，我们还选取了国内部分省市的教育经费配置结构情况进行了横向的对比。

一、与经济发达省市的比较

（一）教育经费的来源结构

与北京市、天津市、上海市、江苏省、浙江省、广东省等经济发达省市比较，河南省教育经费中国家财政性经费占比低于天津市的83.44%和江苏省的79.88%；民办投入占比以1.2%位居第一；捐赠收入占比以0.06%位居最末位；事业收入占比低于广东省的22.98%和浙江省的19.32%；其他经费收入占比1.46%，位于最低水平（见表5-10、图5-12）。河南省教育经费的来源结构数据表明，在筹措教育经费时捐资助学的比例是比较低的，未来可以充分利用这个途径拓展经费的来源。

表5-10　2015年河南省与经济发达省市教育投入来源结构的比较

地区	人均GDP排名	国家财政性经费占比（%）	民办投入占比（%）	捐赠占比（%）	事业收入占比（%）	其他经费占比（%）
北京市	2	78.27	0.05	0.73	16.84	4.10
天津市	1	83.44	0.04	0.16	14.24	2.12
上海市	3	77.30	0.04	0.39	17.21	5.06
江苏省	4	79.88	0.18	0.37	16.75	2.82
浙江省	5	72.19	0.97	0.21	19.32	7.30
广东省	8	73.82	1.04	0.46	22.98	1.71
河南省	22	78.59	1.20	0.06	18.70	1.46

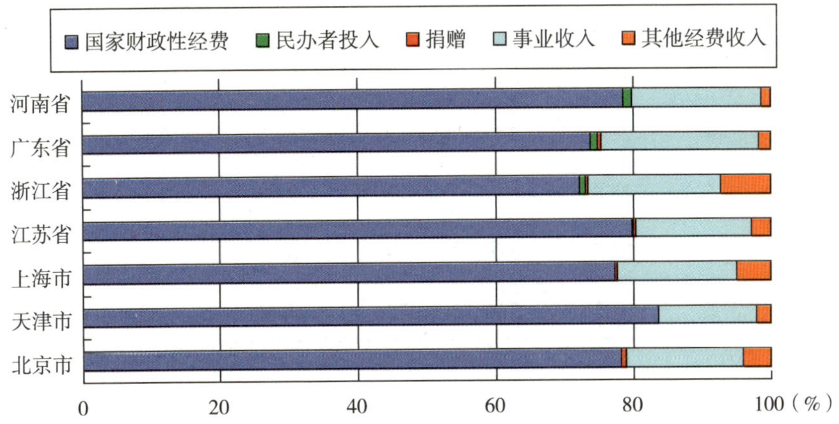

图5-12　2015年河南省与经济发达省市教育投入来源结构对比

（二）教育经费的分配结构

与六个经济发达省市比较，在高等教育经费占比方面，河南省以21.29%处于最低水平，北京市以52.32%位列第一；上海市仅次于北京市水平，达到45.03%；天津以37.76%位列第三；江苏省、浙江省、广东省的水平位于20%~30%之间。数据表明：经济越发达，其在高等教育投入的经费比例越高。

在义务教育经费占比方面，河南省以51.21%位居首位，这与河南省义务教育投入以往长期欠账、处于低水平、近十年强力推进义务教育均衡发展有很大关系。江苏省、浙江省、广东省的投入比例处于同一水平。北京市、天津市、上海市投入比重处于低水平。

在学前教育经费占比方面，上海市以9.02%位列第一，浙江省和广东省的投入水平相当，分别是8.8%和8.67%；北京市、天津市的投入比重较低。

特殊教育投入方面，上海市以0.56%的占比位列第一，是河南省、北京市水平的近2倍。说明上海市高度重视特殊教育的发展。

表5-11　2015年河南与经济发达省市教育投入在不同类型教育的分配结构

地区	人均GDP排名	高等教育占比（%）	中等职业教育占比（%）	特教占比（%）	学前教育占比（%）	高中占比（%）	义务教育占比（%）
北京市	2	52.32	3.79	0.27	4.94	5.78	22.18
天津市	1	37.76	4.80	0.38	5.19	9.76	30.82
上海市	3	45.03	5.27	0.56	9.02	7.13	27.15
江苏省	4	28.65	7.11	0.34	7.77	10.17	42.83
浙江省	5	25.80	6.95	0.37	8.80	10.74	40.94
广东省	8	22.55	7.01	0.40	8.67	11.23	43.95
河南省	22	21.29	5.92	0.26	7.43	9.82	51.21

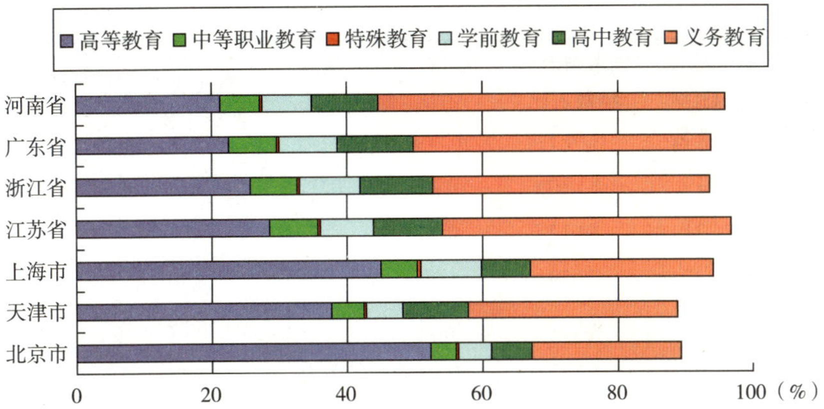

图5-13　2015年河南省与经济发达省市教育投入在不同类型教育的分配结构

二、与中部六省等部分地区的比较

中部六省包括河南省、山西省、湖北省、安徽省、湖南省和江西省。同时，我们还选取了与河南省人均GDP水平相近的黑龙江省和河北省进行比较。

（一）教育经费的来源结构

2015年，在教育经费的来源结构方面，河南省的国家财政性经费占比水平要低于中部六省的江西省、安徽省和山西省，占比水平与湖北省、湖南省接近，均在78%左右。人均GDP水平与河南省相近的黑龙江省的国家财政性教育经费占比以84.12%位居首位。河南省的民办教育举办者投入比重高于中部其他省份，位列第一名。湖北省、湖南省和江西省教育总经费中，捐赠收入在教育经费总额中所占比重处于相近水平，大约0.15%左右。河南省的事业收入占比水平低于湖北省和湖南省，但高于河北省、黑龙江省、江西省、安徽省和山西省等省份（见表5-12、图5-14）。

表5-12　2015年河南与部分省份教育投入来源结构的比较

地区	人均GDP排名	国家财政性经费占比（%）	民办投入占比（%）	捐赠占比（%）	事业收入占比（%）	其他经费占比（%）
湖北省	13	77.18	0.74	0.13	19.85	2.11
湖南省	16	77.59	0.70	0.16	19.58	1.97

续表

地区	人均GDP排名	国家财政性经费占比（%）	民办投入占比（%）	捐赠占比（%）	事业收入占比（%）	其他经费占比（%）
河北省	19	83.30	0.23	0.05	15.23	1.20
黑龙江省	21	84.12	0.24	0.05	14.07	1.52
河南省	22	78.59	1.20	0.06	18.70	1.46
江西省	24	83.72	0.29	0.15	15.25	0.59
安徽省	25	82.53	0.59	0.10	15.42	1.36
山西省	27	85.69	0.29	0.04	13.14	0.83

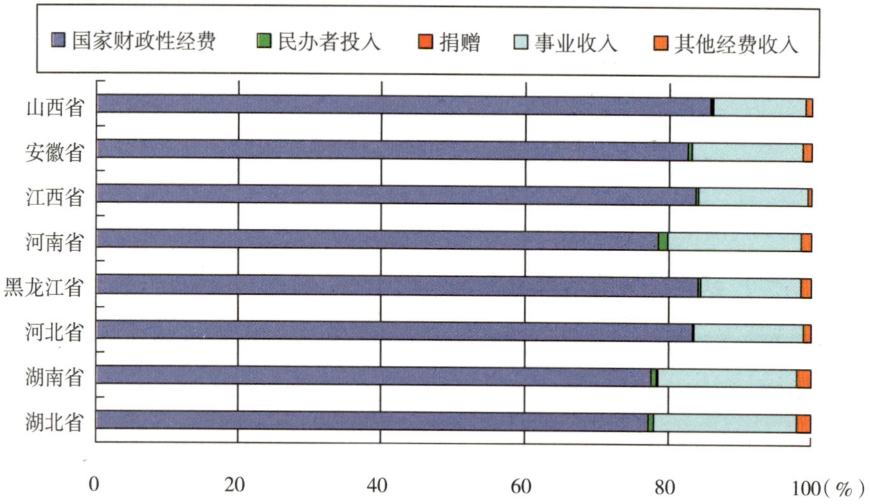

图5-14　2015年河南省与中部六省等省份教育投入来源结构对比

（二）教育经费的分配结构

在教育经费的配置结构方面，湖北省在高等教育投入的比重以36.36%位居几个省的第一名，其次是黑龙江省的31.41%。河南省的人均GDP与黑龙江省处于同一水平，但在高等教育的投入比重方面要低于黑龙江近10个百分点。河北省、河南省、安徽省和江西省的高等教育经费的投入比例处于同一水平。中部省份的山西省，其人均GDP水平比较落后，但其对高等教育的投入非常重视，投入比例达到27.19%。

义务教育经费占总经费比重方面，江西省以54.10%位列首位，湖南省和安徽省的水平相近，在49%左右；湖北省义务教育经费的投入比例仅为37.20%，位列末位。河南省和河北省学前教育的经费比重处于同一水平，在7.5%左右（见表5-13、图5-15）。

表5-13　2015年河南省与部分省教育投入配置教育结构的比较

地区	人均GDP排名	高等教育占比（%）	中等职业教育占比（%）	特教占比（%）	学前教育占比（%）	高中教育占比（%）	义务教育占比（%）
湖北省	13	36.36	4.35	0.33	5.80	9.50	37.20
湖南省	16	24.25	5.61	0.27	6.72	10.27	49.35
河北省	19	20.52	6.87	0.40	7.62	10.68	50.95
黑龙江省	21	31.41	5.43	0.49	4.24	9.34	45.11
河南省	22	21.29	5.92	0.26	7.43	9.82	51.21
安徽省	25	22.62	6.19	0.37	5.05	12.67	49.95
江西省	24	20.41	4.79	0.23	5.75	11.60	54.10
山西省	27	27.19	6.55	0.31	5.22	11.03	43.64

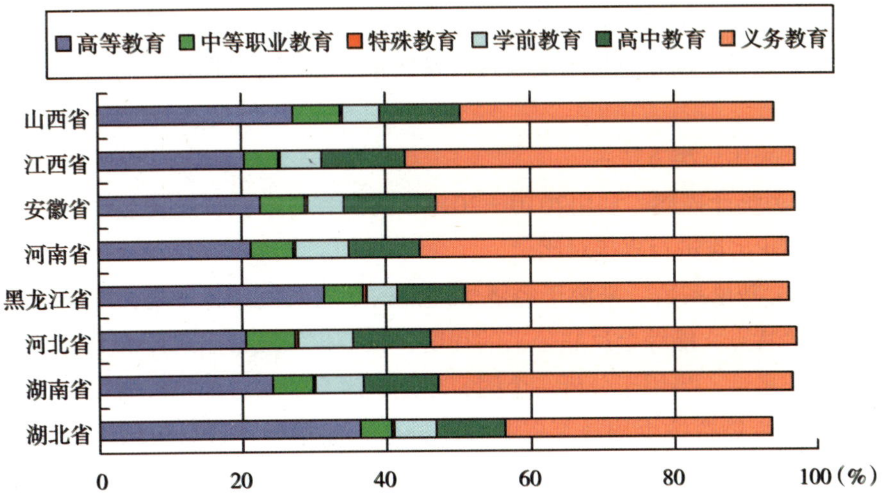

图5-15　2015年河南省与中部六省等省份教育投入在不同类型教育的分配结构

第六章

河南省教育经费空间配置研究

河南省地域广阔，不同地市间的自然条件、文化背景和经济发展水平不平衡，教育发展水平在客观上也存在一定的差异。2006年以来，河南省和各级地方政府高度重视教育事业的投入。河南省教育经费总量的提升，离不开各地市对教育经费投入的重视。随着河南省整体经济水平的不断提高，各市的教育经费投入也在逐年增长，教育发展的物质保障逐步增强。当前，河南省教育经费在不同地市间的配置仍存在一定的差距，全省的教育投入均衡发展任重而道远。

资料来源于《河南统计年鉴（2007—2016年）》《河南教育统计年鉴（2007—2016年）》。研究选取2010—2015年河南省18个地级市的教育经费总量、经费占区域GDP比重、经费来源结构等统计指标，结合该区域对应在校生总量、GDP总量等反映经济发展水平和教育发展水平的部分指标进行分析。

研究采用三类方法：

（1）统计描述。利用2010—2015年河南省各市教育经费总量、教育经费占GDP比重进行直接对比。

（2）基尼系数。来源于经济学理论的基尼系数具有直观、准确、易于比较等特点，能综合反映公平的程度，在卫生领域常用来评价卫生资源配置的公平性。当用于分析一个国家或地区教育经费分配是否均等的状况时，把教育经费按生均教育资源升序排列，依据累计百分构成比表示纵轴，以对应的人口累计百分比表示横轴，连接各点即得教育资源的洛伦兹曲线。在实际应用中，基尼系数在说明相同区域不同发展时期的均等程度时间序列分析中最为有效。

基尼系数，又称不均等指数或洛伦兹系数。计算基本原理为，绝对公平线与洛伦兹曲线围成的面积与绝对公平线下直角三角形面积之比。实践中，本研究采用 $Gini=\left[\sum_{i=1}^{n}X_iY_{i+1}\right]-\left[\sum_{i=1}^{n}X_{i+1}Y_i\right]$ （6-1）

Xi表示各地区学生累计百分比；

Yi表示各地区教育经费累计百分比。

基尼系数实际数值介于0~1之间。系数越小即越接近0，表示资源分配越公平；系数越接近1，表示资源分配越集中。基尼系数小于0.2，表示绝对平均；0.2~0.3表示比较平均；0.3~0.4表示基本合理；0.4~0.5表示差距较大；0.5以上表示差距悬殊。国际上通常把0.4作为收入分配差距的“警戒线”。目前，教育领域的基尼系数的评价标准均借鉴经济学的上述标准。

（3）基于区域教育经费总量、教育经费占GDP比重的arcgis空间插值法。对河南省18个地市采用《河南省统计年鉴》中的分区标准，分为四大区域，包括中原城市群（郑州市、开封市、洛阳市、平顶山市、新乡市、焦作市、许昌市、漯河市、济源市），豫北地区（安阳市、鹤壁市、濮阳市）、豫西南地区（三门峡市、南阳市），以及黄淮地区（商丘市、信阳市、周口市、驻马店市）。将2010年、2015年各个地区教育经费进行空间与资源分布的对应分析，并将其插入河南省地图，得出不同地区教育经费空间配置情况。

第一节　各地区教育经费投入分析

一、各地区教育经费总量投入整体水平大幅提升

根据《河南统计年鉴》（2011年、2016年）相关数据，分别将2010年河南省各地市教育经费数据与2015年进行对比。2010年以来，随着河南省稳步发展经济，大力提高对教育事业的各项投入，河南省辖的18个地市教育经费总量、财政性教育经费总量、预算内教育经费均有大幅提升（见表6-1）。

2010—2015年，教育经费数量的增长建立在国家及省财政资金的大量投入基础上，通过经费来源中的其他渠道，如社会团体和公民个人办学投入、社会捐资和集资投入、事业收入、学费收入等获得的经费增幅较小，部分地区呈现降低趋势（见表6-2）。

表6-1 2010年和2015年河南省各市教育经费投入情况 单位：亿元

地市	教育经费总量		国家财政性教育经费		公共财政预算教育经费	
	2010年	2015年	2010年	2015年	2010年	2015年
郑州市	89.22	186.96	71.53	148.89	63.68	148.48
开封市	29.67	65.57	23.46	49.43	22.83	49.12
洛阳市	57.14	101.70	46.21	86.50	43.55	86.14
平顶山市	38.70	65.84	30.19	54.25	27.92	53.99
安阳市	37.32	71.61	32.10	58.17	30.28	57.97
鹤壁市	14.06	26.66	11.03	21.85	10.62	21.77
新乡市	38.88	81.68	31.79	65.47	30.85	64.74
焦作市	28.40	47.35	21.81	36.86	20.24	36.63
濮阳市	26.84	59.06	23.01	49.91	22.19	49.84
许昌市	30.60	66.19	24.07	54.21	22.52	54.11
漯河市	17.35	33.69	13.47	27.97	12.68	27.58
三门峡市	22.22	41.47	19.00	37.12	17.75	36.69
南阳市	62.59	135.98	54.49	117.97	52.61	117.49
商丘市	58.75	101.05	48.83	83.27	47.91	83.09
信阳市	47.48	95.56	41.10	84.52	40.62	84.41
周口市	60.87	119.48	50.45	97.76	50.06	97.51
驻马店市	47.76	103.49	40.61	90.68	39.76	90.34
济源市	7.58	12.57	6.50	11.14	5.95	11.10

表6-2 2010年和2015年河南省各市教育经费投入情况

地市	社会团体和公民个人办学经费（亿元）		社会捐资和集资办学经费（万元）		学费和杂费收入（亿元）	
	2010年	2015年	2010年	2015年	2010年	2015年
郑州市	0.73	1.33	1658	448	12.99	30.33
开封市	0.04	3.77	236	226	4.68	9.97
洛阳市	0.91	2.12	118	33	5.00	10.53
平顶山市	1.78	2.95	24	15	4.63	7.65

续表

地市	社会团体和公民个人办学经费（亿元）		社会捐资和集资办学经费（万元）		学费和杂费收入（亿元）	
	2010年	2015年	2010年	2015年	2010年	2015年
安阳市	0.07	1.16	1	1683	3.98	9.85
鹤壁市	0.13	0.10	125	34	1.80	3.69
新乡市	0.31	0.26	88	11	4.75	13.66
焦作市	0.91	0.51	91	6	4.41	8.36
濮阳市	0.12	0.80	55	340	2.77	6.41
许昌市	0.17	1.13	41	135	4.39	8.92
漯河市	0.08	0.17	92	75	2.92	3.91
三门峡市	0.01	0.04	197	97	2.12	3.37
南阳市	0.10	3.18	563	1612	5.90	12.10
商丘市	0.56	0.17	1042	33	6.62	13.94
信阳市	0.56	0.29	302	61	3.42	7.60
周口市	0.77	1.38	316	50	8.05	16.91
驻马店市	0.16	1.19	136	23	4.48	8.16
济源市	0.00	0.01	15	14	0.95	1.14

（一）教育经费总量投入大幅提升

2010年，郑州市教育经费总投入89.22亿元，在18个市中位列首位；南阳市和周口市分别投入62.59亿元、60.87亿元，位列第2位和第3位；漯河市和鹤壁市投入17.35亿元和14.06亿元，分别位列第16位和第17位；济源市投入最少，经费达到7.58亿元。2015年，郑州市当年的教育经费投入186.96亿元，其绝对数量在18个市中仍位列最高，并且郑州市2015年的年教育投入较2010年增长了97.74亿元，增长了1.1倍，增幅位列全省地市首位，增长率位列全省第7位，和新乡市的增长率处于同一水平；南阳市继续保持全省第二位的水平，年投入经费135.98亿元。

表6-3 2010年和2015年河南省各地市教育经费总量变动情况

地 区	教育经费总量（万元）		2015年和2010年数据对比	
	2010	2015	增幅（万元）	增长倍数
郑州市	892207	1869574	97.74	1.10
南阳市	625946	1359755	73.38	1.17
周口市	608699	1194819	58.61	0.96
驻马店市	477557	1034852	55.73	1.17
洛阳市	571449	1017020	44.56	0.78
商丘市	587463	1010549	42.31	0.72
信阳市	474807	955642	48.08	1.01
新乡市	388810	816814	42.80	1.10
安阳市	373217	716143	34.29	0.92
许昌市	306047	661891	35.58	1.16
平顶山市	386957	658380	27.14	0.70
开封市	296716	655733	35.90	1.21
濮阳市	268387	590565	32.22	1.20
焦作市	283992	473459	18.95	0.67
三门峡市	222171	414728	19.26	0.87
漯河市	173525	336856	16.33	0.94
鹤壁市	140568	266615	12.60	0.90
济源市	75823	125713	4.99	0.66

从教育经费的投入总量分析，2015年投入经费超过100亿元的地市有六个，分别是郑州市、南阳市、周口市、驻马店市、洛阳市和商丘市。从2010—2015年期间教育经费增长数量分析，增长量排名在前五位的分别是郑州增加97.74亿元、南阳增加73.38亿元、周口增加58.61亿元、驻马店市55.73亿元和信阳市48.08亿元。增长倍数排名在前五位的分别是：开封市增长35.9亿元，增长了1.21倍；濮阳市增长了32.22亿元，增长了1.20倍；南阳市增长了73.38亿元，增长了1.17倍；许昌增长了35.58亿元，增长了1.16倍。新乡市和郑州市均增长了1.1倍。

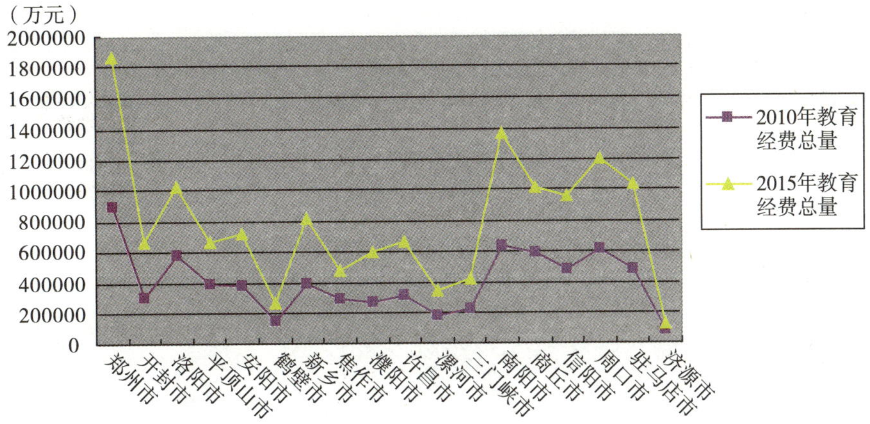

图6-1 2010年和2015年河南省各市教育经费总量

（二）国家财政性教育经费投入量大幅提升

2010年，郑州市国家财政性教育经费投入71.53亿元，在18个市中位列首位；南阳市和周口市分别投入54.49亿元、50.45亿元，位列第2位和第3位；漯河市和鹤壁市投入13.47亿元和11.03亿元，分别位列第16位和第17位；济源市投入最少，经费达到6.50亿元。2015年，郑州市当年的国家财政性教育经费投入148.89亿元，其绝对数量在18个市中仍位列最高，并且郑州市的年国家财政性教育经费投入较2010年增长了77.36亿元，增长了1.08倍，增幅位列全省地市首位，增长率位列全省第6位，和漯河市的增长率处于同一水平。2015年，南阳市国家财政性教育经费投入继续保持全省第二位的水平，年投入经费117.97亿元，比2010年增加投入63.47亿元，增长了1.16倍，增长的绝对量位列全省第二位，增长的倍数位列第4位（见表6-4、图6-2）。

从财政性教育经费的投入总量分析，2015年投入经费超过100亿元的地市有2个，分别是郑州市148.89亿元和南阳市117.97亿元。2010—2015年期间，财政性教育经费增长量排名在前五位的分别是郑州增加97.74亿元、南阳增加73.38亿元、周口增加58.61亿元、驻马店市55.73亿和信阳市48.08亿元。

增长倍数排名在前五位的分别是：许昌市增长30.14亿元，增长了1.25倍；驻马店市增长了50.07亿元，增长了1.23倍；濮阳市增长了26.90亿元，增长了1.17倍；南阳增长了63.47亿元，增长了1.16倍；开封市增长了25.96亿元，增长了1.11倍。郑州市和漯河市均增长了1.08倍。18个地市中有一半的城市财政性教育经费增长了1倍以上。

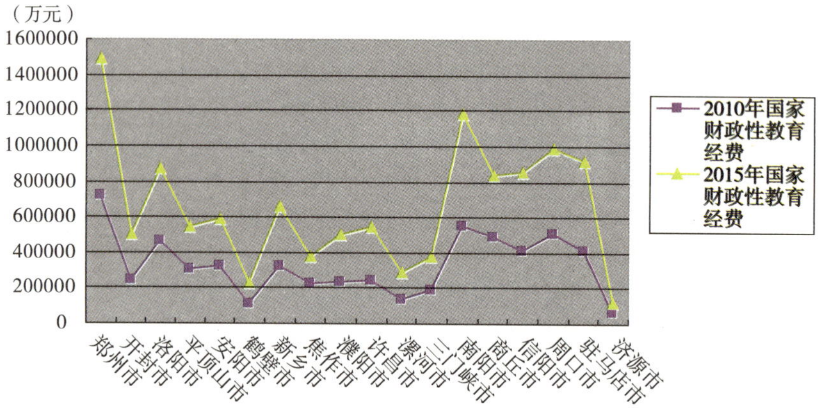

图6-2　2010年和2015年河南省各市国家财政性教育经费分布

表6-4　2010年和2015年河南省各地市国家财政性教育经费变动情况

地区	国家财政性教育经费（万元）		2015年和2010年数据对比	
	2010	2015	增长量（万元）	增长倍数
郑州市	715310	1488909	773599	1.08
南阳市	544920	1179656	634736	1.16
驻马店市	406052	906814	500762	1.23
周口市	504543	977563	473020	0.94
信阳市	410972	845217	434245	1.06
洛阳市	462103	864991	402888	0.87
商丘市	488281	832729	344448	0.71
新乡市	317906	654695	336789	1.06
许昌市	240713	542138	301425	1.25
濮阳市	230100	499091	268991	1.17
安阳市	320958	581697	260739	0.81
开封市	234645	494288	259643	1.11
平顶山市	301862	542461	240599	0.80
三门峡市	189965	371157	181192	0.95
焦作市	218096	368604	150508	0.69
漯河市	134722	279655	144933	1.08
鹤壁市	110325	218470	108145	0.98
济源市	64998	111356	46358	0.71

（三）公共财政预算的教育经费总量快速提升

2010—2015年，全省各个地市的公共财政预算教育经费均呈现快速提升趋势，18个地市中郑州市、南阳市、驻马店市、信阳市、新乡市、许昌市、濮阳市、开封市、三门峡市、漯河市以及鹤壁市的预算内教育经费增长倍数均高于一倍。

表6-5 2010年和2015年河南省各地市公共财政预算教育经费变动情况

地区	公共财政预算中的教育经费（万元）		2015年和2010年数据对比	
	2010年	2015年	增长量（万元）	增长倍数
郑州市	636777	1484837	848060	1.33
南阳市	526088	1174911	648823	1.23
周口市	500593	975129	474536	0.95
驻马店市	397644	903363	505719	1.27
洛阳市	435466	861400	425934	0.98
信阳市	406245	844072	437827	1.08
商丘市	479062	830929	351867	0.73
新乡市	308474	647380	338906	1.10
安阳市	302846	579686	276840	0.91
许昌市	225209	541059	315850	1.40
平顶山市	279185	539872	260687	0.93
濮阳市	221919	498359	276440	1.25
开封市	228347	491220	262873	1.15
三门峡市	177512	366889	189377	1.07
焦作市	202393	366252	163859	0.81
漯河市	126846	275792	148946	1.17
鹤壁市	106176	217683	111507	1.05
济源市	59524	110951	51427	0.86

2010年，郑州市公共财政预算的教育经费投入63.68亿元，在18个市中位列首位；南阳市和周口市分别投入52.6亿元、50.1亿元，位列第2位和第

3位；漯河市和鹤壁市投入12.68亿元和10.62亿元，分别位列第16位和第17位；济源市投入最少，经费达到5.95亿元。2015年，郑州市当年的公共财政预算教育经费投入148.89亿元，其绝对数量在18个市中仍位列最高，并且郑州市的年国家财政性教育经费投入较2010年增长了84.8亿元，增长了1.33倍，增幅和增长率均位列全省地市首位。

从公共财政预算教育经费的投入总量分析，2015年投入经费超过100亿元的地市有2个，分别是郑州市148.89亿元和南阳市117.49亿元。2010—2015年期间，公共财政预算的教育经费增长量排名在前五位的分别是：郑州增加84.8亿元、南阳增加64.88亿元、驻马店市50.57亿元、周口增加47.45亿元、和信阳市43.78亿元。

增长倍数排名在前五位的分别是：许昌市增长31.59亿元，增长了1.40倍；郑州市增长了84.81亿元，增长了1.33倍；驻马店市增长了50.57亿元，增长了1.27倍；濮阳市增长了27.64亿元，增长了1.25倍；南阳增长了64.88亿元，增长了1.23倍。

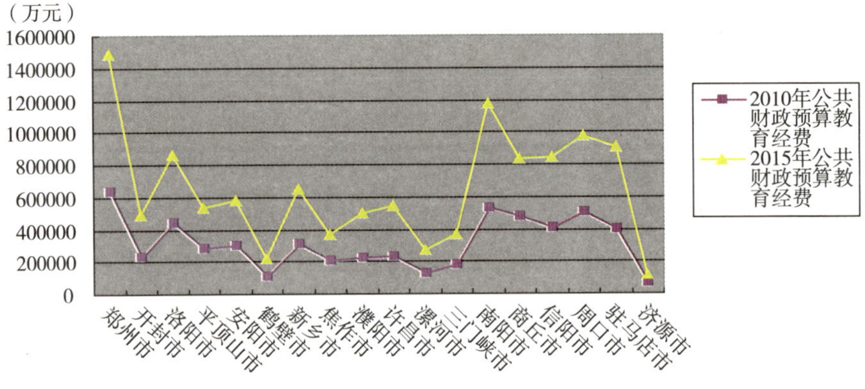

图6-3 2010年和2015年河南省各市公共财政预算教育经费

（四）民办教育投入、社会捐资整体呈降低表现

数据显示，全省的民办学校举办者投入从2010年的9.96亿元增加至2015年的20.9亿元，但各个地市的民办教育投入经费的变化趋势各有不同。增长量较多的地市有开封市增长了3.74亿元，南阳市增长了3.08亿元，洛阳市增长了1.2亿元，平顶山增长了1.17亿元，安阳市和驻马店市增长1亿元左右。鹤壁市、新乡市、焦作市、商丘市和信阳市则出现了降低的趋势（见表6-6）。

社会捐赠办学经费方面，全省总水平2015年为0.98亿元，比2010年的0.8250亿元有轻微的增长变化，但全省18个地市中只有4个地市在2015年的收入比2010年有所提高，14个地市2015年捐赠教育经费收入相比2010年呈现下降的变化（见表6–6）。

表6–6 2010年和2015年河南省各地市民办投入和社会捐赠教育经费变动情况

地区	民办学校举办者投入（万元）			社会捐赠（万元）		
	2010	2015	增长量	2010	2015	增长量
全省	99621	209034	109413	8250	9806	1556
省本级	25458	3448	–22010	3152	4907	1755
郑州市	7345	13286	5941	1658	448	–1210
开封市	361	37744	37383	236	226	–10
洛阳市	9148	21196	12048	118	33	–85
平顶山市	17829	29485	11656	24	15	–9
安阳市	718	11638	10920	1	1683	1682
鹤壁市	1333	1035	–298	125	34	–91
新乡市	3124	2571	–553	88	11	–77
焦作市	9091	5128	–3963	91	6	–85
濮阳市	1219	7976	6757	55	340	285
许昌市	1686	11282	9596	41	135	94
漯河市	824	1740	916	92	75	–17
三门峡市	63	370	307	197	97	–100
南阳市	971	31796	30825	563	1612	1049
商丘市	5618	1672	–3946	1042	33	–1009
信阳市	5580	2946	–2634	302	61	–241
周口市	7670	13789	6119	316	50	–266
驻马店市	1586	11880	10294	136	23	–113
济源市	0	53	53	15	14	–1

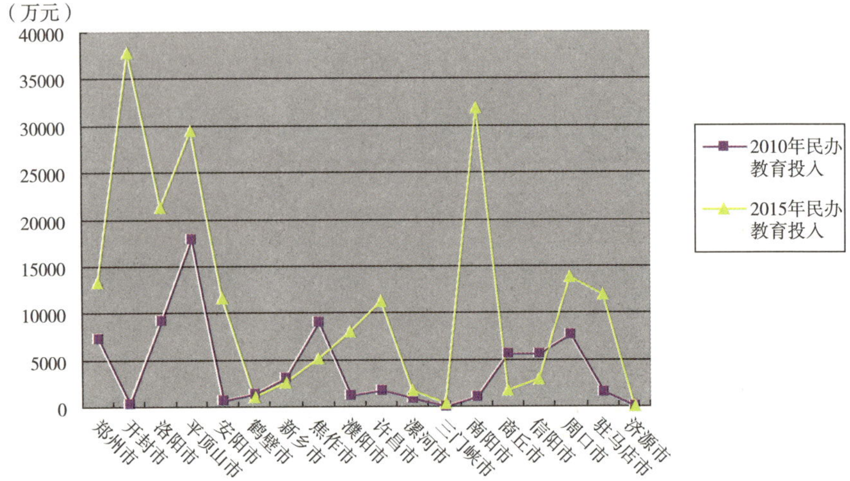

图6-4　2010年和2015年河南省各市民办教育投入情况

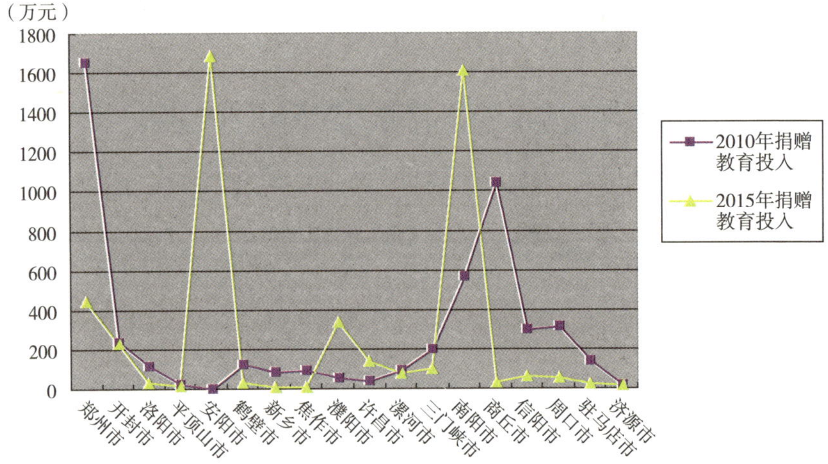

图6-5　2010年和2015年河南省各市社会捐资教育投入情况

（五）事业收入、学杂费收入呈增长趋势

2010—2015年，河南省全省教育经费中，年事业收入呈增长变化，2015年事业收入326.07亿元，比2010年的198.2亿元增加了127.87亿元。18个地市中，郑州市的事业收入位列全省首位，由2010年的16.17亿元增至2015年35.28亿元。事业收入全省排名前5位的地市，除了郑州市之外，周口市为19.93亿元位列第二位，商丘市17.57亿元位列第三位，新乡市15.6亿元位列第四位，事业收入超过10亿元的地方还有南阳市、开封市、洛阳

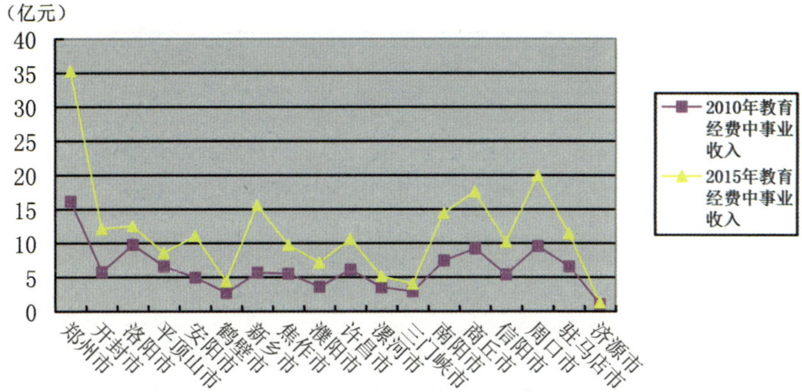

图6-6　2010年和2015年河南省各市教育经费中事业收入情况

市、安阳市、许昌市、信阳市和驻马店市，共计11个地市。

表6-7　2010年和2015年河南省各地市事业收入和学杂费收入变动情况

地区	事业收入（亿元）			学杂费收入（亿元）		
	2010	2015	增长量	2010	2015	增长量
全省	198.2	326.07	127.87	158.27	269.91	111.64
省本级	85.38	114.94	29.56	74.39	93.41	19.02
郑州市	16.17	35.28	19.10	12.99	30.33	17.34
开封市	5.79	12.12	6.33	4.68	9.97	5.30
洛阳市	9.79	12.51	2.72	5.00	10.53	5.53
平顶山市	6.61	8.57	1.96	4.63	7.65	3.01
安阳市	4.98	11.05	6.08	3.98	9.85	5.87
鹤壁市	2.72	4.41	1.69	1.80	3.69	1.89
新乡市	5.70	15.60	9.89	4.75	13.66	8.90
焦作市	5.55	9.73	4.18	4.41	8.36	3.95
濮阳市	3.61	7.16	3.55	2.77	6.41	3.64
许昌市	6.13	10.60	4.46	4.39	8.92	4.54
漯河市	3.55	5.16	1.61	2.92	3.91	0.99
三门峡市	2.94	4.06	1.12	2.12	3.37	1.25
南阳市	7.45	14.46	7.02	5.90	12.10	6.19
商丘市	9.21	17.57	8.37	6.62	13.94	7.31
信阳市	5.41	10.19	4.78	3.42	7.60	4.18
周口市	9.55	19.93	10.38	8.05	16.91	8.86

续表

地区	事业收入（亿元）			学杂费收入（亿元）		
	2010	2015	增长量	2010	2015	增长量
驻马店市	6.59	11.41	4.83	4.48	8.16	3.68
济源市	1.07	1.30	0.23	0.95	1.14	0.19

学杂费收入是事业收入中的主要组成部分，因此，学杂费的变动情况和事业收入的变动情况高度一致。从绝对数量方面分析，2015年全省的学杂费收入269.91亿元，比2010年的158.27亿元增加了111.64亿元。18个地市中，2015年郑州市的学杂费收入30.33亿元，位列全省首位；周口市16.91亿元位列全省第二位；商丘市13.94亿元，位列全省第三位；鹤壁市、三门峡、济源市分别3.69亿元、3.37亿元和1.14亿元，位列全省后三位。全省18个地市的学杂费收入均比2010年有所提高。提高幅度最大的是郑州市17.34亿元，第二名是新乡市，增加了8.9亿元，济源市增加了0.19亿元，增加幅度在全省最小，有9个地市的增加幅度在3~5亿元（见图6-7）。

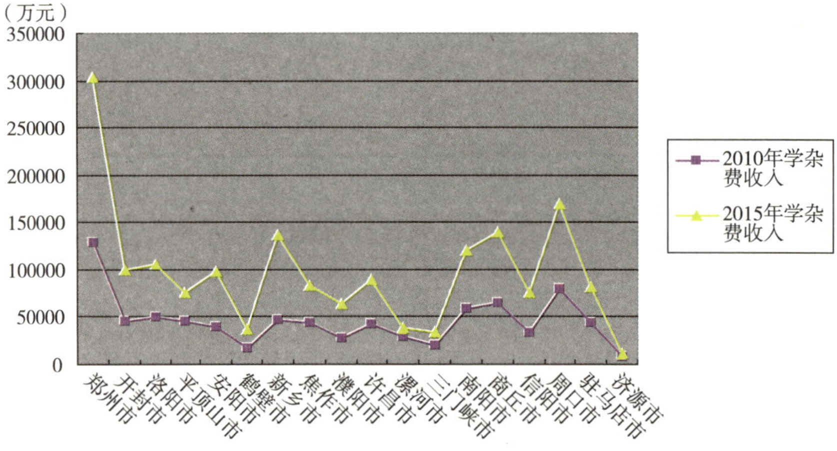

图6-7　2010年和2015年河南省各市学杂费收入情况

（六）多数地市的其他教育经费收入变动平缓

2010—2015年，除了郑州市、濮阳市、安阳市、洛阳市增长幅度比较大之外，其他地市的其他教育经费收入变动平缓。其他教育经费收入绝对数量方面，郑州市从2010年的0.62亿元增至2015年的1.42亿元，增长了0.8亿元；安阳市从2010年的0.18亿元增至2015年的1.06亿元，增长了0.88亿元；濮阳市从2010年的0.09亿元增长至2015年的1.15亿元，增长了1.06亿

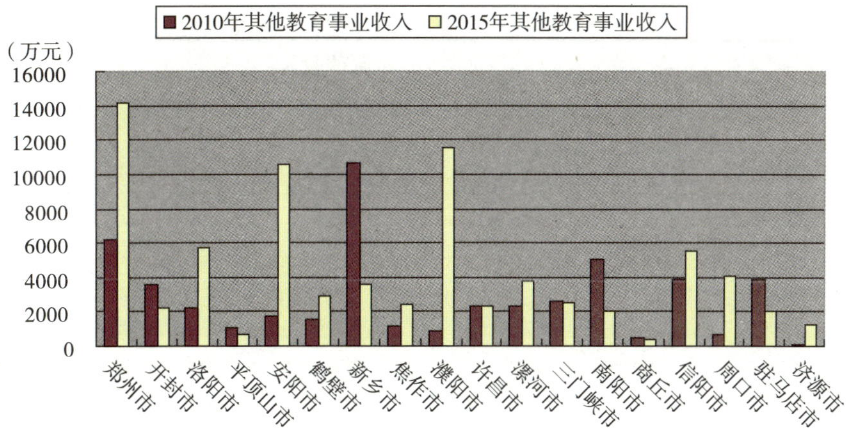

图6-8　2010年和2015年河南省各市其他教育事业收入情况

元，增长幅度位列全省最高。

数据表明，18个地市中开封市、平顶山市、新乡市、三门峡市、南阳市、商丘市和驻马店市等7个地市的2015年其他教育经费收入相比2010年呈降低的变化趋势。

表6-8　2010年和2015年河南省各地市其他教育经费收入变动情况　单位：亿元

地区	其他收入		
	2010年	2015年	增长量
全省	22.28	25.30	3.02
省本级	17.24	17.51	0.27
郑州市	0.62	1.42	0.80
开封市	0.36	0.23	–0.13
洛阳市	0.22	0.57	0.35
平顶山市	0.11	0.07	–0.04
安阳市	0.18	1.06	0.88
鹤壁市	0.16	0.29	0.14
新乡市	1.07	0.36	–0.71
焦作市	0.12	0.24	0.12
濮阳市	0.09	1.15	1.06
许昌市	0.23	0.24	0.01

续表

地区	其他收入		
	2010年	2015年	增长量
漯河市	0.24	0.38	0.14
三门峡市	0.26	0.25	-0.01
南阳市	0.50	0.21	-0.30
商丘市	0.04	0.04	-0.01
信阳市	0.38	0.55	0.17
周口市	0.07	0.41	0.34
驻马店市	0.39	0.20	-0.19
济源市	0.01	0.13	0.12

第二节　各地区教育经费投入的均衡性研究

对于区域教育经费投入水平的研究，除了关注其数量方面的增减变动，还有必要考察不同区域投入水平的均衡状态。教育经费的投入水平，既取决于区域的经济发展水平，同时也受区域学生数量的影响，因此，研究选取两个角度来分别讨论。

一、河南省各地区教育经费分布的均衡性——基于GDP水平

表6-9　2010年和2015年河南省各地市教育经费占GDP比重

地区	教育经费占GDP比重（%）				
	2015年	排序	2010年	排序	增长百分点
驻马店市	5.72	1	4.53	3	0.35
周口市	5.72	2	4.96	2	0.88
商丘市	5.58	3	5.14	1	0.47
信阳市	5.08	4	4.35	4	0.95
南阳市	4.74	5	3.20	8	0.99

续表

地区	教育经费占GDP比重（%）				
	2015年	排序	2010年	排序	增长百分点
濮阳市	4.45	6	3.46	5	0.45
新乡市	4.14	7	3.27	7	0.87
开封市	4.08	8	3.20	9	0.18
平顶山市	3.90	9	2.95	10	0.98
安阳市	3.82	10	2.84	11	0.72
鹤壁市	3.73	11	3.28	6	0.84
漯河市	3.39	12	2.55	12	0.77
三门峡市	3.32	13	2.54	13	1.54
许昌市	3.05	14	2.32	15	0.44
洛阳市	2.93	15	2.46	14	0.74
郑州市	2.56	16	2.21	18	0.76
济源市	2.55	17	2.21	17	1.19
焦作市	2.46	18	2.28	16	0.34

1. 2010年以来，全省各个地市教育经费占GDP比重均呈现增长变化

2015年，各个地市的教育经费占GDP比重均比2010年有所提高（见表6–9）。18个地市中增长幅度最高的是三门峡市，提高了1.54%；18个地市的平均增长百分点是0.75，有11个地市达到或超过了平均增长水平。

2010年，教育经费占GDP比重达到4%的地市只有4个，分别是商丘市5.14%，位列全省首位；周口市4.96%，位列全省第二位；驻马店市4.53%，位列全省第3；信阳市4.35%，位列第4。

2015年，全省18个地市中，教育经费占GDP比重达到4%的地方增加至8个，驻马店市和周口市以5.72%并列全省第一位，商丘市5.58%、信阳市5.08%、南阳市4.74%、濮阳市4.45%、新乡市4.14%和开封市4.08%。

“十二五”期间，18个地市的教育经费投入占GDP比重达到4%的数量，从2010年的4个，增加至8个，说明各个地市积极贯彻中央及省委省政

府的政策，积极提高教育投入水平，确保了河南省不同地市教育经费投入水平的整体上升（见图6-9、6-10）。

就区域而言，2010年省内只有黄淮地区的商丘市、信阳市、周口市、驻马店市教育经费占GDP比重位列全省第一梯队，均超过4%。豫北地区的安阳市、鹤壁市和濮阳市三市中，濮阳市的3.46%位列三市首位，安阳市2.84%最低。豫西南地区的三门峡市的GDP占比远小于南阳市的水平。在中原城市群中，新乡市以3.27%位列首位，高于最低占比的焦作市2.28%约1个百分点。

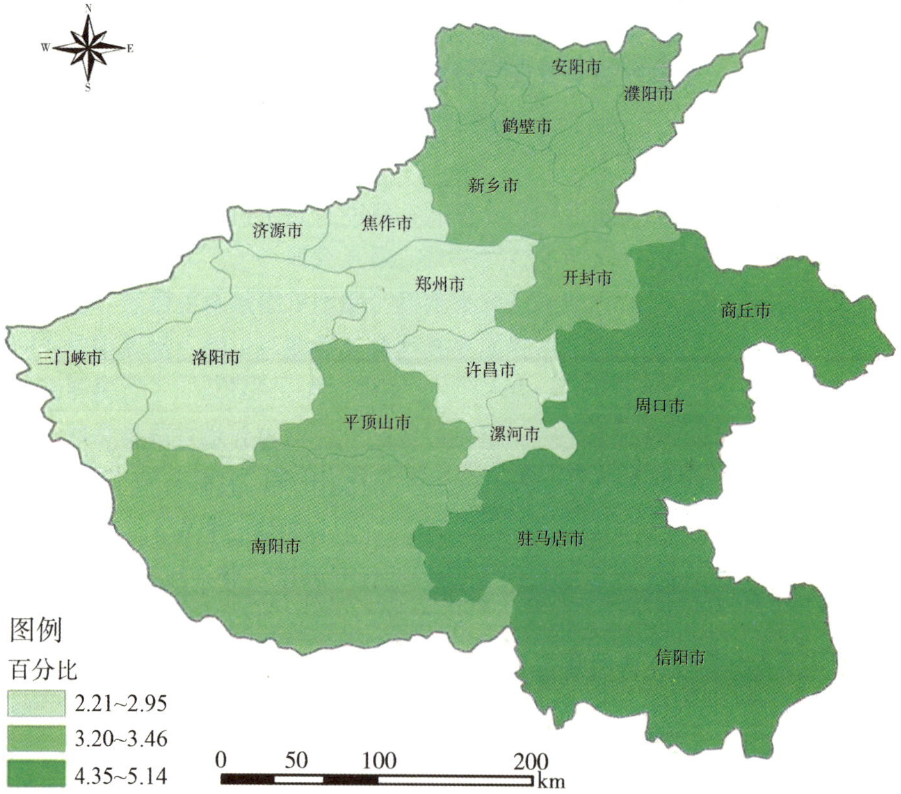

图6-9　2010年河南省各市教育经费占GDP比重

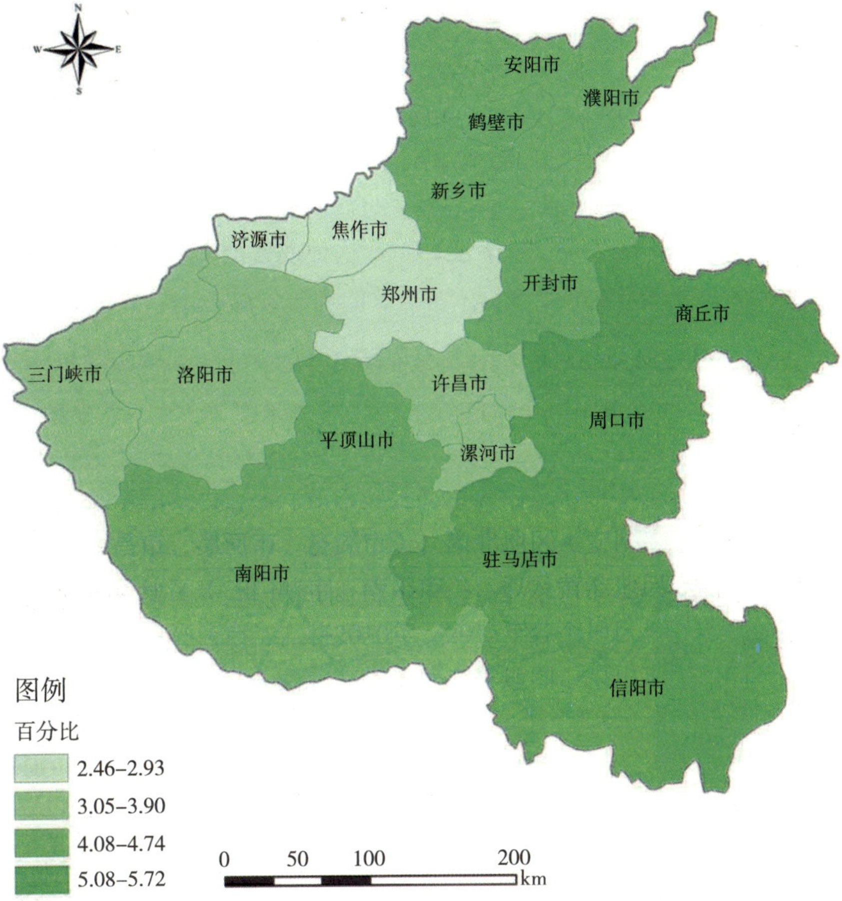

图6–10　2015年河南省各市教育经费占GDP比重

发展至2015年，全省除了黄淮地区的四个城市之外，教育经费GDP占比超过4%的城市又增加了豫西南的南阳、中原城市群的新乡和开封，以及豫北地区的濮阳市。中原城市群的教育经费占GDP比重在河南省的四大区域（黄淮、豫西南、豫北和中原城市群）中整体水平比较低（见图6–10）。

2. 由“低投入水平的均衡”发展至“高投入水平的不均衡”

根据对2010年、2015年各地方教育经费占GDP比例的统计数据描述，2010年的标准差和方差均低于2015年，说明2010年各地市基于经济发展水平的均衡性要高于2015年的均衡性。2010年，18个地市中有14个地市的教育经费GDP占比值介于2.20%~3.2%之间，只有4个地市超过4%，这种均衡是低投入水平下的均衡。

发展至2015年，18个地市的教育经费GDP占比情况可以分为四个层次：大于5%、介于4%~5%之间，介于3%~4%之间和2.5%~3%之间，比重最高的是驻马店市和周口市的5.72%，比重最低的是焦作市的2.46%，地市之间的表现均衡性有所降低，但是全省的整体水平出现了提高，呈现出高投入水平下的不均衡表现（见表6-10）。这种现象是事物发展过程中出现的必然经历，未来将发展至高投入水平下的均衡表现。

表6-10　2010年和2015年河南省各地市教育经费GDP占比分布的统计描述

年份	极大值	极小值	标准差	方差
2010	5.14	2.21	0.945	0.893
2015	5.72	2.46	1.081	1.170

二、河南省各地区教育经费分布的均衡性——基于学生数和基尼系数

利用基尼系数对河南省18个地区的基于学生数量分布的教育经费均衡性进行分析。通过对《河南省统计年鉴》（2011年、2016年）和《河南教育统计年鉴》（2010年、2015年）相关数据进行整理分析，分别将2010—2015年河南省各地市生均教育经费的配置情况按升序排列，计算累计人口数、累计教育经费量并得到学生累计百分比和教育经费累计百分比。据此原理，分别计算出2010—2015年河南省18个地市生均教育经费的基尼系数。

本研究采用 $\text{Gini}=\left[\sum_{i=1}^{n}X_iY_{i+1}\right]-\left[\sum_{i=1}^{n}X_{i+1}Y_i\right]$　（6-1）

Xi表示各地区学生累计百分比；

Yi表示各地区教育经费累计百分比。

表6-11　2010年和2015年河南省18个地市基于学生数的教育经费配置Gini系数

年份	教育经费总投入的基尼系数
2010	0.3241
2015	0.27786

按照Gini系数评价资源配置公平性的原则，0.3以下为最佳的平均状态，越接近于0越均衡和公平。

根据计算得出，2010年河南省18个地市基于学生数的教育经费配置基尼系数是0.3241，发展至2015年，河南省18个地市基于学生数的教育经费配置基尼系数降低至0.2779。

数据表明：经过“十二五”时期的发展，河南省教育经费基于区域学生数的配置相较“十一五”末，有了很大改善，由不均衡状态发展至较为均衡与公平的状态。

三、河南省各地区生均教育经费分布的均衡性

由于各地区在校生规模差异较大，因此，教育经费投入总量并不能全面地衡量各地区教育投入水平的真正差异，而生均经费指标往往能更好地体现地区教育发展水平。同时，不同于国家教育经费的统计数据，河南省教育经费数据最低层级的是各个地市的数据，没有细化至各个教育层次，加之绝大多数高等学校的拨款来自省直拨款，市属高校的学生数和拨款都无法完全独立计算。所以，研究中“生均教育经费”中的学生总量，其计算口径是：各地区除了高等学校人数之外的学前教育、义务教育、中等职业教育、特殊教育和成人教育等在校生的总量。

研究选取2010年与2015年18个地市的相关数据进行计算与分析。数据显示，2015年各地市的生均教育经费投入相较2010年均有大幅提升。增长倍数最高的是开封市1.59倍，增长绝对量最高的是鹤壁市1.29万元。

2010年，全省18个地市，生均教育经费水平超过1万元的城市只有一个，是鹤壁市1.65万元；2015年，鹤壁市仍以2.94万元位全省首位，有8个地市的生均教育经费超过了1万元，除了鹤壁、还有开封市1.67万元、三门峡市1.63万元、焦作市1.60万元、漯河市1.57万元、平顶山市1.29万元、安阳1.07万元以及郑州1.03万元。

黄淮地区的信阳市、驻马店市、商丘市、周口市，以及豫西南的南阳市的生均教育经费一直处于全省最低水平。开封市和三门峡市的生均教育经费全省排名分别从2010年的第6位、第7位，上升至2015年的第2位和第3位，而郑州市和济源市的生均教育经费全省排名分别从2010年的第4位和第5位，降至2015年的第8位和第9位（见表6-12和图6-11、图6-12）。

表6-12　2010年和2015年河南省各地区生均教育经费变化情况

地区	生均教育经费（万元）		2015年和2010年教育经费对比		生均教育经费排名	
	2010年	2015年	增长倍数	增长绝对量（万元）	2015年	2010 年
鹤壁市	1.65	2.94	0.78	1.29	1	1
开封市	0.64	1.67	1.59	1.02	2	6
三门峡市	0.64	1.63	1.56	0.99	3	7
焦作市	0.87	1.60	0.83	0.73	4	2
漯河市	0.79	1.57	0.98	0.78	5	3
平顶山市	0.57	1.29	1.25	0.72	6	8
安阳市	0.49	1.07	1.17	0.58	7	9
郑州市	0.69	1.03	0.49	0.34	8	4
济源市	0.66	0.98	0.49	0.32	9	5
洛阳市	0.47	0.91	0.96	0.45	10	10
濮阳市	0.32	0.81	1.49	0.48	11	13
许昌市	0.34	0.76	1.23	0.42	12	11
新乡市	0.34	0.76	1.25	0.42	13	12
信阳市	0.20	0.41	1.06	0.21	14	15
南阳市	0.23	0.33	0.47	0.11	15	14
商丘市	0.13	0.31	1.47	0.19	16	16
驻马店市	0.08	0.19	1.51	0.11	17	17
周口市	0.07	0.18	1.44	0.11	18	18

注：学生总数包括学前教育、义务教育、普通高中教育、中等职业教育和特殊教育的全部在校生人数。

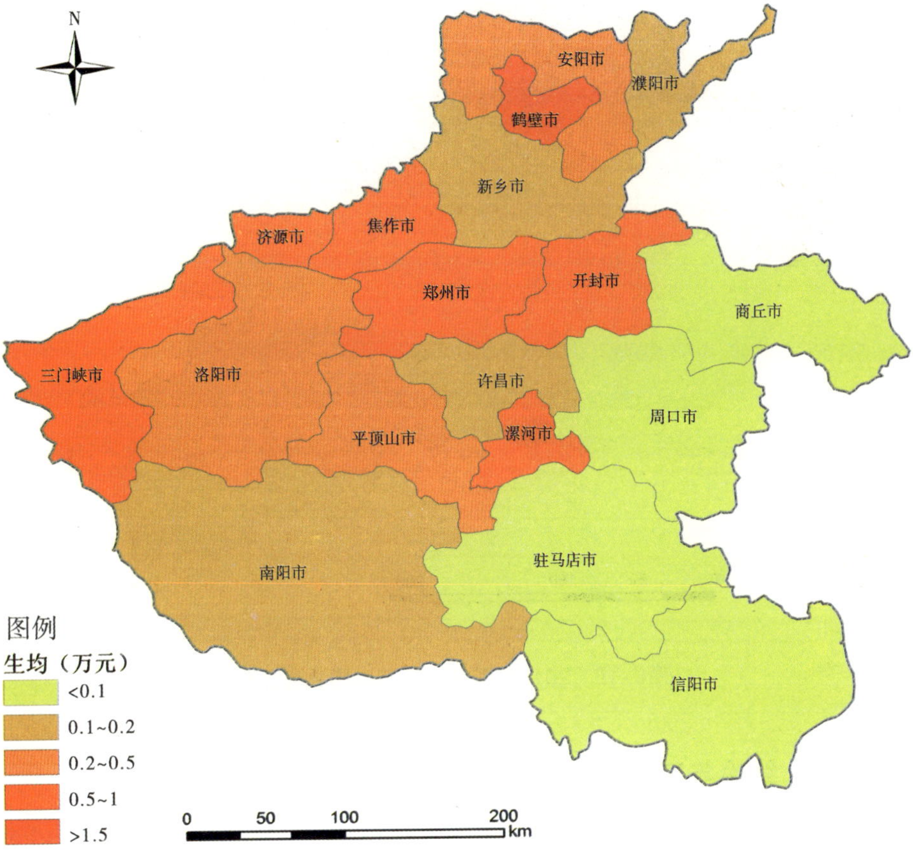

图6-11　2010年河南省各市生均教育经费

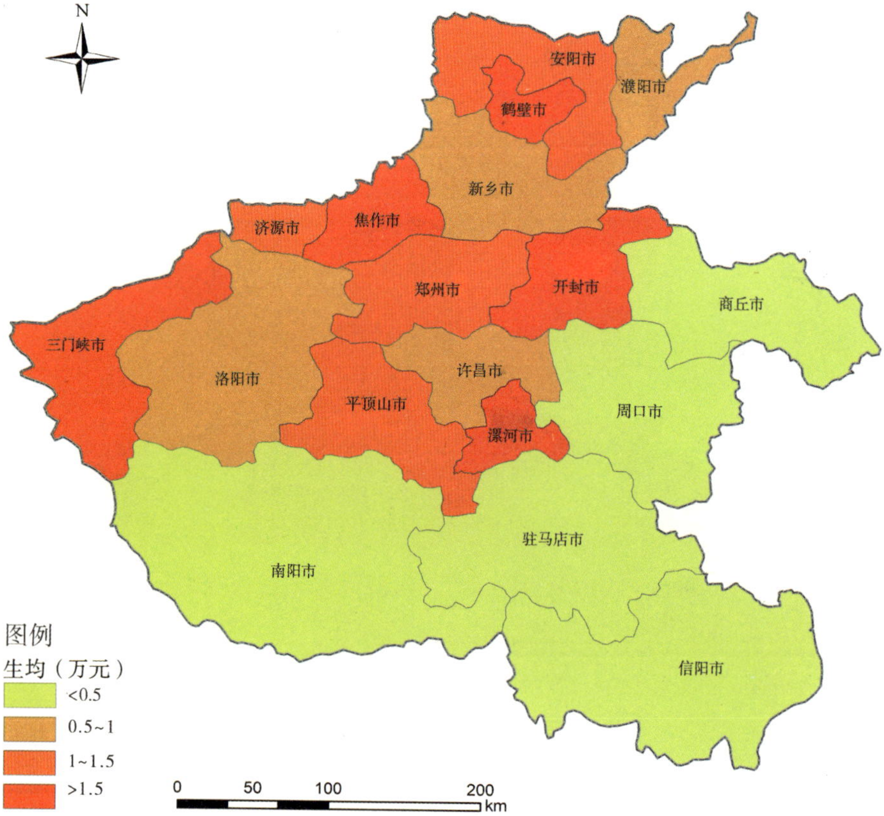

图6-12　2015年河南省各市生均教育经费

四、结论与建议

2015年，河南省教育经费区域配置水平相较2010年有大幅提高，2015年河南省教育经费区域配置水平相较2010年更加均衡，黄淮地区及豫西南的南阳市经费配置水平比较低。建议进一步适当加大投入，由省政府给予教育投资、筹资方面的倾斜性和优惠性政策，实行教育经费的省内转移支付，以推动全省义务教育经费的区域配置更加公平和均衡发展。

实践篇（下）

教育支出绩效研究

第七章

河南省义务教育财政支出绩效的实证分析

义务教育的基础性地位，以及其市场的失灵，客观上要求政府对义务教育的发展提供财政上的支持。改革开放40年以来，义务教育经历了初步普及初等义务教育、基本普及九年义务教育、全面普及九年义务教育三个发展阶段。尽管国家和河南省义务教育取得了很大的成就，但对义务教育经费投入、经费分配与使用效率问题还需要给予更多的关注。本章拟就此问题展开全面、系统的讨论。

第一节　河南省义务教育经费支出的规模与结构

一、河南省义务教育经费支出规模的统计分析

为了衡量义务教育经费支出的规模，我们采用义务教育经费支出、小学教育经费支出和初中教育经费支出三个绝对指标。

（一）义务教育经费总量大幅提升

2006—2015年，全省义务教育总经费从417.9亿元提升到1749.2亿元，增长了3.18倍，年均增长147.9亿元，年增长率达到35.33%（见图7–1）。

（二）小学教育的经费增长远高于初中教育经费增长

2006—2015年，小学教育的经费从114.12亿元，提升至532.97亿元，增长了3.67倍，年均增长46.54亿元，年增长率达到40.78%。初中教育的经费从83.6亿元增长至362.77亿元，增长了3.34倍，年均增长31亿元，年增长率达到37.11%。同期，投入至小学教育的经费占总经费比重从2006年的

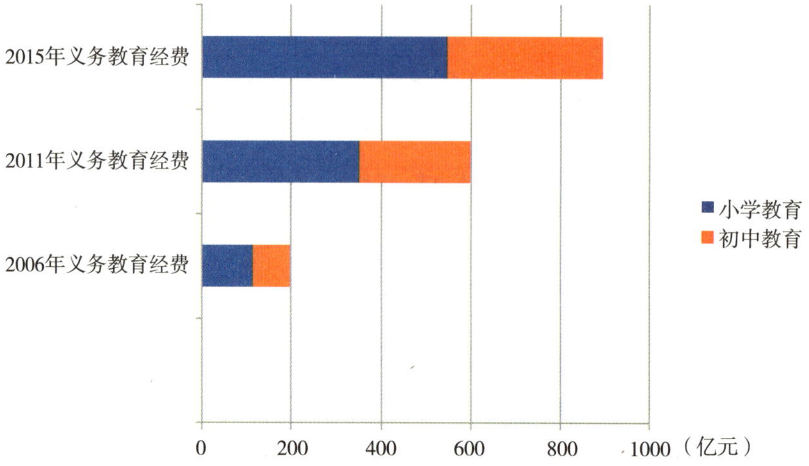

图7-1　2006—2015年河南省义务教育经费总量的变化

27.38%提升至2015年的30.47%；初中教育经费占总经费比重从20%提升至20.74%。

数据表明，同期的小学教育经费投入增长要远远高于初中教育经费投入的增长情况（见表7-1、图7-1）。

（三）政府加大投入力度促成义务教育经费的大幅增长

理论上，义务教育经费支出绝对规模的变化情况受到义务教育在校生数、政府财政能力和义务教育的支出标准的影响。一般而言，义务教育的在校生数越多，政府的财政能力越强，义务教育的支出标准越高，义务教育的支出规模就越大。现实中，河南省义务教育经费支出规模的大幅提升，究竟是由哪些因素促成的？我们要比较在校生的数量变化与教育经费总量和生均教育经费的变化情况。

表7-1　2006—2015年河南省义务教育经费变化

年份	教育总经费（亿元）	小学		初中	
		教育经费（亿元）	在总经费占比（%）	教育经费（亿元）	在总经费占比（%）
2006	417.9	114.42	27.38	83.60	20.00
2011	1185.66	348.22	29.37	249.23	21.02
2015	1749.2	532.97	30.47	362.77	20.74

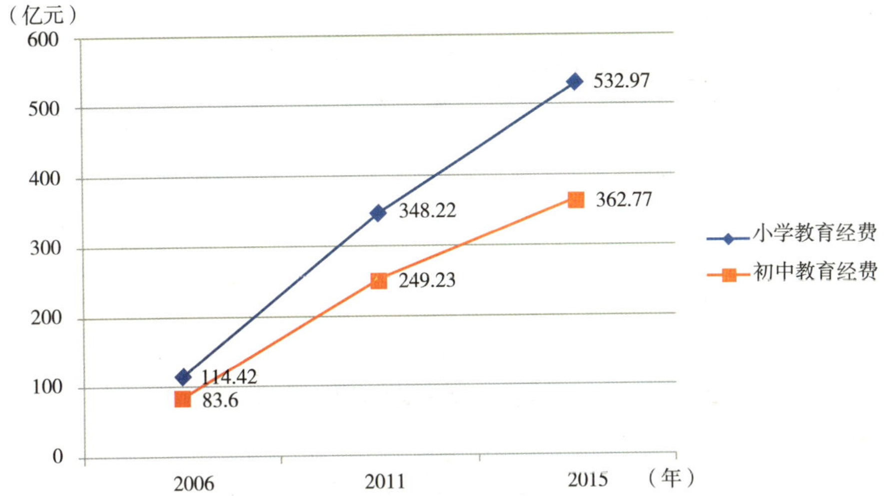

图7-2　2006—2015年河南省小学教育和初中教育经费总量的变化

2006—2015年，全省义务教育在校生数量整体呈现下降趋势。小学在校生从2006年的997万人降低至2015年的937万人，降低了60万人，下降比率达到6%；初中在校生从2006年的541万人降低至2015年的404万人，减少了136万人，下降比率达到25%（见图7-3）。

相应的，同期小学教育经费从114.42亿元增加至532.97亿元，增长了3.66倍；初中教育经费从83.6亿元增加至362.77亿元，增长了3.34倍。由此看出，义务教育经费绝对规模的增长，不是由义务教育在校学生数的增长引起的，而是主要由于政府财政能力的自然增长和对义务教育的大力投入、义务教育生均标准的大幅提高所导致的（见表7-2）。

但是，河南省义务教育经费支出在绝对规模上的大幅增长，在全国处于什么样的发展水平，是否满足了本省义务教育的发展，还有待在后面进一步讨论。

表7-2　2006—2015年河南省义务教育在校生与教育经费比较

年份	小学在校生数（人）	初中在校生数（人）	小学		初中	
			教育经费（亿元）	在总经费占比（%）	教育经费（亿元）	在总经费占比（%）
2006	9970930	5409805	114.42	27.38	83.60	20.00
2011	10928960	4679780	348.22	29.37	249.23	21.02
2015	9370543	4048103	532.97	30.47	362.77	20.74

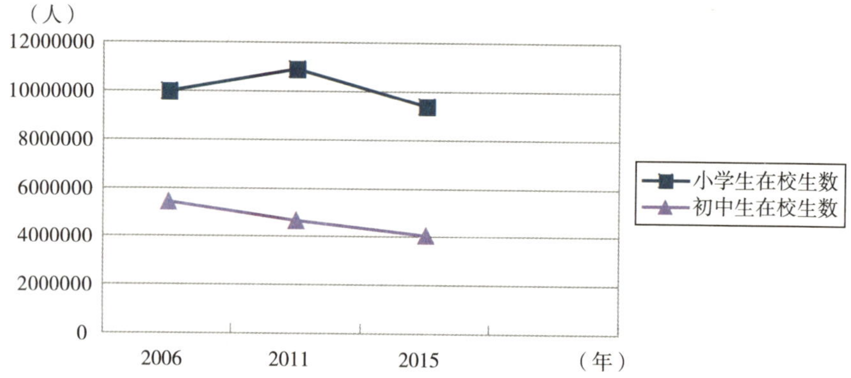

图7-3　2006—2015年河南省义务教育在校生数量变化

（四）义务教育阶段生均教育经费标准大幅增长

表7-3的数据表明，2001—2015年，河南省中小学阶段的各个层级的生均教育经费呈大幅增长趋势。其中，在2006—2010（“十一五”）期间的增长率高于2010—2015年（“十二五”）期间的增长率（见表7-3、图7-4）。

表7-3　2001—2015年河南省小学、中学教育阶段生均教育经费变化

教育经费	2001年	2006年	2010年	2015年	2001—2015年年均增长率	2001—2015年增长率	2010—2015年增长率	2006—2010年增长率
中学阶段	1746.04	3329.75	7024.56	14696.92	52.98	741.73	109.22	110.96
1.普通中学	1744.44	3326.5	7020.87	14696.87	53.04	742.50	109.33	111.06
普通高中	3503.36	5005.48	8120.05	15072.35	23.59	330.23	85.62	62.22
其中：农村	—	—	6280.88	12139.37	—	—	93.27	—
普通初中	1372.35	2669.49	6528.36	14487.77	68.26	955.69	121.92	144.55
其中：农村	1013.65	2190.33	5874.07	13082.75	85.05	1190.66	122.72	168.18
2.成人中学	4498.18	12246.58	16873.02	14752.83	16.28	227.97	-12.57	37.78
小学阶段	970.1	2121.09	4932.02	10468.94	69.94	979.16	112.26	132.52
1.普通小学	971.69	2121.73	4932.76	10468.73	69.81	977.37	112.23	132.49
其中：农村	797.6	1846.71	4560.33	9909.85	81.60	1142.46	117.31	146.94
2.成人小学	246.13	777.32	1815.45	13592.89	387.33	5422.65	648.73	133.55

河南省农村普通初中、农村普通小学的生均教育经费增长率分别位于首位和第二位，农村普通初中的生均经费从2001年的1013.65元增长至2015年的13082.75元，增长了11.9倍；农村小学的生均经费从2001年的797.6元增长至2015年的9909.85元，增长了11.42倍。全省普通小学的生均经费从2001年的971.69元增长至2015年10468.73元，增长了9.77倍；全省普通初中的生均经费从1372.5元增长至14487.77元，增长了9.56倍。

数据表明，义务教育生均经费的大幅提高，是河南省义务教育总经费大幅增长的主要原因。

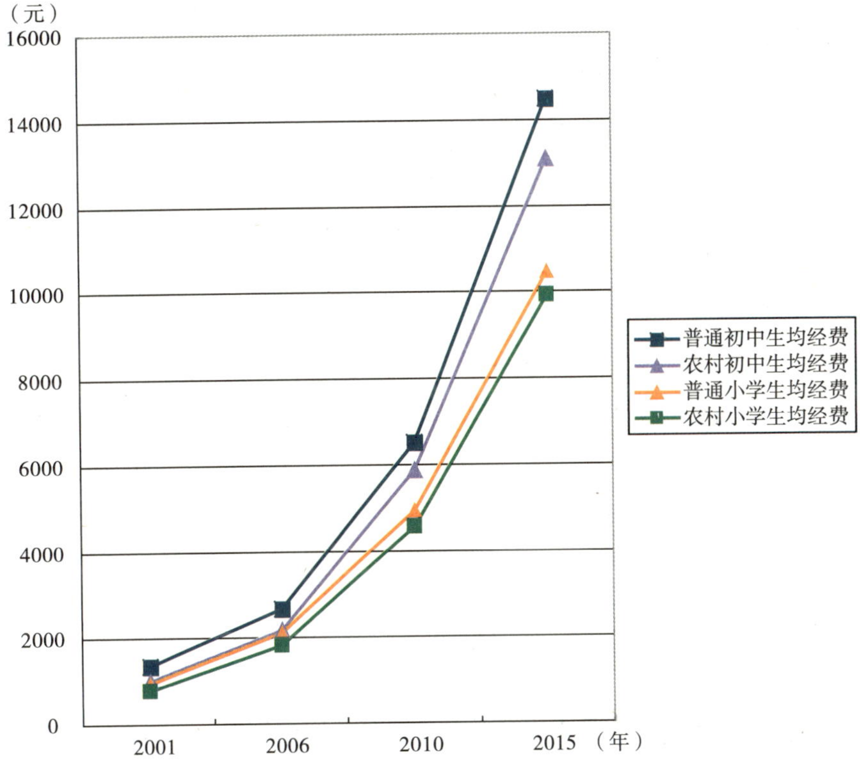

图7-4　2001—2015年河南省义务教育阶段生均教育经费变化

二、河南省义务教育投入的结构

（一）义务教育经费支出占国内生产总值的比重

义务教育经费支出占国内生产总值的比重，反映的是全省的国民财富中分配给义务教育的比例。

表7-4　2006—2015年河南省义务教育经费占GDP比重

年份	全省GDP（亿元）	初中GDP占比（%）	小学GDP占比（%）
2006	12412.86	0.67	0.92
2011	27098.62	0.92	1.29
2015	37278.2	0.97	1.43

2006年以来，河南省小学教育经费支出占GDP比重和初中教育经费支出占GDP比重呈上升趋势。小学教育经费支出的GDP占比从2006年的0.92%提升至2015年的1.43%，提高了0.51个百分点；初中教育经费支出的GDP占比从2006年的0.67%提升至0.97%，提高了0.3个百分点。2006年以来，小学教育经费GDP占比的提升幅度大于初中的相应指标，“十二五”期间二者的提升速度相较“十一五”期间均有所放缓（见表7-4、图7-5）。

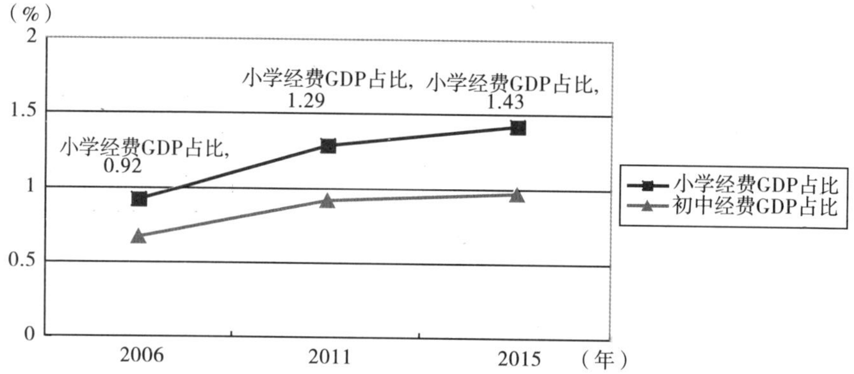

图7-5　2006—2015年河南省义务教育经费占GDP比重

（二）义务教育经费支出占总教育经费支出的比重

表7-5　2006—2015年河南省义务教育经费占教育经费总量比重

年份	小学经费（亿元）	教育经费总量（亿元）	小学总经费占比（%）	初中经费（亿元）	初中总经费占比（%）
2006	114.42	417.9	27.38	83.60	20.00
2011	348.22	1185.66	29.37	249.23	21.02
2015	532.97	1749.2	30.47	362.77	20.74

义务教育经费支出占总教育经费支出的比重，表示教育资金总额中分配给义务教育的比例。2006年以来，小学占全省教育经费的比例从2006年的27.38%提高至2015年的30.47%，提升了3.09个百分点；初中占全省教育经费的比例从2006年的20.00%提高至2015年的20.74%，仅提高了0.74个百分点。数据表明，近年来河南省对义务教育的投入更加侧重于小学阶段（见表7-5、图7-6）。

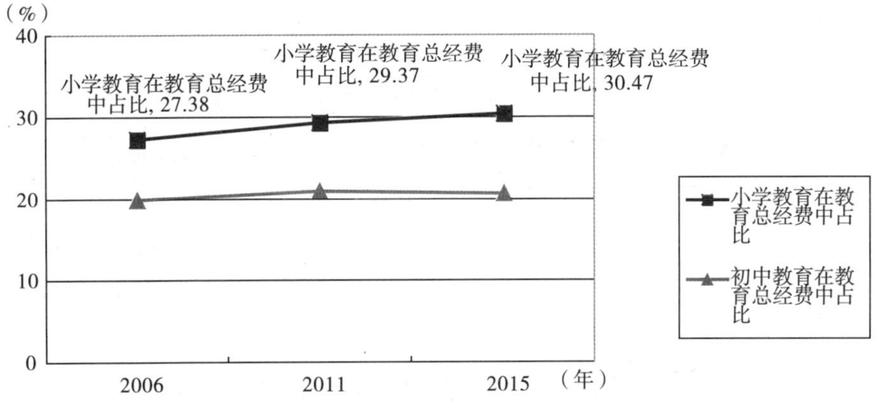

图7-6　2006—2015年河南省义务教育经费占教育经费总量的比重

（三）义务教育经费支出与总财政支出的比重

表7-6　2006—2015年河南省义务教育经费占财政支出的比重　　单位：%

年份	小学教育经费			初中教育经费		
	在全省财政支出占比	在教育财政支出占比	在GDP占比	在全省财政支出占比	在教育财政支出占比	在GDP占比
2006	7.95	49.08	0.92	5.80	35.86	0.67
2011	8.20	40.63	1.29	5.87	29.08	0.92
2015	7.84	41.93	1.43	5.34	28.54	0.97

备注：与以往年份相比，2007年财政收支科目实施了较大改革，特别是财政支出项目口径变化很大，与往年数据不可比。2007年起财政支出采用新的分类指标。

义务教育经费支出与总财政支出的比重，反映了政府在义务教育方面的努力程度。数据表明，河南省义务教育经费支出在财政支出中的占比情况不容乐观。2006年以来，小学教育经费在全省财政支出占比经历了先升后降的变化，从7.95%升至2011年的8.2%，又降至2015年的7.84%，下降了0.11个百分点；初中教育经费在全省财政支出占比从5.80%降至2015年的5.34%，下降了0.46个百分点，初中经费的省财政支出占比下降幅度远高于小学的相应水平（见表7–6、图7–7）。

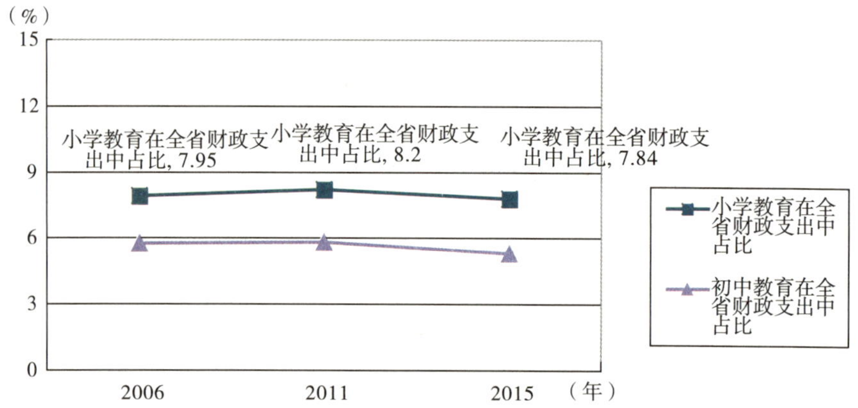

图7–7　2006—2015年河南省义务教育经费占全省财政支出的比重（%）

2006年以来，小学教育经费在全省教育财政支出占比从49.08%降至2015年的41.93%，下降了7.15个百分点；初中教育经费在全省财政支出占比从35.86%降至2015年的28.54%，下降了7.32个百分点。初中经费的全省教育财政总支出占比下降幅度和小学教育的水平基本相当。

这些数据反映出河南省政府在义务教育上的努力程度还有待进一步提高。

三、河南省义务教育经费支出的结构分析

我国义务教育经费支出由事业性经费支出和基本建设支出组成。其中，事业性经费支出包括：个人部分和公用部分。个人部分支出包括：工资福利支出、对个人和家庭的补助支出。公用部分支出包括：商品和服务支出、其他资本性支出。个人部分支出，反映的是经费中对人员的经费支出；公用部分支出，反映的是围绕开展教育教学工作发生的除人员之外的其他业务性支出。

（一）小学教育

表7–7　2006—2015年全国、河南小学教育经费支出的对比

区域	年度	小学教育经费支出合计（亿元）	事业性经费		基本建设支出	
			绝对量（亿元）	占比（%）	绝对量（亿元）	占比（%）
全国	2006	2183.54	2119.33	97.06	64.21	2.94
	2011	5946.03	5847.85	98.35	98.18	1.65
	2015	9727.05	9646.71	99.17	80.34	0.83
河南省	2006	113.43	112.14	98.87	1.29	1.13
	2011	345.00	342.85	99.38	2.15	0.62
	2015	531.27	527.56	99.30	3.71	0.70

分析全国和河南省小学教育经费支出结构的数据，事业性经费占绝大比例（见图7–8）；且2006—2015年，河南省小学教育经费支出中，事业性经费占比呈增长趋势，基本建设支出呈降低趋势。这一发展趋势与全国水平完全一致（见表7–7、图7–8）。

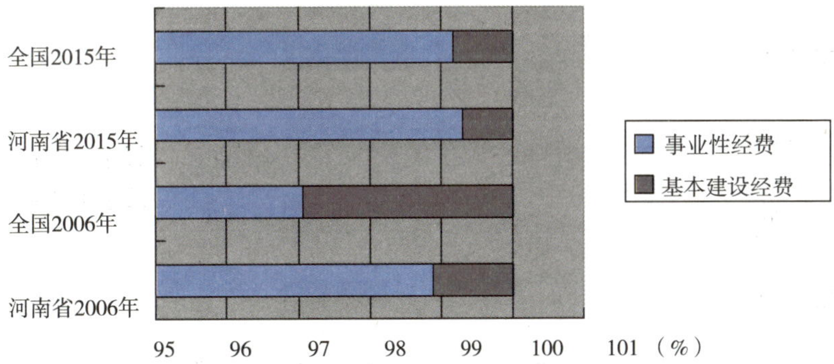

图7–8　2006年和2015年全国、河南省小学教育经费支出结构的对比

分析全国和河南省小学教育经费中事业性经费的支出结构数据，个人经费相较公用经费支出占更多比重（见表7–8）；且2006—2015年，河南省和全国的小学事业性经费中个人经费支出比重均呈下降趋势，公用支

出所占比重呈现上升趋势。全国小学教育事业性经费中的个人经费占比从2006年的75.78%下降至2015年的69.45%，公用支出占比从2006年的24.22%上升至2015年的30.55%。同期，河南省小学教育事业性经费中的个人经费占比从2006年的75.82%下降至62.05%，公用支出占比从2006年的24.18%上升至37.95%。河南省小学教育事业经费中的个人经费占比降低幅度大于全国水平的降低幅度；公用经费占比的提升幅度大于全国水平的提升幅度（见表7-8、图7-9）。

表7-8　2006—2015年全国、河南省小学事业性经费支出结构的对比

区域	年	事业性经费支出合计（亿元）	人个部分		公用支出	
			绝对量（亿元）	占比（%）	绝对量（亿元）	占比（%）
全国	2006	2119.33	1605.95	75.78	513.38	24.22
	2011	5847.85	3995.73	68.33	1852.12	31.67
	2015	9646.71	6699.40	69.45	2947.32	30.55
河南	2006	112.14	85.03	75.82	27.11	24.18
	2011	342.85	207.66	60.57	135.19	39.43
	2015	527.56	327.35	62.05	200.20	37.95

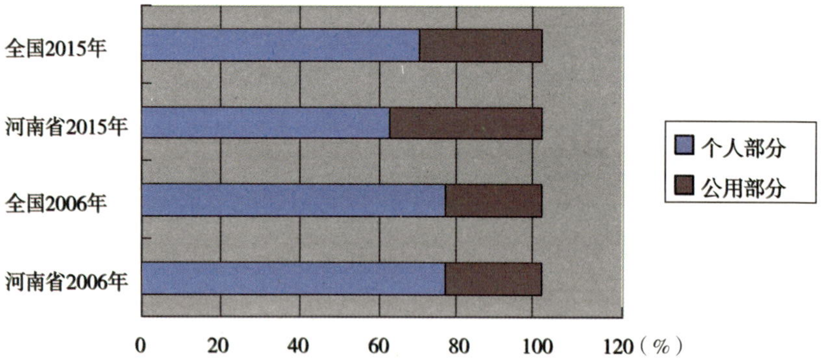

图7-9　2006—2015年全国、河南省小学教育事业性经费支出结构的对比

（一）初中教育

分析全国和河南省初中教育经费支出结构的数据，事业性经费占绝大

比例（见表7-9）。2006—2015年，全国初中教育经费中事业性经费绝对量和占比均呈快速增长的趋势；事业性经费从2445.72亿元提高至5949.08亿元；基本建设支出绝对量和占比均呈下降趋势，绝对量从171.71亿元降至91.37亿元，占比从6.56%降至1.51%。河南省初中教育的事业性经费和基本建设经费绝对量上均呈现快速增长趋势，年事业性经费支出从79.98亿、提高至355.28亿，提高了3.44倍；年基本建设支出从1.82亿元提高至6.84亿元，提高了2.76倍。数据表明，河南省在2006之后大力加强初中教育的基本建设的投入，为优化办学条件、提升办学水平提供了坚实的物质基础（见表7-9）。

表7-9　2006—2015年全国、河南省初中教育经费支出的对比

区域	年份	初中教育经费支出				
		支出合计（亿元）	事业性经费支出（亿元）	基本建设支出（亿元）	事业性占比（%）	基建占比（%）
全国	2006	2617.43	2445.72	171.71	93.44	6.56
	2011	4138.14	4034.49	103.65	97.50	2.50
	2015	6040.45	5949.08	91.37	98.49	1.51
河南	2006	81.80	79.98	1.82	97.78	2.22
	2011	248.86	246.65	2.21	99.11	0.89
	2015	362.13	355.28	6.84	98.11	1.89

分析全国和河南省初中教育经费中事业性经费的支出结构数据，个人经费相较公用经费支出占更多的比重（见表7-10）。2006—2015年，全国的初中事业性经费中个人经费支出比重均呈上升趋势，公用支出所占比重呈现下降趋势。河南省初中事业性经费中个人经费支出比重均呈下降趋势，公用支出所占比重呈现上升趋势。河南省初中教育事业性经费支出结构的变化趋势与全国表现相反。说明2006年以来，相较全国初中教育经费支出的变化，河南省加大对初中教育的支出，特别注重提高初中生均公用经费的支出标准（见表7-10、图7-10）。

表7-10 2006—2015年全国、河南初中教育事业性经费支出结构的对比

区域	年份	初中教育经费支出			在事业性经费支出中的占比（%）	
		事业性经费（亿元）	个人部分（亿元）	公用部分（亿元）	个人部分	公用部分
全国	2006	2445.72	1567.45	878.27	64.09	35.91
	2011	4034.49	2542.77	1491.72	63.03	36.97
	2015	5949.08	4022.63	1926.45	67.62	32.38
河南	2006	79.98	56.34	23.63	70.45	29.55
	2011	246.65	135.40	111.24	54.90	45.10
	2015	355.28	216.06	139.22	60.81	39.19

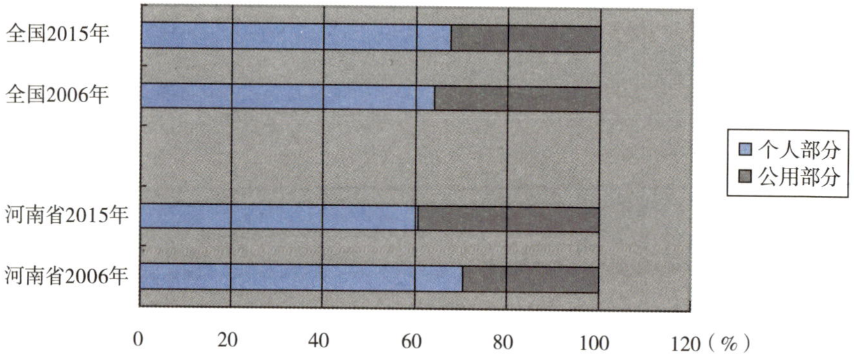

图7-10 2006—2015年全国、河南省初中教育事业性经费支出结构的对比

数据显示，2006年以来，河南省义务教育中小学教育、初中教育的事业性经费支出公用部分占比均呈现快速提高，与河南省不断提高义务教育生均公用经费支出的拨款标准和义务教育经费支出在总额上的增长高度相关。河南省对初中教育的基本建设投资金额远高于小学教育的基本建设投资金额，可能与初中教育需要更多的实验设施、教学设备、提高初中教育教学水平相关（见表7-7、表7-9）。

第二节　河南省义务教育经费投入绩效的比较研究

义务教育公平是社会公平的起点，均衡发展义务教育是促进义务教育公平的重要举措。我国义务教育均衡发展的情况得到党中央和各级政府的高度重视。党的十七大提出“推动基本公共服务均等化，加快推进以改善民生为重点的社会建设，优先发展教育，促进义务教育均衡发展”。党的“十八大”又进一步将原来的“促进义务教育均衡发展”确定为“均衡发展九年义务教育”，把均衡发展由一般的工作导向变为工作任务。近几年，各级政府均加大了义务教育的财政投入。河南省义务教育投入的水平，在全国究竟处于什么状态，发生了什么变化，本节将利用2005年以来全国31个省（直辖市、自治区）的义务教育经费数据进行系统分析。

一、河南省与全国义务教育经费投入的比较

对比2011年和2015年的数据，河南省义务教育投入各方面的占比水平，均高于全国平均水平。2011年，河南省义务教育经费投入占财政支出的比重是14.07%，全国水平是9.31%，河南省水平高于全国水平4.76个百分点。发展至2015年，河南省义务教育经费投入占财政支出的比重是13.18%，全国水平是8.52%，河南省水平高于全国水平4.66个百分点。河南省和全国的义务教育财政投入比例均呈现下降的趋势（见表7-11、图7-11）。

表7-11　2006—2015年全国和河南省义务教育经费占财政支出的比重　单位：%

指标	教育类型	2006年	2011年		2015年	
		河南省	河南省	全国	河南省	全国
在区域财政支出中占比	小学	7.95	8.20	5.50	7.84	5.31
	初中	5.80	5.87	3.81	5.34	3.21
在教育财政支出中占比	小学	49.08	40.63	36.44	41.93	35.55
	初中	35.86	29.08	25.25	28.54	21.47
在GDP中占比	初中	0.67	0.92	0.67	0.97	0.82
	小学	0.92	1.29	0.92	1.43	1.36

备注：与以往年份相比，2007年财政收支科目实施了较大改革，特别是财政支出项目口径变化很大，与往年数据不可比。2007年起财政支出采用新的分类指标。

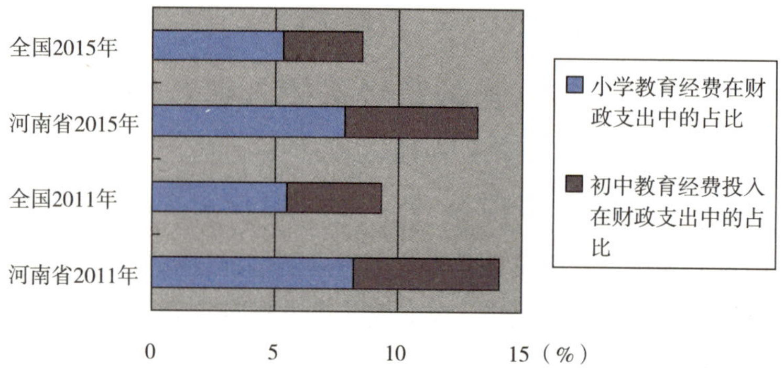

图7-11　2011—2015年全国和河南省义务教育经费投入在财政支出中的占比

考察义务教育投入占教育财政支出的比重。2011年，河南省义务教育经费投入占河南省教育财政支出的比重是69.71%，高于全国水平61.69%的占比8.02个百分点。发展至2015年，河南省义务教育经费投入占教育财政支出比重提高至70.47%，全国水平降至57.02%，河南省水平高于全国平均水平13.45个百分点。全国财政教育支出中义务教育经费支出的比重呈下降趋势，而河南省不降反升，其中，主要原因是河南省对义务教育中的小学教育投入的力度较大，国家层面上小学教育财政支出的占比从36.44%降至35.55%，而河南省的小学教育财政支出占比从40.63%提高至41.93%。河南省初中教育财政支出占比的发展趋势与全国大体一致，呈现降低的变化，河南省初中教育财政支出占比从2006年的29.08%降至2015年的28.54%，全国初中教育财政支出占比从25.25%降至2015年的21.47%，全国初中教育财政支出占比水平降低的幅度要大于河南省的相应水平（见表7-11、图7-12）。

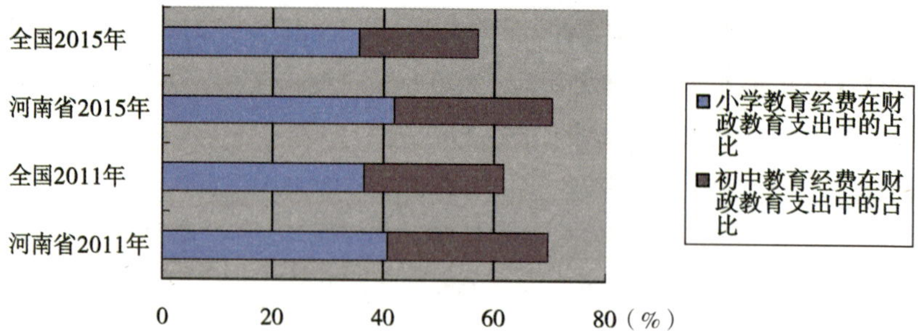

图7-12　2011—2015年全国和河南省义务教育经费投入在财政教育支出中的占比

考察义务教育投入占GDP的比重。2011年，河南省义务教育经费投入占河南省GDP的比重是2.21%，高于全国水平1.59%的占比0.62个百分点。发展至2015年，河南省义务教育经费投入占GDP比重提高至2.4%，全国水平提高至2.18%，河南省水平高于全国水平0.22个百分点。“十二五”期间，全国义务教育投入的平均水平提升速度快于河南省的提升速度。

二、河南省与经济发达省市的义务教育经费投入比较

根据2015年人均GDP水平，经济发达省市选取排名前五位的北京市、天津市、上海市、江苏省、浙江省以及GDP全国位列第一的广东省，做为研究对象和河南省进行对比（见表7–12）。

表7–12　2006年七省市义务教育经费情况

地区	教育经费（千元）			在教育经费总量中占比（%）			教育经费在GDP中占比（%）		
	小学	初中	义务教育	初中	小学	义务教育	小学	初中	义务教育
北京市	5427449	4461799	9889248	7.29	8.87	16.17	0.69	0.57	1.26
天津市	2498429	1784040	4282469	11.27	15.78	27.04	0.57	0.41	0.98
上海市	5762501	5893385	11655886	13.95	13.64	27.60	0.56	0.57	1.12
江苏省	15680012	11201282	26881294	16.20	22.67	38.87	0.72	0.52	1.24
浙江省	14328407	9949053	24277460	16.65	23.97	40.62	0.91	0.63	1.54
广东省	23009915	15212370	38222285	18.80	28.43	47.23	0.88	0.58	1.46
河南省	11441946	8359605	19801551	20.00	27.38	47.38	0.92	0.67	1.60

2006年，从义务教育经费总量来看，七个省市中广东省的义务教育经费总量最高，达到382.22亿元，江苏省、浙江省分别位列第二和第三名，河南省的义务教育经费总量低于广东省、江苏省、浙江省等省，高于北京市、天津市和上海市。

从义务教育经费在各省市教育经费总量中占比来看，河南省的占比达到47.38%，位列首位，其次是广东省占比47.23%，江苏省和浙江省的占比水平近10%，天津市和上海市的水平近30%，北京市水平最低，义务教育经费占比仅有16.17%。

从义务教育经费在GDP比重来看，河南省的占比以1.60%仍保持首位，高于经济发达的北京市、天津市、上海市等六个省市。

发展至2015年，在经费总量方面，广东省和江苏省仍保持前2位，河南省超过浙江省位于第三位。在义务教育经费占教育经费总量比重方面，河南省以51.21%位列第一名，广东省、浙江省和江苏省近40%，天津市、上海市水平依旧近30%，北京市占比相较2006年水平有所提升，但仍位列七个省市的最末位（见表7-13、表7-14、图7-13）。

表7-13　2015年七省市义务教育经费在各省教育经费总量中占比

地区	小学		初中		义务教育	
	教育经费（千元）	占比（%）	教育经费（千元）	占比（%）	教育经费（亿元）	占比（%）
北京市	27115641	13.48	17494911	8.70	446.11	22.18
天津市	11412520	17.82	8325980	13.00	197.39	30.82
上海市	19761382	15.44	14997245	11.72	347.59	27.15
江苏省	65723350	26.79	39356452	16.04	1050.80	42.83
浙江省	46591077	25.02	29641481	15.92	762.33	40.94
广东省	87903589	27.77	51217120	16.18	1391.21	43.95
河南省	53297127	30.47	36277397	20.74	895.75	51.21

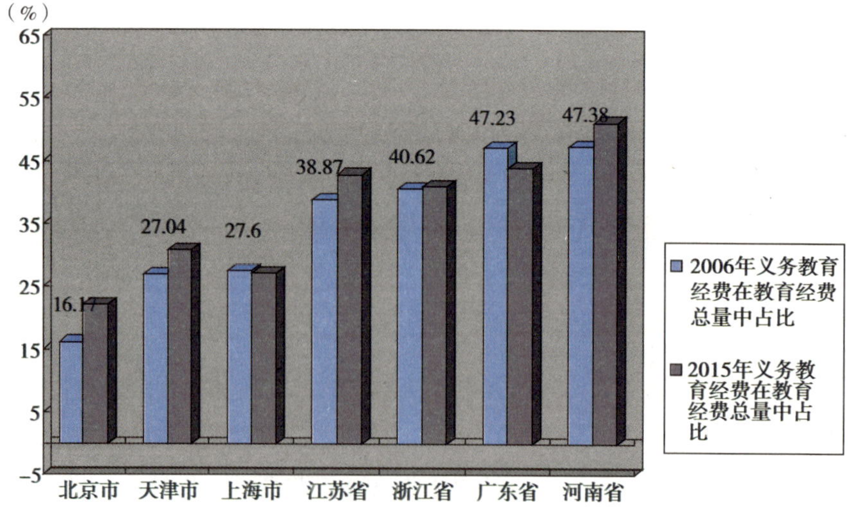

图7-13　2006年和2015年七省市义务教育经费投入在教育经费总量中的占比

表7-14　2006年和2015年七省市义务教育经费占GDP比重

地区	2015年教育经费占GDP比重（%）		义务教育占GDP比重（%）	
	小学	初中	2015年	2006年
北京市	1.18	0.76	1.94	1.26
天津市	0.69	0.50	1.19	0.98
上海市	0.79	0.60	1.38	1.12
江苏省	0.94	0.56	1.50	1.24
浙江省	1.09	0.69	1.78	1.54
广东省	1.21	0.70	1.91	1.46
河南省	1.43	0.97	2.40	1.60

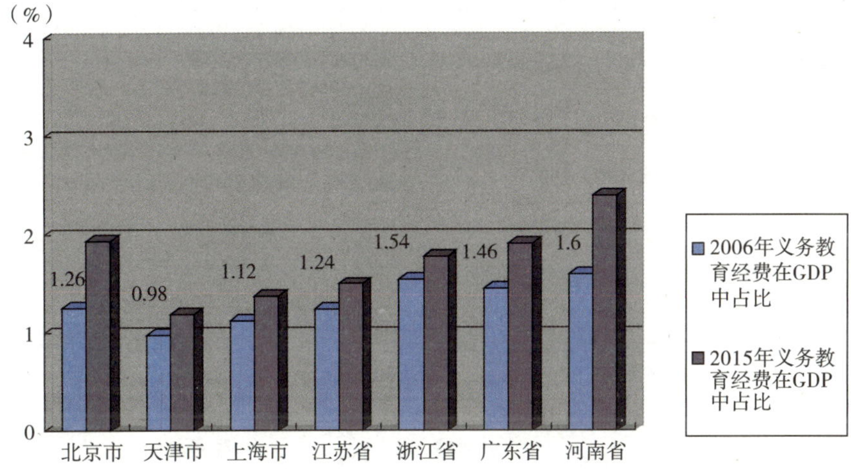

图7-14　2006年和2015年七省市义务教育经费投入在GDP中的占比

2006—2015年，河南省和经济发达的省市对义务教育经费都在加大投入力度。2015年，河南省的义务教育经费在GDP中占比位列七个省市首位。并且2006年以来，河南省义务教育经费占GDP比重的提高程度，同时位列七个省市的第一位，超过这些省市的义务教育投入增长水平（见图7-14）。

三、河南省与中部六省的义务教育经费投入比较

2006年，从义务教育经费总量来看，中部六省之中河南省的义务教育经费总量最高，达到198.02亿元，是最低的江西省的2.16倍。安徽省、湖

南省、湖北省分别位列六省之中的第二、第三和第四位。发展至2015年，中部六省之中河南省的义务教育经费总量仍保持最高，为895.75亿元，是最低的山西省368.85亿元的2.43倍；安徽省、湖南省和江西省分别位列六省之中的第二、第三和第四位（见表7–15、表7–16、图7–15）。

表7–15　2006年中部六省义务教育经费

地区	教育经费（亿元）			在教育经费总量中占比（%）			教育经费在GDP中占比（%）		
	小学	初中	义务教育	小学	初中	义务教育	小学	初中	义务教育
河南省	114.42	83.60	198.02	27.38	20.00	47.38	0.92	0.67	1.60
山西省	57.49	37.69	95.18	28.55	18.72	47.27	1.21	0.79	2.00
湖北省	62.81	60.75	123.56	18.09	17.50	35.59	0.83	0.80	1.63
湖南省	76.09	62.99	139.08	23.72	19.63	43.35	1.01	0.83	1.84
安徽省	90.27	55.25	145.52	31.54	19.30	50.84	1.47	0.90	2.37
江西省	58.10	33.66	91.76	29.52	17.10	46.62	1.24	0.72	1.96

表7–16　2015年中部六省义务教育经费

地区	小学教育		初中教育		义务教育	
	经费（亿元）	在教育经费总量中占比（%）	经费（亿元）	在教育经费总量中占比（%）	经费总量（亿元）	在教育经费总量中占比（%）
河南省	532.97	30.47	362.77	20.74	895.75	51.21
山西省	229.80	27.19	139.05	16.45	368.85	43.64
湖北省	304.83	22.33	202.95	14.87	507.78	37.20
湖南省	379.78	29.48	255.88	19.86	635.66	49.35
安徽省	379.76	31.23	227.57	18.72	607.32	49.95
江西省	342.37	35.13	184.86	18.97	527.23	54.10

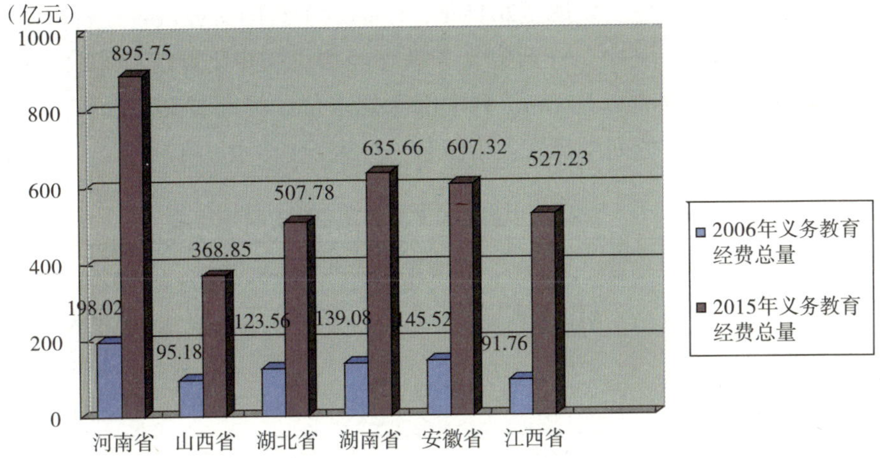

图7-15　2006年和2015年中部六省市义务教育经费投入总量

从义务教育经费在各省教育经费总量中占比来看，2006年安徽省的占比达到50.84%，位列首位；河南省占比47.38%位列第二位；河南省、山西省、江西省和湖南省的义务教育经费在教育经费总量中的占比水平基本一致；湖北省占比35.59%，位列中部六省末位。发展至2015年，中部六省中山西省和安徽省义务教育占教育经费总量的比重再现降低的变化，其中，山西由47.27%降至43.64%，安徽由50.84%降至49.95%；其余四省的比重均有所提高，河南省从47.38%提至51.21%，湖北省从35.59%提升至37.20%，湖南省从43.35%提升至49.35%，江西从46.62%提升至54.10%（见图7-16）。

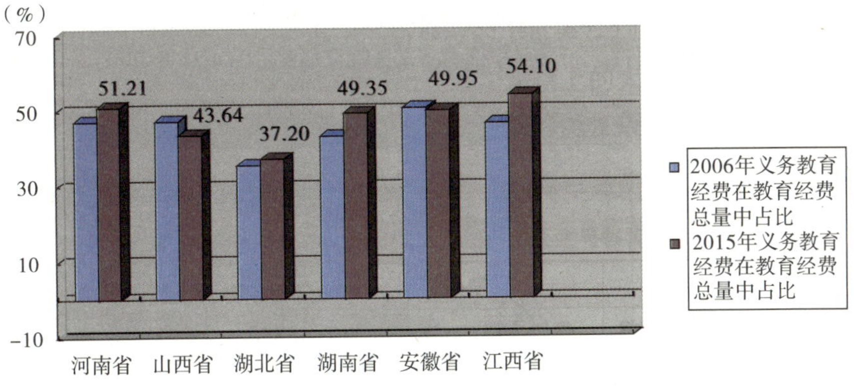

图7-16　2006年和2015年中部六省市义务教育经费占教育经费总量的比重

从义务教育经费占GDP比重来看，2006年安徽省义务教育经费占GDP比重以2.37%位列中部六省首位，河南省义务教育经费占GDP比重以1.60%

位列中部六省最末位。发展至2015年，中部六个省的义务教育经费占GDP比重均有所提高，其中，江西省义务教育经费占GDP比重以3.15%位列中部六省首位，湖北省以1.72%位列中部六省末位，河南省义务教育占GDP比重提高至2.4%，位列中部六省第四名（见表7–17、图7–17）。

表7–17　2015年中部六省义务教育经费占GDP比重

地区	教育经费占GDP比重（%）		
	初中教育	小学教育	义务教育
河南省	0.97	1.43	2.40
山西省	1.09	1.80	2.89
湖北省	0.69	1.03	1.72
湖南省	0.89	1.31	2.20
安徽省	1.03	1.73	2.76
江西省	1.11	2.05	3.15

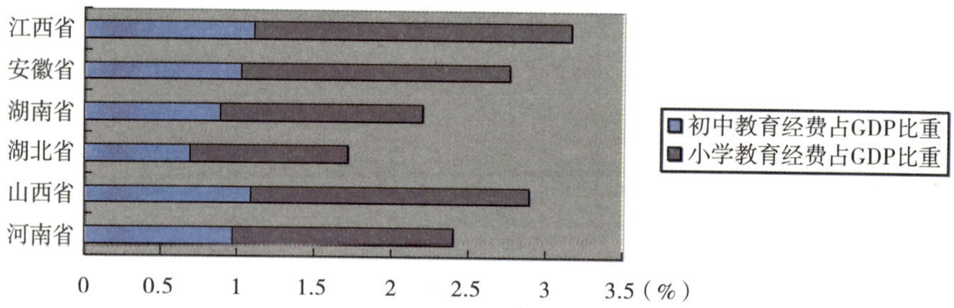

图7–17　2015年中部六省义务教育经费占GDP比重

第八章

河南省中等职业教育财政支出绩效的实证分析

中等职业教育是我国中等教育的重要组成部分，包括普通中等专业学校、职业高中、技工学校和成人中等专业学校，担负着培养高素质劳动者的重要任务，是我国经济社会发展的重要基础。

我国政府非常重视职业教育的发展，1996年颁布实施了《中华人民共和国职业教育法》，第三条明确指出“职业教育是国家教育事业的重要组成部分，是促进经济、社会发展和劳动就业的重要途径”。进入新世纪以后，为适应全面建设小康社会对高素质劳动者和技能型人才的迫切要求，促进社会主义和谐社会建设，国务院于2002年制定了《国务院关于大力推进职业教育改革与发展的决定》，2005年制定了《国务院关于大力发展职业教育的决定》。为深入推进中等职业教育改革创新，加快培养高素质劳动者和技能型人才，切实提升中等职业教育服务经济社会发展的能力和水平，教育部制定了《中等职业教育改革创新行动计划（2010—2012年）》。在经济发展进入新常态的历史阶段，职业教育肩负着更加重大的历史使命，亟须为全面提升人力资本整体素质增强能力，为实现“两个一百年”奋斗目标和中华民族伟大复兴的中国梦提供坚实的人才保障。国务院制定了《国务院关于加快发展现代职业教育的决定》，教育部、国家发展改革委、财政部、人力资源社会保障部、农业部、国务院扶贫办组织编制了《现代职业教育体系建设规划（2014—2020年）》。在2014年全国职业教育工作会议上，习近平总书记进一步指出“职业教育是国民教育体系和人力资源开发的重要组成部分，是广大青年打开通往成功成才大门的重要途径，肩负着培养多样化人才、传承技术技能、促进就业创业的重要职责，必须高度重视、加快发展”。

鉴于中等职业教育对我国经济发展和城镇化发展具有的积极推动作

用，不能忽视对其的教育经费投入管理。经费投入是发展职业教育的重要保障，发达国家公共教育投入总量已占国内生产总值的5.8%，中等职业教育生均支出比普通高中教育高8.8%。国内学者也积极采用不同方法，从不同角度对我国中等职业教育经费进行分析研究。赵永辉等应用2000—2006年经费统计数据，对我国中等职业教育总经费、财政性经费和预算经费的投入进行分析，表明财政经费投入逐年增加。冉云芳分别采用标准差、变异系数、基尼系数分析我国中等职业教育经费投入的东中西部、省域间投入差距，并对形成差异性格局的影响因素进行了回归分析。陶蕾等采用2009—2013年全国31个省（自治区、直辖市）中职教育投入与产出面板数据,基于DEA和Malmquist指数模型对全国各省市及东、中、西部地区的中职教育资源配置效率进行动态测评。赵红采用8个多民族省（自治区）2007—2012年的中等职业教育经费投入与产出数据，使用DEA和Malmquist指数法对民族地区中等职业教育经费配置效率分别进行静态和动态评价。许世建等以普通高等教育为参照，探讨全国31个省（自 治区、直辖市）中等职业教育财政投入变化的动态特征和变异规律，考察全国中等职业教育财政公平性。张万朋对中等职业教育的预算内教育经费投入以及预算内教育经费支出进行了分析。谢婷从教育发展状况、经费投入状况、经费运行管理状况和经费保障的财税政策法规状况四个方面分析了我国中等职业教育经费保障机制。

由于职业教育经费及使用数据的限制，无法掌握河南省省内各地市具体的职业教育经费相关数据，只有关于全省的系列宏观数据以及全国的相关数据。因此，本章将首先通过时间序列分析、与全国其他省市横向比较，就河南省中等职业教育经费的投入、使用、分配等问题进行宏观的分析；再进一步以全国31个省（直辖市、自治区）的数据为基础，借鉴其他学者的研究成果，构建中等职业教育评价指标体系，运用可拓学评价方法，分析我国2014年不同地区中等职业教育经费的配置现状，通过分析全国不同省域间职业教育经费使用情况，来讨论河南省职业教育经费的使用绩效。

第一节 河南省中等职业教育经费支出的规模与结构

一、全国及河南省中等职业教育经费支出规模与结构的发展变化趋势

为了更好地描述全国及河南省中等职业教育经费支出情况，我们从历史、现状两个角度，运用对比的方法进行数据分析。1995—2005年，全国中等职业教育经费支出规模从224.4亿元增长至2137.8亿元，增长了8.53倍；但中等职业教育经费在教育经费总量中所占比重从12.7%降至5.9%。国家对中等职业教育的经费投入重视程度整体上呈现降低的趋势（见图8-1、表8-1）。

同期，河南省中等职业教育经费支出规模从17.93亿元增长至103.49亿元，增长了4.77倍，中等职业教育经费在教育经费总量中所占比重从13.04%降至5.92%（见图8-2、表8-1）。

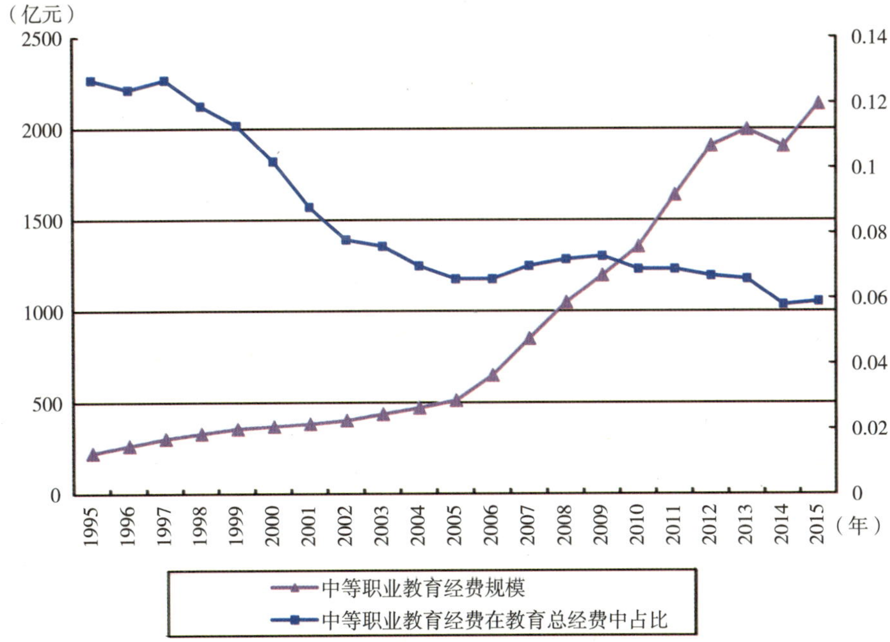

图8-1 1995—2015年全国中等职业教育经费规模及在教育经费总量占比的变化

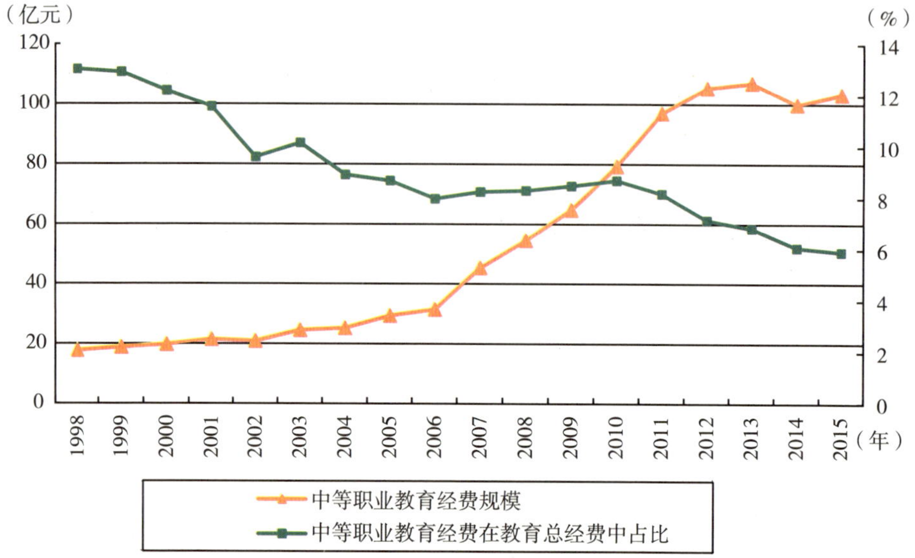

图8-2　1998—2015年河南省中等职业教育经费规模及在教育经费总量占比的变化

表8-1　1998—2015年全国与河南省中等职业教育经费投入情况

年度	中等职业教育经费（亿元）		中等职业教育经费在教育经费总量中占比（%）	
	全国	河南省	全国	河南省
1998	330.11	17.93	11.90	13.04
1999	357.13	19.02	11.30	12.93
2000	371.01	19.95	10.20	12.21
2001	384.74	21.64	8.80	11.58
2002	404.03	21.08	7.80	9.62
2003	439.00	24.72	7.60	10.17
2004	473.09	25.4	7.00	8.93
2005	513.94	29.55	6.60	8.70
2006	651.76	31.60	6.60	8.00
2007	851.8	45.46	7.00	8.27
2008	1049.24	54.68	7.20	8.32
2009	1198.87	64.92	7.30	8.50
2010	1357.31	79.45	6.90	8.71
2011	1638.5	97.14	6.90	8.19
2012	1909.31	105.60	6.70	7.16
2013	1997.87	107.28	6.60	6.84
2014	1906.52	100.02	5.80	6.08
2015	2137.8	103.49	5.90	5.92

数据显示，1998年以来河南省中等职业教育经费占年度教育经费总量的比重均高于全国平均水平,由此说明，进入新世纪以来，河南省对中等职业教育投入的重视程度要高于全国各省的平均水平（见图8-3）。

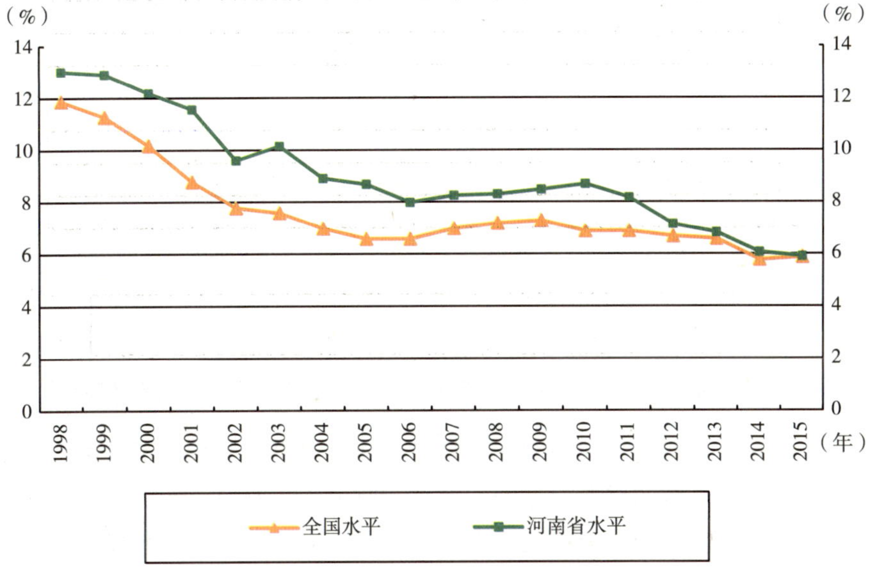

图8-3　1998—2015年全国及河南省中等职业教育经费在教育经费总量占比的变化

二、省政府加大投入力度促成了河南省中等职业教育经费的大幅增长

中等职业教育经费支出绝对规模的变化情况受到中等职业教育在校生数、政府财政能力和中等职业教育的支出标准的影响。一般而言，中等职业教育的在校生人数越多，政府的财政能力越强，中等职业教育的支出标准越高，中等职业教育的支出规模就越大。现实中，河南省中等职业教育经费支出规模的大幅提升、在教育经费总量中占比减小，究竟是由哪些因素促成的，我们要比较在校生的数量变化与教育经费总量和生均教育经费的变化情况。

2006—2015年，河南省中等职业教育在校生数量整体呈现先升后降的变化趋势。中等职业教育在校生从2005年的1076826人增长至2010年的1636004人，随后又降至2015年的1040439人。同期，全省中等职业教育经费从29.55亿元，提高至2010年的79.45亿元，又进一步提高至2015年的103.49亿元（见图8-4）。

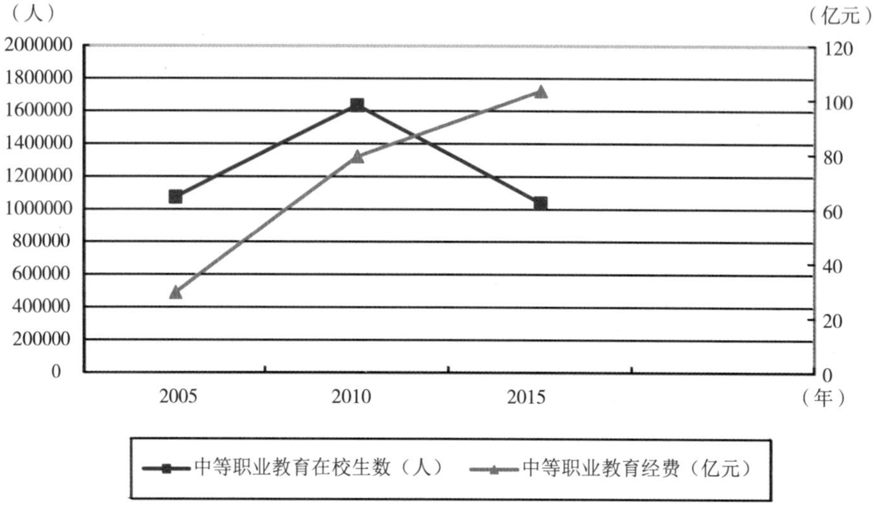

图8-4 2005—2015年河南省中等职业教育在校生数量及教育经费的变化

由此看出，河南省中等职业教育经费绝对规模的增长，不是由中等职业教育在校学生数的增长引起的，而是主要由于政府财政能力的自然增长和对中等职业教育的大力投入、中等职业教育生均标准的大幅提高所导致的（见表8-2）。

表8-2 2005—2015年河南省中等职业教育在校生与教育经费比较

年度	在校生数	教育经费（亿元）	在总经费占比（%）
2005	1076826	29.55	8.7
2010	1636004	79.45	8.71
2015	1040439	103.49	5.92

三、中等职业教育阶段生均教育经费标准始终低于全国水平

数据显示，2006—2015年全国中等职业教育的生均教育经费从2163.69元增长至10961.07元，同期河南省中等职业教育的生均教育经费从1188.14元增长至6690.25。中等职业教育的生均经费标准提高是河南省中等职业教育经费绝对数量大幅提升的主要原因。值得关注的是，十年间，河南省的中等职业教育生均教育经费标准虽然大幅提高，但始终低于全国平均水平；“十一五”期间，河南省中等职业生均教育经费的增长速度远远高于全国平均水平的增长速度，而“十二五”期间，河南省的增长速度又远低

于全国平均水平的增长速度，导致了河南省与全国平均水平的差距越来越大（见表8-3、图8-5）。

表8-3　2006—2015年全国及河南中等职业教育生均预算内教育事业费增长情况（元）

区域	2006年	2010年	2011年	2015年	增长率（%）		
					2006—2010年	2011—2015年	2006—2015年
全国	2163.69	4842.45	6148.28	10961.07	123.81	78.28	406.59
河南省	1188.14	3609.54	4956.2	6690.25	203.80	34.99	463.09

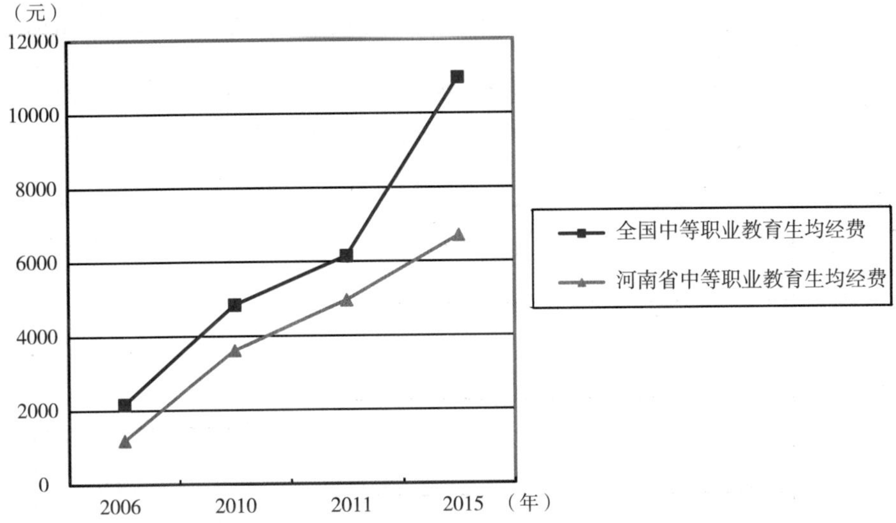

图8-5　2006—2015年全国与河南省中等职业教育生均经费的对比

四、河南省不同类型中等职业教育经费增速各有不同

进入21世纪以来，河南省不同类型的中等职业教育，其生均经费的变化程度各有不同。2000年以来，生均经费增长幅度最大的类型是成人中等专业学校，年均增长34.16%；增长幅度最小的是中等专业学校，年均增长14.35%。“十二五”期间，生均经费增长幅度最大的是职业高中，尤其是农村职业高中的年均增长率达到22.06%，远高于其他类型的中等职业教育。说明这一时期河南省为做好“三农”工作，对农村劳动力素质的提高尤其重视。

表8-4 2001-2015年河南省中等职业教育各类学校生均教育经费

教育经费（元）	年度				年均增长率		
	2001年	2006年	2010年	2015年	2001—2015年	2010—2015年	2006—2010年
中等职业学校	4174.75	5245.42	8708.81	15722.29	19.76	16.11	16.51
1. 中等专业学校	5081.06	6197.57	8968.49	15287.68	14.35	14.09	11.18
2. 职业高中	3047.53	4458.78	7960.62	16287.26	31.03	20.92	19.64
其中：农村	—	—	6307.47	13264.63	—	22.06	—
3. 技工学校	4284.99	5510.17	9242.28	14009.85	16.21	10.32	16.93
4. 成人中等专业学校	4285.43	6611.05	12528.79	24777.77	34.16	19.55	22.38

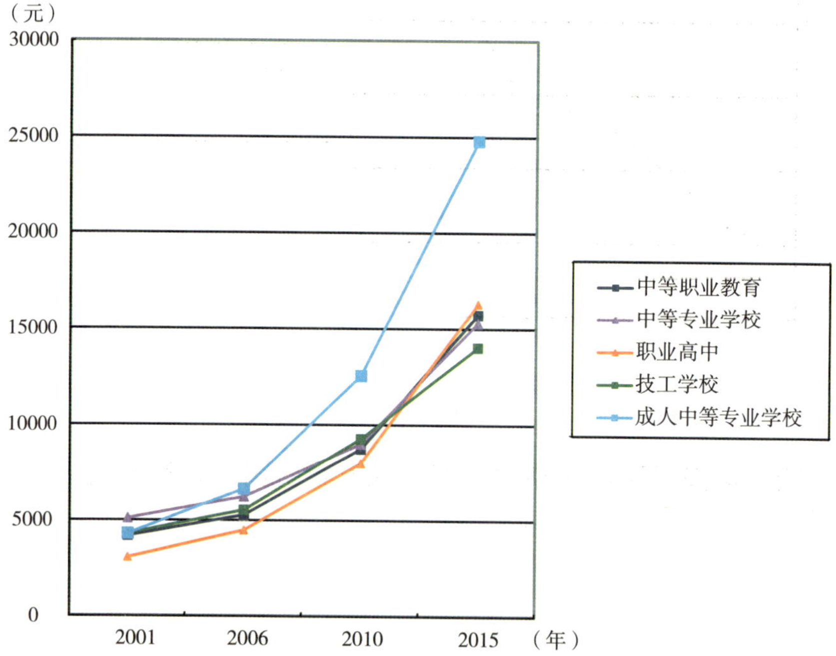

图8-6 2001—2015年河南省不同类型中等职业教育生均经费的变化

五、河南省中等职业教育支出的结构分析

我国中等职业教育经费支出包括事业性经费支出和基本建设支出。其

中，事业性经费支出包括：个人部分和公用部分。个人部分支出包括：工资福利支出、对个人和家庭的补助支出。公用部分支出：包括商品和服务支出、其他资本性支出。个人部分支出的多少，反映的是经费中对人员的经费支出；公用部分，反映的是围绕开展中等职业教育教学工作发生的除人员之外的其他业务性支出。

表8–5　2006—2015年全国、河南省中等职业教育经费支出的对比

区域	年度	中等职业教育经费支出合计（亿元）	事业性经费		基本建设支出	
			绝对量（亿元）	占比（%）	绝对量（亿元）	占比（%）
全国	2006	572.92	525.36	91.70	47.56	8.3
	2011	1577.71	1535.55	97.33	42.16	2.67
	2015	2088.46	2050.4	98.18	38.06	1.82
河南省	2006	29.98	28.04	93.53	1.94	6.47
	2011	94.52	90.98	96.25	3.54	3.75
	2015	100.46	98.44	97.99	2.02	2.01

分析全国和河南省中等职业教育经费支出结构的数据，事业性经费占绝大比例，各年度均在90%以上；2006—2015年，全国和河南省中等职业教育经费支出中事业性经费占比均呈增长趋势，基本建设支出呈降低趋势。（见表8–5、图8–7）数据表明，2006年以来，全国及河南省对中等职业教育的经费投入用于基本建设的经费呈现显著下降的趋势。

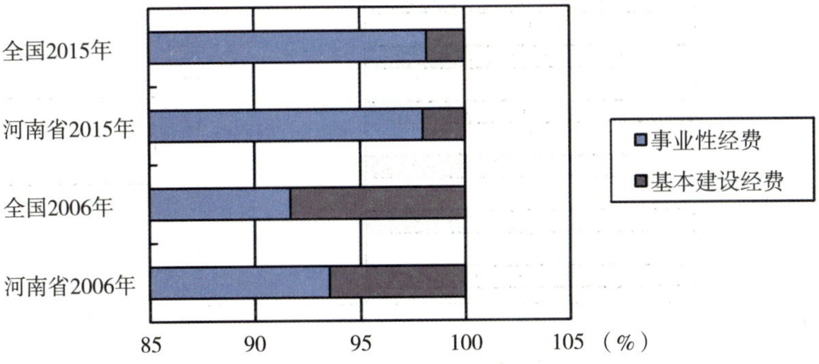

图8–7　2006—2015年全国及河南省中等职业教育经费支出结构的对比

分析全国和河南省中等职业教育经费中事业性经费的支出结构数据，个人经费相较公用经费支出占更多比重；2006—2015年，河南省和全国的中等职业教育事业性经费中个人经费支出比重均呈下降趋势，公用支出所占比重呈现上升趋势。全国中等职业教育事业性经费中的个人经费占比从2006年的55.80%、下降至2015年的52.35%，公用支出占比从2006年的44.2%、上升至2015年的47.65%。同期，河南中等职业教育事业性经费中的个人经费占比从2006年的53.39%、下降至2015年的48.11%，公用支出占比从2006年的46.61%上升至2015年的51.89%。河南省中等职业教育事业经费中的个人经费占比降低幅度大于全国水平的降低幅度；公用经费占比的提升幅度大于全国水平的提升幅度（见表8-6、图8-8）。

表8-6　2006—2015年全国、河南省中等职业学校事业性经费支出结构的对比

区域	年度	事业性经费支出合计（亿元）	个人部分		公用支出	
			绝对量（亿元）	占比（%）	绝对量（亿元）	占比（%）
全国	2006	525.36	293.15	55.80	232.21	44.2
	2011	1535.55	796.00	51.84	739.55	48.16
	2015	2050.4	1073.39	52.35	977.01	47.65
河南省	2006	28.04	14.97	53.39	13.07	46.61
	2011	90.98	45.76	50.30	45.22	49.7
	2015	98.44	47.36	48.11	51.08	51.89

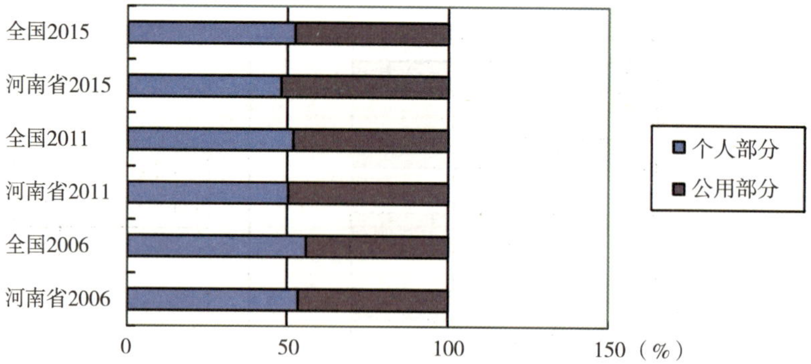

图8-8　2006—2015年全国及河南省中等职业教育事业性经费支出结构的对比

第二节　河南省中等职业教育经费投入绩效的比较研究

中等职业教育对提高劳动力的整体素质、促进经济社会发展有至关重要的作用。进入新世纪以来，各级政府均加大了中等职业教育的财政投入。本节将选取2006—2015年两个五年计划全国部分省（直辖市、自治区）的中等职业教育经费数据，通过比较分析法对河南省中等职业教育经费投入绩效进行全面分析。

一、河南省与全国中等职业教育经费投入的比较

2006年以来，河南省中等职业教育经费投入在教育总经费的占比、在公共财政预算支出的占比、在教育财政预算支出的占比，以及在GDP中占比等方面，绝大多数水平高于全国平均水平（见表8-11）。

表8-11　2006—2015年省全国和河南省中等职业教育经费投入情况

指标	2006年		2010年		2015年	
	河南省	全国	河南省	全国	河南省	全国
中等职业教育经费在教育总经费中占比（%）	7.56	6.64	8.71	6.94	5.92	5.92
中等职业教育经费在公共财政预算支出中占比（%）	1.26	0.78	1.48	0.93	1.30	1.05
中等职业教育经费在教育财政预算支出中占比（%）	6.38	5.54	7.49	6.17	7.67	6.43
中等职业教育经费在GDP中占比（%）	0.25	0.30	0.34	0.33	0.28	0.31
中等职业教育生均教育经费（元）	2159.2	4458.78	6142.73	8704.98	9662.87	15706.65

（备注：表中数据根据2007年、2011年、2016年《中国统计年鉴》《中国教育经费统计年鉴》计算得来，其中2006年中等职业教育生均教育经费数据，由于当年度统计数据所限，选取的是当年度“地方职业中学生均教育经费支出”）

数据显示，“十一五”期间，全国和河南省教育总经费中的中等职业教育经费所占比重均呈现上升的发展态势，河南省水平从2006年的7.56%提高至2010年的8.71%，全国平均水平从2006年的6.64%提高至2010年的6.94%。这一趋势在“十二五”期间发生了改变，发展呈现了下降趋势，河南省水平从2010年的8.71%降低至2015年的5.92%，全国平均水平则从2010年的6.94%降至2015年的5.92%（见图8–9）。这说明，“十二五”期间，全国和河南省在教育经费的分配方面，中等职业教育相比“十一五”期间的受重视和关注的程度有所降低（见图8–9）。

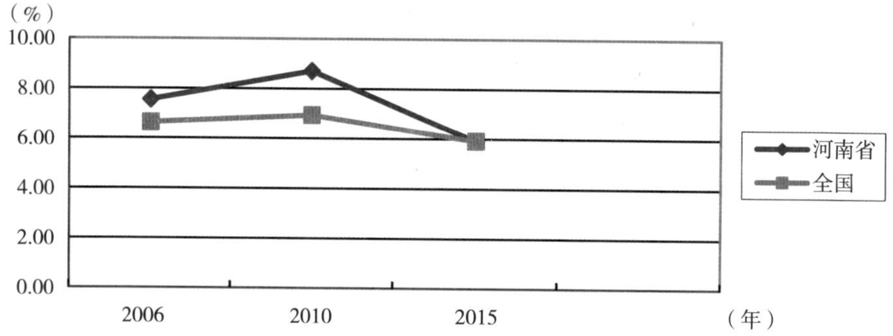

图8–9　2006—2015年全国及河南省中等职业教育经费在教育总经费中占比

中等职业教育经费在公共财政预算支出中占比数据显示，2006—2015年期间，河南省公共财政预算支出中中等职业教育经费的比重均高于同期的全国水平。同时，全国公共财政预算支出中用于中等职业教育经费的比重呈现持续增长的态势，从2006年的0.78%，发展至2010年的0.93%，又提高至2015年的1.05%。相比之下，河南省公共财政预算支出中用于中等职业教育经费的比重在两个五年计划时期呈现先增长、后降低的发展趋势，“十一五”期间，比重从1.26%提高至2010年的1.48%；“十二五”期间，比重从1.48%降低至1.30%（见图8–10）。

考察中等职业教育经费在教育财政预算支出中占比情况，2006—2015年期间，河南省教育财政预算支出中中等职业教育经费的比重均高于同期的全国水平。同时，无论是全国还是河南省的教育财政预算支出中用于中等职业教育经费的比重均呈现持续增长的态势，全国从2006年的5.54%，发展至2010年的6.17%，又提高至2015年的6.43%。同期，河南省教育财政预算支出中用于中等职业教育经费的比重从2006年的6.38%发展至2010年的7.49%，又提高至2015年的7.67%。数据表明，国家层面

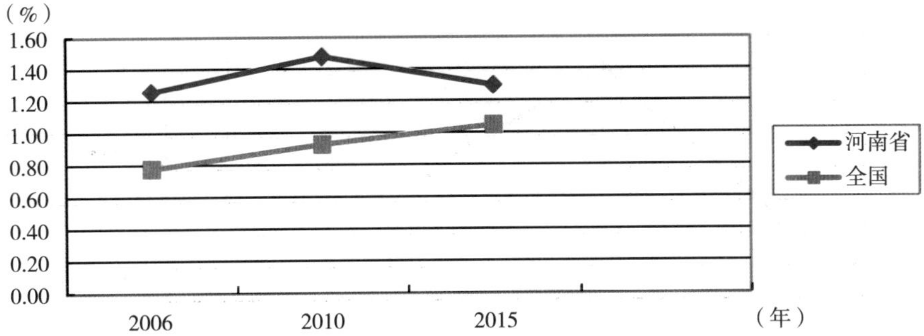

图8-10　2006—2015年全国及河南省中等职业教育经费在公共财政预算支出中占比

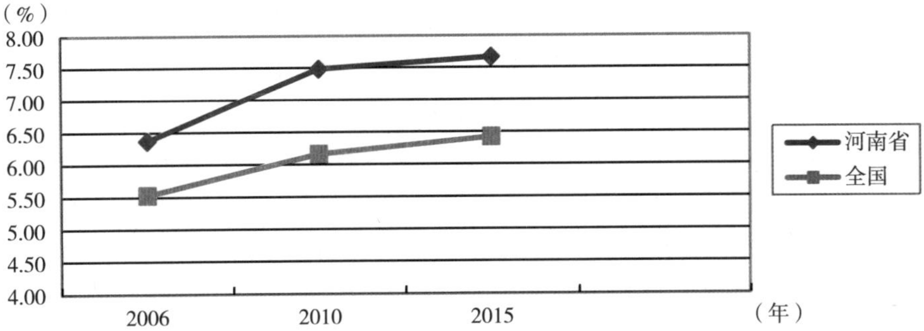

图8-11　2006—2015年全国及河南省中等职业教育经费在教育财政预算支出中占比

和河南省在教育财政预算中对中等职业学校的经费支持力度均不断提升（见图8-11）。

考察中等职业教育经费投入占GDP的比重，2006年以来，全国和河南省中等职业教育经费占GDP比重呈现相同的发展趋势，在“十一五”期间呈现上升趋势，在“十二五”期间呈现上降趋势。“十一五”期间，河南省中等职业教育经费占GDP比重从2006年的0.25%提升至2010年的0.34%，提高了0.09个百分点，全国中等职业教育经费占GDP比重从2006年的0.30%提升至2010年的0.33%，提高了0.03个百分点，河南省中等职业教育经费占GDP比重发展的速度是全国发展速度的三倍。“十二五”期间，全国和河南的中等职业教育经费占GDP比重均有下降，全国水平从0.33%降至0.31%，降低了0.02个百分点，河南水平从0.34%降至0.28%，降低了0.06个百分点。数据表明，“十二五”期间，全国和中等职业教育经费的增长水平要低于GDP的发展水平（见图8-12）。

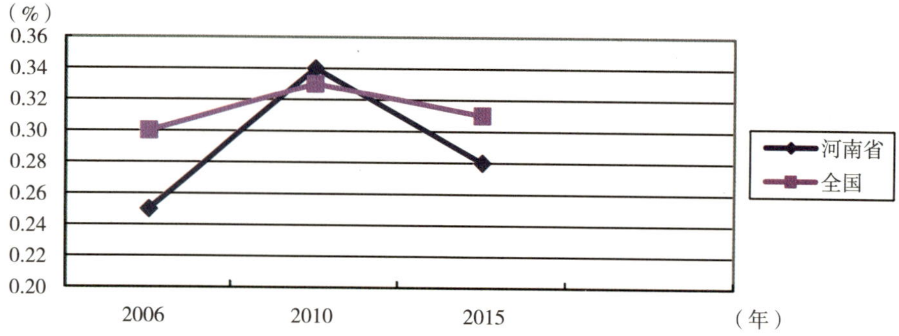

图8-12　2006—2015年全国及河南省中等职业教育经费在GDP中占比

考察中等职业教育生均教育经费的变化情况，2006年以来全国和河南省均呈现快速增长的发展态势。河南省中等职业教育生均教育经费从2006年的2159.2元，快速增长至2010年的6142.73元，2015年达到9662.87元，十年间增长了3.475倍。全国中等职业教育生均教育经费从2006年的4458.78元，提高至2010年的8704.98元，2015年达到15706.65元，十年间增长了2.523倍。尽管河南省努力加大对中等职业教育的投入力度，2006年以来中等职业教育生均教育经费的增长速度大于全国同期水平，但是由于河南省中等职业教育的底子薄、基础弱，特别是“十二五”期间，河南省对中等职业教育的投入力度要小于全国同期的投入力度，所以生均教育经费与全国平均水平的差距存在拉大的表现（见图8-13）。

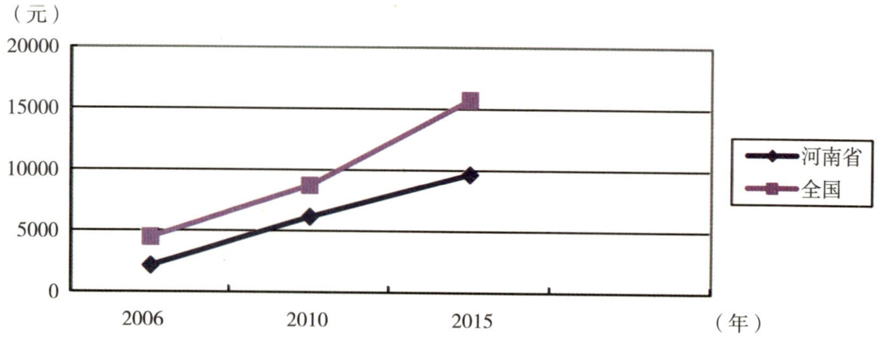

图8-13　2006—2015年全国及河南省中等职业教育生均教育经费比较

二、河南省与经济发达省市的中等职业教育经费投入比较

根据2015年人均GDP水平，经济发达省市选取排名前五位的北京市、天津市、上海市、江苏省、浙江省以及GDP全国位列第一的广东省，做为

研究对象和河南省进行对比（见表8-12）。

表8-12　2010年七省市中等职业教育经费情况

	中等职业教育经费（千元）	中等职业教育生均教育经费（元）	在教育经费总量中占比（%）	在GDP中占比（%）	在公共财政支出预算的占比（%）
全国合计	135730990	8704.98	7.04	0.34	1.13
北京市	4184666	24849.76	3.56	0.30	1.17
天津市	2157772	17183.05	6.39	0.23	1.10
上海市	4137643	23633.70	5.56	0.24	0.64
江苏省	10138224	9600.61	6.96	0.24	1.02
浙江省	7622615	12896.74	6.83	0.27	1.30
广东省	14436122	9994.68	9.03	0.31	1.55
河南省	7945001	6142.73	8.71	0.34	1.48

2010年，从中等职业教育经费总量来看，七个省市中广东省的中等职业教育经费总量最高，达到144.36亿元，江苏省、河南省分别位列第二和第三名，河南省的中等职业教育经费总量高于北京市、天津市、上海市和浙江省。

从中等职业教育生均教育经费数量来看，2010年北京市以生均24849.76元位列首位，上海市以23633.70元位列第二位，河南省以生均6142.73元位列末位，且未达到全国的平均水平的8704.98元。河南省中等职业教育生均教育经费相较经济发达的省份和全国平均水平还有较大的差距。

从中等职业教育经费在各省市教育经费总量中占比情况来看，河南省的占比达到8.71%，位列第二位，仅次于广东省占比9.03%，江苏省、浙江省和天津市的占比水平在6%~7%，北京水平最低，中等职业教育经费占比仅有3.56%。

从中等职业教育经费在GDP比重来看，河南省的占比以0.34%保持首位，和全国平均水平相同，高于经济发达的北京市、天津市、上海市等六个省市。

从中等职业教育经费在公共财政支出预算的占比情况来看，广东省和河南省分别以1.55%和1.48%位列第一位和第二位，高于位列经济发达水平前五名的省市。

从区域经济发展水平看中等职业教育投入情况，考察该地区中等职业教育经费投入相对经济发展水平系数，该系数表明每1元人均GDP产生的中等职业教育生均教育经费的数量，该系数越大，可以从一个方面表明：该地区基于区域经济发展水平对中等职业教育经费投入的重视程度和意愿度越高。数据表明，2010年北京市和上海市每1元人均GDP产生的中等职业教育生均教育经费分别是0.327元和0.311元，位列七个省市的第一名和第二名；河南省每1元人均GDP产生的中等职业教育生均教育经费是0.251元，要高于天津市的0.235元、江苏省的0.182元、浙江省的0.249元和广东省的0.223元。尽管河南省2010年中等职业教育生均教育经费6142.73元位列七个省市的最后一位，但基于该省经济发展水平而言，其对中等职业教育经费投入的重视程度和意愿度要高于天津市、江苏省、浙江省和广东省（见表8-13、图8-14）。

表8-13　2010年七省市中等职业教育经费投入相对经济发展水平情况

	中等职业教育经费（千元）	中等职业教育生均教育经费（元）	人均GDP（元）	中等职业教育经费投入相对经济发展水平系数
全国合计	135730990	8704.98	29992	0.290
北京市	4184666	24849.76	75943	0.327
天津市	2157772	17183.05	72994	0.235
上海市	4137643	23633.70	76074	0.311
江苏省	10138224	9600.61	52840	0.182
浙江省	7622615	12896.74	51711	0.249
广东省	14436122	9994.68	44736	0.223
河南省	7945001	6142.73	24446	0.251

（备注：某地区中等职业教育经费投入相对经济发展水平系数= 中等职业教育生均教育经费 / 某地区人均GDP）

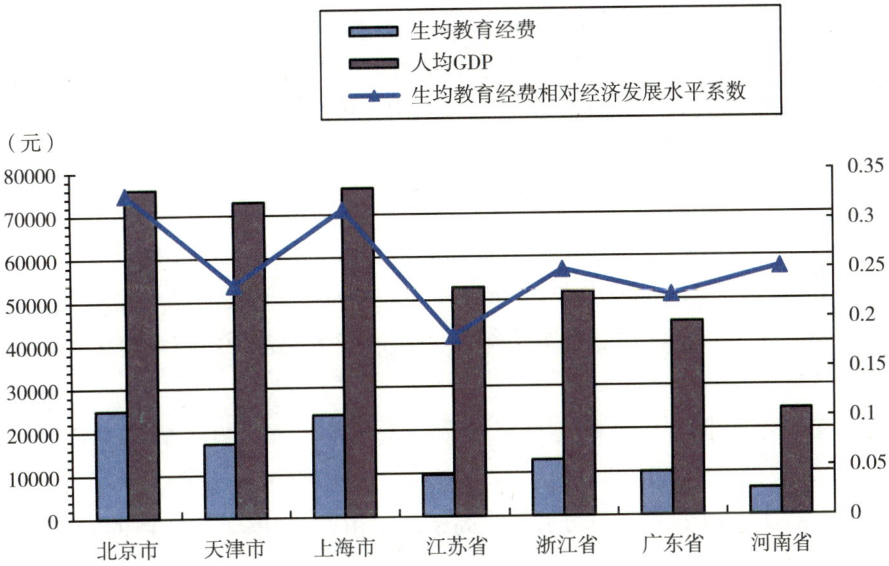

图8-14 2010年七省市中等职业教育生均教育经费及人均GDP情况

发展至2015年，在年度中等职业教育经费投入总量方面，广东和江苏仍保持前2位，浙江省加大对中等职业教育的投入步伐，超过河南省水平位列第3位，河南省以103.49亿元位列第四位，高于北京市、天津市和上海市的中等职业教育经费投入总数量（见表8-14）。

表8-14 2015年七省市中等职业教育经费情况

	中等职业教育经费（千元）	中等职业教育生均教育经费（元）	在教育经费总量中占比（%）	在GDP中占比（%）	在公共财政支出预算的占比（%）
全国合计	213780101	15706.65	6.00	0.31	1.05
北京市	7619911	58512.02	3.79	0.33	1.20
天津市	3071979	30443.01	4.80	0.19	0.86
上海市	6750096	59819.18	5.27	0.27	0.96
江苏省	17433931	18275.76	7.11	0.25	1.55
浙江省	12936761	24272.54	6.95	0.30	1.62
广东省	22176144	14848.29	7.01	0.30	1.46
河南省	10349181	9662.87	5.92	0.28	1.30

从中等职业教育生均教育经费数量来看，2015年上海市以生均59819.18元超过北京市的生均58512.02元，位列经济发达省市的第一名；全国中等职业教育生均教育经费从2010年的8704.98元、提高至2015年的15706.65元，提高了0.80倍；2015年的广东省的中等职业教育生均教育经费仅比2010年提高了0.49倍，其水平14848.29元低于全国生均水平；河南省2015年的中等职业教育生均教育经费仅仅比2010年提高了0.57倍，其水平9662.87元与全国平均水平15706.65元的差距更加拉大了，与北京市、上海市、天津市、浙江市、江苏市等经济发达省市的差距不仅没有缩小、反而变得更大。

在中等职业教育经费占教育经费总量比重方面，江苏省的占比达到7.11%，位列七个省市的首位，河南省的占比达到5.92%，低于江苏省、广东省、浙江省和全国的平均水平，高于北京市的3.79%、天津市的4.80%和上海市的5.27%。

从中等职业教育经费占GDP比重来看，河南省的占比达到0.28%，远低于2010年的0.34%，低于2015年度全国平均水平0.31%0.03个百分点，同时低于北京市的0.33%、浙江省和广东省的0.30%。略高于上海市的0.27%、江苏省的0.25%，高于天津市的0.19%。

从中等职业教育经费在公共财政支出预算的占比情况来看，河南省水平高于北京市、天津市和上海市水平，低于浙江省、江苏省和广东省的水平。

从区域经济发展水平看中等职业教育投入情况，2015年上海市和北京市每1元人均GDP产生的中等职业教育生均教育经费分别是0.576元和0.549元，位列七个省市的第一名和第二名；河南省每1元人均GDP产生的中等职业教育生均教育经费是0.247元，高于江苏省的0.208元和广东省的0.220元。“十二五”期间，尽管河南省中等职业教育生均经费从2010年的6142.73元提升至2015年的9662.87元，但是中等职业教育经费投入相对经济发展水平系数从2010年的0.251降低至2015年的0.247。同期，北京市、天津市、上海市、江苏市、浙江市的中等职业教育经费投入相对经济发展水平系数分别从2010年的0.327、0.235、0.311、0.182、0.249提高至2015年的0.549、0.282、0.576、0.208、0.313。数据表明，河南省中等职业教育生均教育经费相比北京市、上海市、天津市、浙江省等发达省市较低，不仅仅与河南省人均GDP水平相对较低有关，还与“十二五”期间河南省对中等职业教育经费投入的重视程度相较北京市、上海市、天津市、浙江省等省市较低有密切关系（见表8-15、图8-15）。

表8-15　2010—2015年七省市中等职业教育经费投入相对经济发展水平情况

	中等职业教育经费（千元）	中等职业教育生均教育经费（元）	人均GDP（元）	中等职业教育经费投入相对经济发展水平系数	
				2015年	2010年
全国合计	135730990	15706.65	49992	0.314	0.290
北京市	4184666	58512.02	106497	0.549	0.327
天津市	2157772	30443.01	107960	0.282	0.235
上海市	4137643	59819.18	103796	0.576	0.311
江苏省	10138224	18275.76	87995	0.208	0.182
浙江省	7622615	24272.54	77644	0.313	0.249
广东省	14436122	14848.29	67503	0.220	0.223
河南省	7945001	9662.87	39123	0.247	0.251

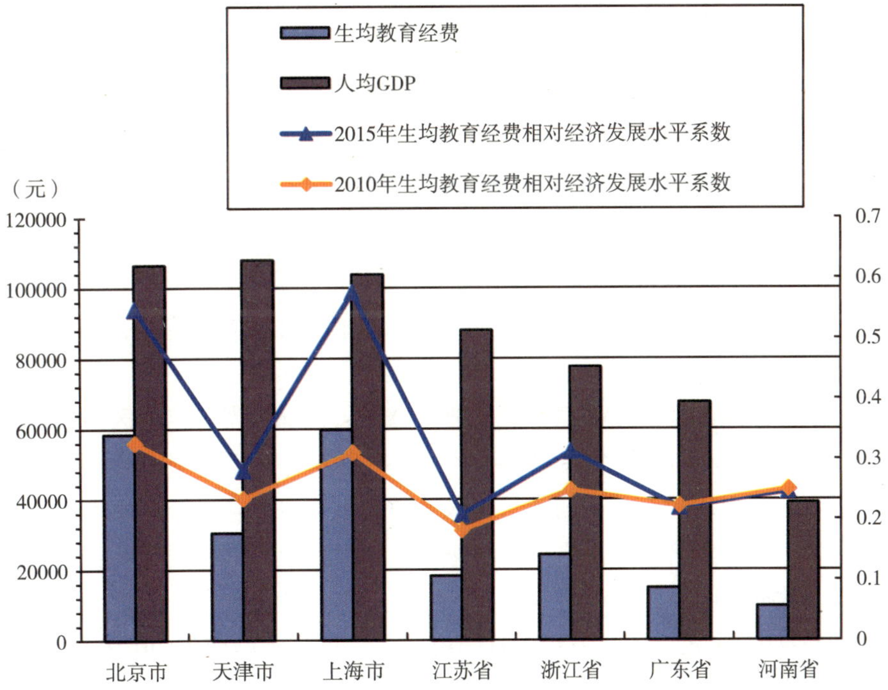

图8-15　2015年七省市中等职业教育生均教育经费及人均GDP情况

三、河南省与中部六省其他省的中等职业教育经费投入比较

2010年，从中等职业教育经费总量来看，中部六省中河南省中等职业教育经费以79.45亿元位列六省第一名，安徽省以46.40亿元位列六省第二名，湖南省、山西省、湖北省中等职业教育经费各投入了41亿元左右，江西省中等职业教育经费投入总量位列最末位，仅21.61亿元（见表8-16）。

从中等职业教育生均教育经费数量来看，2010年河南以生均6142.73元位列六省第四位，与排名第一的湖南省生均7590.59元、排名第二的山西省生均7578.29元、排名第三的安徽省生均6915.45元差距在700~1500元之间。江西省不仅中等职业教育经费投入总量最低，生均教育经费也排名中部六省倒数第二位（见表8-16）。

从中等职业教育经费在各省教育经费总量中占比情况来看，河南省的占比达到8.71%，位列中部六省第二位，仅次于山西省占比9.10%，安徽省占比7.35%位列中部六省第三位，湖北省、湖南省占比水平在6%左右，湖南省以6.19%的占比略高于湖北省的5.58%。江西省中等职业教育经费在省教育经费总量中占比4.79%，位列中部六省最末位（见表8-16）。

从中等职业教育经费在GDP比重来看，河南省的占比以0.34%位列中部六省第三名。山西省的占比以0.45%位列中部六省首位，安徽省的占比达到0.38%、位列第二位。湖北省、湖南省、江西省的占比基本持平，分别是0.26%、0.26%和0.23%（见表8-16）。

从中等职业教育经费在公共财政支出预算中的占比情况来看，河南省以1.48%位列中部六省首位，高于位列第二位的山西省0.11个百分点，是湖北省占比的1.7倍、湖南省占比的1.78倍、安徽省的1.74倍和江西省的2.14倍（见表8-16）。

从区域经济发展水平看中等职业教育投入情况，考察该地区中等职业教育经费投入相对经济发展水平系数，该系数表明每1元人均GDP产生的中等职业教育生均教育经费的数量，该系数越大，可以从一个方面表明：该地区基于区域经济发展水平对中等职业教育经费投入的重视程度和意愿度越高。数据表明，2010年河南省每1元人均GDP产生的中等职业教育生均教育经费是0.251元，位列中部六省的第五名，仅高于湖南省的0.192，河南省中等职业教育经费投入相对经济发展水平系数在中部六省的排名与中等职业教育生均经费的排名基本一致。安徽省2010年中等职业教育经费投入

相对经济发展水平系数为0.331，位列中部六省的第一名；湖南省以0.307位列中部六省的第二名；山西省以0.288位列中部六省第三名。2010年在中部六省中基于区域经济发展水平对中等职业教育经费投入最为重视的省是安徽省（见表8-18）。

表8-16　2010年中部六省中等职业教育经费投入情况

2010年度	中等职业教育经费（千元）	在教育经费总量中占比（%）	在GDP中占比（%）	在公共财政支出预算中占比（%）	中等职业教育生均教育经费（元）	人均GDP（元）
河南省	7945001	8.71	0.34	1.48	6142.73	24446
山西省	4103376	9.10	0.45	1.37	7578.29	26283
湖北省	4080971	5.58	0.26	0.87	5354.58	27906
湖南省	4248598	6.19	0.26	0.83	7590.59	24719
安徽省	4639586	7.35	0.38	0.85	6915.45	20888
江西省	2161024	4.79	0.23	0.69	5427.1	21253

“十二五”期间中部六省对中等职业教育经费投入呈现快速增长态势。

从中等职业教育经费总量来看，2015年中部六省中河南省中等职业教育经费以103.49亿元仍然位列六省第一名，安徽省以75.29亿元位列六省第二名，湖南省以72.22亿元位列六省第三名，远超山西与湖北省水平；湖北省、山西省级中等职业教育经费分别投入了59.3亿元和55.3亿元左右；江西省中等职业教育经费投入总量仍然位列中部六省最末位，仅46.67亿元。（见表8-17）六省中等职业教育经费总量的增长情况各有不同。“十二五”期间，江西省中等职业教育经费总量增长了1.16倍，位列六省首位；湖南省、安徽省、湖北省、山西省分别增长了0.7、0.62、0.45、0.35倍，位列第二、第三、第四、第五名；河南省仅增长了0.30倍，增长率位列中部六省最末位（见表8-17、图8-16）。

从中等职业教育生均教育经费数量来看，尽管河南省2015年的生均经费较2010年增长了0.57倍，但2015年河南省以生均9662.87元位列六省最末位。与排名第一的湖北省生均15519.16元、排名第二的山西省生均14893.38元、排名第三的安徽省生均13069.87元、排名第四的湖南省生均

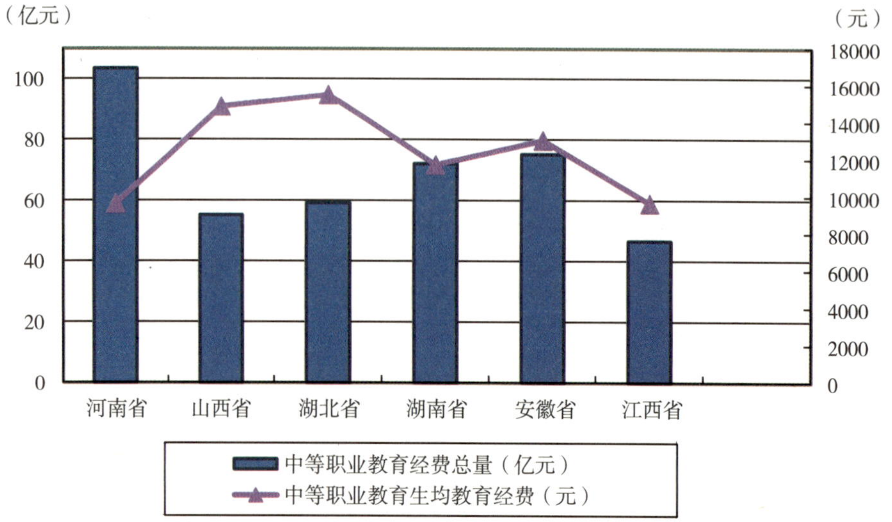

图8-16　2015年中部六省中等职业教育经费总量和生均教育经费

11752.92元分别相差了5856.29元、5230.51元、3407元、2090元。2015年江西省中等职业教育生均教育经费已经从2010年中部六省的最末位超越了河南省水平、位列中部六省第五位。从中等职业教育生均教育经费在“十二五”期间的增长速度来分析，河南省的增长速度仅0.57倍，位列中部六省第五名，仅高于湖南省的0.55倍，远远低于湖北省的1.90倍、山西省的0.965倍和安徽省的0.89倍（见表8-17）。

从中等职业教育经费在各省市教育经费总量中占比情况来看，中部六省中只有江西省维持了2010年水平，其余五省相较2010年均呈现下降趋势。2015年河南省的占比达到5.92%，位列中部六省第三名，低于山西省占比6.55%，较2010年下降了2.79个百分点。2015年山西省的占比达到6.55%，位列中部六省第一名，较2010年下降了2.55个百分点。2015年安徽省的占比达到6.19%，位列中部六省第二名，较2010年下降了1.16个百分点。2015年湖南省、湖北省的占比分别是5.61%和4.35%，位列中部六省的第五名、第六名，相较2010年分别下降了0.58个百分点和1.23个百分点（见表8-17）。

从中等职业教育经费在GDP中占比来看，中部六省中只有江西省维持了2010年水平，其余五省均呈现下降趋势。2015年河南省的占比达到0.28%，与江西省水平相同，并列中部六省第二名，低于山西省占比0.43%，较2010年下降了0.06个百分点。2015年山西省的占比位列中部六省第一名，较2010年下降了0.02个百分点。2015年安徽省的占比达到0.34%，位列中部六省第二名，较2010年下降了0.04个百分点。2015年湖南省、湖北省的占比分别是0.25%和0.20%，位列中部六省的第五名、第六名，相较2010年分别下降了0.01个百分点和0.06个百分点（见表8-17）。

从中等职业教育经费在公共财政支出预算中的占比情况来看，2015年中部六省中江西省、湖南省、安徽省、江西省等四个省的占比相较2010年呈现上升的变化，河南省和湖北省的占比相较2010年呈现下降的趋势。2015年河南省的占比达到1.30%，位列中部六省第二名，相较2010年下降了0.18个百分点。山西省2015年的占比达到1.47%，位列中部六省首位，同时相较2010年提高了0.1个百分点。2015年安徽省、湖南省和江西省的占比分别是1.20%、1.03%和0.88%，位列中部六省的第三、第四和第五名，相较2010年分别提高了0.35、0.2、0.19个百分点。2015年湖北省中等职业教育经费在公共财政支出预算中的占比0.84%，位列中部六省最末位（见表8-17）。

从中等职业教育经费投入相对经济发展水平系数来看，“十二五”期间中部六省中山西省、湖北省、安徽省和江西省的系数呈现上升趋势，同期河南省和湖南省的系数呈现下降的趋势。2015年河南省每1元人均GDP产生的中等职业教育生均教育经费是0.247元，位列中部六省最末位，这一数值相较2010年0.251元下降了0.004元。2015年，山西省的系数为0.427，位列中部六省首位，相较2010年提高了0.139。安徽省的系数为0.363，位列中部六省第二名，相较2010年提高了0.032 。湖北省的系数为0.306，位列中部六省第三名，相较2010年提高了0.114。湖南省的系数为0.275，位列中部六省第四名，相较2010年降低了0.032（见表8-18、图8-17）。

表8-17　2015年中部六省中等职业教育经费投入情况

2015年度	中等职业教育经费（千元）	在教育经费总量中占比（%）	在GDP中占比（%）	在公共财政支出预算中占比（%）	中等职业教育生均教育经费（元）	人均GDP（元）
河南省	10349181	5.92	0.28	1.30	9662.87	39123
山西省	5533752	6.55	0.43	1.47	14893.38	34919
湖北省	5932366	4.35	0.20	0.84	15519.16	50654
湖南省	7222435	5.61	0.25	1.03	11752.92	42754
安徽省	7529291	6.19	0.34	1.20	13069.87	35997
江西省	4666809	4.79	0.28	0.88	9678	36724

表8-18 2010-2015年中部六省中等职业教育经费投入相对经济发展水平情况

区域	中等职业教育生均教育经费（元）		中等职业教育经费投入相对经济发展水平系数	
	2010年	2015年	2010年	2015年
河南省	6142.73	9662.87	0.251	0.247
山西省	7578.29	14893.38	0.288	0.427
湖北省	5354.58	15519.16	0.192	0.306
湖南省	7590.59	11752.92	0.307	0.275
安徽省	6915.45	13069.87	0.331	0.363
江西省	5427.1	9678	0.255	0.264

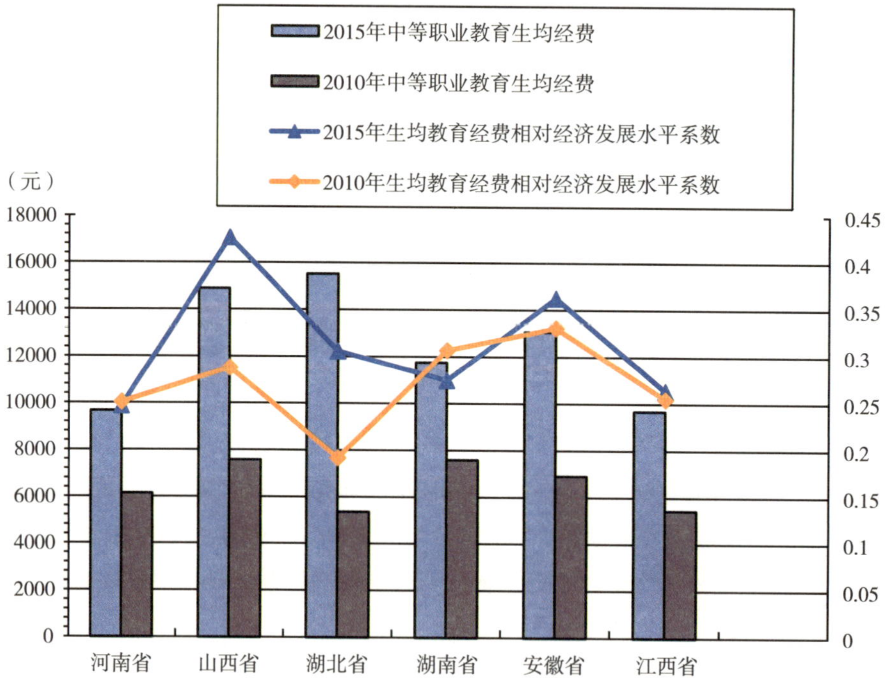

图8-17 2010—2015年中部六省中等职业教育生均经费水平

数据表明，“十二五”期间，河南省加大了对中等职业教育的经费投入，经费总量、生均经费均有较大幅度提高，但是在中部六省之中，中等职业教育经费总量的增长幅度、生均经费、中等职业教育经费投入相对经济发展水平系数等指标均排名末位，中等职业教育经费在教育经费总量中的占比、在区域GDP中占比等指标排名在六省中居第三位。为促进中等职业教育的可持续、高质量发展，河南省在今后一段时期尚需进一步加强对中等职业教育的经费投入。

第三节 河南省中等职业教育财政投入绩效评价——基于可拓学与层次分析法

一、评价指标体系构建

根据我国中等职业教育的发展和经费投入主要来自于公共财政，借鉴教育经济和教育财政的相关研究，并考虑数据可得性来选择评价指标。依照指标的科学性、全面性和可量化性等原则共设立了生均公共财政预算经费、生均公共财政预算公用经费、师生比、人均学校、人均教职工五个一级指标，为全面反映中等职业教育的情况，前三项指标分别设置了现实度、重视度和发展度三项二级指标（详细说明如表8–19）。

表8–19 中等职业教育财政投入绩效评价指标体系及说明

一级指标	二级指标	指标说明
生均公共财政预算经费	现实度	表明该地区生均公共财政预算经费同全国相比的状况 $gg\_xs(A)=\dfrac{gg(A)}{gg(全国)}$ （1）
	重视度	表明同地区普通高中生均公共财政预算经费相比较，该地区对中等职业教育重视程度 $gg\_zy(A)=\dfrac{gg(A)}{pgg(A)}$ （2）
	发展度	同前一年度相比，该地区的生均公共财政预算经费增长情况 $gg\_zy(A)=\dfrac{gg(A)-bgg(A)}{bgg(A)}*100$ （3）
生均公共财政预算公用经费	现实度	表明该地区生均公共财政预算公用经费同全国相比的状况 $gg\_xs(A)=\dfrac{gy(A)}{gy(全国)}$ （4）

续表

一级指标	二级指标	指标说明
	重视度	表明同地区普通高中生均公共财政预算公用经费相比较，该地区对中等职业教育重视程度 $gy\_zy(A)=\dfrac{gy(A)}{pgy(A)}$　　（5）
	发展度	同前一年度相比，该地区的生均公共财政预算经费增长情况 $gg\_zy(A)=\dfrac{gy(A)-bgy(A)}{bgy(A)}\times 100$　　（6）
	现实度	表明该地区师生比同全国相比的状况 $ss\_xs(A)=\dfrac{ss(A)}{ss(\text{全国})}$　　（7）
师生比	重视度	表明同地区普通高中师生比相比较，该地区对中等职业教育重视程度 $ss\_zy(A)=\dfrac{ss(A)}{pss(A)}$　　（8）
	发展度	同前一年度相比，该地区的师生比增长情况 $ss\_zy(A)=\dfrac{ss(A)-bss(A)}{bss(A)}\times 100$　　（9）
人均学校		$xs(A)=\dfrac{zxs(A)}{rs(A)}$　　（10）
人均教职工		$js(A)=\dfrac{zjz(A)}{rs(A)}$　　（11）

注：统计中，全国不包括台湾省、香港特别行政区、澳门特别行政区。

gg（A）：A地区当年的中等职业教育生均公共财政预算经费；bgg（A）A地区前年的中等职业教育生均公共财政预算经费；pgg（A）：A地区当年的普通高中生均公共财政预算经费

gy（A）：A地区当年的中等职业教育生均公共财政预算公用经费；bgy（A）A地区前年的中等职业教育生均公共财政预算公用经费；pgy（A）：A地区前年的的普通高中生均公共财政预算经费

ss（A）：A地区当年的中等职业教育师生比；bss（A）A地区前年的中等职业教育师生比；pss（A）：A地区前年的的普通高中师生比

zxs（A）：A地区当年的中等职业教育学校数

zjz（A）：A地区当年的中等职业教育教职工数

rs（A）：A地区当年的人口（单位：万人）

二、数据来源

生均公共财政预算经费及公用经费用来自于教育部、国家统计局、财政部关于2014年的全国教育经费执行情况统计，图8-18为全国中等职业教育的生均公共财政预算经费的现状；图8-19为生均公共财政预算公用经费现状。师生比、学校数量、教职工数量和地区人口数来自2014年中国统计年鉴（2013年经济、社会各方面的统计数据）和2015年中国统计年鉴（2014年经济、社会各方面的统计数据）。

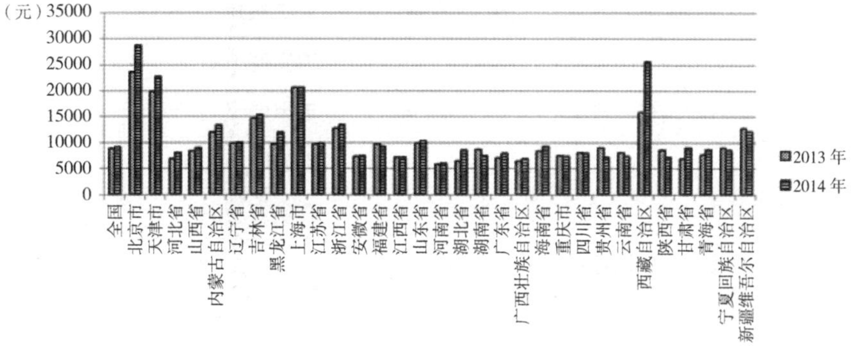

图8-18 2013—2014年全国中等职业教育生均公共财政预算经费

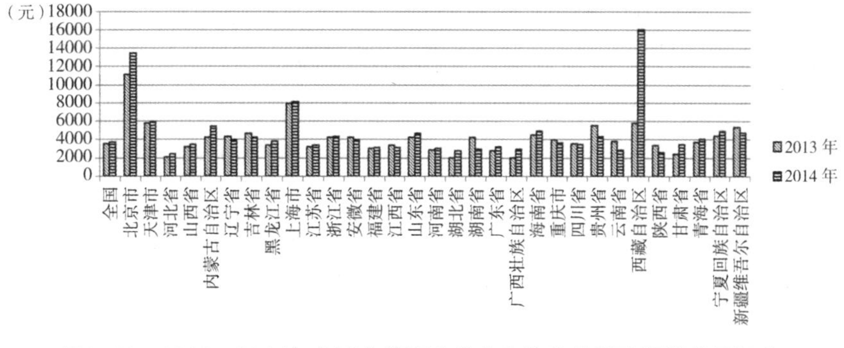

图8-19 2013—2014年全国中等职业教育生均公共财政预算公用经费

2014年全国中等职业教育生均公共财政预算教育事业经费为9128.83元，比上年的8784.64元增长3.92%，增长最快的是西藏自治区（61.40%）；全国中等职业教育生均公共财政预算公用经费为3680.83元，比上年的3578.25元增长2.87%，增长最快的是西藏自治区（178.86%）。

三、研究方法

（一）层次分析法

层次分析法（The Analytic Hierarchy Process，简称AHP）是一种系统分析方法，根据各个因素间的相对重要程度，确定因素在各层中的权重，为综合评价提供科学依据。文中采用Expert Choice计算，结果如表8-20。

表8-20　层次分析各指标的权重

一级指标	权重	二级指标	权重
生均公共财政预算经费（A）	0.336	现实度（A1）	0.584
		重视度（A2）	0.135
		发展度（A3）	0.281
生均公共财政预算公用经费（B）	0.053	现实度（B1）	0.547
		重视度（B2）	0.263
		发展度（B3）	0.190
师生比（C）	0.296	现实度（C1）	0.607
		重视度（C2）	0.238
		发展度（C3）	0.155
人均学校（D）	0.081		
人均教职工（E）	0.233		

（二）可拓评价法

1983年，蔡文教授提出了解决不相容问题和矛盾问题的理论——可拓学，以解决不相容问题的定性和定量相结合的可拓方法，可拓学进行多元评价步骤：

第一步，确定衡量指标，并建立评价物元。

依据上文的评价指标体系确定衡量指标SI，并构建各地区的评价物元。根据指标SI_i的最大值和最小值确定的量值域V_i。文中将中等职业教育评价等级分为优秀、良好、中、一般和差五个等级，由此确定指标SI_i的五个经典域。

第二步，关联度计算

可拓学中，用关联函数来描述论域中元素具有某种性质的程度，也即表示评价指标对评价等级j的归属程度——关联度。计算如下：

$$k_j(v_i)=\begin{cases}\dfrac{\rho_j(v_i,V_{j,i})}{\rho(v_i,V_{p,i})-\rho(v_i,V_{j,i})} \\ -\dfrac{\rho(v_i,V_{j,i})}{d} \quad \text{如果}\rho(v_i,V_{p,i})=\rho(v_i,V_{j,i})\end{cases} \tag{8-1}$$

其中，$V_{i,j}$为物元R_j的特征c_i的值区间，d为区间大小；$V_{i,j}$为节域物元R_p的特征c_i的值区间；$\rho(x,v)$表示x到区间$V(a,b)$的距离，计算如下：

$$\rho_j(x,V)=\left|x-\frac{a+b}{2}\right|-\frac{b-a}{2} \tag{8-2}$$

将上述关联度进行规范化处理：

$$k_j(v_i)=\frac{k_j(v_i)}{\max(k_j(v_m))} \quad \text{m表示所有评价物元}$$

第三步，综合评价

待评价地区的中等职业教育物元R_0的综合属于等级j的关联度为：

$$K_j(R_0)=\sum_{i=1}^{n}w_i k_j(v_0) \tag{8-3}$$

如果

$$K_{j0}(R_0)=\max(k_j(R_0)) \tag{8-4}$$

那么评价地区的中等职业教育物元R_0的综合等级为j_0。

四、评价结果及建议

以2014年和2013年的教育统计数据为基础，运用上述方法对我国各地区的中等职业进行各指标要素和整体综合评价，并针对河南省情况进行分析。

（一）各项因素分析

运用可拓学计算各地区的各个指标在五个等级中所处等级。

生均公共财政预算经费投入的现实状况各地区比较而言，等级为“差”的有20个，等级为“一般”的有7个，等级为“中等”的有1个，等级为“良好”有2个（天津市、西藏自治区），等级为“优秀”的有1

个（北京市）；重要度：等级为“差”的有8个，等级为“一般”的有13个，等级为“中等”的有9个，等级为“优秀”的有1个（吉林省）；发展度：等级为“差”的有9个，等级为“一般”的有16个，等级为“中等”的有4个，等级为“良好”有1个（湖北省），等级为“优秀”的有1个（西藏自治区）。

生均公共财政预算公用经费投入的现实状况各地区比较而言，等级为“差”的有23个，等级为“一般”的有5个，等级为“中等”的有1个，等级为“良好”有1个（北京市），等级为“优秀”的有1个（西藏自治区）；重要度：等级为“差”的有6个，等级为“一般”的有5个，等级为“中等”的有9个，等级为“优秀”的有2个（四川省、贵州省）；发展度：等级为“差”的有11个，等级为“一般”的有14个，等级为“中等”的有2个，等级为“良好”有3个（湖北省、广西壮族自治区、甘肃省），等级为“优秀”的有1个（西藏自治区）。

师生比的现实状况各地区比较而言，等级为“差”的有11个，等级为“一般”的有11个，等级为“中等”的有8个，等级为“优秀”的有1个（吉林省）；重要度：等级为“差”的有17个，等级为“一般”的有13个，等级为“优秀”的有1个（吉林省）；发展度：等级为“差”的有3个，等级为“一般”的有19个，等级为“中等”的有7个，等级为“良好”有1个（北京市），等级为“优秀”的有1个（西藏自治区）。

人均学校各地区比较而言，等级为“差”的有5个，等级为“一般”的有11个，等级为“中等”的有8个，等级为“良好”有5个，等级为“优秀”的有2个（吉林省、山西省）。

人均教职工各地区比较而言，等级为“一般”的有2个，等级为“中等”的有27个，等级为“良好”有1个（重庆市），等级为“优秀”的有1个（江苏省）。

（二）综合评价

运用层次分析法计算的权重，采用可拓学评价方法，计算我国各地区中等职业教育财政投入绩效总体评价结果，结果见表8-21。

表8-21 2013—2014年我国各地区中等职业教育财政投入绩效评价等级

地区	差	一般	中等	良好	优秀	等级
北京市	-0.267	-0.187	-0.332	-0.441	-0.361	一般
天津市	-0.340	-0.208	-0.066	-0.149	-0.413	中等
河北省	-0.124	-0.177	-0.074	-0.346	-0.514	中等
山西省	-0.155	-0.114	-0.102	-0.446	-0.488	中等
内蒙古自治区	-0.259	-0.009	0.049	-0.299	-0.461	中等
辽宁省	-0.154	-0.009	-0.049	-0.426	-0.556	一般
吉林省	-0.379	-0.436	-0.288	-0.481	-0.186	优秀
黑龙江省	-0.242	-0.075	0.117	-0.249	-0.450	中等
上海市	-0.151	-0.131	-0.115	-0.400	-0.539	中等
江苏省	-0.127	-0.250	-0.422	-0.493	-0.524	差
浙江省	-0.228	0.074	-0.026	-0.379	-0.525	一般
安徽省	0.264	-0.251	-0.309	-0.588	-0.675	差
福建省	-0.030	-0.157	-0.295	-0.587	-0.670	差
江西省	0.254	-0.282	-0.362	-0.595	-0.684	差
山东省	-0.142	0.103	-0.125	-0.474	-0.592	一般
河南省	-0.055	-0.081	-0.213	-0.539	-0.636	差
湖北省	-0.108	-0.070	-0.111	-0.432	-0.569	一般
湖南省	0.081	-0.303	-0.313	-0.580	-0.672	差
广东省	0.195	-0.246	-0.335	-0.593	-0.677	差
广西壮族自治区	0.058	-0.351	-0.418	-0.662	-0.724	差
海南省	-0.024	-0.167	-0.320	-0.527	-0.644	差
重庆市	0.018	-0.140	-0.411	-0.454	-0.641	差
四川省	0.087	-0.195	-0.311	-0.593	-0.672	差
贵州省	0.184	-0.424	-0.444	-0.657	-0.711	差
云南省	0.138	-0.196	-0.278	-0.566	-0.660	差
西藏自治区	-0.383	-0.437	-0.293	-0.279	-0.321	良好
陕西省	0.100	-0.046	-0.442	-0.656	-0.723	差
甘肃省	-0.180	-0.198	-0.121	-0.260	-0.491	中等
青海省	-0.004	-0.291	-0.328	-0.589	-0.670	差
宁夏回族自治区	0.031	-0.273	-0.389	-0.640	-0.714	差
新疆维吾尔自治区	-0.075	0.007	-0.167	-0.503	-0.608	一般

依据五等级划分，综合评价为“差”的地区有16个，综合评价为“一般”的地区有6个，综合评价为“中等”的地区有7个，只有西藏自治区的综合评价为“良好”和吉林省的综合评价为“优秀”。

（三）对河南省的分析

以河南省为例，分析该地区中等职业教育的经费投入情况，以便制定有针对性的发展规划，促进河南省的中等职业教育发展，表8-22为河南省中等职业教育的经费投入及部分产出结果。

表8-22　河南省中等职业教育财政投入绩效评价等级

指标	差	一般	中等	良好	优秀	等级
A1	0.30173	−0.40831	−0.61714	−0.71702	−0.77556	差
A2	−0.28069	0.28132	−0.18003	−0.45335	−0.59001	一般
A3	−0.05737	0.06480	−0.35073	−0.53298	−0.63534	一般
B1	0.39938	−0.60062	−0.80031	−0.84025	−0.90016	差
B2	−0.24781	0.49130	−0.25435	−0.50290	−0.62717	一般
B3	−0.10485	0.13267	−0.32040	−0.51457	−0.62244	一般
C1	−0.16771	0.25235	−0.37383	−0.58255	−0.68691	一般
C2	−0.20301	0.34178	−0.32911	−0.55274	−0.66456	一般
C3	−0.16363	0.14430	−0.11198	−0.30932	−0.43490	一般
D	−0.36915	−0.14554	0.20530	−0.19647	−0.39735	中等
E	−0.33435	−0.16794	0.20530	−0.19647	−0.39735	中等

通过表8-22的数据分析，河南省中等职业教育在全国的比较中生均公共财政预算经费和生均公共财政预算公用经费的现实度为“差”，表明河南省的公共财政经费和生均公共财政预算公用经费比全国其他省份要低的多，以后还需要进一步加大投入；同时，生均公共财政预算经费和生均公共财政预算公用经费的重视度和发展度为“一般”，表明河南省在发展和重视中等职业教育方面还需要进一步加强；师生比的现实度、重视度和发展度的结果为“一般”，表明河南省在教师投入方面还不够，落后于大多数省份，还需要进一步加强中等职业教育师资队伍的培养；就人均教师数和人均教职工数量来说，河南省的结果为中等，表明中等职业教育教师的相对数量在全国处于中等水平。

今后，河南省尚需要进一步适当加大中等职业教育的经费投入，加强师资队伍建设，提升经费使用效率。

（四）结论与政策建议

运用可拓学评价，从生均公共财政预算经费、生均公共财政预算经费公用经费、人均学校数、人均教职工数等方面进行评价分析，得到以下结论：（1）整体上，我国中等职业教育发展相对比较差。（2）在生均公共财政预算经费和生均公共财政预算公用经费方面，东西部地区投入相对较高，中部地区相对比较低。河南省投入位列较低名次。（3）全国及河南省对中等职业教育的重视程度，同普通高中相比均不高，大部分地区对职业教育发展重视程度不足。（4）学校数量和教职工数各地区也有进一步增加的空间。

针对以上问题，提出如下建议：

（1）国家完善中等职业教育进一步深造的教育体系结构

同普通高中教育相比，各地区中等职业教育重视相对较弱，分析其中原因包括学生不愿意就读中等职业学校，究其原因是中等职业教育进一步学习和发展路径较少。因此，国家需要从教育体系结构上完善中等职业教育后续发展路径。

（2）各级政府需要加大对中等职业教育的投入

在生均公共财政预算经费和生均公共财政预算公用经费方面，地方政府要依照财政部、教育部、人力资源和社会保障部关于《建立完善中等职业学校生均拨款制度的指导意见》持续稳定地投入中等职业教育经费。

（3）各级政府加强对中等职业教育的重视

各级政府要对该地区的普通高中教育与中等职业教育同等重视，从经费和师资投入方面加大投入力度。在教职工方面，要培养和吸收符合《中等职业学校教师专业标准（试行）》的优秀教师，以便于满足中等职业教育发展。

（4）各级政府要因地制宜地发展中等职业教育。

各级政府要充分利用本地区的优势，开展满足当地经济发展需求的职业教育，形成本地区经济发展与中等职业教育发展的良性互动。河南省中等职业教育经费投入、教师资源的投入整体较差，应该学习借鉴发展较好地区的发展经验，提高本省的投入水平。

（5）各地区依据各指标分析结果，有针对性地制定政策和规划。

就河南省的众多指标而言，生均公共财政预算经费和生均公共财政预算公用经费的现实投入相对较差，因此，河南省应该加强生均公共财政预算经费和生均公共财政预算公用经费的投入；在人均学校数和人均教职工数方面，相对其他方面比较好，但是还需要进一步加强教师队伍和中等职业学校的建设。

第九章

河南省高等教育经费支出绩效的宏观评价

《国家中长期教育改革和发展规划纲要（2010—2020年）》高度重视中国现代大学制度中评估体系的建设，积极推进中国特色的高等学校评估模式的探索。《教育规划纲要》提出，从高等教育“优化结构、办出特色”的要求出发，建立高校分类体系，实行分类管理，引导高校合理定位，克服同质化倾向；改进管理模式，引进竞争机制，实行绩效评估，进行动态管理等改革和发展的思想和思路。这些思想和思路对积极开展高等教育绩效评价有着重要的指导意义。

高等教育绩效评价是高等教育发展到一定阶段的产物。进入21世纪以来，河南省高等教育实现了跨越式发展，对高等教育的经费投入数量激增。本章将全面系统地对河南省高等教育的经费投入规模、结构、区域投入产出绩效进行评价。

第一节　河南省高等教育支出的规模与结构

高等教育经费投入对教育绩效的影响主要表现为两个方面：一是高等教育经费支出的规模大小直接决定了高等教育是否有足够的资金来运行和发挥其作用；二是高等教育经费的结构配置，影响高等教育的办学水平。基于以上两点，本节从规模与结构两个角度对河南省2006—2015年高等教育经费投入情况及发展变化进行分析。

一、河南省高等教育经费支出规模的统计分析

为了衡量高等教育经费支出的规模，我们采用高等教育投入绝对规模、相对规模两个指标来分析。

（一）高等教育经费年投入总量大幅提升

2006—2015年，全省地方高等学校教育总经费从87.43亿元提升到370.67亿元，增长了3.24倍，年均增长31.47亿元，年增长率达到36%。（见图9-1）其中，2006—2011年期间，高等教育年投入量增长迅速，年增长率40.58%；2011—2015年期间，高等教育投入增速放缓，年增长率10%，由于此时高等教育经费的总量比较大，所以虽然增长率较小，但每年增长的经费数额达到26.46亿元。

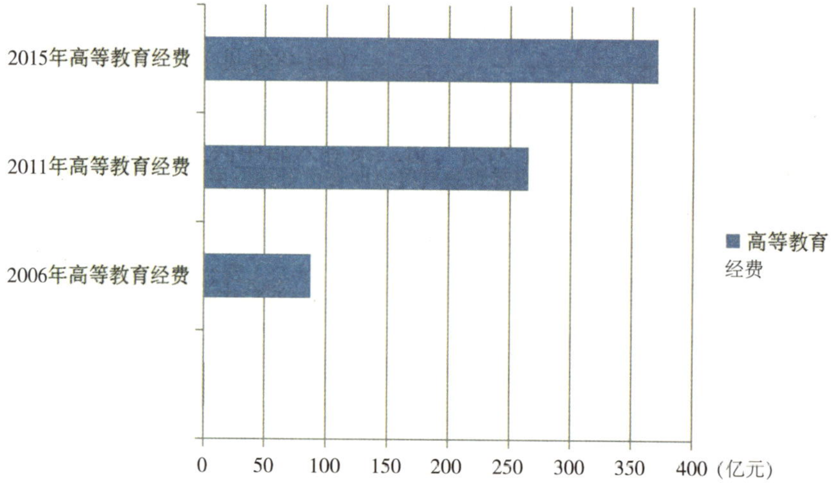

图9-1　2006—2015年河南省高等教育经费总量的变化

表9-1　河南省地方高等学校教育经费总量发展变化

学校类别	教育经费（亿元）			年增长率（%）		
	2006年	2011年	2015年	2006—2015年	2011—2015年	2006—2011年
地方普通高等学校	87.43	264.82	370.67	36.00	10.00	40.58

（二）高等教育生均预算内教育经费大幅提升

2015年，河南省高等学校生均教育经费中，高等本科学校生均经费32793.76元，比高职高专的生均经费高出1.27万元，比成人高等学校生均经费高出1.75万元。2006年以来，全省生均教育经费实现了2.74倍的增长；其中，全省普通高等学校生均教育经费增长了92.2%，从2006年的15332.80元增至2015年的29470.65元；高职高专生均教育经费实现了1.29倍的增长，从2006年的8770.59元增至20115.28元。2010—2015年，本科学生生均教育经费从2010年的23221.84元增至2015年的32793.76元，五年内实现了41.22%的增长；同期，高职高专生均教育经费从13482.07元增至2015年的20115.28元，五年内实现了49.20%的增长；同期，成人高等学校从9948.46元、增至15311.88元，五年内实现了53.91%的增长（见表9-2、图9-2）。

表9-2　河南省高等学校生均教育经费数据

类别	生均经费数量（元）				生均经费增长率（%）		
	2001年	2006年	2010年	2015年	2006—2015年	2010—2015年	2006—2010年
全省	1982.37	4033.95	7960.23	15100.14	30.48	89.69	97.33
普通高等学校	15445.23	15332.80	20497.92	29470.65	10.25	43.77	33.69
高等本科学校	—	12241.24	23221.84	32793.76	18.66	41.22	89.7
高职高专学校	—	8770.59	13482.07	20115.28	14.37	49.20	53.72
成人高等学校	3931.82	6605.03	9948.46	15311.88		53.91	50.62

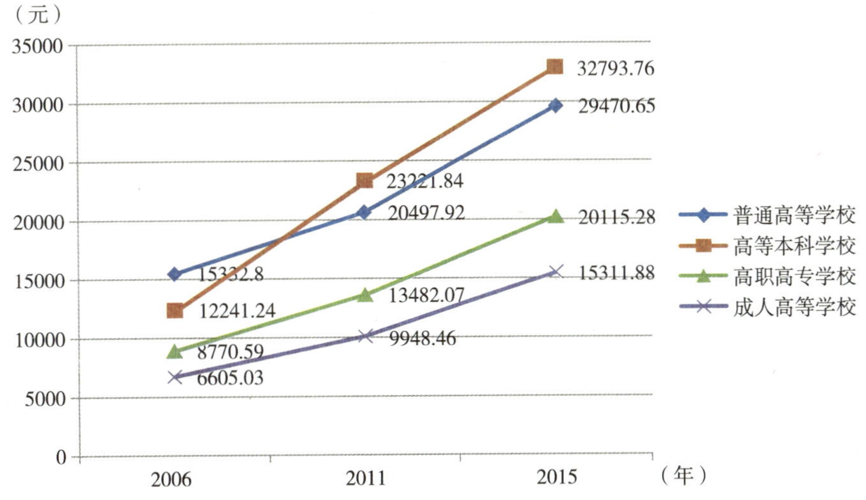

图9-2　2006—2015年河南省高等学校生均教育经费变化

（三）高等教育生均预算内教育事业费快速提升

2006—2010年，河南省高等学校生均预算内教育事业费基本保持稳定，进入“十二五”时期，呈现快速增长，增长幅度与全国水平保持一致，由2010年的4276.64元，增长至2015年的12572.33元，不过距离全国水平还有5571.24元的差距。

生均经费的增长趋势，同时表明2010年之后地方政府加大了对地方高等教育的投入。河南省高等学校教育经费支出总规模的提高，不仅仅是由于河南省高等教育在校生规模的扩大而导致的，是由招生人数增加和政府高度重视二者共同作用引起的（见表9-3，图9-3）。

表9-3　2006—2015年河南省普通高等学校生均预算内教育事业费增长情况（元）

学校类型	区域	2006年	2010年	2011年	2015年	2006—2010年增长率	2011—2015年增长率	2006—2015年总增长率
普通高等学校	全国	5868.53	9589.73	13877.53	18143.57	63.41	30.74	209.17
	河南省	4487.95	4276.64	8699.04	12572.33	-4.71	44.53	180.14

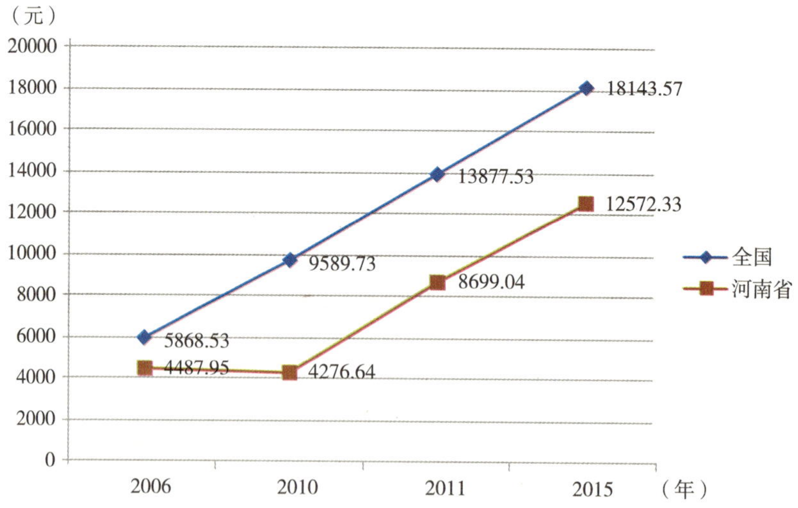

图9-3　2006—2015年全国河南省高等学校生均预算内教育事业费变化

二、河南省高等教育经费投入的结构

（一）高等教育经费支出占地区生产总值的比重

高等教育经费支出占地区生产总值的比重，反映的是全省的国民财富中分配给高等教育的比例。

表9-4 2006—2015年河南省高等教育经费占GDP比重

年份	全省GDP（亿元）	高等教育经费（亿元）	GDP占比（%）
2006	12412.86	87.43	0.7
2011	27098.62	264.82	0.98
2015	37278.2	370.67	0.99

2006年以来，河南省高等教育经费支出占GDP比重呈上升趋势，GDP占比从2006年的0.70%提升至2015年的0.99%，提高了0.29个百分点。“十二五”期间，河南省高等教育GDP占比的提升速度相较“十一五”期间有所放缓。

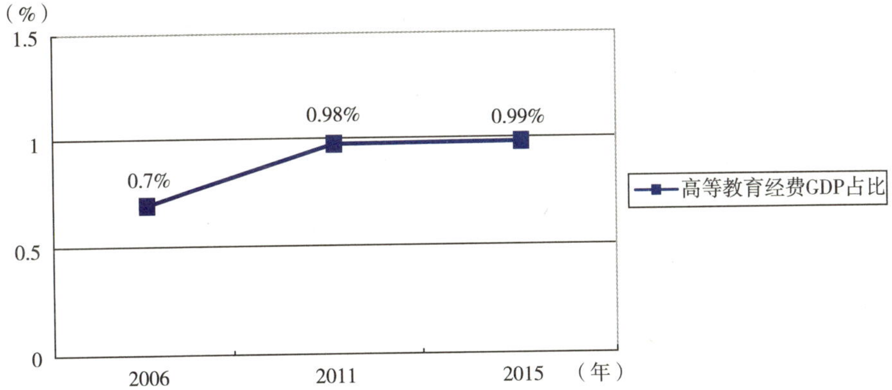

图9-4 2006—2015年河南省高等教育经费占GDP比重

（二）高等教育经费支出占总教育经费支出的比重

表9-5 2006—2015年河南省高等教育经费占教育经费总量比重

年份	高等学校经费（亿元）	教育经费总量（亿元）	高等学校总经费占比（%）
2006	87.43	417.9	20.92
2011	264.82	1185.66	22.34
2015	370.67	1749.2	21.19

高等学校经费支出占总教育经费支出的比重，表示教育资金总额中分配给高等教育的比例。河南省教育经费中高等教育的比重一直稳定在20%左右，2006年以来，高等学校占全省教育经费的比例从2006年的20.92%提高至2011年的22.34%，在“十二五”末又略降至21.19%。

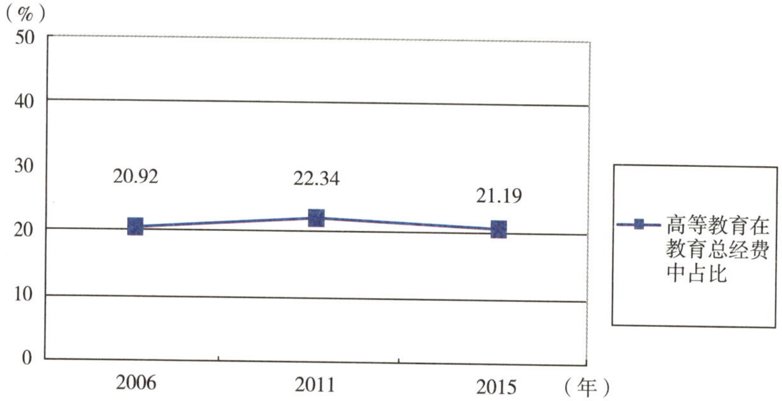

图9-5　2006—2015年河南省高等教育经费占教育经费总量的比重

三、河南省与国内其他省市的高等教育投入比较

（一）河南省与经济发达省市的比较

根据2015年人均GDP水平，经济发达省市选取排名前五位的北京市、天津市、上海市、江苏省、浙江省以及GDP全国位列第一的广东省，做为研究对象和河南省进行对比（见表9-6）。

1. 高等学校经费总量

绝对数量方面，2015年河南省高等学校经费总量比天津市高130.49亿元，是北京市总量的35%、上海市总量的65%、江苏省总量的53%、浙江省总量的77.5%、广东省总量的52%（见表9-6）。

表9-6　2006—2015年部分省市高等教育经费投入情况

区域	高等学校经费总量（亿元）		高等学校经费占教育经费比重（%）		高等学校经费占GDP比重（%）		地方高等学校经费占GDP比重（%）	
	2006年	2015年	2006年	2015年	2006年	2015年	2006年	2015年
河南省	87.43	372.32	20.92	21.29	0.70	1.00	0.70	1.11
北京市	340.44	1052.52	55.65	52.32	4.33	4.57	1.07	0.99

续表

区域	高等学校经费总量（亿元）		高等学校经费占教育经费比重（%）		高等学校经费占GDP比重（%）		地方高等学校经费占GDP比重（%）	
	2006年	2015年	2006年	2015年	2006年	2015年	2006年	2015年
天津市	72.69	241.83	45.90	37.76	1.67	1.46	1.18	0.98
上海市	184.21	576.47	43.61	45.03	1.78	2.29	0.82	1.18
江苏省	222.73	702.95	32.21	28.65	1.03	1.00	0.70	0.70
浙江省	186.71	480.30	31.24	25.80	1.19	1.12	0.97	0.86
广东省	207.70	713.79	25.67	22.55	0.79	0.98	0.79	0.79

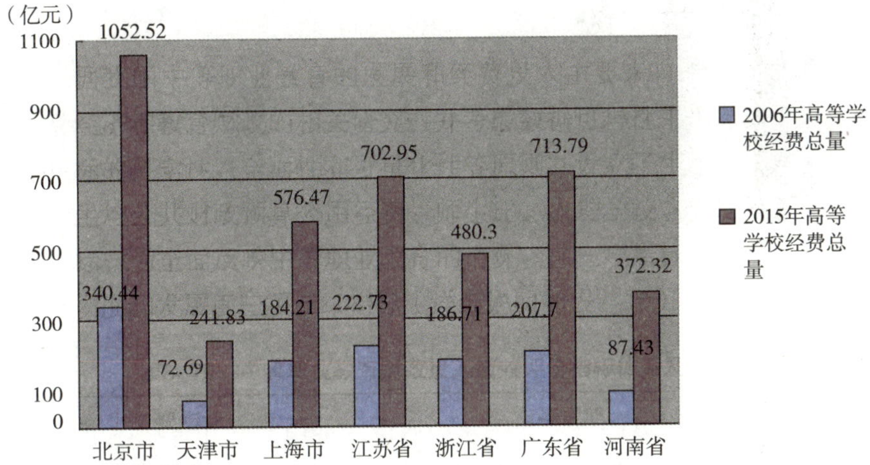

图9-6 2006—2015年部分省市高等学校经费总量比较

2. 高等学校经费占教育经费总量比重

数据显示，北京市、天津市2015年人均GDP达到10.6万元和10.8万元，分别位列全国31个省（直辖市、自治区）第二、第一位，北京市、天津市在高等学校经费总量上存在较大差异，但地方高等学校教育经费在教育经费总量中占比在全国属于第一梯队，达到55%左右。在经济发达区域，上海2015年人均GDP为10.4万元，其地方高校经费在教育总经费中占比位于40%~50%，属于第二梯队。2015年人均GDP为8.8万元的江苏、人均GDP为7.8万元的浙江属于第三梯队，其地方高校经费在教育总经费中占比位于30%~40%。2015年人均GDP仅3.9万元的河南省的地方高校经费在教育总经费中占比水平，与GDP全国第一，人均GDP为6.8万元的广东省水平接近一致，在22%左右。数据表明，与北京市、天津市、上海市、江苏省、浙江省、广东省等经济发达区域相比，基于并不太发达的经济发展水平，河南省在高等教育经费投入方面的努力程度已经非常高，河南省教育经费投入的重点目前仍首先对义务教育倾斜（见表9-6、图9-7）。

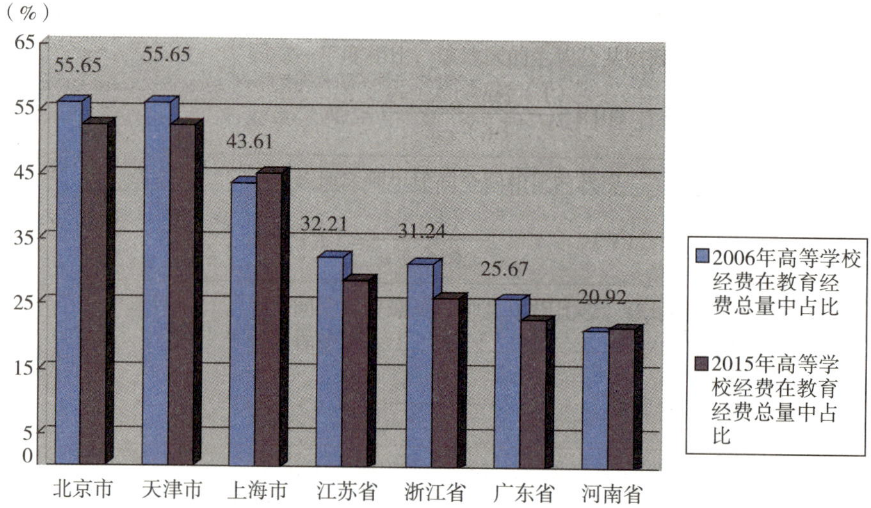

图9-7　2006—2015年部分省市高等学校教育经费情况

3. 高等学校经费来源构成

由于高等学校分两类，一类是归属中央部门举办和管理，由中央财政部直接拨款；另一类是归属地方政府管理，由地方政府财政拨款。在21世纪初，我国高等教育办学体制改革过程中，国家对普通高等院校的管理体制进行了调整，基本形成了由教育部直接管理72所，其他少数部门管理50所左右，地方管理或以地方管理为主的普通高校约有896所的高等学校办学新格局。当前时期，中央各部委（不含军委各总部）直属的本科学校约为113所，其中，教育部直属76所，地方本科学校则达到634所左右。所以，在分级负责的管理体制下，每个省（直辖市、自治区）高等学校经费包括中央部门高等学校经费和地方高等学校经费，由于中央和地方的财政能力不同，我国中央属和地方属高等学校的教育筹资能力相差巨大。

在经济发达地区的中央部门管理的高校多，所以这些地区的高等学校经费中很大一部分来自中央政府而非地方政府。2006年数据显示，北京市高等学校经费中只有24.77%来自地方政府，上海市此比例为46.05%，江苏省此比例是68.02%，天津市此比例是71%，广东省此比例是77.39%，浙江省此比例是81.68%，河南省此比例是100%，当年河南省高等学校经费完全来自地方政府。发展至2015年，北京市高等学校经费中只有24.31%来自地方政府，上海市此比例为51.41%，江苏省此比例是69.63%，天津市此比例是67.15%，广东省此比例是80.37%，浙江省此比例是76.95%，河南省此比例是99.56%，2015年河南省高等学校经费99.56%来自地方政府。河南省高等学校经费来自中央政府的支持比例过低（见表9-7、表9-8）。

表9-7　2006—2015年部分省市高等学校经费来源构成

区域	高等学校经费总量（亿元）		地方高等学校经费总量（亿元）		中央部门高等学校经费（亿元）	
	2006年	2015年	2006年	2015年	2006年	2015年
河南省	87.43	372.32	87.43	370.67	0	1.65
北京市	340.44	1052.52	84.32	255.86	256.12	796.66
天津市	72.69	241.83	51.61	162.40	21.07	79.43
上海市	184.21	576.47	84.83	296.37	99.38	280.1
江苏省	222.73	702.95	151.51	489.46	71.22	213.49
浙江省	186.71	480.30	152.50	369.61	34.20	110.69
广东省	207.70	713.79	160.73	573.66	46.96	140.13

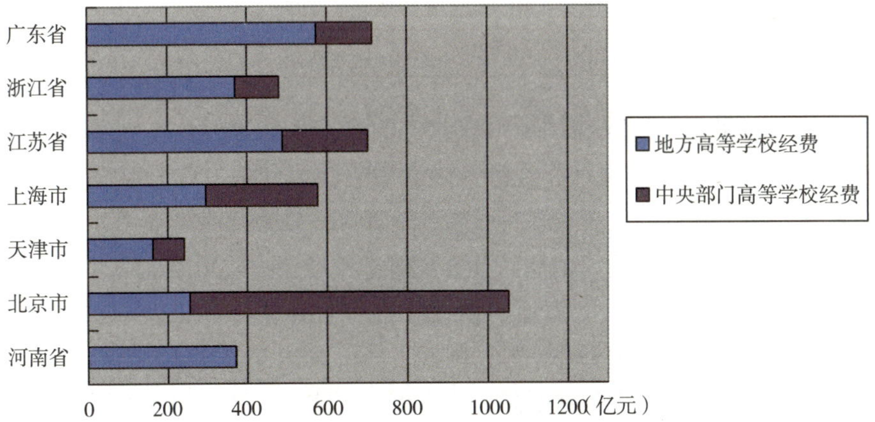

图9-8　2015年部分省市高等学校经费构成

表9-8 部分省市高等学校教育经费来源构成

区域	中央部门高等学校经费占高等学校总经费比重（%）		地方高等学校经费占高等学校总经费比重（%）	
	2006年	2015年	2006年	2015年
河南省	0	0.44	100	99.56
北京市	75.23	75.69	24.77	24.31
天津市	29.00	32.85	71.00	67.15
上海市	53.95	48.59	46.05	51.41
江苏省	31.98	30.37	68.02	69.63
浙江省	18.32	23.05	81.68	76.95
广东省	22.61	19.63	77.39	80.37

4. 高等学校经费占GDP比重

表9-9 部分省市高等学校经费占GDP比重

区域	高等学校经费占GDP比重（%）		地方高等学校经费占GDP比重（%）	
	2006年	2015年	2006年	2015年
河南省	0.70	1.00	0.70	1.11
北京市	4.33	4.57	1.07	0.99
天津市	1.67	1.46	1.18	0.98
上海市	1.78	2.29	0.82	1.18
江苏省	1.03	1.00	0.70	0.70
浙江省	1.19	1.12	0.97	0.86
广东省	0.79	0.98	0.79	0.79

进入21世纪，国民经济和财政收入的增长为高等教育投入水平的提高提供了坚实的物质基础和资源保障。随着国家和地方政府对高等教育的重视，用于教育的经费投入持续增长。2006—2015年数据显示，与经济发达地区相比，除了天津市和江苏省高等学校经费占GDP比重略有下降以外，河南省和北京市、上海市、浙江省、广东省等经济发达省市高等学校经费占GDP比重均呈上升趋势。同期，经济发达省市的地方高等学校经费占GDP比重变化趋势各有不同，北京市、天津市、浙江省的水平均有所下降，北京市从1.07%降至0.99%，天津市从1.18%降至0.98%，浙江省从

0.97%降至0.86%；江苏省的水平保持不变，维持在0.7%；河南省和上海市水平大幅提升，上海市从2006年的0.82%提高至2015年的1.18%，而河南省从2006年的0.70%提高至2015年的1.11%。

（二）河南省与中部其他五省的比较

1. 高等学校经费总量

2006年，河南省高等学校经费总量87.43亿元，在中部六省中位列第三位，低于湖北省的146.27亿元和湖南省的96.22亿元，高于安徽省、江西省和山西省水平，山西省高等学校总投入43.18亿元，位列中部六省最末位。发展至2015年，河南省高等学校经费总量达372.32亿元，低于湖北省的496.26亿元，位列中部六省第二名，江西省高等学校总投入198.94亿元，位列中部六省最末位。

2006年，河南省地方高等学校经费总量87.43亿元，在中部六省中位列第一位。山西省高等学校总投入43.18亿元，位列中部六省最末位。发展至2015年，河南省地方高等学校经费总量达278.55亿元，低于湖北省的416.61亿元，位列中部六省第二名，江西省地方高等学校总投入144.18亿元，位列中部六省最末位。

2006年以来，中部六省高等学校经费快速增长。增幅最大的是山西省，其2015年高等学校经费是2006年的5.32倍；增幅最小的是江西省，其2015年高等学校经费是2006年的2.18倍。河南省的增幅在中部六省中位列第二位，2015年是2006年的4.26倍。中部六省中，地方高等学校经费增幅最大的是湖北省，增长了4.86倍；其次是山西省，增长了3.21倍；安徽省增长了2.89倍，增长幅度位列第三位；河南省增长了2.19倍，增长幅度位列第四位；江西省仅增长了1.31倍，地方高等学校经费增长幅度位列中部六省末位（见表9–10）。

表9–10　2006—2015年中部六省高等学校经费投入变化

区域	高等学校总投入（亿元）		地方高等学校经费总投入（亿元）		2006—2015年增长倍数	
	2006年	2015年	2006年	2015年	高等学校	地方高等学校
山西省	43.18	229.80	43.18	181.62	4.32	3.21
湖北省	146.27	496.26	71.14	416.61	2.39	4.86
湖南省	96.22	312.38	75.69	227.72	2.25	2.01

续表

区域	高等学校总投入（亿元）		地方高等学校经费总投入（亿元）		2006—2015年增长倍数	
	2006年	2015年	2006年	2015年	高等学校	地方高等学校
安徽省	71.22	275.07	52.01	202.25	2.86	2.89
江西省	62.52	198.94	62.52	144.18	2.18	1.31
河南省	87.43	372.32	87.43	278.55	3.26	2.19

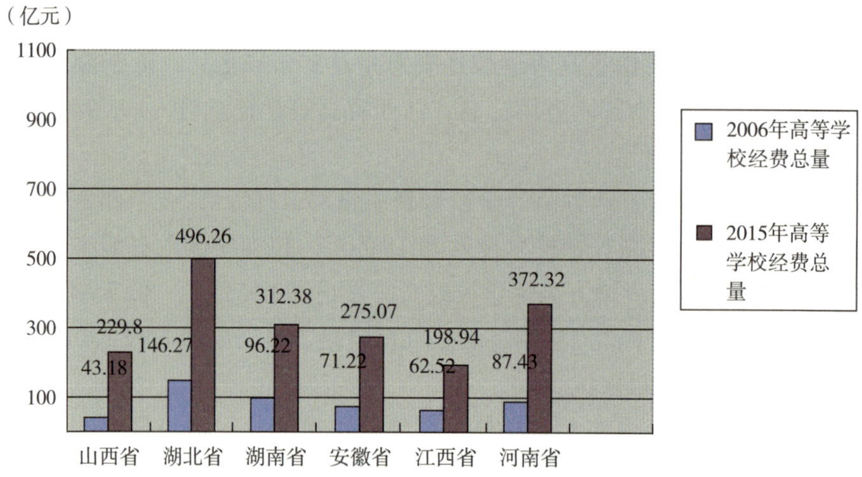

图9-9　2006—2015年中部六省高等学校经费投入变化

2. 高等学校经费占教育经费总量比重

高等学校经费占教育经费总量比重的数据显示，2006年，河南省水平位列中部六省最末位，高等学校经费仅占教育经费总量的20.92%，是湖北省42.13%的一半，和山西省的水平大致相当，江西省和湖南省的高等学校经费占教育经费总量比重基本处于同一水平。发展至2015年，中部六省中湖北省水平以36.36%位列首位；安徽省、江西省高等学校经费占教育经费总量比重均有所下降；河南省高等学校经费占教育经费总量比重略有上升，以21.29%的水平和安徽省、江西省基本处于同一层次；2006年与河南省保持相当水平的山西省，其高等学校经费占教育经费总量比重从21.44%提升到27.19%，位列中部六省的第二名。

表9-11　2006—2015年中部六省高等学校经费占教育经费总量比重变化

区域	高等学校经费总投入（亿元）		高等学校经费占教育经费总量比重（%）		地方高等学校经费占高等学校教育经费总量比重（%）	
	2006年	2015年	2006年	2015年	2006年	2015年
山西省	43.18	229.80	21.44	27.19	100.00	100.00
湖北省	146.27	496.26	42.13	36.36	48.64	54.97
湖南省	96.22	312.38	29.99	24.25	78.66	79.15
安徽省	71.22	275.07	24.88	22.62	73.03	78.93
江西省	62.52	198.94	31.77	20.41	100.00	100.00
河南省	87.43	372.32	20.92	21.29	100.00	99.56

2006—2015年，由于全国高校的布局，山西省、江西省和河南省三个省的中央部属高校极度缺乏，由此导致了这三个省的地方高等学校经费基本上就是全省的高等学校经费。2015年，湖北省的地方高等学校经费仅占高等学校教育经费总量的54.97%，湖南省的地方高等学校经费占高等学校教育经费总量比重为79.15%，安徽省的地方高等学校经费占高等学校教育经费总量比重为78.93%。

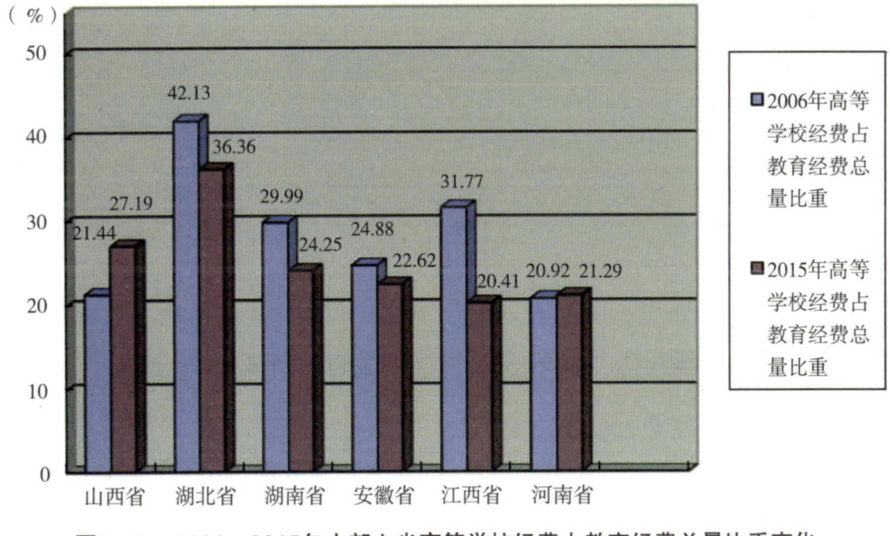

图9-10　2006—2015年中部六省高等学校经费占教育经费总量比重变化

3. 高等学校经费来源构成

我们从六省中央部门高等学校经费占高等学校总经费的比重可以看出（见表9-12），对于中部六省，有三个省缺乏中央部属高校经费，分别是山西省、江西省和河南省。2015年，河南省、江西和山西省的全省高等学校经费就是地方高校经费，湖北省高校经费有近一半来自中央财政，安徽省和湖南省有近1/5的高校经费来自中央财政的支持。

表9-12　2006—2015年中部六省高等学校经费占教育经费总量比重变化

区域	中央部门高等学校经费占高等学校总经费比重（%）		地方高等学校经费占高等学校总经费比重（%）	
	2006年	2015年	2006年	2015年
山西省	0	0	100.00	100.00
湖北省	51.36	45.03	48.64	54.97
湖南省	21.34	20.85	78.66	79.15
安徽省	26.97	21.07	73.03	78.93
江西省	0	0	100.00	100.00
河南省	0	0.44	100.00	99.56

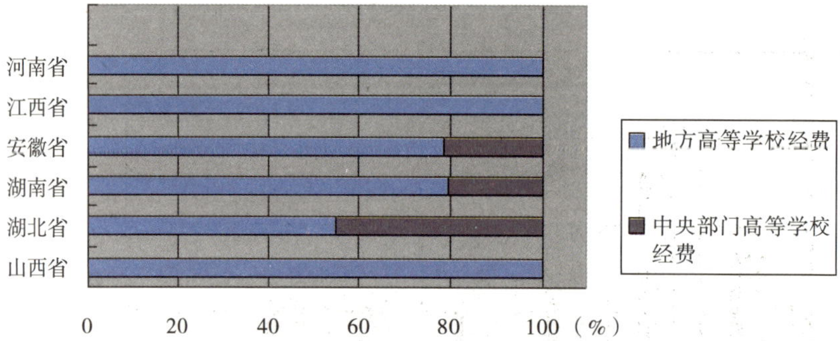

图9-11　2015年中部六省高等学校经费来源构成

4. 高等学校经费占GDP比重

从中部六省高等学校经费占地区GDP比重的数据可以看出，2015年，六省中山西省的高等学校经费占区域GDP比重位列首位，达到1.80%，且均是由本省地方财政予以支持。湖北省的高校经费占地区GDP比重以1.68%位列第二，其中，0.92%由湖北省政府支出，0.76%是由中央财政支付。江西省高等学校经费占区域GDP比重1.19%，位列六省第三位，也是由地方政府全额支付。河南省高校经费占地区GDP比重1%，其中99%是由河南省地方政府承担，来自中央政府的支持比例仅为1%。整体来看，中部六省中高等学校经费来自中央财政的经费支持比例偏低。

表9-13　中部六省教育经费占GDP比重变化

区域	高等学校总投入（亿元）		高等学校经费占地区GDP比重（%）		地方高等学校经费占地区GDP比重（%）	
	2006年	2015年	2006年	2015年	2006年	2015年
山西省	43.18	229.80	0.91	1.80	0.91	1.80
湖北省	146.27	496.26	1.93	1.68	0.94	0.92
湖南省	96.22	312.38	1.27	1.08	1.00	0.86
安徽省	71.22	275.07	1.16	1.25	0.85	0.99
江西省	62.52	198.94	1.34	1.19	1.34	1.19
河南省	87.43	372.32	0.70	1.00	0.70	0.99

第二节　河南省地方高等学校投入产出绩效评价——基于层次分析法

地方高等教育投入产出绩效包括外部绩效与内部绩效。外部绩效主要分析高等教育发展对经济增长与收入分配的影响程度，本节不做讨论。内部绩效是指投入与产出的综合评价，可采用参数法和非参数法。本节讨论的投入产出绩效特指内部绩效。基于数据的可获得性考虑，本节主要采用参数法——层次分析法进行分析评价。

长期以来，我国高等教育倍受关注的是教育资源的投入与分配，而忽略了高等教育的投入产出效率。事实上，在高等教育领域，既存在投入不足，又存在资源浪费，利用率低等问题。加强对高等教育领域资源投入产出效率的研究、选取合适的方法、建立一套科学的评估指标体系、开展评估工作有着重要意义。影响组织投入产出绩效的因素有两个：一是投入因素，原则上投入越大，产出效率越高，反映投入规模对投入产出效率影响的指标，我们称之“规模效率”；另一因素是产出水平，即同等投入水平下产出越高，效率越高。

对于全国31个省（直辖市、自治区）而言，一段时期内每个省的高等教育投入各不相同，高等教育产出也有多有少，产出少的省份其效率未必低下，产出多的省份其效率未必很高。由于河南省高等学校几乎全是地方高等学校，所以，本节将以2015年全国31个省（直辖市、自治区）的地方高等学校的投入与产出数据为分析对象，利用层次分析法，根据数据的可得性确定评价指标体系，分别进行各个区域投入绩效值、产出绩效值的评估，进而得出投入产出综合效率的评估，从投入、产出、综合绩效三个方面反映河南省地方高等学校教育经费使用效率的情况。

各省地方普通高等学校投入产出指标的原始数据来源于《2016中国教育经费统计年鉴》《2016中国教育统计年鉴》《2015全国高校社科统计资料汇编》《2016全国高校科学统计资料汇编》。

一、层次分析法（AHP）原理

层次分析法（AHP）是用系统分析方法，在仔细分析理清复杂问题本质、影响因素及各因素间内在关系后，对评价对象依评价目的所确定的总评价目标进行连续性分解，得到各级（各层）评价目标，构建问题的层次结构模型。然后在每一层次可按某一规定准则，对该层次要素进行逐对比较，建立判断矩阵，通过计算判断矩阵的最大特征值及对应的正交化特征向量，得出该层要素对于该准则的权重，进而计算出各层次要素对于总体目标的综合权重。最后以层次模型的最下层作为衡量目标达到程度的评价指标，依据指标和权重计算出一个综合评分指数对评价对象的总评价目标进行评价，依其大小来确定评价对象的优劣等级，从而为选择最优方案提供依据。层次分析法的应用步骤可以归纳为以下几步。

第一步，建立层次结构模型。在深入分析所面临的问题之后，对总评价目标进行连续性分解，将问题中所包含的因素划分为不同层次，即目标层、准则层和方案层，并将各层评价目标用目标树图标示出来，说明层次的递阶结构与因素之间的从属关系。

第二步，构造判断矩阵。判断矩阵是指对同一层次指标进行两两比较，给出它们相对重要性的判断数值，全部指标经过两两判定之后，就可以形成一个比较判断矩阵$B=(b_{ij})_{n\times n}$。

第三步，层次单排序及其一致性检验。首先求解出判断矩阵B的最大特征根λ_{max}，然后利用公式$B_W=\lambda_{max}W$解出λ_{max}所对应的特征向量W，W经过归一化后即为同一层次相应指标对于上一层次某指标相对重要性的排序权值，这一过程称为层次单排序。最后，还要进行层次单排序的一致性检验。

第四步，层次总排序及其一致性检验。把经过层次单排序获得的权重向量进行综合，可以得到各指标对总目标的相对权重，并逐层进行一致性检验。

第五步，结果分析，对目标层进行综合评价。

二、AHP模型在全国地方高等学校绩效评价中的应用步骤

AHP法是将半定性、半定量问题转化为定量计算的一种有效方法，能充分反映决策者偏好，将决策者经验给予量化，为决策者提供定量形式的决策依据，充分反映评价的主观因素。

（一）建立全国各省份高等教育投入产出绩效评价系统的递阶层次结构

为了客观、全面和科学地衡量全国各地区地方普通高等教育资源的运行效率，我们在进行投入和产出指标的选择时，遵循了以下原则：一是科学性原则，即指标的选择、数据的选取以及数据的计算均应建立在科学真实的基础上，不能脱离实际和随意更改数据；二是全面性和独立性原则，即指标的选取应具有较强的综合性，既能简化指标体系，又能全面集中地反映地方普通高等学校的职能和实际状况，并且选取的指标之间应该相互独立；三是可得性原则，即指标所涉及的数据能够获取和计算，具有可行性；四是可比性原则，即所选取的各评价指标的数据信息在横向上有可比性。

表9-14 地方高等学校绩效评价指标体系

一级指标	二级指标	三级指标
投入	人力资源	规模
		职称
		学历
	财力资源	年度经费总支出
		投入科研总经费
	物力资源	生均建筑面积
		生均图书册数
		生均科研设备总值

续表

一级指标	二级指标	三级指标
产出	人才培养	人才培养规模
		人才培养质量
	科学研究	争取科研经费
		科研立项
		成果出版发表
		专利数量
		鉴定成果
		科研奖励
	社会服务	技术转让收入
		研究与咨询报告采纳数

根据我们研究的目的，需要分析影响高等教育投入产出效率的定量因素。投入因素首先包括财力，即教育经费的投入，包括教育经费中科研经费的支出；教育经费中支出的重要一项是“人员经费”，所以投入包括人力资源的构成；教育经费中支出的另一大项是“基本建设经费”，所以投入还要包括建筑面积的增大、图书册数的增加和科研设备总值的积累。产出效益是指标体系中的定性指标，结合高等教育的特点，把人才培养、社会服务和科研工作作为衡量产出效益的基本准则层纳入到AHP层次结构模型中，建立递阶层次结构体系模型（见表9–14）。

（二）通过两两比较确定判断矩阵

对各位专家发放调查问卷，统计调查表资料，采用统计学的分析方法，通过取中位数和众数确定各个矩阵的标度值。比较低一级元素对上一层次元素的重要性。

根据表9–14中投入产出绩效评价层次结构，再由评判专家结合管理工作的实际情况，分析地方高等学校绩效评价系统中各因素之间的关系，按照指标组中各个指标的相对重要性进行两两比较，并逐层判断评分，最终构造出各评估指标的两两比较判断矩阵共4个。

表9-15　各元素两两比较的相对重要程度标度定义表

元素x_i与x_j重要性比较	相等	较强	强	很强	绝对强	介于二者之间
p_{ij}	5/5	6/4	7/3	8/2	9/1	5.5/4.5，6.5/3.5；7.5/2.5；8.5/1.5
元素x_i与x_j重要性比较	绝对弱	很弱	弱	较弱	相等	介于二者之间
p_{ij}	1/9	2/8	3/7	4/6	5/5	1.5/8.5；2.5/7.5；3.5/6.5；4.5/5.5

（三）计算层次单排序权重

由上述G—C判断矩阵1个，C—S判断矩阵3个，采用方根法计算各指标的权重系数，即以每一行的几何均数为权重系数，确定各指标的权重系数。

先计算判断矩阵每一行元素的乘积M_i，

$$M_i=\prod_{j-1}^{n} a_{ij}\quad(i=2,\cdots n) \tag{9-1}$$

再计算M_i的n次方根$\overline{w}_i$，$\overline{w}_i=\sqrt{M_i}$，

然后对$\overline{w}_i$进行归一化处理，

$$w_i=\frac{\overline{w}_i}{\overset{\overline{w}_i}{\sum\limits_{j=i}}\overline{w}_j} \tag{9-2}$$

其中$\sum\limits_{j=i}^{n} w_j=1$，则$w_i$（$i=1$，2，…，$n$）构成系数向量。

最后计算判断矩阵的最大特征根λ_{max}，

$$\lambda_{max}=\sum_{j=i}^{n}\frac{(AW)_j}{nw_i} \tag{9-3}$$

其中（AW）$_j$为向量AW的第i个元素。

元素k_1、k_2、k_3、k_4构成判断矩阵的权重系数。

计算每个因素的方根值，将方根值归一化，得出各个层次的因素的权重系数。

（四）计算总排序权重

用AHP法计算各个层次目标因素相对于总目标的权重向量，可得各指标的组合权重系数，列表如下：

最后对指标权重系数进行一致性检验，确定权重系数是否符合逻辑。通常用一致性指数（CI）检验各指标的相对优先顺序有无逻辑混乱，一般认为，当CI<0.10时，可能无逻辑混乱，即计算得到的各项权重可以接受。一致性指数的计算公式为：

$$CI=\frac{\lambda-m}{m-1} \tag{9-4}$$

其中，$\lambda_{\max}=\sum_{i=1}^{m}\frac{\lambda_j}{m}$，$\lambda_i=\sum_{j=1}^{m}\frac{a_{ij}w_j}{w_i}$（$j$=1，2，…，$k$）。

式中，m为受检验层次的子目标数；λ_i为该层子目标成对比较判断优选矩阵的第i个特征根；（a_{i1}，a_{i2}，……，a_{im}）为相应的特征向量；w_i、w_j该层子目标的归一化权重；λ为m个特征根的平均值。对各个指标进行检验，该体系各指标均为可接受值。

最终形成地方高等学校投入产出绩效评价指标体系（见表9-16）。

表9-16　地方高校投入产出绩效评价指标体系

一级指标	二级指标	权重	三级指标	权重
投入	人力资源	0.3875	规模	0.2885
			职称	0.3614
			学历	0.3501
	财力资源	0.3225	年度经费总支出	0.4176
			投入科研总经费	0.5824
	物力资源	0.2900	生均建筑面积	1/3
			生均图书册数	1/3
			生均科研设备总值	1/3
产出	人才培养	0.3985	人才培养规模	0.4826
			人才培养质量	0.5174
	科学研究	0.3254	争取科研经费	0.1424
			科研立项	0.1934
			成果出版发表	0.1710
			专利数量	0.1112
			鉴定成果	0.1532
			科研奖励	0.2288
	社会服务	0.2761	技术转让收入	0.5
			研究与咨询报告采纳数	0.5

（五）评估数据的处理

将投入产出指标体系各观测点数据转换成标准数据，采取百分线性变换法，将数据做线性变换处理，即：

$$S_j = \frac{A_j}{A_j^{\max}} \times 100,\ A_j^{\max} = \max\{A_j\} \qquad (9\text{-}5)$$

得出每个评估单元每个评价指标的可比值，最后将所有指标的可比值与该层级指标的权重相乘，再加总，最终得出投入绩效值与产出绩效值，并最终计算出综合投入产出绩效值综合绩效值= 产出绩效值/ 投入绩效值。

三、AHP模型在全国地方高等学校绩效评价中的应用结论

（一）全国地方高等学校投入的评价结果

表9–17　2015年全国地方高等学校投入情况

区域	排序	投入值	区域	排序	投入值
北京市	1	0.8881	安徽省	17	0.4688
江苏省	2	0.6711	福建省	18	0.4574
上海市	3	0.6674	河北省	19	0.4570
广东省	4	0.6035	重庆市	20	0.4529
浙江省	5	0.5928	西藏	21	0.4401
湖北省	6	0.5581	云南省	22	0.4342
新疆维吾尔自治区	7	0.5522	江西省	23	0.4333
山东省	8	0.5225	广西	24	0.4325
天津市	9	0.5132	内蒙古	25	0.4253
辽宁省	10	0.5118	贵州省	26	0.4198
四川省	11	0.5003	宁夏	27	0.4170
黑龙江省	12	0.5000	青海省	28	0.3943
吉林省	13	0.4826	山西省	29	0.3863
湖南省	14	0.4796	甘肃省	30	0.3852
陕西省	15	0.4777	海南省	31	0.3606
河南省	16	0.4729	全国平均		0.4954

2015年，全国31个省份中，北京市地方高等学校的教育投入最多，投入值为0.8881；海南省地方高等学校的教育投入最少，投入值仅为0.3606。河南省地方高等学校的教育投入恰好位于中间位置。2015年，人均GDP全国排名位居前列的北京市、江苏省、上海市、浙江省，以及GDP排名第一的广东省，其地方高等学校投入均位列全国31个省份第一梯队；人均GDP全国排名后五位的山西省、西藏自治区、贵州省、云南省和甘肃省五省份中，贵州省、山西省和甘肃省的地方高等教育投入在全国同样处于最低水平的梯队。海南省人均GDP位列全国第18位，但其地方高等教育投入位列全国第31位；青海省人均GDP位列全国第17位，但其地方高等教育投入位列全国第28位。海南省、青海省的地方高等教育投入与其经济发展水平匹配度较低。

河南省人均GDP位列全国第22位，其地方高等学校投入水平位列全国第16位，尚未达到全国的平均水平0.4954。河南省对地方高等学校的投入高于其经济发展水平对应的投入水平。

（二）全国地方高等学校产出的评价结果

表9–18　2015年全国地方高等学校产出情况

区域	产出值	产出排名	区域	产出值	产出排名
江苏省	0.9959	1	重庆市	0.3224	17
广东省	0.7377	2	吉林省	0.3153	18
山东省	0.5943	3	江西省	0.2995	19
河南省	0.5826	4	广西	0.2584	20
四川省	0.5249	5	山西省	0.2445	21
浙江省	0.5099	6	云南省	0.2350	22
湖南省	0.4887	7	天津市	0.2105	23
湖北省	0.4661	8	贵州省	0.1431	24
河北省	0.4577	9	内蒙古	0.1381	25
北京市	0.4435	10	甘肃省	0.1334	26
辽宁省	0.4405	11	新疆	0.0770	27
安徽省	0.4230	12	海南省	0.0697	28
陕西省	0.4019	13	宁夏	0.0355	29
福建省	0.3802	14	青海省	0.0199	30
黑龙江省	0.3293	15	西藏	0.0144	31
上海市	0.3261	16	全国平均	0.3425	

2015年，全国31个省份中，人均GDP位列全国第4位的江苏省的地方高等学校的教育产出最多，产出值为0.9959；西藏地方高等学校的教育产出最少，产出值仅为0.0144。河南省地方高等学校的教育产出位列全国第4位。

地方高等学校教育产出位列全国前五名的是江苏省0.9959、广东省0.7377、山东省0.5943、河南省0.5826、四川省0.5249。地方高等学校教育产出位列全国后五名的是新疆维吾尔自治区0.077、海南省0.0697、宁夏回族自治区0.0355、青海省0.0199、西藏自治区0.0144。全国的平均产出值是0.3425，有14个省份的产出绩效值超过了平均水平。

经济发展水平高的地区，其地方高等学校产出未必多。上海市人均GDP位列全国第3，其地方高等学校产出仅位列全国第16位；天津市人均GDP位列全国第1，其地方高等学校产出仅位列全国第23位。

（三）全国地方高等学校投入—产出的综合评价结果

表9-19　2015年全国地方高等学校投入—产出综合绩效

区域	投入值	产出值	投入产出绩效值	投入排名	产出排名	综合绩效排名
江苏省	0.6711	0.9959	1.4841	2	1	1
河南省	0.4729	0.5826	1.2318	16	4	2
广东省	0.6035	0.7377	1.2223	4	2	3
山东省	0.5225	0.5943	1.1374	8	3	4
四川省	0.5003	0.5249	1.0491	11	5	5
湖南省	0.4796	0.4887	1.0191	14	7	6
河北省	0.4570	0.4577	1.0014	19	9	7
安徽省	0.4688	0.4230	0.9023	17	12	8
辽宁省	0.5118	0.4405	0.8608	10	11	9
浙江省	0.5928	0.5099	0.8602	5	6	10
陕西省	0.4777	0.4019	0.8412	15	13	11
湖北省	0.5581	0.4661	0.8351	6	8	12
福建省	0.4574	0.3802	0.8312	18	14	13
重庆市	0.4529	0.3224	0.7117	20	17	14
江西省	0.4333	0.2995	0.6913	23	19	15
黑龙江省	0.5000	0.3293	0.6587	12	15	16

续表

区域	投入值	产出值	投入产出绩效值	投入排名	产出排名	综合绩效排名
吉林省	0.4826	0.3153	0.6534	13	18	17
山西省	0.3863	0.2445	0.6329	29	21	18
广西壮族自治区	0.4325	0.2584	0.5976	24	20	19
云南省	0.4342	0.2350	0.5411	22	22	20
北京市	0.8881	0.4435	0.4994	1	10	21
上海市	0.6674	0.3261	0.4886	3	16	22
天津市	0.5132	0.2105	0.4101	9	23	23
甘肃省	0.3852	0.1334	0.3462	30	26	24
贵州省	0.4198	0.1431	0.3409	26	24	25
内蒙古自治区	0.4253	0.1381	0.3246	25	25	26
海南省	0.3606	0.0697	0.1934	31	28	27
新疆维吾尔自治区	0.5522	0.0770	0.1394	7	27	28
宁夏回族自治区	0.4170	0.0355	0.0851	27	29	29
青海省	0.3943	0.0199	0.0505	28	30	30
西藏自治区	0.4401	0.0144	0.0327	21	31	31

根据全国省份的数量，把31个省份以10为单元划分三个层次。综合绩效排名前10的为第一层次，综合绩效排名居中间10位的为中间层次，综合绩效排名后11位的为第三个层次。根据投入、产出与综合绩效的关系，综合绩效高的省份可以划分为“高投入—高产出”“低投入—高产出”“中投入—中产出”三个类型，综合绩效低的省份又可以划分为“高投入—中产出”“高投入—低产出”和“低投入—低产出”三个类型（见表9-20）。

计算结果显示，2015年，综合绩效排名前10名的分别是江苏省1.4841位列第一，河南省1.2318位列第二，广东省1.2223位列第三，山东省1.1374位列第四，四川省1.0491位列第五，湖南省1.0191位列第六，河北省1.0014位列第七，安徽省0.9023位列第八，辽宁省0.8608位列第九，浙江省0.8602位列第十。其中，属于“高投入—高产出”类型的有江苏省（投入排名2—产出排名1）、广东省（投入排名4—产出排名2）、山东省（投入排名8—产出排名3）、浙江省（投入排名5—产出排名6）。属于“低投入—高产出”类型的有河南省（投入排名16—产出排名4）、四川省（投入排名

11—产出排名5）、湖南省（投入排名14—产出排名7）、河北省（投入排名19—产出排名9）。属于“中等投入—中等产出”类型的有安徽省（投入排名17—产出排名12）、辽宁省（投入排名10—产出排名11）。

表9-20 2015年部分省份投入—产出类型分布

排名	投入-产出类型	区域
综合绩效排名前10名	高投入—高产出	江苏省、广东省、山东省、浙江省
	低投入—高产出	河南省、四川省、湖南省、河北省
	中等投入—中等产出	安徽省、辽宁省
综合绩效排名后11名	高投入—中产出	北京市、上海市
	高投入—低产出	天津市、新疆维吾尔自治区
	低投入—低产出	甘肃省、贵州省、内蒙古自治区、海南省、宁夏回族自治区、青海省、西藏自治区

2015年，综合绩效排名后11名的分别是北京市0.4994、上海市0.4886、天津市0.4101、甘肃省0.3462、贵州省0.3409、内蒙古自治区0.3246、海南省0.1934、新疆维吾尔自治区0.1394、宁夏回族自治区0.0851、青海省0.0505和西藏自治区0.0327。其中，属于“高投入—中产出”类型的有北京市（投入排名1—产出排名10）、上海市（投入排名3—产出排名16）。属于“高投入—低产出”类型的有天津市（投入排名9—产出排名23）和新疆维吾尔自治区（投入排名7—产出排名27）。属于“低投入—低产出”类型的有甘肃省（投入排名30—产出排名26）、贵州省（投入排名26—产出排名24）、内蒙古自治区（投入排名25—产出排名25）、海南省（投入排名31—产出排名28）、宁夏回族自治区（投入排名27—产出排名29）、青海省（投入排名28—产出排名30）和西藏自治区（投入排名21—产出排名31）。

第三节 河南省地方高等学校投入产出绩效评价——基于DEA法

影响资源利用情况的因素有两个：一是组织或机构的规模大小，原则上规模越大、产出效率越高，反映规模对投入产出效率影响的指标，我们称之“规模效率”；另一因素是组织或机构对资源的管理水平或是对资源利用的技术水平，即以最小的资源消耗实现其期望目标的能力，这个反映企业或组织由于管理和技术等因素影响的生产效率，这个指标我们称之为“纯技术效率”。综合效率水平受纯技术效率和规模效率的双方共同影响。

对于全国31个省（直辖市、自治区）而言，一段时期内每个省的高等教育投入各不相同，高等教育产出也有多有少，产出少的省份其效率未必低下，产出多的省份其效率未必很高。本节将以2015年全国31个省（直辖市、自治区）高等教育的投入与产出数据为分析对象，利用DEA法中“二次相对效率模型”，分别进行各个区域投入产出纯技术效率、规模效率的评估，进而得出综合效率的评估，也从另一角度反映全国及河南省高等教育投入产出效率的表现。

一、指标体系的构建

考虑数据的可得性、科学性、可靠性、可比性，仍采用上节层次分析法的指标体系。

表9-21　2015年各省（直辖市、自治区）高等学校投入产出绩效评价指标体系

一级指标	二级指标	权重	三级指标	权重
投入	人力资源	0.3875	规模	0.2885
			职称	0.3614
			学历	0.3501
	财力资源	0.3225	年度经费总支出	0.4176
			投入科研总经费	0.5824
	物力资源	0.2900	生均建筑面积	1/3
			生均图书册数	1/3
			生均科研设备总值	1/3
产出	人才培养	0.3985	人才培养规模	0.4826
			人才培养质量	0.5174

续表

一级指标	二级指标	权重	三级指标	权重
产出	科学研究	0.3254	争取科研经费	0.1424
			科研立项	0.1934
			成果出版发表	0.1710
			专利数量	0.1112
			鉴定成果	0.1532
			科研奖励	0.2288
	社会服务	0.2761	技术转让收入	0.5
			研究与咨询报告采纳数	0.5

在遵循以上原则的基础上，本节的研究将各地区地方普通高等学校的地方高等学校教育经费、地方高等学校所获科研经费做为财力资源投入。教育经费中人员经费支出取决于师资队伍的数量与职称学历等，所以投入因素中的第二类是人力资源投入。教育经费中的基本建设支出体现在地方高等学校物力资源的变化，所以这是投入的第三类指标。在产出方面，由于高校的主要职能为人才培养、科学研究和社会服务，因此产出指标应大致涵盖这三方面。各省地方普通高等学校投入产出指标的原始数据来源于《2016中国教育经费统计年鉴》《2016中国教育统计年鉴》《2015全国高校社科统计资料汇编》《2016全国高校科学统计资料汇编》。

本节运用 MAXDEA Pro5.2软件及其二次相对效率模型对2015年全国 31 个省份的地方普通高等学校的投入和产出数据进行评估，其估算的方法和步骤已在第六章中做了详细介绍，这里就不再赘述。

二、各省份地方普通高校投入产出的效率评估

（一）各省份地方普通高校“效率状态”的测算分析

表9-22　2015年全国各省份地方高等学校投入产出效率表现

地区	综合效率	规模收益	地区	综合效率	规模收益
北京市	1	不变	江西省	0.879424	递增
河北省	1	不变	辽宁省	0.866544	递增
黑龙江省	1	不变	甘肃省	0.861766	递增

续表

地区	综合效率	规模收益	地区	综合效率	规模收益
江苏省	1	不变	安徽省	0.84503	递增
山东省	1	不变	湖南省	0.818265	递增
河南省	1	不变	上海市	0.815944	递增
广东省	1	不变	吉林省	0.779533	递增
海南省	1	不变	贵州省	0.74074	递增
重庆市	1	不变	浙江省	0.695966	递增
福建省	0.96933	递增	青海省	0.691716	递增
四川省	0.939932	递增	内蒙古自治区	0.690068	递增
广西省	0.927718	递增	新疆维吾尔自治区	0.655767	递增
湖北省	0.921211	递增	宁夏回族自治区	0.594337	递增
山西省	0.899729	递增	天津市	0.543974	递增
云南省	0.896424	递增	西藏自治区	0.470957	递增
陕西省	0.88504	递增			

从表9-22的估算结果来看，2015年全国31个省份中，有九个省份的地方普通高校投入产出综合效率得分为1 ，即由这九个省份的地方普通高校投入产出的线性组合构成了生产有效前沿面。这些省份中有东北地区、京津冀地区、中部地区、西南地区和南部地区。2015年人均GDP前五名的省份里，只有北京市和江苏省效率评价为最优。得分较低的省份有宁夏回族自治区、天津市和西藏自治区等，由此可见，经济较发达地区的地方普通高校的投入产出效率并非很高。就各省份的地方普通高校投入产出效率的平均水平而言，2015年得分为0.851，表示若全国各省份的地方普通高校都实现了纯技术效率和规模效率，那么全国可节约14.9%的资金投入就可达到目前的产出状态。综合效率没有达到1的省份，其规模收益均呈现递增状态，说明各省份如果加大高等教育投入，其产出均会向最优产出靠近。

（二）各省份地方普通高校二次相对效率的估算分析

从表9-23的运算结果来看，就全国各省份的地方普通高校而言，“纯技术效率”的平均值是0.9626，“规模效率”的平均值是0.8814，这表明全国各省份的地方普通高等学校在资源利用方面的纯技术效率和规模效率都有提升空间。若各省份的地方普通高等学校在资源利用方面都充分实现了纯技术效率和规模效率，那么在分别节约3.74%和11.86%投入的情况下就可以实现当前的产出水平。31个省份中，有一半的省份（16个）实现了纯技术效率为1，这些省份在对高等教育资源利用的技术与管理方法做到了物尽其用。16个省份中，四川省、山西省、陕西省、江西省、甘肃省、青海省、西藏自治区之所以投入产出综合效率相较其他省份没有达到最优，不是对资源的利用率低，而是由于其本身的规模效率低导致的。经济发达的上海和天津两省份综合效率没有达到最优，是由于其实际产出相对其投入应该达到的目标产出要少，是由于其高等教育资源利用率相对较低而导致的。

表9-23　2015年全国各省份地方高等学校投入产出的纯技术效率和规模效率

地区	纯技术效率	规模效率	地区	纯技术效率	规模效率
北京市	1	1	江西省	1	0.879424
河北省	1	1	辽宁省	0.967306	0.895832
黑龙江	1	1	甘肃省	1	0.861766
江苏省	1	1	安徽省	0.974256	0.867359
山东省	1	1	湖南省	0.965025	0.847921
河南省	1	1	上海市	0.873124	0.93451
广东省	1	1	吉林省	0.905706	0.860691
海南省	1	1	贵州省	0.936647	0.790842
重庆市	1	1	浙江省	0.912245	0.762916
福建省	0.989944	0.979177	青海省	1	0.691716
四川省	1	0.939932	内蒙古自治区	0.923788	0.746998
广西省	0.995316	0.932084	新疆维吾尔自治区	0.763895	0.858453
湖北省	0.979739	0.940262	宁夏回族自治区	0.900088	0.66031
山西省	1	0.899729	天津市	0.795301	0.683985
云南省	0.959201	0.934553	西藏自治区	1	0.470957
陕西省	1	0.88504			

根据测算出来的“纯技术效率”和“规模效率”的结果，我们又可以将全国31个省份分为三大类：第一类地区，北京市、河北省、黑龙江省、江苏省、山东省、河南省、广东省、海南省和重庆市，既为纯技术效率有

效，其规模效率也有效，说明在目前产出水平上，这些省份高等教育资源的配置规模实现了最优规模，同时又充分发挥了管理和技术效率。第二类地区，“纯技术效率为1、规模效率小于纯技术效率”的省份，包括四川省、山西省、陕西省、江西省、甘肃省、青海省和西藏自治区，这些省份对高等资源的管理和利用达到了最优，由于规模收益呈现递增趋势，同时说明这些省份的高等教育资源的配置规模较小，还未实现最优的规模，还需要进一步提高资源的配置数量和质量。第三类地区，“纯技术效率和规模效率均小于1、且纯技术效率大于规模效率”的省份，包括福建省、广西壮族自治区、湖北省、云南省、辽宁省、安徽省、湖南省、吉林省、贵州省、浙江省、内蒙古自治区、宁夏回族自治区和天津市，对于这些省份而言、加强对资源使用的管理比单纯提高资源配置规模，会更快地接近综合效率最优。第四类地区，“纯技术效率和规模效率均小于1，且纯技术效率小于规模效率”的省份，包括上海市和新疆维吾尔自治区，这两省对高等教育资源的成果产出水平低于其高等教育资源配置量本该产生的成果水平，要着重提高资源的管理和利用效率才能物尽其用。

总之，要全面评估各地区地方普通高等学校投入产出的效率，应从“纯技术效率”和“规模效率”两方面来进行。

第十章

河南省高等教育经费支出绩效的微观评价

——新乡医学院开展二级院系投入产出绩效评价的实践

开展高等教育经费支出绩效评价，可以从全国、全省的宏观层面来分析河南省高等教育经费投入产出情况，将高等学校做为一个个体来进行剖析和研究也是另一个不可或缺的角度。基于研究数据的可得性，研究选取河南省一所有着悠久办学历史的省属本科高校——新乡医学院，做为研究对象，以其下属二级教学单位为评价单元，开展2015年度教育投入、产出的绩效评价。从微观层面反映河南省高等教育经费支出绩效的表现，以及如何通过开展绩效评价工作、提升二级教学单位的责任意识、成本意识、绩效意识，从而优化资源配置，提高办学效能。

第一节　评价对象及指标体系

一、新乡医学院基本情况

新乡医学院位于河南省新乡市，是目前河南省唯一独立建制的省属西医本科院校。学校渊源可追溯到1896年英国人劳海德在古城卫辉开办的西医诊所，医学教育始于1922年惠民医院护士学校，招收四年制护理专业学生并由中华护理学会（1923年名为“中华护士会”）颁发文凭。1949年，冀鲁豫卫生学校及哈励逊医院迁入，于1950年成立平原省医科学校。学校经历华北第二医士学校、河南省汲县医士学校、新乡专区医学院等发展阶段，1962年更名为豫北医学专科学校；1982年升格本科，定名新乡医学院；1998年获得硕士学位授予权；2006年顺利通过教育部本科教学水平评估并获得优秀。

学校目前占地面积1634亩（含临床学院），建筑面积135.16万平方米，教学科研仪器设备总值近3亿元，图书馆馆藏各类图书212.4万册，电子图书3753.13GB。现有教职工11941人（含临床学院），其中高级专业技术职务人员1606人。

学校设有21个教学院（系、部），具有研究生、本科、留学生、中外合作办学、成人教育等较为完备的高等教育体系，建有一个独立学院——三全学院。现有全日制在校生18900多人。

学校学科涵盖医学、理学、工学、文学、法学、管理学、教育学等7个门类，拥有河南省特色学科（A类）1个、省级重点学科一级学科5个、二级学科11个；拥有基础医学、临床医学、药学、生物学、心理学、生物医学工程等7个一级学科硕士学位授权点，52个二级学科学位点和临床医学、公共卫生、护理、公共管理等4个专业硕士学位授权点，25个本科专业；拥有临床医学、医学检验技术、护理学和药学等4个国家级特色专业，10个省级特色专业，9个省级专业综合改革试点，2个省级卓越医生教育培养计划试点，1个省级工程教育人才培养模式改革试点。获批为国家临床医学专业综合改革试点和国家卓越医师培养计划试点单位，建有3个全国住院医师规范化培训基地，2个全国全科医生临床培养基地，1个全国临床药师培训基地，1个全国县级医院血液净化培训基地，4个省级专科护士培训基地。创办有《新乡医学院学报》《眼科新进展》《中华实用儿科临床杂志》《临床心身疾病杂志》《中华脑科疾病与康复杂志（电子版）》五种国内外公开发行的刊物，其中《眼科新进展》《中华实用儿科临床杂志》为全国中文核心期刊。新乡医学院建有5所直属附属医院，编制床位9406张；拥有20所非直属附属医院和百余个教学实践基地。多所医院获评全国百姓放心示范医院，连续入选全国地市级医院100强。第一附属医院为首批国家住院医师规范化培训基地，2015年加入长青藤百年医院联盟。第二附属医院成立了全国首家省级精神卫生医疗联合体。

学校坚持质量立校。高考第一志愿报考率和录取分数连年位居河南省理科类院校前列。学生在全国大学生临床技能竞赛、全国大学生英语竞赛、“挑战杯”等活动中屡获佳绩。2014年获得国家级教学成果奖。本科毕业生年底就业率保持在96%以上，硕士研究生年底就业率多年保持100%。

学校坚持人才强校。近年来，启动“265人才工程”，实施了“太行学者”和“太行青年学者”支持计划。聘请法国院士、“长江学者”特聘教授、“国家杰出青年基金”获得者等7人来校工作。现有3个省级特聘教授岗位，1人入选国家百千万人才工程，拥有全国优秀教师、全国模范教师、政府特殊津贴享受者、中原学者、省优秀专家、省教学名师、省特聘教授、海外留学归国专家、知名学者等300余人。

学校坚持科技兴校。建有干细胞与生物治疗国家地方联合工程实验室、分子诊断与医学检验技术河南省协同创新中心、河南省生物精神病学重点实验室、河南省医用组织再生重点实验室、博士后科研工作站、院士工作站等16个省部级以上科研基地。2014年，第三方医学检验中心获得河南省医疗机构许可证，成为适应医疗体制改革的新型临床检验中心。2015年，河南省干细胞与生物治疗工程研究中心获批建设，省级工程研究中心实现历史性突破。2016年，“干细胞与生物治疗国家地方联合工程实验室”成功获批为国家地方联合工程研究中心，国家级科技创新平台实现历史性突破。近5年来，承担国家自然科学基金资助项目137项，发表SCI收录论文1771篇。

学校坚持开放办学。注重国际合作与交流，与英国伍斯特大学、澳大利亚科文大学开展中外合作办学项目，与马来西亚理工大学开展联合培养博士项目；聘请法兰西科学院院士、国际免疫学家Bernard Malissen为荣誉教授，组建科研团队；建立中德医用组织再生实验室、中法免疫与模式动物实验室、中英脑功能损伤实验室等6个国际合作实验室。坚持“请进来”“走出去”，邀请樊代明院士、戚发轫院士、徐建国院士等专家学者来校交流，选派优秀教师赴国外进修、讲学或开展学术研究，营造良好的学术氛围。

学校社会声誉和影响力不断提升。在长期的办学实践中，历代新医人秉承“明德博学，至爱致用”的校训，薪火相传，矢志不渝，不懈奋斗，形成了“艰苦创业，自强不息”的优良传统和“团结、奋斗、求实、创新”的良好校风，逐渐积淀出自己的办学特色。学校被授予全国高校毕业生就业工作50强、河南省文明单位、河南省依法治校示范校、河南省文明标兵示范校、省级“平安校园”。

学校将高举中国特色社会主义伟大旗帜，深入贯彻党的十九大精神，适应新常态，抢抓新机遇，谋求新跨越，坚持内涵发展、创新发展、特色发展，实施质量立校、人才强校、科技兴校战略，主动融入和服务国家郑洛新自主创新示范区、中原经济区建设，加快推进学校转型发展，朝着建设优势突出、特色鲜明的高水平教学研究型医科大学而阔步迈进。

二、评价对象

2010年以来，学校坚持开展绩效评价工作，通过强化二级单位的绩效理念，提高竞争意识、成本意识、责任意识，改革与完善管理体制机制，优化资源配置，使学校办学水平得到不断提升。

本研究就新乡医学院如何开展2015年的绩效评价工作，阐明高校的管理实践中如何切实把绩效管理理念融入日常管理工作中。学校有21个二级教学单位，包括基础医学院、公共卫生学院、药学院、医学检验学院、护理学院、法医学系、管理学院、生命科学技术学院、心理学系、外国语言学系、生物医学工程学院、社科部、体育教学部、第一附属医院、第一临床学院、第二附属医院、第二临床学院、第三附属医院、第三临床学院、附属中心医院（第四临床学院）、附属人民医院（第五临床学院）。

为更好体现评价的公平性、可比性，2015年的评价工作分两部分，分别对校内的教学院（系、部）和附属医院进行评价，将临床学院纳入附属医院的评价体系中，不再单列，由于附属中心医院（第四临床学院）、附属人民医院（第五临床学院）并入学校时间较短，所以不纳入评价对象中。因此，教学院（系、部）绩效评价的评价对象指校内13个院（系、部），3个附属医院绩效评价的评价对象指第一、第二、第三附属医院。

三、二级教学单位绩效评价指标体系

（一）校内院（系、部）绩效评价指标体系的基本构架

基于往年的绩效评价指标体系，针对13个评价单位，2015年的投入评价仍然按照人力、财力、物力资源三个维度进行，产出评价按照人才培养、科学研究、教学工作、社会服务四个维度，构建了投入、产出指标体系（见表10–1）。

表10-1　新乡医学院院（系、部）绩效评价指标体系（2015年度）

一级指标	二级指标	三级指标	观测点	权重	备注
1. 投入指标	1.1 人力资源	1.1.1 师资规模	教职工总数（人）		
			专职教师总数（人）	0.20	
			专职辅导员人数(人)	0.20	
			其他人员人数（人）	0.50	
			外聘教师人数（人）	0.10	
		1.1.2 师资职称结构	教授人数（人）	0.45	
			副教授人数（人）	0.33	
			讲师和助教人数(人)	0.22	
		1.1.3 师资学历结构	博士学位人数（人）	0.45	
			硕士学位人数（人）	0.33	
			学士学位及其他人数（人）	0.22	
	1.2 财力资源	1.2.1 人员经费	人员经费总计（元）	0.20	人员经费=所有教职工工资表中“应发合计”+绩效工资+博士学位津贴+人事处高层次人才资助经费+人事处安家费住房补贴
		1.2.2 教学运行经费	院系经费（含公务费、教学业务费、学生活动费、实习费、见习费）（元）	0.20	
		1.2.3 科研运行经费	校拨科研经费（元）	0.20	
		1.2.4 专项经费	专项经费（元）	0.20	
		1.2.5 其他经费	其他经费（元）	0.20	

续表

一级指标	二级指标	三级指标	观测点	权重	备注
1. 投入指标	1.3 物力资源	1.3.1 办学设施	教学用房建筑面积（平方米）	0.40	教学用房指除第1、2、3教学楼公用教室外的院系专用教室、实验室及其附属用房、图书资料室、教研室等教学用房面积，以建筑图纸为依据。
			办公用房建筑面积（平方米）	0.60	办公用房指院系专属的、除教学用房外的其他用房面积。
		1.3.2 教学设备	教学科研仪器设备总值（元）	0.30	
			办公设备总值（元）	0.40	
			图书资料总值（元）	0.30	图书资料总值指纳入院系固定资产的图书资料的总价值。
2. 产出指标	2.1 人才培养	2.1.1人才培养规模	在校生人数合计(人)	—	
			在校本科生数（人）	0.18	
			在校研究生数（人）	0.27	
			在校留学生数（人）	0.55	
		2.1.2人才培养质量	学位获取率（%）	0.40	学位获取率=（本科生学位获取率+研究生学位获取率）÷2
			年底应届本科生就业率（%）	0.40	年底应届本科生就业率=年底应届本科生就业数/当年应届毕业生数×100%
			学生参加各类省级以上比赛获奖人次（次）	0.20	

续表

一级指标	二级指标	三级指标	观测点	权重	备注
2. 产出指标	2.1 人才培养	2.1.3学生科研	本科生公开发表论文、作品数（篇）	0.30	
			研究生公开发表论文、作品数（篇）	0.30	
			省级以上优秀硕士论文数（篇）	0.40	
		2.1.4师资队伍优化	年度教师职称晋升人次（人次）	0.50	年度教师职称晋升人次指当年度晋升为上一级别职称的教职工总人数
			年度教师博士、硕士学位获得人次（人次）	0.50	年度教师博士、硕士学位获得人次指当年度教师在职获得博士、硕士学位的总人数
	2.2 科学研究	2.2.1 科研项目	科研项目立项总数（项）	—	
			国家级立项数（项）	0.50	
			省部级立项数（项）	0.30	
			厅级校级立项数(项)	0.20	
		2.2.2 科研成果	科研项目结项总数（项）	—	
			国家级项目结项数（项）	0.50	
			省部级结项数（项）	0.30	
			厅级校级结项数(项)	0.20	

续表

一级指标	二级指标	三级指标	观测点	权重	备注
2. 产出指标	2.2 科学研究	2.2.3 发表论文	论文数（篇）		
			被SCI、EI、ISTP或A&HCI、CSSCI收录，或被《新华文摘》《高等学校文科学报文摘》全文收录（篇）	0.70	
			中文核心期刊及本学科领域公认的权威性学术刊物、国家级一级学术刊物（篇）	0.25	权威期刊以《关于印发〈新乡医学院权威期刊目录（试行）〉的通知》（校科外[2010]5号）为认定依据
			一般CN学术期刊(篇)	0.05	
		2.2.4 出版著作（教材）	公开出版著作数(册)	0.14	
			教育部、卫生部规划教材数（册）	0.72	
			省政府主管部门批准的省级规划教材数（册）	0.14	
		2.2.5 专利	专利数（项）	—	
			发明专利（项）	0.90	
			实用新型专利、外观设计专利（项）	0.10	
		2.2.6 科研奖励	科研成果奖励总数（项）	—	
			国家级奖（项）	0.44	
			省部级一等（项）	0.20	
			省部级二等（项）	0.16	
			省部级三等（项）	0.11	
			厅级校级奖（项）	0.09	

续表

一级指标	二级指标	三级指标	观测点	权重	备注
2. 产出指标	2.2 科学研究	2.2.7 学术交流	举办学术交流会议次数（人次）	0.60	特指举办省级以上学术交流会议
			开讲校内博士论坛人次（人次）	0.10	
			派出进修访问学者人次（人次）	0.10	
			出席国际学术会议人次（人次）	0.10	
			国际会议交流论文数（人次）	0.10	
	2.3 社会服务	2.3.1 经济收入	成果转化收入（元）	0.34	出具有关的财务证明材料
			争取科研经费（元）	0.33	出具有关的财务证明材料
			其他创收（元）	0.33	出具有关的财务证明材料
		2.3.2 社会影响	成果转化数（项）	0.50	
			重大研究成果各级政府决策采信数（项）	0.50	出具政府部门采信证明材料
	2.4 教学工作	2.4.1 教学工作量	教学工作总量(学时)	—	
			理论课教学量(学时)	0.25	
			见习教学量（学时）	0.25	
			实习教学量（学时）	0.25	
			实验教学量（学时）	0.25	
		2.4.2 教学质量工程	特色专业及专业综合改革试点数（个）	—	
			国家级（个）	0.15	
			省级（个）	0.05	

续表

一级指标	二级指标	三级指标	观测点	权重	备注
2. 产出指标	2.4 教学工作	2.4.2 教学质量工程	精品资源共享课程数（个）	—	
			国家级（个）	0.15	
			省级（个）	0.05	
			实验示范中心数(个)	—	
			国家级（个）	0.15	
			省级（个）	0.05	
			教学团队数（个）	—	
			国家级（个）	0.15	
			省级（个）	0.05	
			教学名师（位）	—	
			国家级教学名师(位)	0.08	
			省级教学名师（位）	0.04	
			省级特聘教授（位）	0.08	
		2.4.3 教学研究	教改项目立项数(项)	0.2	
			国家级（项）	0.1	
			省级（项）	0.08	
			厅级校级（项）	0.02	
			教改项目结项数(项)	0.3	
			国家级（项）	0.15	
			省级（项）	0.1	
			厅级校级（项）	0.05	
			教育科学研究成果奖数（项）	0.5	
			一等奖（项）	0.4	
			二等奖（项）	0.1	

续表

一级指标	二级指标	三级指标	观测点	权重	备注
2. 产出指标	2.4 教学工作	2.4.4 教学成果	教学成果奖数（项）	—	
			国家级教学成果奖数（项）	0.5	
			省级教学成果奖数（项）	0.3	
			特等奖（项）	0.15	
			一等奖（项）	0.10	
			二等奖（项）	0.05	
			校级教学成果奖数（项）	0.2	
			特等奖（项）	0.10	
			一等奖（项）	0.06	
			二等奖（项）	0.04	

说明：

1. 表中“教学工作量”的计算时间：2014—2015学年第二学期和2015—2016学年第一学期。其余指标截止时间为2015年的12月31日。

2. 所有指标均填写原始数据，不需要按“权重”折算。

3. “教学工作量”为折合后的标准学时。标准学时计算方法为：教师每完成1学时小班理论课（本科、三全学院、成人教育）为1个标准学时；1学时大班理论课、研究生课、留学生课为1.5个标准学时；1学时实验课、见习、实习教学、指导毕业设计、毕业论文为0.7个标准学时；实验技术人员1学时实验课为0.5 个标准学时。教师完成的1学时研究生实验课为1.05个标准学时，实验技术人员完成1学时研究生实验课为0.75个标准学时。

4. 表中各指标数据缺少或为零的，请填“0”。

5. 表中所有涉及的各类数据以在学校人事、教学、科技、财务、国资、高等医学教育研究、学生及就业指导与服务等管理部门登记备案的为准。

（二）附属医院绩效评价指标体系的基本构架

为保证绩效评价结果在时间序列上的可比性，2015年度针对附属医院继续采用2014年附属医院绩效评价指标体系（见表10-2）。

表10-2　新乡医学院附属医院绩效评价指标体系（2015年度）

一级指标	二级指标	三级指标	观测点	权重	备注
1. 投入指标	1.1 人力资源	1.1.1 规模	在职职工总数（人）	—	
			医师人数（人）	0.40	
			护士人数（人）	0.40	
			其他人员人数（人）	0.20	
		1.1.2 职称结构	主任医师人数（人）	0.45	
			副主任医师人数（人）	0.33	
			医师及以下职称人数（人）	0.22	
		1.1.3 师资学历结构	博士学位人数（人）	0.45	
			硕士学位人数（人）	0.33	
			学士学位及其他人数（人）	0.22	
	1.2 财力资源	1.2.1 资金投入	年医疗业务总支出（万元）	0.40	
			财政专项支出（万元）	0.10	
			科教项目支出（万元）	0.30	
			管理费用（万元）	0.10	
			其他支出（万元）	0.10	
	1.3 物力资源	1.3.1 设备设施	建筑面积（平方米）	0.30	
			固定资产总值（万元）	0.30	
			实际开放总床位（张）	0.30	
2. 产出指标	2.1 人才培养	2.1.1人才培养规模	在校生人数合计（人）	—	
			在校本科生数（人）	0.18	
			在校研究生数（人）	0.27	
			在校留学生数（人）	0.55	

续表

一级指标	二级指标	三级指标	观测点	权重	备注
2. 产出指标	2.1 人才培养	2.1.2 人才培养质量	学位获取率（%）	0.40	学位获取率=（本科生学位获取率+研究生学位获取率）÷2
			年底应届本科生就业率（%）	0.40	年底应届本科生就业率=年底应届本科生就业数/当年应届毕业生数×100%
			学生参加各类省级以上比赛获奖人次（人次）	0.20	
		2.1.3 学生科研	本科生公开发表论文、作品数（篇）	0.30	
			研究生公开发表论文、作品数（篇）	0.30	
			省级以上优秀硕士论文数（篇）	0.40	
		2.1.4 师资队伍优化	年度教师职称晋升人次（人次）	0.50	年度教师职称晋升人次指当年度晋升为上一级别职称的教职工总人数
			年度教师博士、硕士学位获得人次（人次）	0.50	年度教师博士、硕士学位获得人次指当年度教师在职获得博士、硕士学位的总人数
	2.2 科学研究	2.2.1 科研项目	科研项目立项总数(项)	—	
			国家级立项数（项）	0.50	
			省部级立项数（项）	0.30	
			厅级校级立项数（项）	0.20	
		2.2.2 科研成果	科研项目结项总数(项)	—	
			国家级项目结项数(项)	0.50	
			省部级结项数（项）	0.30	
			厅级校级结项数（项）	0.20	

续表

一级指标	二级指标	三级指标	观测点	权重	备注
2. 产出指标	2.2 科学研究	2.2.3 发表论文	论文数（篇）	—	
			被SCI、EI、ISTP或A&HCI、CSSCI收录，或被《新华文摘》、《高等学校文科学报文摘》全文收录（篇）	0.70	
			中文核心期刊及本学科领域公认的权威性学术刊物、国家级一级学术刊物（篇）	0.25	权威期刊以《关于印发〈新乡医学院权威期刊目录（试行）〉的通知》（校科外[2010]5号）为认定依据
			一般CN学术期刊(篇)	0.05	
		2.2.4 出版著作（教材）	公开出版著作数（册）	0.14	
			教育部、卫生部规划教材数（册）	0.72	
			省政府主管部门批准的省级规划教材数（册）	0.14	
		2.2.5 专利	专利数（项）	—	
			发明专利（项）	0.90	
			实用新型专利、外观设计专利（项）	0.10	
		2.2.6 科研奖励	科研成果奖励总数(项)	—	
			国家级奖（项）	0.44	
			省部级一等（项）	0.20	
			省部级二等（项）	0.16	
			省部级三等（项）	0.11	
			厅级校级奖（项）	0.09	

续表

一级指标	二级指标	三级指标	观测点	权重	备注
2. 产出指标	2.2 科学研究	2.2.7 学术交流	举办学术交流会议次数（次）	0.60	特指举办省级以上学术交流会议
			开讲校内博士论坛人次（次）	0.10	
			派出进修访问学者人次（人次）	0.10	
			出席国际学术会议人次（人次）	0.10	
			国际会议交流论文数（人次）	0.10	
	2.3 社会服务	2.3.1 经济效益	财务总收入（万元）	0.20	
			业务收入（万元）	0.20	
			每百元固定资产医疗收入（万元）	0.20	
			职工人均年业务收入（万元）	0.20	
			药占比（%）	0.20	
		2.3.2 工作效率	门急诊人次（人次）	0.2	
			手术例数（人）	0.2	
			实际开放总床日数（床日）	0.2	
			病床使用率（%）	0.2	
			病床周转次数（次）	0.2	
	2.4 教学工作	2.4.1 教学工作量	教学工作总量（学时）	—	
			理论课教学量（学时）	0.25	
			见习教学量（学时）	0.25	
			实习教学量（学时）	0.25	
			实验教学量（学时）	0.25	

续表

一级指标	二级指标	三级指标	观测点	权重	备注
2. 产出指标	2.4 教学工作	2.4.2 教学质量工程	特色专业及专业综合改革试点数（个）	—	
			国家级（个）	0.15	
			省级（个）	0.05	
			精品资源共享课程数（个）	—	
			国家级（个）	0.15	
			省级（个）	0.05	
			实验示范中心数（个）	—	
			国家级（个）	0.15	
			省级（个）	0.05	
			教学团队数（个）	—	
			国家级（个）	0.15	
			省级（个）	0.05	
			教学名师（位）	—	
			国家级教学名师（位）	0.08	
			省级教学名师（位）	0.04	
			省级特聘教授（位）	0.08	
		2.4.3 教学研究	教改项目立项数（项）	0.2	
			国家级（项）	0.1	
			省级（项）	0.08	
			厅级校级（项）	0.02	
			教改项目结项数（项）	0.3	
			国家级（项）	0.15	
			省级（项）	0.1	
			厅级校级（项）	0.05	
			教育科学研究成果奖数（项）	0.5	
			一等奖（项）	0.4	
			二等奖（项）	0.1	

续表

一级指标	二级指标	三级指标	观测点	权重	备注
2. 产出指标	2.4 教学工作	2.4.4 教学成果	教学成果奖数（项）	—	
			国家级教学成果奖数（项）	0.5	
			省级教学成果奖数（项）	0.3	
			特等奖（项）	0.15	
			一等奖（项）	0.10	
			二等奖（项）	0.05	
			校级教学成果奖数（项）	0.2	
			特等奖（项）	0.10	
			一等奖（项）	0.06	
			二等奖（项）	0.04	

（三）评价指标说明

根据表10–1、表10–2，对评价指标外延及内涵的变化，说明如下：

表10–3　校内院（系、部）与附属医院绩效评价指标的对比

序号	指标名称	校内院（系、部）评价	附属医院评价
1	1.1.1 规模	专职教师总数、专职辅导员人数、其他人员人数、外聘教师人数	医师人数、护士人数、其他人员人数
2	1.1.2 职称结构	教授人数、副教授人数、讲师和助教人数	主任医师人数、副主任医师人数、医师及以下职称人数
3	1.2 财力资源	人员经费、教学运行经费、科研运行经费、专项经费、其他经费	年医疗业务总支出、财政专项支出、科教项目支出、管理费用、其他支出
4	1.3 物力资源	教学用房建筑面积、办公用房建筑面积、教学科研仪器设备总值、办公设备总值、图书资料总值	建筑面积、固定资产总值、实际开放总床位
5	2.3.1 经济收入	成果转化收入、争取科研经费、其他创收	财务总收入、业务收入、每百元固定资产医疗收入、职工人均年业务收入、药占比

四、评价方法

选择评价方法遵循以下原则：一是评价方法能综合体现投入与产出在数量、质量、功效、价值等方面的统一关系；二是有助于将多投入、多产出的多项不能直接比对的指标，转化为单投入、单产出，进而得到综合了投入与产出的绩效值。

因此，我们选择层次分析法、因子分析法与聚类分析法以及DEA（数据包络分析）法，通过设计、筛选投入产出指标，将其降维后计算投入、产出的综合得分，再运用“产出—投入”数学模型计算出每个二级教学单位的绩效分值。

五、评价指标权重

2010年，在参考国内外已有相关文献资料的基础上，结合专家意见和医学院校的实际情况，经过召开专家讨论会、问卷调查，采用层次分析法确定了《新乡医学院院系绩效评价指标体系》及其权重。构建的指标体系分为投入指标和产出指标，建立了合理的输入与输出指标体系，使得每个指标的边界清楚，指标的计算口径基本一致，指标数据比较容易获取。从人力、物力和财力投入来设计二级教学单位投入指标，从高校的教学、科研、社会服务三大职能的角度来设计二级教学单位产出指标。经过6年的实践应用，我们构建的评价指标体系能较好地评价各单位的办学绩效。

表10-4 新乡医学院校内院（系、部）投入评价指标及权重系数简表

一级指标及权重	二级指标及权重	三级指标	三级指标及权重
人力资源0.4	师资规模0.33	专职教师总数	0.2
		专职辅导员人数	0.2
		其他人员人数	0.5
		外聘教师人数	0.1
	师资职称结构0.33	教授人数	0.45
		副教授人数	0.33
		讲师和助教人数	0.22
	师资学历结构0.33	博士学位人数	0.45
		硕士学位人数	0.33

续表

一级指标及权重	二级指标及权重	三级指标	三级指标及权重
		学士学位及其他人数	0.22
财力资源0.3	人员经费0.2	—	—
	教学运行经费0.2	—	—
	科研运行经费0.2	—	—
	专项经费0.2	—	—
	其他经费0.2	—	—
物力资源0.3	办学设施0.5	教学用房建筑面积	0.4
		办公用房建筑面积	0.6
	教学设备0.5	教学科研仪器设备总值	0.3
		办公设备总值	0.4
		图书资料总值	0.3

表10–5 新乡医学院附属医院投入评价指标及权重系数简表

一级指标及权重	二级指标及权重	三级指标	三级指标及权重
人力资源0.4	师资规模0.33	医师人数	0.4
		护士人数	0.4
		其他人员人数	0.1
	师资职称结构0.33	主任医师人数	0.45
		副主任医师人数	0.33
		医师及以下职称人数	0.22
	师资学历结构0.33	博士学位人数	0.45
		硕士学位人数	0.33
		学士学位及其他人数	0.22
财力资源0.3	资金投入1	年医疗业务总支出	0.2
		每百元业务收入的业务支出	0.2
		财政专项支出	0.2
		科教项目支出	0.2
		管理费用	0.1
		其他支出	0.1
物力资源0.3	设备设施1	建筑面积	0.3
		固定资产总值	0.3
		实际开放总床位	0.4

表10-6 新乡医学院二级教学单位产出评价指标及权重系数简表

一级指标	一级指标权重	二级指标	二级指标权重
人才培养	0.2894	人才培养规模	0.3034
		人才培养质量	0.2717
		学生科研	0.1794
		师资队伍优化	0.2455
科学研究	0.2607	科研项目	0.1539
		科研成果	0.1639
		发表论文	0.1790
		出版著作和教材	0.1076
		专利	0.1371
		科研奖励	0.1294
		学术交流	0.1291
社会服务	0.2020	经济收入	0.5000
		社会影响	0.5000
教学工作	0.2497	教学工作量	0.2500
		教学质量工程	0.2500
		教学研究	0.2500
		教学成果	0.2500

第二节 层次分析法的实证分析

一、校内院（系、部）层次分析法评价结果

（一）2015年院（系、部）投入评价结果

1. 综合投入排名

表10-7 2015年院（系、部）综合投入的排名情况

年度 院系	2015年度		
	综合投入值	排名	占总投入比重（%）
基础医学院	99.5566	1	25.48
公共卫生学院	37.2853	2	9.54

续表

年度 院系	2015年度		
	综合投入值	排名	占总投入比重（%）
药学院	31.8869	3	8.16
体育教学部	30.8829	4	7.90
护理学院	30.3091	5	7.76
管理学院	26.6941	6	6.83
医学检验学院	26.0686	7	6.67
生命科学技术学院	21.5299	8	5.51
外国语言学系	20.5094	9	5.25
心理学系	17.7150	10	4.53
法医学系	17.6097	11	4.51
社会科学部	16.1101	12	4.12
生物医学工程学院	14.5578	13	3.73

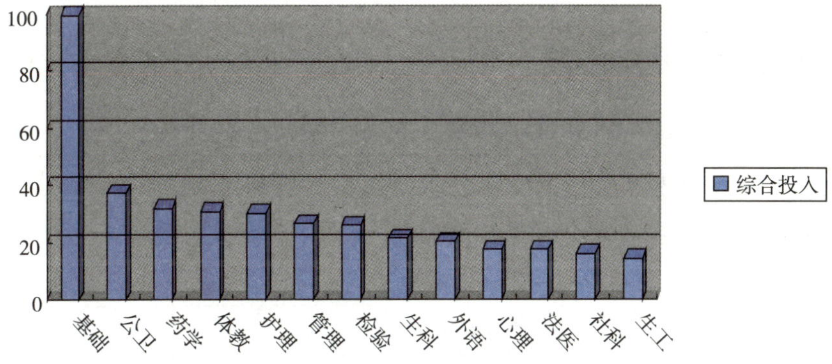

图10-1　2015年13个院（系、部）综合投入情况

截至2015年，基础医学院获得的综合投入排名第1，远远领先于其他院系，是排名末位生物医学工程学院综合投入的六倍多，是排名第2位药学院的2.67倍。公共卫生学院、药学院、体育教学部和护理学院的综合投入较接近，投入值介于30~38之间，管理、检验、生科、外语的综合投入值介于20~27之间，心理、法医、社科和生工的综合投入处于同一水平，投入值介于14~18之间。

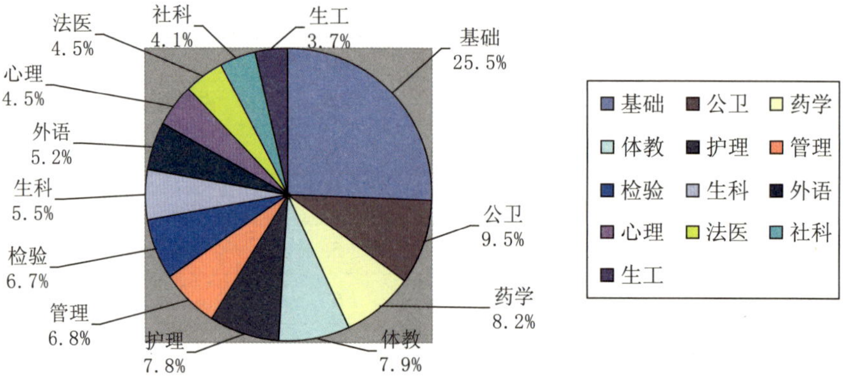

图10-2　2015年13个院（系、部）综合投入分布

截至2015年，基础医学院获得的综合投入为25.48%，约占全校院（系、部）总投入的近1/4；公共卫生学院、药学院、体育教学部和护理学院位于第二梯队，分别占总投入的7.5%~9.5%；管理学院、医学检验学院、生命科学技术学院、外语学院位于第三梯队，分别从学校获得总投入的5%~7%；心理学系、法医学系、社会科学部和生物医学工程学院分别从学校获得总投入的约4%，其中，生物医学工程学院获得的总投入比例最小，仅占3.73%。

2. 人均投入绩效排名

表10-8　2015年院（系、部）人均投入的排名情况

院系＼年度	2015年度	
	人均投入值	排名
体育教学部	102.94	1
护理学院	86.60	2
法医学系	80.04	3
公共卫生学院	65.41	4
医学检验学院	59.25	5
管理学院	53.39	6
心理学系	50.61	7
社会科学部	48.82	8
药学院	44.91	9

续表

院系＼年度	2015年度	
	人均投入值	排名
生物医学工程学院	44.11	10
外国语言学系	38.70	11
生命科学技术学院	35.29	12
基础医学院	33.75	13

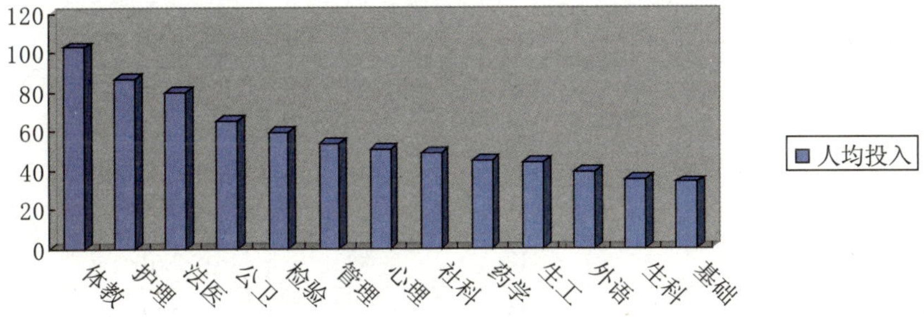

图10-3　2015年院（系、部）人均投入情况

截至2015年，体育教学部获得的人均投入最高，达到102.94，是人均投入最末位的基础医学院的3.05倍。体育教学部、护理学院和法医学系获得的人均投入，位于第一梯队，其投入值介于80~105之间。公共卫生学院、医学检验学院、管理学院和心理学系所获人均投入位于第二梯队，人均投入值介于50~65之间。社会科学部、药学院和生物医学工程学院所获人均投入位于第三梯队，人均投入值介于44~50之间。外国语言学系、生命科学技术学院、基础医学院所获人均投入是第四梯队，获得的人均投入值介于30~40之间。

各院系获得人均投入的差距，要小于获得的综合投入的差距。

3. 财力资源投入排名

表10-9　2015年院（系、部）财力资源投入的排名情况

院系＼年度	2015年度	
	财力资源年度投入排名	占财力总投入的比重（%）
基础医学院	1	40.36
药学院	2	9.45

续表

院系 \ 年度	2015年度	
	财力资源年度投入排名	占财力总投入的比重（%）
公共卫生学院	3	7.84
生命科学技术学院	4	7.17
体育教学部	5	6.09
医学检验学院	6	5.64
生物医学工程学院	7	5.40
管理学院	8	4.39
外国语言学系	9	3.50
护理学院	10	2.75
社会科学部	11	2.70
心理学系	12	2.61
法医学系	13	2.11

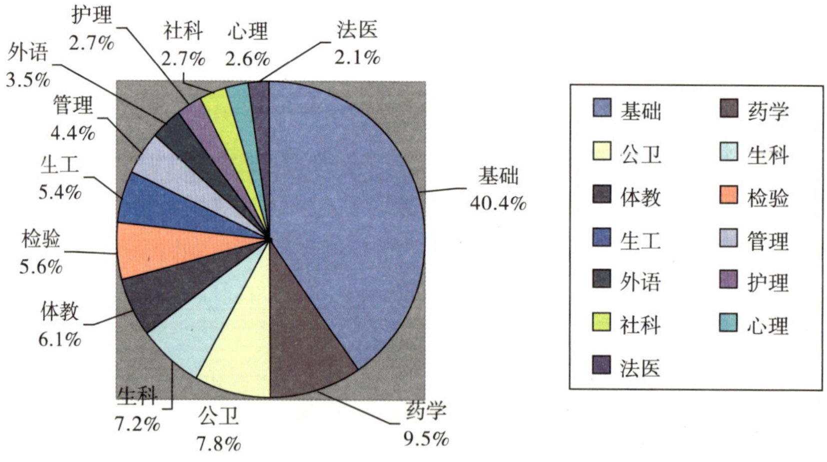

图10-4　2015年院（系、部）财力资源投入情况

2015年，基础医学院获得的财力资源投入最大，占院系投入总量的40.36%；药学院获得的财力资源的比重达到9.45%，排名第二；这两个院系获得的财力投入占院系总财力投入的50%。公共卫生学院、生命科学技术学院获得的投入位于同一档次，大约占7%~8%。体育教学部、医

学检验学院、生物医学工程学院、管理学院和外国语言学系等5个院系获得的财力总投入占总量的1/4。护理学院、社会科学部、心理学系和法医学系等4个院系获得的财力投入处于最低水平，其所占比重介于2%~3%之间。

4. 教学设备累计投入排名

表10-10　2015年院（系、部）教学设备累计投入的排名情况

院系＼年度	2015年度	
	教学设备累计总投入排名	占学校总投入的比重（%）
基础医学院	1	36.57
药学院	2	15.10
医学检验学院	3	10.84
公共卫生学院	4	9.62
生命科学技术学院	5	5.60
生物医学工程学院	6	5.57
外国语言学系	7	4.05
心理学系	8	3.37
护理学院	9	3.36
法医学系	10	2.07
体育教学部	11	1.77
管理学院	12	1.65
社会科学部	13	0.42

截至2015年，基础医学院获得的累计投入最多，占院系总投入的36.6%，是排名第2位的药学院的2.42倍，这一差距比2014年的2.86倍缩小了0.44。药学院、医学检验学院和公共卫生学院三个院系，占总投入的比例达到了1/3。体育教学部、管理学院和社会科学部获得的累计投入处于相对最低水平，其值介于0.4%~1.8%，其中，社会科学部获得的累计投入仅占教学设备总投入的0.42%。

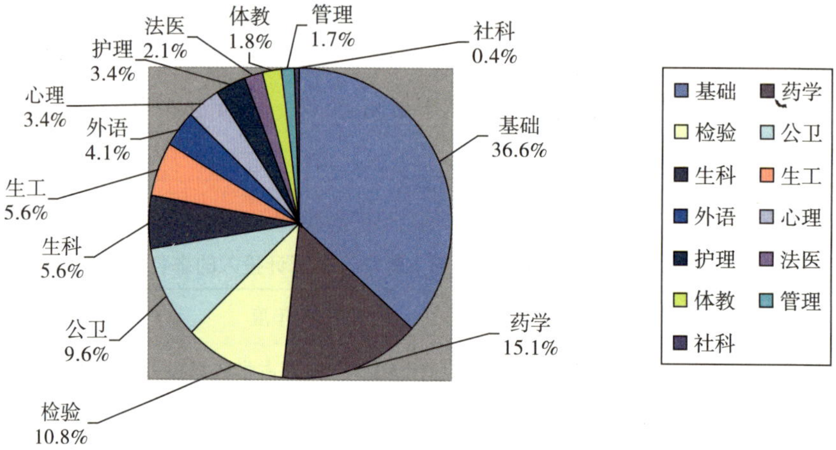

图10-5 2015年度院（系、部）教学设备累计投入分布

5. 人力资源投入综合绩效排名

表10-11 2015年度院（系、部）人力资源综合投入及排名

院系 \ 年度	2015年度		
	人力资源综合投入	排名	占人力资源总投入的比重（%）
基础医学院	25.3846	1	26.72
药学院	11.8440	2	12.47
医学检验学院	8.3092	3	8.75
生命科学技术学院	8.0139	4	8.44
公共卫生学院	7.3131	5	7.70
管理学院	5.1613	6	5.43
外国语言学系	4.7885	7	5.04
体育教学部	4.5684	8	4.81
护理学院	4.5007	9	4.74
生物医学工程学院	4.4584	10	4.69
心理学系	3.9413	11	4.15
法医学系	3.4954	12	3.68
社会科学部	3.2168	13	3.39

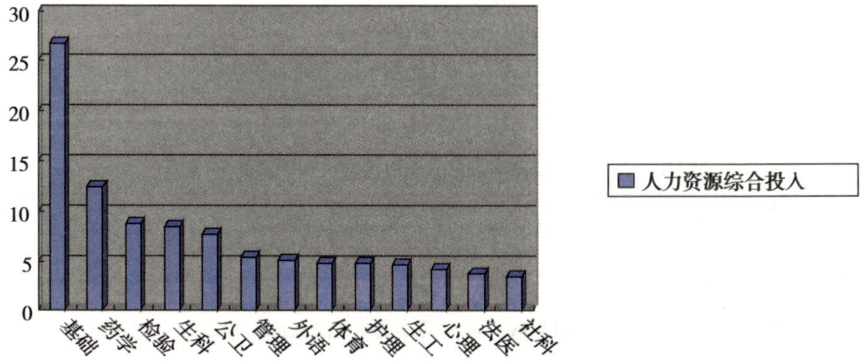

图10-6 2015年院（系、部）人力资源综合投入情况

基础医学院获得的人力资源综合投入排名第一，是排名第二位的药学院的2.14倍。医学检验学院、生命科学技术学院和公共卫生学院的人力资源综合投入值介于7.7~8.8之间，处于人力资源投入的第三梯队。管理学院、外国语言学系、体育教学部、护理学院、生物医学工程学院、心理学系六个院系获得的人力资源投入水平相当，其值介于4~5.5之间，法医学系及社会科学部两个院系的人力资源投入位于学校相对较低水平，其值介于3.3~3.7之间。

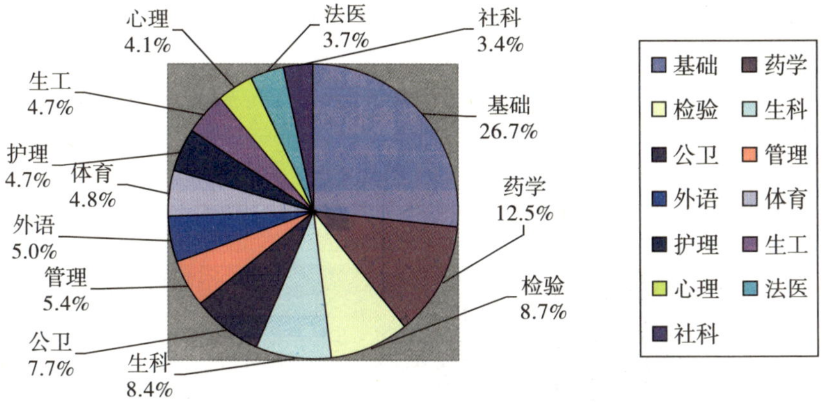

图10-7 2015年度院（系、部）人力资源投入分布

2015年度，基础医学院获得的人力资源投入占院系人力资源总投入的1/4，药学院、医学检验学院和生命科学技术学院三个院系的人力资源投入达到院系人力资源总投入的近1/3。

（二）2015年院（系、部）产出评价结果

1. 综合产出排名

表10-12　2015年院（系、部）综合产出的排名情况

年度/院系	2015年度		
	综合产出值	排名	占总产出比重（%）
基础医学院	44.06	1	19.73
生命科学技术学院	26.50	2	11.87
管理学院	21.73	3	9.73
公共卫生学院	19.21	4	8.60
药学院	18.39	5	8.24
医学检验学院	15.30	6	6.85
护理学院	14.59	7	6.54
外国语言学系	13.41	8	6.00
生物医学工程学院	12.96	9	5.80
社会科学部	12.31	10	5.51
法医学系	10.44	11	4.68
心理学系	9.76	12	4.37
体育教学部	4.63	13	2.07

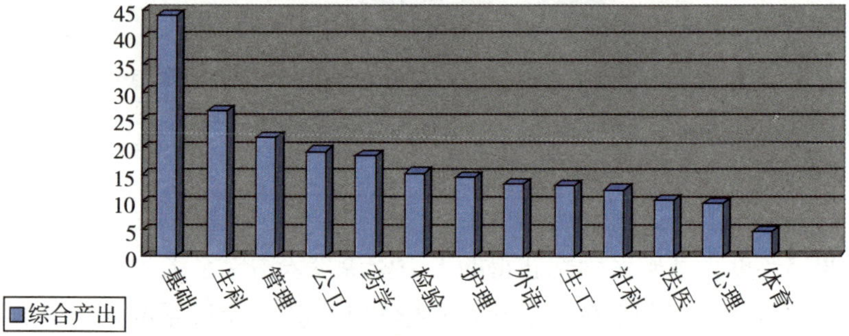

图10-8　2015年院（系、部）综合产出情况

2015年度，基础医学院的综合产出值仍然排名第1位。从产出值看，基础医学院位于第一梯队；生命科学技术学院位于第二梯队，产出值介于25~30之间；管理学院、公共卫生学院和药学院位于第三梯队，产出值介于18~22之间；医学检验学院、护理学院、外国语言学系、生物医学工程学院、社会科学部位于第四梯队，产出值介于12~16之间；法医学和心理学系的产出处于同一层次，产出值介于4~5之间。

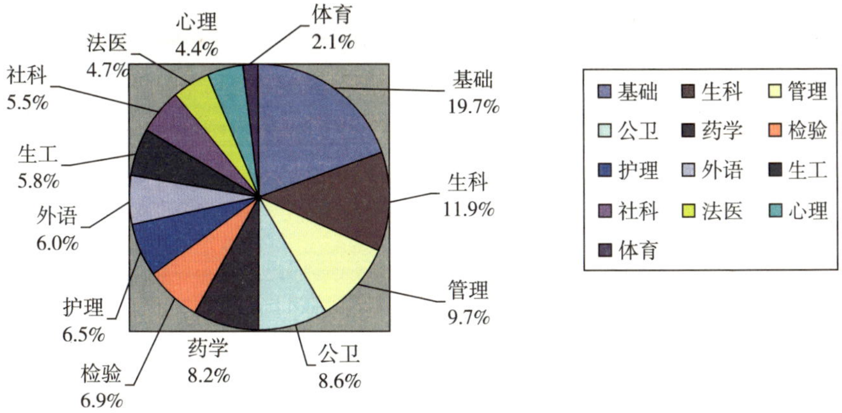

图10-9　2015年院（系、部）综合产出分布

2015年度，基础医学院的综合产出占院系总产出的20%，生命科学技术学院、管理学院和公共卫生学院三个院系的产出总和，占院系总产出的1/3，药学院、医学检验学院、护理学院、外国语言学系、生物医学工程学院、社会科学部、法医学系、心理学系和体育教学部等9个院系的产出总和占院系总产出的1/2。

2. 人均综合产出排名

表10-13　2015年院（系、部）人均综合产出的排名情况

年度 / 院系	2015年度	
	人均综合产出	排名
法医学系	47.48	1
管理学院	43.46	2
生命科学技术学院	43.44	3
护理学院	41.70	4

续表

院系＼年度	2015年度	
	人均综合产出	排名
生物医学工程学院	39.27	5
社会科学部	37.30	6
医学检验学院	34.78	7
公共卫生学院	33.70	8
心理学系	27.89	9
药学院	25.90	10
外国语言学系	25.30	11
体育教学部	15.43	12
基础医学院	14.94	13

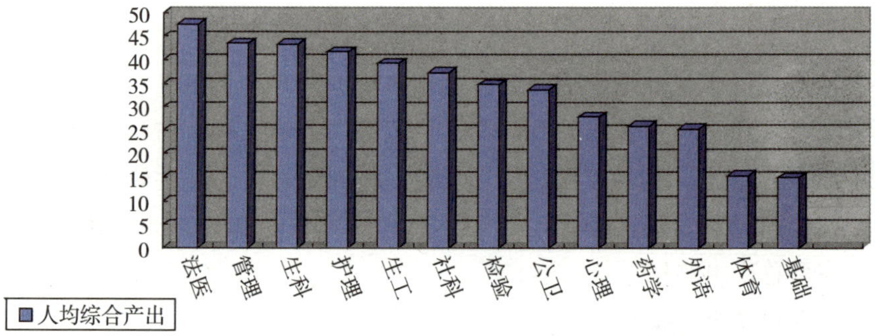

图10-10 2015年院（系、部）人均综合产出情况

2015年，法医学系人均产出位列第一，其人均综合产出值达到47.48，是人均产出最小值的3倍；管理学院、生命科学技术学院、护理学院属于第二梯队，其值介于41~44之间；生物医学工程学院、社会科学部、医学检验学院和公共卫生学院属于第三梯队，其值介于33~40之间；心理学系、药学院和外语系位列第四梯队，其值介于25~28。

3. 资金均产出排名

表10-14 2015年院（系、部）资金均产出的排名情况

院系 \ 年度	2015年度	
	资金均产出	排名
护理学院	36.55	1
法医学系	36.48	2
管理学院	34.08	3
社会科学部	31.40	4
外国语言学系	26.39	5
心理学系	25.79	6
生命科学技术学院	25.43	7
生物医学工程学院	20.76	8
医学检验学院	18.69	9
公共卫生学院	16.87	10
药学院	15.93	11
基础医学院	8.92	12
体育教学部	7.51	13

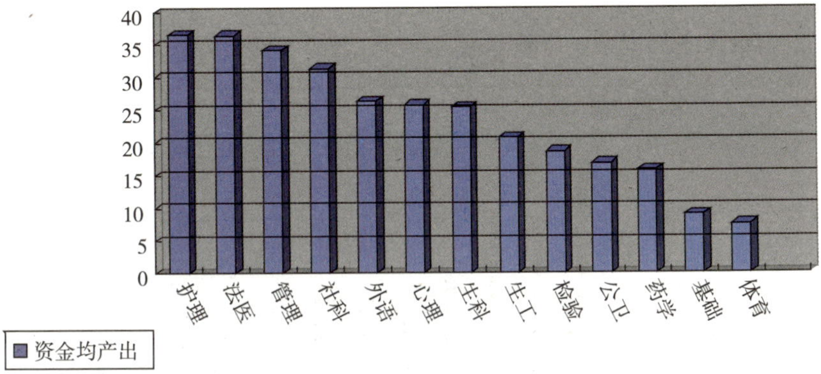

图10-11 2015年院（系、部）资金均产出情况

2015年，护理学院的资金均产出绩效排名第一，护理学院、法医学系、管理学院和社会科学部的资金均产出绩效属于第一梯队，其值介于

30~37之间。外国语言学系、心理学系和生命科学技术学院属于第二梯队，其值介于25~27之间。生物医学工程学院、医学检验学院、公共卫生学院和药学院属于第三梯队，其值介于15~21之间。

2. 人才培养产出绩效排名

表10-15　2015年院（系、部）人才培养产出的排名情况

年度 / 院系	2015年度		
	人才培养产出	排名	占总人才培养产出的比重（%）
基础医学院	3.09	1	17.21
管理学院	2.30	2	12.77
生命科学技术学院	2.24	3	12.45
药学院	1.55	4	8.61
护理学院	1.39	5	7.75
法医学系	1.23	6	6.86
医学检验学院	1.22	7	6.80
公共卫生学院	1.19	8	6.59
生物医学工程学院	1.13	9	6.26
外国语言学系	1.03	10	5.72
心理学系	0.89	11	4.95
社会科学部	0.52	12	2.92
体育教学部	0.20	13	1.11

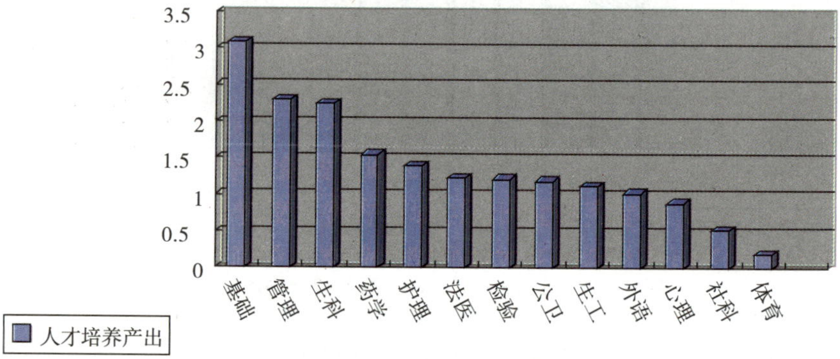

图10-12　2015年院（系、部）人才培养产出情况

2015年度，基础医学院人才培养产出最高，位于学校人才培养产出的第一梯队。管理学院和生命科学技术学院位于学校人才培养产出的第二梯队，其值介于2~2.5之间。药学院、护理学院、法医学系、医学检验学院、公共卫生学院、生物医学工程学院和外国语言学系等7个院系位于第三梯队，其值介于1.0~1.5之间。心理学系、社会科学部和体育教学部位于第四梯队。

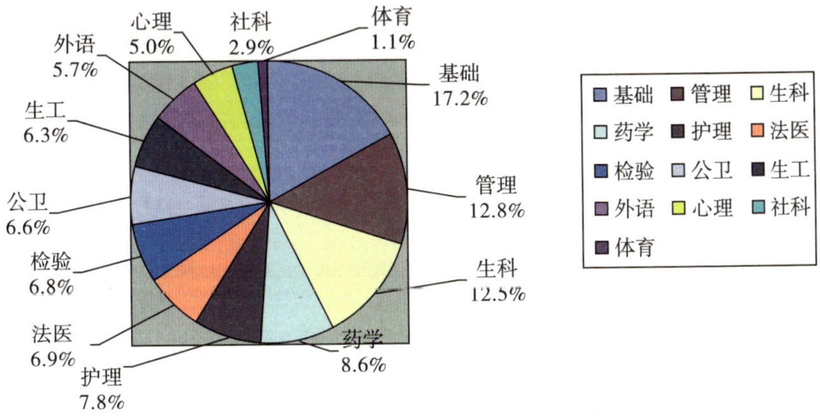

图10-13 2015年院（系、部）人才培养产出的分布

2015年度，在学校人才培养总产出中，基础医学院的人才培养产出占总产出的近1/5，管理学院、生命科学技术学院和药学院三个院系的人才培养产出总和占1/3，护理学院、法医学系、医学检验学院、公共卫生学院、生物医学工程学院等院系的产出分别占6%~8%。外国语言学系和心理学系分别占5%~6%。社会科学部和体育教学部因没有本科学生，其人才培养产出难以提高。

3. 科学研究产出绩效排名

表10-16 2015年院（系、部）科学研究产出的排名情况

年度 / 院系	2015年度		
	科学研究产出	排名	占科学研究总产出的比重（%）
基础医学院	4.12	1	24.19
生命科学技术学院	2.54	2	14.90
药学院	1.75	3	10.26

续表

院系＼年度	2015年度		
	科学研究产出	排名	占科学研究总产出的比重（%）
公共卫生学院	1.48	4	8.69
医学检验学院	1.29	5	7.58
生物医学工程学院	1.28	6	7.55
管理学院	1.16	7	6.84
社会科学部	0.95	8	5.58
外国语言学系	0.75	9	4.39
护理学院	0.70	10	4.12
心理学系	0.68	11	3.98
法医学系	0.18	12	1.03
体育教学部	0.15	13	0.88

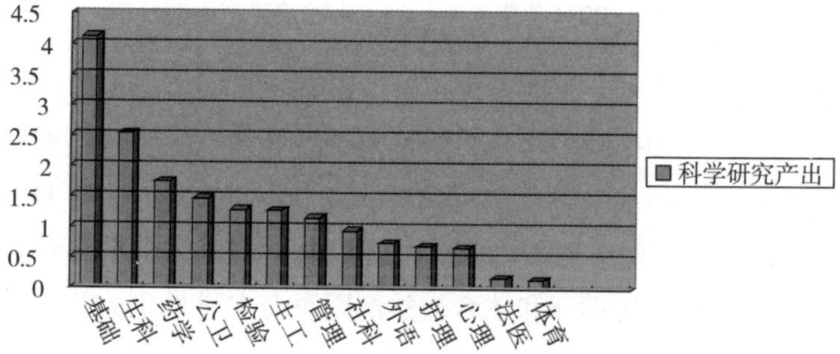

图10–14　2015年院（系、部）科学研究产出

2015年度，基础医学院的科研产出位居第一，是排名第2位的生命科学技术学院的1.62倍，对科研产出总量的贡献率达到24.19%。基础医学院、生命科学技术学院和药学院三个院系的科研产出占科研产出总量的1/2。公共卫生学院、医学检验学院、生物医学工程学院和管理学院四个学院科研产出占总量的1/3。外国语言学系、护理学院和心理学系的科研产出处于同一水平。

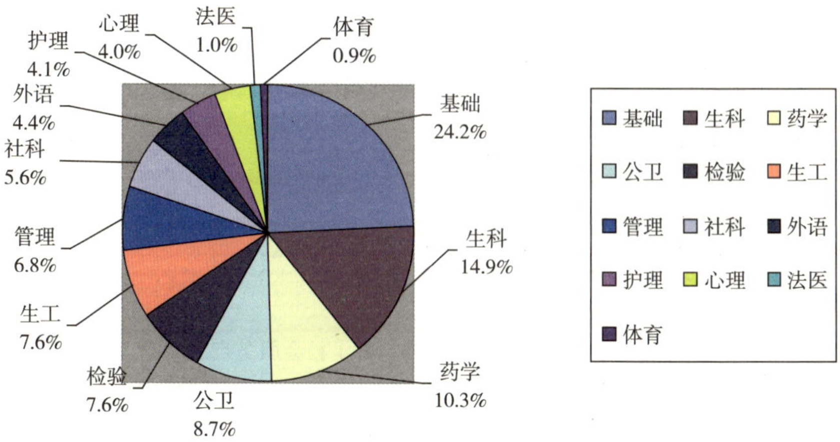

图10-15　2015年院（系、部）科研产出的分布

4. 社会服务产出绩效排名

表10-17　2015年院（系、部）社会服务产出的排名情况

年度 院系	2015年度		
	社会服务产出	排名	占社会服务总产出的比重（%）
公共卫生学院	63.64	1	45.92
生命科学技术学院	33.00	2	23.81
基础医学院	16.65	3	12.01
医学检验学院	13.56	4	9.78
药学院	6.46	5	4.66
心理学系	2.14	6	1.54
护理学院	1.27	7	0.91
管理学院	1.06	8	0.77
外国语言学系	0.36	9	0.26
社会科学部	0.36	9	0.26
体育教学部	0.09	11	0.07
法医学系	0	12	0
生物医学工程学院	0	12	0

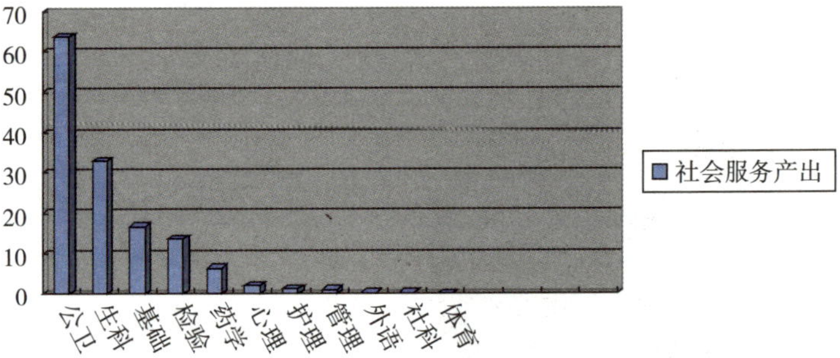

图10-16　2015年院（系、部）社会服务产出

2015年度，公共卫生学院的社会服务产出最高，占院（系、部）社会服务总产出的近1/2。公共卫生学院、生命科学技术学院、基础医学院、医学检验学院和药学院五个院系的社会服务产出占总量的96.18%。

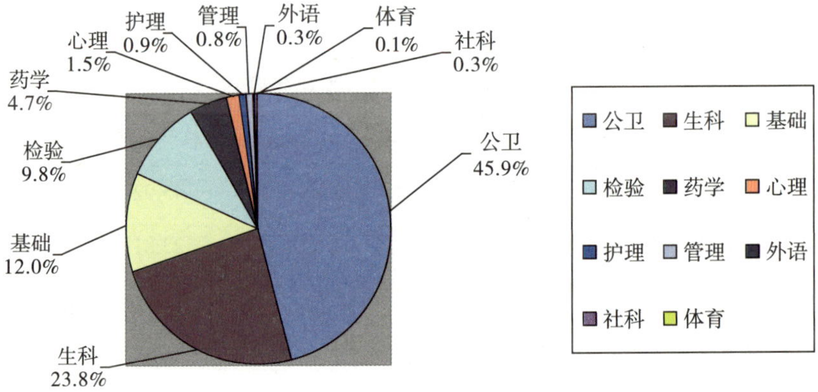

图10-17　2015年院（系、部）社会服务产出的分布

5. 教学工作产出绩效排名

表10-18　2015年院（系、部）教学工作产出的排名情况

年度 院系	2015年度		
	教学工作产出	排名	占教学总产出的比重（%）
基础医学院	110.33	1	22.56
社会科学部	85.04	2	17.39
外国语言学系	55.84	3	11.42

续表

年度 / 院系	2015年度		
	教学工作产出	排名	占教学总产出的比重（%）
体育教学部	43.95	4	8.99
护理学院	38.63	5	7.90
管理学院	32.91	6	6.73
药学院	26.26	7	5.37
生命科学技术学院	23.10	8	4.72
公共卫生学院	18.95	9	3.87
医学检验学院	18.35	10	3.75
心理学系	17.14	11	3.50
法医学系	12.59	12	2.57
生物医学工程学院	5.96	13	1.22

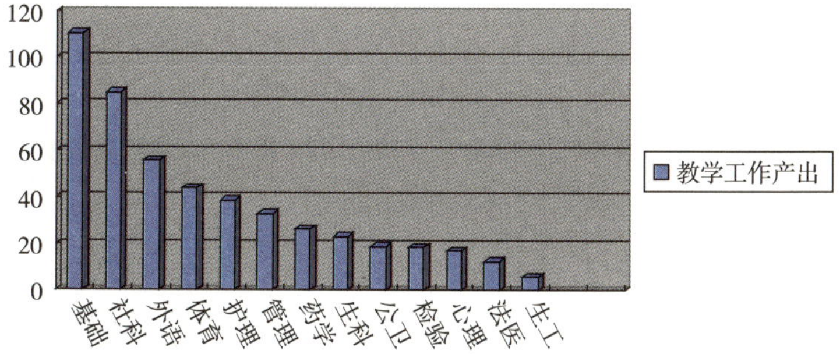

图10-18　2015年院（系、部）教学工作产出

2015年度，基础医学院的教学工作产出排名第一，对院系教学总产出的贡献率达到22.56%。社会科学部因为本年度在教学研究方面比较突出，所以教学工作产出排名第2。基础医学院、社会科学部和外国语言学系三个院系的产出，达到了院系教学工作总产出的1/2。体育教学部、护理学院和管理学院等3个院系教学工作产出位于同一水平，其值介于32~44之间。药学院和生命科学技术学院教学工作产出位于同一水平，其值介于23~27之间。公共卫生学院、医学检验学院和心理学系三个院系，其教学工作产出值位于18左右。

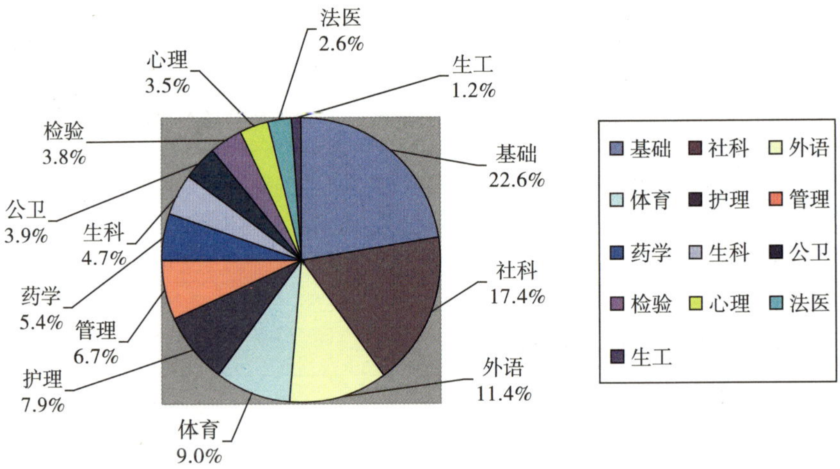

图10-19　2015年院（系、部）教学工作产出的分布

（三）2015年院（系、部）投入—产出综合绩效评价结果

表10-19　2015年院（系、部）投入—产出综合绩效的排名情况

年度 / 院系	2015年度					
	投入	排名	产出	排名	综合绩效值	排名
生命科学技术学院	21.53	8	26.50	2	123.07	1
生物医学工程学院	14.56	13	12.96	9	89.02	2
管理学院	26.69	6	21.73	3	81.41	3
社会科学部	16.11	12	12.31	10	76.40	4
外国语言学系	20.51	9	13.41	8	65.38	5
法医学系	17.61	11	10.44	11	59.31	6
医学检验学院	26.07	7	15.30	6	58.70	7
药学院	31.89	3	18.39	5	57.68	8
心理学系	17.72	10	9.76	12	55.10	9
公共卫生学院	37.29	2	19.21	4	51.51	10
护理学院	30.31	5	14.59	7	48.15	11
基础医学院	99.56	1	44.06	1	44.26	12
体育教学部	30.88	4	4.63	13	14.99	13

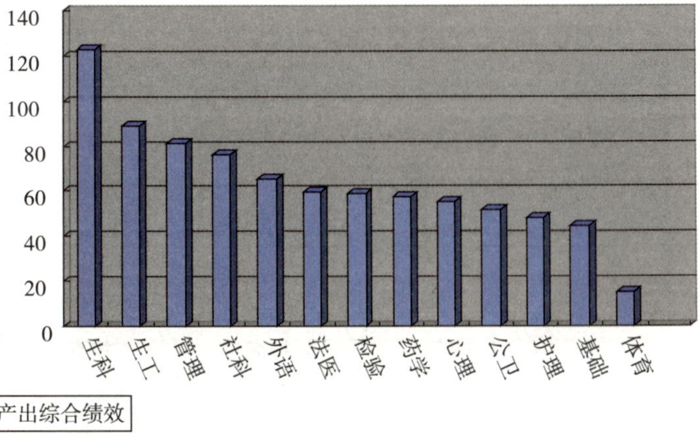

图10-20　2015年院（系、部）投入—产出综合绩效

2015年，13个院（系、部）的投入—产出综合绩效值中，生命科学技术学院位列第1名，其值是123.07，位列第一梯队；生物工程学院、管理学院和社会科学部分别位列第2名、第3名和第4名，其值介于75~90之间，属于第二梯队；外国语言学系、法医学系、医学检验学院、药学院、心理学系属于第三梯队，其值介于55~66之间；公共卫生学院、护理学院和基础医学院属于第四梯队，其值介于44~55之间。

表10-20　2015年度13个院（系、部）投入、产出的表现

绩效程度	投入排名与产出排名的位差		院（系、部）名称	投入比重（%）	产出贡献率（%）
绩效高	6	8–2	生命科学技术学院	5.51	11.87
↓	4	13–9	生物医学工程学院	3.73	5.80
	3	6–3	管理学院	6.83	9.73
	2	12–10	社会科学部	4.12	5.51
	1	9–8	外国语言学系	5.25	6.00
	0	11–11	法医学系	4.51	4.68
	1	7–6	医学检验学院	6.67	6.85
	–2	3–5	药学院	8.16	8.24
	–2	10–12	心理学系	4.53	4.37
	–2	2–4	公共卫生学院	9.54	8.60
	–2	5–7	护理学院	7.76	6.54
	0	1–1	基础医学院	25.48	19.73
绩效低	–9	4–13	体育教学部	7.90	2.07

二、附属医院层次分析法评价结果

（一）2015年附属医院投入评价结果

表10-21　2015年附属医院投入情况

年度 / 院系	2015年度投入							
	人力资源	排名	财力资源	排名	物力资源	排名	综合投入	排名
第一附属医院	10	1	12.35	1	9.564	1	8.500	1
第二附属医院	4.4	3	3.32	2	4.465	3	5.057	3
第三附属医院	4.6	2	3.87	3	6.093	2	5.225	2

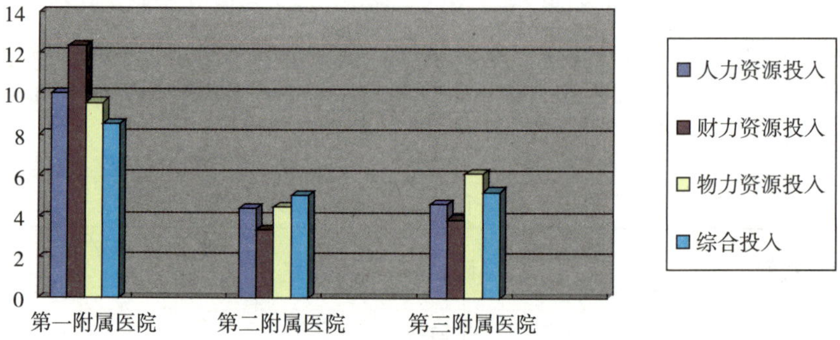

图10-21　2015年附属医院投入情况

2015年度，第一附属医院的人力、财力、物力投入及综合投入均处于三所附属医院的第一名。人力投入方面，第一附属医院分别是第二、第三附属医院的近2倍。财力投入方面，第一附属医院是第二附属医院和第三附属医院总投入的1.72倍。物力资源方面，第一附属医院是第二附属医院的2.14倍，是第三附属医院的1.57倍。综合投入方面，第一附属医院位列第1，第二、第三附属医院的综合投入值处于同一水平，第一附属医院分别是第二和第三附属医院的1.68倍和1.63倍。

（二）2015年附属医院产出评价结果

表10-22　2015年附属医院产出情况

年度 / 指标	2015年度产出					
	第一附属医院	排名	第二附属医院	排名	第三附属医院	排名
人才培养	27.5	2	28.2	1	23.8	3
科学研究	35.2	1	13.8	2	9.2	3
社会服务	19.7	1	9.5	3	10.6	2
教学工作	7.4	2	2.4	3	11.6	1
综合产出	57.11	1	36.26	3	38.63	2

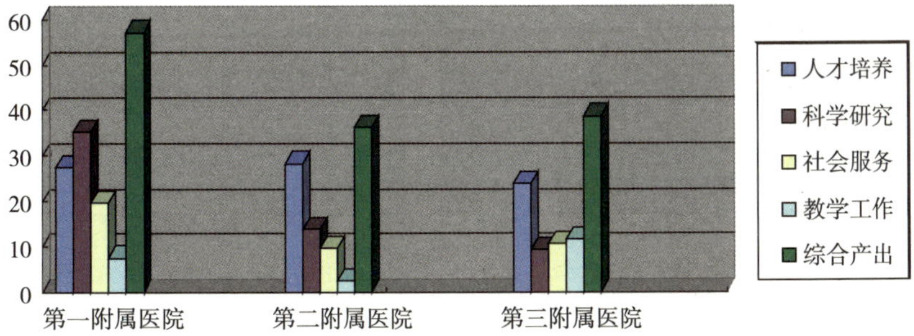

图10-22　2015年附属医院产出情况

2015年度，综合产出方面，第一附属医院位列第一，第三附属医院位列第二，第二附属医院位列第三，第一附属医院分别是第二、第三附属医院的1.58和1.48倍。人才培养方面，三个附属医院差距不大，第二附属医院以较小优势位列第一。科学研究方面，第一附属医院分别是第二附属医院、第三附属医院的2.55倍和3.83倍。社会服务方面，第一附属医院分别是第二附属医院、第三附属医院的2.07和1.86倍。教学工作方面，第三附属医院因为获得相对较多的教学研究奖励而位列第一。

（三）2015年附属医院投入—产出综合绩效评价结果

表10-23　2015年附属医院投入—产出综合绩效情况

指标 \ 年度	2015年度投入—产出绩效					
	第一附属医院	排名	第二附属医院	排名	第三附属医院	排名
综合投入	85.00	1	50.57	3	52.25	2
综合产出	57.11	1	36.26	3	38.63	2
投入—产出绩效	67.19	3	71.70	2	73.93	1
人均产出	20.1	3	33.7	1	28.8	2
资金均产出	46.23	3	109.15	1	99.65	2

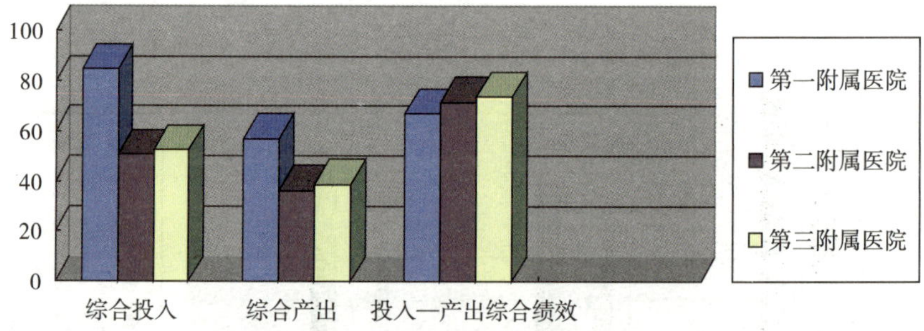

图10-23　2015年附属医院投入—产出综合绩效

投入—产出综合绩效方面，第三附属医院位列第一，三所医院差距较小。第二附属医院的人均产出和资金均产出，同时位列三所附属医院的第一名。

（四）2015年附属医院人均产出评价结果

表10-24　2015年附属医院人均综合产出情况

指标 \ 年度	2015年度产出					
	第一附属医院	排名	第二附属医院	排名	第三附属医院	排名
综合产出	57.11	1	36.26	3	38.63	2
人均产出	20.1	3	33.7	1	28.8	2

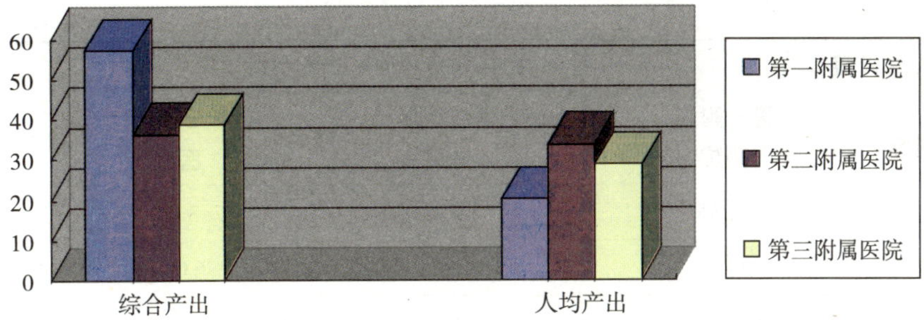

图10-24　2015年附属医院人均产出情况

（五）2015年附属医院资金均产出评价结果

表10-25　2015年附属医院资金均产出综合绩效情况

指标＼年度	2015年度产出					
	第一附属医院	排名	第二附属医院	排名	第三附属医院	排名
综合产出	57.11	1	36.26	3	38.63	2
资金均产出	46.23	3	109.15	1	99.65	2

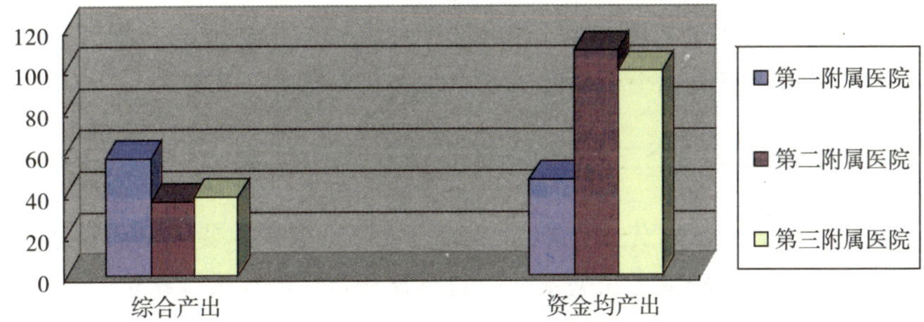

图10-25　2015年附属医院资金均产出情况

表10-26　2015年附属医院投入—产出各项绩效值汇总

指标＼年度	2015年度投入—产出绩效					
	第一附属医院	排名	第二附属医院	排名	第三附属医院	排名
综合投入	85.00	1	50.57	3	52.25	2
人力资源	10	1	4.4	3	4.6	2

续表

年度 指标	2015年度投入—产出绩效					
	第一附属医院	排名	第二附属医院	排名	第三附属医院	排名
财力资源	12.35	1	3.32	2	3.87	3
物力资源	9.564	1	4.465	3	6.093	2
综合产出	57.11	1	36.26	3	38.63	2
人才培养	27.5	2	28.2	1	23.8	3
科学研究	35.2	1	13.8	2	9.2	3
社会服务	19.7	1	9.5	3	10.6	2
教学工作	7.4	2	2.4	3	11.6	1
人均产出	20.1	3	33.7	1	28.8	2
资金均产出	46.23	3	109.15	1	99.65	2

第三节　因子分析法的实证分析

为了提高层次分析法与因子分析法2种评价结果对比的匹配度，2015年度因子分析法只取13个校内院（系、部）进行数据分析。

一、2015年13个二级教学单位投入评价结果

应用因子分析法首先是选取恰当的绩效评价指标。要选取数量适中、能真实反映原众多变量之间关系的、具有显著意义的代表性指标。

因子分析法更多的是寻找内在结构，要求样本量比较充足，否则可能无法得到稳定和准确的结果。根据Gorsuch（1983）的观点，因子分析时的样本量要求如下：总样本量不得少于100，而且原则上越大越好；样本量与变量数的比例应在5：1以上，理想的样本量应为变量数的10~25倍。在实际的问题分析中这种严格的要求往往很难达到。根据绩效的内涵和统计数据来源，由文献分析得到如果样本量为13，则变量的个数应该在6~11之间时因子分析的效果较好。

对代表投入的观测点指标用相应的权重计算后得到5个综合指标，分

别是师资规模、师资职称、师资学历、财力资源和设备设施。这些指标作因子分析效果较好，经计算，13个二级教学单位的投入情况如表10-27。

表10-27　2015年二级教学单位投入情况

院系＼年度	2015年度	
	标准化投入值	排名
基础医学院	1.16001	1
公共卫生学院	0.372694	2
药学院	0.364986	3
体育教学部	0.312098	4
生命科学技术学院	0.286343	5
医学检验学院	0.282381	6
护理学院	0.263032	7
管理学院	0.254735	8
外国语言学系	0.198125	9
法医学系	0.169167	10
心理学系	0.16884	11
生物医学工程学院	0.167835	12
社会科学部	0.160011	13

二、2015年13个二级教学单位产出评价结果

对学校13个院（系、部）进行产出分析时，根据已建立的指标体系，对代表产出的观测点指标用相应的权重计算后得到17个指标，明显变量的个数太多了。需进一步处理，首先考虑到社科部和体育部没有学生，为保证指标的可比性，舍弃与学生相关指标，即人才培养规模、人才培养质量、学生科研三项指标；经过反复计算，同时把科研立项和结项两个指标合并为项目立项结项，它们的权重分别为0.4和0.6；同时结合因子分析的效果，最后选择以下8个指标，分别为师资队伍优化、项目立项结项、发表论文、出版著作、专利、科研奖励、经济收入、教学工作量，可以通过统计检验，分类的主因子也有较强的实际意义。经计算13个院（系、部）的产出结果如表10-28所示。

表10-28　2015年二级教学单位产出综合绩效情况

年度 院系	2015年度	
	标准化产出值	排名
基础医学院	1.246048	1
生命科学技术学院	0.8119	2
药学院	0.559545	3
管理学院	0.544897	4
医学检验学院	0.507737	5
公共卫生学院	0.448213	6
生物医学工程学院	0.368541	7
社会科学部	0.362425	8
外国语言学系	0.353269	9
护理学院	0.352289	10
心理学系	0.344597	11
法医学系	0.251736	12
体育教学部	0.246048	13

三、2015年13个二级教学单位投入—产出综合绩效评价结果

表10-29　2015年13个二级教学单位投入—产出综合绩效的排名情况

年度 院系	2015年度					
	投入值	排名	产出值	排名	综合绩效值	排名
生命科学技术学院	0.286343	5	0.8119	2	2.835411	1
社会科学部	0.160011	13	0.362425	8	2.265004	2
生物医学工程学院	0.167835	12	0.368541	7	2.195845	3
管理学院	0.254735	8	0.544897	4	2.139076	4
心理学系	0.16884	11	0.344597	11	2.040965	5
医学检验学院	0.282381	6	0.507737	5	1.798056	6
外国语言学系	0.198125	9	0.353269	9	1.783064	7

续表

年度 院系	2015年度					
	投入值	排名	产出值	排名	综合绩效值	排名
药学院	0.364986	3	0.559545	3	1.533059	8
法医学系	0.169167	10	0.251736	12	1.48809	9
护理学院	0.263032	7	0.352289	10	1.339337	10
公共卫生学院	0.372694	2	0.448213	6	1.20263	11
基础医学院	1.16001	1	1.246048	1	1.07417	12
体育教学部	0.312098	4	0.246048	13	0.78837	13

从投入—产出综合绩效的排名看，排名前三位的单位是生命科学技术学院、社会科学部、生物医学工程学院。综合分析发现，三个院系的产出排名要超过投入的排名，故属于“低投入—高产出”造成的综合绩效得分较高。

排名后三位的院系为公共卫生学院、基础医学院和体育教学部，分析发现，公共卫生学院和体育教学部的产出排名落后于投入排名，属“高投入—低产出”类型造成的低绩效。基础医学院产出尽管排名第一，但其投入最多，所以综合绩效较低。

第四节　数据包络分析法（DEA）的实证分析

一、2015年16个二级教学单位数据包络分析法评价结果

作为教育科研机构，鉴于其投入包括人、财、物等多项指标，而产出也有教学、科研、社会服务和人才培养等多项指标，无论哪种指标都无法用纯市场价格对其精确量化来衡量，也难以轻易定出不同投入或产出适当的权重。DEA分析不需要将决策单元的投入和产出换算成统一的单位进行简单直观的数值比较。DEA分析得到的2015年各个二级教学单位的“投入—产出”效益（有效）情况汇总如表10-30所示。

表10-30　2015 年16个二级教学单位投入—产出综合绩效排名

排名	指标 院系	投入产出效益	人力投入多余	财力投入多余	物力占用多余	人才培养不足	科研不足	社会服务不足	教学工作不足	规模边际效益评价	发展建议
1	第一附属医院	1	—	—	—	—	—	—	—	—	好，保持
1	第二附属医院	1	—	—	—	—	—	—	—	—	好，保持
1	第三附属医院	1	—	—	—	—	—	—	—	—	好，保持
1	管理学院	1	—	—	—	—	—	—	—	—	好，保持
1	公共卫生学院	1	—	—	—	—	—	—	—	—	好，保持
1	生命科学技术学院	1	—	—	—	—	—	—	—	—	好，保持
1	社会科学部	1	—	—	—	—	—	—	—	—	好，保持
1	法医学系	1	—	—	—	—	—	—	—	—	好，保持
1	生物医学工程学院	1	—	—	—	—	—	—	—	—	好，保持
10	外国语言学系	0.843	0.061	—	—	—	0.269	0.034	—	递减	差，减少
11	护理学院	0.797	—	—	0.207	—	0.172	0.010	—	递增	差，增加
12	心理学系	0.772	0.032	—	0.007	—	—	—	0.322	递增	差，增加
13	药学院	0.693	0.449	—	0.152	—	—	0.181	—	递减	差，缩小
14	医学检验学院	0.592	0.124	—	0.094	—	—	0.020	—	递减	差，减少
15	体育教学部	0.527	0.127	0.404	–	0.200	0.699	0.002	—	递增	差，增加
16	基础医学院	0.509	—	—	—	—	—	—	—	递减	差，减少
	平均值	0.858	0.05	0.025	0.029	0.012	0.071	0.015	0.020	—	—

二、数据包络分析法的评价结果分析

（一）DEA达到“有效”的院系

需要考虑并且排除对各个院系自由决策受到干扰的因素，我们的分析只考虑纯技术数据做出投入—产出绩效评价。表中数据显示，投入—产出有效的院系，即投入—产出效益好，DEA绩效评价＝1，且产出不存在不足、投入也没有冗余的院（系、部）有9个，比2014年增加2个，分别是第一附属医院、第二附属医院、第三附属医院、管理学院、公共卫生学院、生命科学学院、社会科学部、法医学系和生物医学工程学院，其投入产出达到了完全DEA分析有效，综合效益和规模效益较为理想。即相对于其他的单位，这9个单位在2015年当年的人财物投入对应取得了较好收益和回报。

（二）DEA没有达到"有效"的院系

外国语言学系、护理学院、心理学系、药学院、医学检验学院、体育教学部和基础医学院等7个院系部的DEA投入—产出不足，或是投入出现了冗余、过剩，没有达到DEA有效。投入的资源没有得到充分利用，一些任务或产出项目相对不足。技术指标还提示外国语言学系、药学院、医学检验学院和基础医学院这四个教学科研单位规模效益递减，办学和投入规模过大，规模边际效益为走低趋势。而护理学院和心理学系的边际效益没有得到很好发挥，做为后劲较足的教学科研单位，技术指标提示在办学行政决策上，需要继续扩大其相应规模或加大相应任务指标下达。对体育教学部的分析直接显示人才培养、科研、社会服务任务不足，这也正好验证了体育教学部没有直接招生、对应的科研滞后的现实状况，也从另个侧面说明DEA分析能够很好反映出实践中的情况和问题。

全校各二级单位纯技术效率用数学公式从大到小排列顺序为：第一附属医院=第二附属医院=第三附属医院=管理学院=公共卫生学院=生命科学技术学院=社会科学部=法医学系=生物医学工程学院>外国语言学系>护理学院>心理学系>药学院>医学检验学院>体育教学部>基础医学院。

（三）DEA投入—产出效率低的原因剖析

投入—产出效益相对低下，要么是投入的人、财、物比例不够合理或者产出不足，还有一种可能就是规模效益潜力发掘不够或者长期处于走低趋势。

单从投入而言，技术指标提示：人力资源单项投入冗余的是药学院、心理学系、外国语言学系、医学检验学院和体育教学部；财力单项投入冗余的部门和2014年一样，仍然是体育教学部；物力投入偏多的是药学院、护理学院、心理学系和医学检验学院。

单从产出指标分析，分析结果显示：①人才培养产出不足的二级单位只有一个就是体育教学部，人才培养方面显然受到招生指标下达等外部因素影响；②科研产出不够好的二级院系有外国语言学系、护理学院和体育教学部；③社会服务产出不够好的单位分别是外国语言学系、护理学院、药学院、医学检验学院和体育教学部；④教学工作指标完成不够好的单位是心理学系，今后需要在教学质量工程、教学研究和教学成果等方面有所突破。

DEA是以年度内结果为导向的分析方法。2014年度，科研方面各单位的产出都比较均衡，分析结果没有给出科研产出不足的单位。相比之下，2015年的分析结果显示：①二级院系在2015年科研分化严重。②对比历年来的分析结果，2015年继续保持优秀效益的二级单位有：管理学院、第二附属医院、第三附属医院、生命科学技术学院、生物医学工程学院。③第一附属医院（进步了8位）、社会科学部（提升9位）、公共卫生学院（提升了14位）、法医学系（提升13位）效益都有大的进步和提升，进入第一梯队，取得了优秀的效益。④医学检验学院、心理学系、护理学院等3个二级单位的投入—产出指标近年来没有大的波动和大的起色。⑤体育教学部、基础医学院的投入—产出效益指标多年来在末位徘徊持续走低，继续提示应该有所变革才能期待改观和突破。

总之，全校二级单位平均值较之2014年投入产出绩效有所提高。

三、与往年评价结果的比较分析

表10-31　2010—2015年二级教学单位投入—产出绩效和排名

单位＼年份	2010年		2011年		2012年		2013年		2014年		2015年	
	投入—产出效益指标	排名	投入—产出效益指标	排名	投入—产出效益指标	排名	投入—产出效益指标	排名	投入—产出效益指标	排名	投入—产出效益指标	排名
第一附属医院	1	1	1	1	1	1	1	1	0.919	9	1	1
第二附属医院	1	1	1	1	1	1	1	1	1	1	1	1
第三附属医院	1	1	0.35	14	1	1	1	1	1	1	1	1
药学院	1	1	1	1	0.663	14	0.682	13	1	1	0.693	13
护理学院	0.956	8	1	1	1	1	1	1	0.944	8	0.797	11

续表

年份/单位	2010年		2011年		2012年		2013年		2014年		2015年	
	投入—产出效益指标	排名	投入—产出效益指标	排名	投入—产出效益指标	排名	投入—产出效益指标	排名	投入—产出效益指标	排名	投入—产出效益指标	排名
基础医学院	0.455	14	0.373	13	1	1	0.829	10	0.609	13	0.509	16
公共卫生学院	0.823	10	0.782	10	1	1	0.791	12	0.48	15	1	1
心理学系	1	1	0.835	9	1	1	1	1	0.752	11	0.772	12
外国语言学系	1	1	1	1	0.975	12	1	1	1	1	0.843	10
生命科学技术学院	0.536	13	1	1	1	1	1	1	1	1	1	1
管理学院	0.794	11	0.996	8	1	1	0.796	11	1	1	1	1
医学检验学院	1	1	0.754	11	1	1	1	1	0.646	12	0.592	14
社会科学部	0.931	9	0.696	12	0.81	13	1	1	0.858	10	1	1
体育教学部	0.618	12	1	1	1	1	0.404	14	0.142	16	0.527	15
法医学系	—	—	—	—	—	—	—	—	0.545	14	1	1
生物医学工程学院	—	—	—	—	—	—	—	—	1	1	1	1
平均值									0.806	—	0.858	—

DEA分析结果给出的技术指标显示：

2015年度与2014年相比，第一附属医院、公共卫生学院、社会科学部和法医学系的投入与产出由不均衡发展为均衡。

从2010—2015年，第二附属医院（第二临床学院）连续6年保持较好投入产出效益水平。第二梯队包括第一附属医院（第一临床学院）、第三附属医院（第三临床学院）和生命科学技术学院三个单位，在6个年度中有5个年度做到了投入与产出的均衡。外国语言学系在2010年、2011年、2013年和2014年度投入与产出均衡；药学院、护理学院、心理学系、管理学院和医学检验学院等5个单位有3个年度投入与产出均衡；公共卫生学院、社会科学部和体育教学部有2个年度投入与产出均衡；做为新成立院系，生物医学工程学院2014年、2015年连续两年投入与产出保持均衡。

第五节　不同评价方法结果讨论

前面各节已分别使用不同的方法对2015年度评价结果进行了描述，本节重点对不同评价方法结果一致性进行比较研究。

一、不同方法投入绩效的评价结果比较

表10-32　2015年两种方法的投入绩效结果比较

评价方法 / 院系	层次分析法		因子分析法	
	投入	排名	投入	排名
基础医学院	99.5566	1	1.16001	1
公共卫生学院	37.2853	2	0.372694	2
药学院	31.8869	3	0.364986	3
体育教学部	30.8829	4	0.312098	4
护理学院	30.3091	5	0.263032	7
管理学院	26.6941	6	0.254735	8
医学检验学院	26.0686	7	0.282381	6
生命科学技术学院	21.5299	8	0.286343	5
外国语言学系	20.5094	9	0.198125	9
心理学系	17.7150	10	0.16884	11
法医学系	17.6097	11	0.169167	10
社会科学部	16.1101	12	0.160011	13
生物医学工程学院	14.5578	13	0.167835	12

备注：因子分析法的评价对象不包括第一、第二和第三附属医院。

根据层次分析法和因子分析法对13个校内二级教学单位2015年度投入绩效的分析结果，基础医学院、公共卫生学院、药学院和体育教学部的投入绩效在两种方法得出的结果中均位列于前四位，相对投入优势明显；而外国语言学系、心理学系、法医学系、社会科学部和生物医学工程学院的投入绩效在两种方法得出的结果中均位列下游，相对投入处于劣势，层次

分析法和因子分析法在投入绩效的分析结果上具有较高的一致性；只有护理学院、管理学院、医学检验学院和生命科学技术学院的投入绩效存在较大的变化，最多的排名变化为3个位次，说明两种评价方法侧重点不同，得出的结果亦不尽一致，可以相互印证。

二、不同方法产出绩效的评价结果比较

表10-33 2015年两种方法的产出绩效结果比较

院系 \ 评价方法	层次分析法		因子分析法	
	综合产出绩效值	排名	综合产出绩效值	排名
基础医学院	44.06	1	1.246048	1
生命科学技术学院	26.50	2	0.8119	2
管理学院	21.73	3	0.544897	4
公共卫生学院	19.21	4	0.448213	6
药学院	18.39	5	0.559545	3
医学检验学院	15.30	6	0.507737	5
护理学院	14.59	7	0.352289	10
外国语言学系	13.41	8	0.353269	9
生物医学工程学院	12.96	9	0.368541	7
社会科学部	12.31	10	0.362425	8
法医学系	10.44	11	0.251736	12
心理学系	9.76	12	0.344597	11
体育教学部	4.63	13	0.246048	13

根据层次分析法和因子分析法对13个二级教学单位2015年产出绩效的分析结果，基础医学院、生命科学技术学院和管理学院的产出绩效在两种方法得出的结果中均位列于前四位，相对产出成果丰硕；而法医学系、心理学系和体育教学部的产出绩效在两种方法得出的结果中均位列后三位，相对产出成果较少，层次分析法和因子分析法在产出绩效的分析结果上同样具有高度的一致性。两种方法的评价结论相互印证，各个单位的排名上下差别最多三位。

三、不同方法投入—产出综合绩效的评价结果比较

表10-34　2015年三种方法的投入—产出综合绩效结果比较

院系	层次分析法		因子分析法		数据包络分析法	
	绩效得分	排名	绩效得分	排名	绩效得分	排名
生命科学技术学院	123.07	1	2.835411	1	1	1
生物医学工程学院	89.02	2	2.195845	3	1	1
管理学院	81.41	3	2.139076	4	1	1
社会科学部	76.40	4	2.265004	2	1	1
外国语言学系	65.38	5	1.783064	7	0.843	10
法医学系	59.31	6	1.48809	9	1	1
医学检验学院	58.70	7	1.798056	6	0.592	11
药学院	57.68	8	1.533059	8	0.693	10
心理学系	55.10	9	2.040965	5	0.772	9
公共卫生学院	51.51	10	1.20263	11	1	1
护理学院	48.15	11	1.339337	10	0.797	8
基础医学院	44.26	12	1.07417	12	0.509	13
体育教学部	14.99	13	0.78837	13	0.527	12
第一附属医院	8.500	1	—	—	1	1
第二附属医院	5.057	3	—	—	1	1
第三附属医院	5.225	2	—	—	1	1

根据层次分析法、因子分析法和数据包络分析法（DEA）对16个二级教学单位2015年投入—产出综合绩效的分析结果，生命科学技术学院、生物医学工程学院、管理学院和社会科学部的投入—产出综合绩效在层次分析法和因子分析法得出的结果中均位列于前四位，且DEA结果均为有效，相对的投入—产出综合绩效较高；生命科学技术学院的投入—产出绩效在层次分析法、因子分析法和DEA法中均列第一位，说明其绩效较高；层次分析法结果中位列前四位的院（系、部）其DEA值均为1，位列后三位的院（系、部）和DEA分析法的评价结论也几乎相同，层次分析法、因子分析法与DEA分析法的评价结论具有高度的一致性。

三种评价结果中，法医学系和公共卫生学院虽然在层次分析法和因子分析法中排名较低，但其投入与产出实现了均衡，较低的投入对应较低的产出。

DEA模型计算结果从另一种方法的角度验证了投入—产出评价的相对合理与有效性。因此，需要指出外国语言学系、护理学院、心理学系、药学院、医学检验学院、体育教学部和基础医学院七个院（系、部）均未通过DEA检验，说明其投入与产出未能实现最佳匹配。

建议篇

第十一章　总结性结论与政策建议

第十一章

总结性结论与政策建议

第一节　河南省教育经费投入存在的问题

“十一五”“十二五”期间国家及河南省政府出台多项教育财政政策、全力支持和推进了全省各级各类教育健康良好的发展。然而河南省教育经费投入方面仍然存在不足之处，有待日后解决与完善。

一、教育总投入需要进一步增大

数据显示，2000年以来，河南省教育经费总投入得到了飞跃性提升。2000年以来，河南省年教育投资总量发展趋势与国家趋势保持高度一致，由2000年的168.7亿元增至2015年的1749.2亿元，增加了9.37倍。河南省在增加教育经费投入方面做出了很大努力，教育经费总量的增速、国家财政性教育经费的增速以及公共财政教育经费的增速远高于同期GDP增长速度；教育总经费增长率在2004—2013年这十年期间均高于全国年度增长水平；财政性教育经费的年均增长率72.56%高于国家财政性教育经费年均增长率69.35%近4个百分点；各级各类教育生均教育经费支出保持较快增长，普通高等学校生均教育经费支出增长了90.81%，中等职业教育学校生均教育经费支出实现2倍的增长，普通中学生均教育经费增长了7.5倍，小学生生均教育经费支出增长了9.79倍。

在看到教育经费投入取得巨大成绩的同时，河南教育经费投入仍需进一步增长。和全国相比，2000年以来，河南省教育经费总量占GDP比重一直低于国家平均水平；财政性教育经费占GDP比重持续低于国家相应水平；公共财政教育经费总量的增长速度低于国家公共财政教育经费总量增长速度10.56%，年公共财政教育经费总量占当年GDP比例一直低于全国相应指标。和兄弟省份相比，2015年，河南省普通小学、普通中学的生均预算内教育事业费均位列全国31个省份最末位，生均预算内公用经费普通小学位列第27位，普通初中位列第21位。总之，无论是与国内其他省市相比较，还是从未来教育发展规划目标来看，目前河南省教育经费总投入仍然较低。特别是由于河南省人口众多，尽管教育经费总额巨大，分摊到每位学生的生均获得教育经费仍然非常有限。

2010年，我国发布了《国家中长期教育改革和发展规划纲要（2010—2020年）》，明确提出要“把教育作为财政支出重点领域予以优先保障”，并“大幅增加教育投入”。因此，从推进教育长远发展的角度来看，进一步扩大教育总投入规模是教育财政政策的关键。

二、投入机制有待完善

“十一五”以来，多数教育财政政策采用了由中央引导各级地方政府及社会积极响应，从多渠道筹集资金落实教育政策的筹资方法。这一方法将教育责任由中央分布到各地各级部门，初步界定了地方政府在教育财政投入中的职能范围。然而，目前的投入机制并未清楚地划分省级以下地方政府的责任边界，各县市、区投入比例没有明确规定，缺乏规范性。除去各级政府责任划分不明确、不合理的问题外，我国各级各类教育的社会投入少，民办教育发展缓慢。回顾“十一五”“十二五”期间的教育财政政策，针对教育社会投入的政策寥寥无几。由于缺乏引导性的财政投入，“十一五”“十二五”期间民办教育没能得到和公办教育同等的发展 。河南省民办学校举办者投入在2006年尚占教育总经费的5.38%，“十二五”期间，此比例降低并一直维持在1.2%左右。

三、分配结构不尽合理

2015年，全国财政性教育经费中，用于高等教育的财政性教育经费占财政性教育经费总投入的20.29%；用于中等教育的财政性教育经费占财政性教育经费总投入的35.76%；用于小学教育的财政性教育经费占财政性教育经费总投入的32.07%；用于学前教育的财政性教育费占财政性教育经费总投入的3.88%。同期，河南省财政性教育经费中，用于高等教育的财政性教育经费占财政性教育经费总投入的15.93%；用于中等教育的财政性教育经费占财政性教育经费总投入的40.21%；用于小学教育的财政性教育经费占财政性教育经费总投入的35.99%；用于学前教育的财政性教育经费占财政性教育经费总投入的2.56%。可见，河南省政府在分配国家财政性教育经费过程中，将重心放在了小学教育、中学教育，对于高等教育、学前教育、特殊教育等投入较少。

而从国际数据来看，各国对于初等、中等、高等教育投入比例基本持平。例如，2010 年日本初等、中等、高等教育投入比例分别为32%、33%和34%，同年新西兰初等、中等、高等教育投入比例为28%、31%和41%。而美国在2009年相应比例为33%、38%、29%，英国为30%、42%、28%。与世界各国水平相比，与全国水平相比，河南省在高等教育投入比重偏小，对学前教育的投入比重也非常小。因此，应在河南省实际情况基础之上，借鉴其他国家和地区的经验调整教育经费分配结构，从而促进河南省各级各类教育合理均衡发展。

此外，河南省教育经费在个人和公用部分上的分配也存在一定问题。个人部分主要用于个人的工资福利和奖贷助学金，公用部分体现教育事业开展公务所需的种种费用。2006年，河南省教育事业性经费支出中，个人部分占60.20%，公用部分占39.80%；发展至2015年，个人部分占54.65%，公用部分占43.96%。经过了十余年的发展，虽然个人部分逐渐降低，但目前公用经费仍旧低于日常人员经费10.69个百分点。

总之，“十一五”“十二五”期间，我国政府积极出台了诸多财政政策，推动全国以及河南省教育事业取得了极大的发展，尤其是义务教育历史性地建立起农村义务教育经费保障新机制，高中教育和学前教育的发展也得到了很大的促进，职业教育向着提高实践能力、以就业为指导的方向健康良好地发展，高等教育方面教学质量显著提高，同时，在财政政策的积极支持下，教育国际化、信息化、终身化的新趋势发展迅猛。

在教育事业取得一系列成就的同时，我们还需要看到，教育经费投入和分配、使用方面还存在一些问题。在今后一段时期，为了更好地发展河南省教育，省政府应当立足于我国国情、河南省省情，努力解决这些问题。在此过程中，政府应当积极借鉴各国教育的发展经验。

第二节　关于教育经费投入与使用的政策建议

教育经费投入是教育政策实施的保障，其中的教育财政性投入是政府对教育事业发展重视程度的体现。作为一个人口大国，为了提高我国人力资源水平，提高我国综合国力，应当大力发展教育，首要是提高对教育的投入。

教育经费分配时兼顾效率与公平。世界各国都把效率与公平并重作为制定教育政策及教育财政政策的原则。我国在分配教育经费时也应兼顾二者。

一、开展绩效评价，提高经费投入与使用效能

表面上看，对教育经费使用进行绩效评价是研究经费的投入、产出来判断教育经费使用的效能。深层次看，对各级各类教育经费使用进行绩效评价实际上是一种管理中的“绩效责任”，是各级各类学校对于使用来自多种渠道的经费所应承担的责任，是各级各类学校实现相应教育目标应担负的责任与义务。这种责任担当的好坏，必然可以用系列的指标来体现和衡量。通过绩效评价，可以对各级教育行政管理部门、各级各类学校的管理人员施加影响，以此改善教育这一公共服务的供给数量和供给质量。

从实践层面上看，绩效评价在一些国家已经不同程度地深入到各级各类教育管理的决策及运作层面。在我国，对教育事业投入与产出进行绩效评价刚刚兴起，还处于探索阶段，还远远不够成熟。做为一种管理的新手段、新理念，在实践应用中遭遇困难，是新生事物迂回前进、螺旋式上升的哲学原理的体现。只有不断探索、不断完善，对教育经费使用情况进行绩效评价、并与经费的投入与拨付紧密结合，才能逐渐被行政管理部门和学校认可并接受。

绩效评价是一种管理理念，也是一种管理工具，更是一项宏大的系统工程。必须构建完整有效的支持体系才能保证评价工作的科学且富有成效地开展。这个支持体系包括：政府、专家和学校三方面因素。首先，需要各级政府的强力支持。财政性教育经费在教育经费总量中占绝对优势，政府做为主要投资人，自然应该对投资的使用和产出进行追踪、监督和审查。现实是，我国各级政府对教育经费使用的绩效监督没有完全到位，有部分学校存在经费短缺与资源浪费并存的现象。因此，为了保证政府投入的有效性，必须对投入进行监督和评价，在原有拨款机制的基础上加入绩效拨款机制，既能完善现有经费拨付机制，同时也能不断地提高各级各类学校的办学效益。其次，教育经费使用绩效评价需要得到专家的支持。一

项改革，除了政府有决心，还需要专家和学者的积极论证和深入研究。专家、学者的深入研究和探讨是推动改革的强大动力，在当今知识经济时代尤其如此。开展教育经费投入使用绩效评价也不例外，也需要各方面专家的大力支持，需要各类专家团队参与研究，以逐步加强绩效评价指标的科学性与合理性，提高绩效评价的针对性和有效性。再次，教育经费使用绩效评价需要得到各级各类学校的支持。事实上，学前教育、义务教育、职业教育和高等教育是否存在教育经费使用效益低下的问题，只有开展绩效评价才能明了现状、发现问题，进而改善管理、提升效益。开展学校绩效评价，一方面需要学校主动提供可靠的一手数据，以便在绩效评价时能够准确分析并如实反映学校的绩效情况。另一方面，当绩效评价过后，需要学校积极反馈绩效评价意见，并针对绩效评价结果反思和改进办学活动，进一步调整资源配置，提高绩效水平。最后，开展教育经费使用绩效评价需要社会舆论的支持。良好的社会舆论环境是开展教育经费使用绩效评价的基础。随着大众媒体、公共媒体作用的日益增强，社会舆论对一项改革的影响力越来越大。因此，进行教育经费使用绩效评价同样离不开良好的社会环境，更需要客观的、理性的舆论支持。

根据绩效进行投入分配更是对教育财政投入的一种优化，较全面地考虑了学校的办学效益，鼓励学校降低成本，重视教学科研质量，能更好地引导教育资源配置，促使教育资源得到有效率、高效益的利用。绩效性投入又充分调动了各级各类教育、学校的积极性，促进了教育事业的快速发展。因此可以说，绩效性投入能提高教育经费的实际使用效率，比起片面增加教育经费总量更有利于教育发展。《国家中长期教育改革和发展规划纲要（2010—2020年）》明确提出，要建立经费使用绩效评级制度，加强重大项目经费使用考评。这一要求为推动教育经费投入实现从“过程导向”向“结果导向”的转变指明了方向。

河南省要重视教育经费使用绩效评价工作，要积极稳妥地推进以绩效评价为指导的教育经费投入，使教育经费分配更加合理，使用更加高效，以绩效管理促进教育强省。一直以来，河南省是教育大省，但并非教育强省；是GDP总量的强省，是人均GDP的弱省；是教育经费总量的强省，是人均教育经费的弱省。相对人民群众日益增长的各级各类优质教育的需求，我们始终面临着教育经费捉襟见肘的困难。如果缺乏成本观念，缺乏绩效问责，无视浪费现象，这将使本来就捉襟见肘的教育经费 “雪上加霜”。因此，为了把有限的资金用在刀刃上，防止和避免资金浪费，开展各级各类教育绩效评价亟待提上议事日程。

我们相信，随着教育财政支出绩效评价理论与方法技术的日益成熟，实施绩效评价一定会有助于全方位提高河南省各级各类教育的办学质量与效益，也一定会有助于推动河南省教育教学管理的深入改革，为把河南省从“教育大省”建设成为“教育强省”发挥重要作用。

二、增加教育投入规模，改革教育投入模式

（一）严格落实教育投入“三个增长”的政策

教育投入不足始终是制约河南省、制约我国教育事业发展的重要因素之一。为此，全国人大及国务院出台了一系列的法律与条例。1995年颁布的《中华人民共和国教育法》中第55条规定：各级人民政府教育财政拨款的增长应当高于财政经常性收入的增长，并使按在校学生人数平均的教育费用逐步增长，保证教师工资和学生人均公用经费逐步增长（简称“三个增长”）。此后，全国以及各省、自治区、直辖市落实在校生人均教育经费和生均公用经费逐步增长的情况比较好，落实“教育财政拨款的增长应当高于财政经常性收入的增长”形势不容乐观。教育是一项投入大、见效慢的社会事业，由于政府官员的任期制，“发展教育”不是那么反映政绩，部分地方政府官员落后的执政理念直接造成教育财政被其他“形象工程”或“收益快的工程”挤占。我们要充分认识到依法落实教育经费的“三个增长”，切实有效地加大教育经费的投入力度，是教育改革和发展的必要保证，是科教兴国战略落到实处的重要标志，要在思想上高度重视，在行动上狠抓落实。

（二）根据经费属性不同采取相应的教育财政投入方式

按照教育财政经费的用途，教育财政经费可以分为两大类：一是经常性事业经费，包括目前的教育事业经费中的公用经费和人员经费两大部分；二是各种专项经费，又细分为政府政策性专项经费和竞争获得性专项经费。教育事业经费指保证教育事业正常进行的人员工资和事务性工作需要的经费。政策性经费指根据政府的教育发展政策进行拨款，从拨款数量上体现政府对各级各类教育的宏观调控，既包括对优势项目的鼓励，也包

括对弱势项目的补偿，主要体现政府对各级各类学校的政策导向的专项资助经费；符合国家政策的项目均可以按政策规定获得经费的拨付。竞争获得性经费指通过竞争和评审而获得的特殊专项资金，目前，这部分拨款采用专家论证的方式拨付。为了实现教育财政经费分配的合理化，同时促进财政投入的绩效评价，确定基于“功能导向、分类支持”的拨款原则，常规性的教育事业费可以采用增量拨款法、公式拨款法两种形式，而竞争性经费和政策性经费等专项经费拨款更多可以采取合同拨款和绩效拨款两种形式。教育行政管理部门根据当前教育发展所处阶段和面临的主要矛盾问题，合理确定优化两大类经费在预算内教育经费总量中的比重。原则上，应保证经常性经费的增长、生均预算内公用经费的增长，大体占财政预算的70%，对专项经费可以拿出20%用以支持国家重大战略性教育政策的推广与实施，剩余10%做为竞争性专项经费通过绩效拨付的方式进行经费的再分配。

政策支持性专项经费做为一种支持国家优先发展教育目标的项目时使用，是指定用途的专项拨款，涵盖目前的临时性教育财政的部分内容。为了保证这笔拨款的应用效果，可以采用合同式拨付方式，通过地方政府与各级各类学校签订拨付合同，在合同中规定此笔经费使用后应实现的产出、达到的效果、效果评价以及终期的奖补措施等，提高政策性经费的投入产出效能。

竞争性专项经费投入一定要强调投入拨款的激励性、择优性。竞争性专项经费主要在项目支出预算中反映，可以根据其各校以往的绩效表现，通过公平竞争，谋求公共教育支出的倾斜，从而达到公共教育资源公平、有效配置的目的。

三、遵循教育类型特征，兼顾教育发展的公平与效率

（一）保证全省义务教育生均经费，实现区域均衡

“城乡基本公共服务均等化明显推进”是2020年全面建设小康社会的基本目标之一，如何实现基本公共服务均等化已经成为当前我国社会事业改革和发展的重要内容和追求目标。义务教育作为政府向全民提供的一种基本公共产品和服务，其在整个国民教育体系中的基础性地位决定了公平原则是发展义务教育必须追求的首要价值目标。

长期以来，我国义务教育非均衡发展的问题普遍存在。对于河南省而

言，18个地市的生均教育经费差距非常大。2015年，最高的鹤壁市生均经费2.94万元，最低的周口市生均经费0.18万。中原城市群、豫北、豫西地区的生均教育经费普遍偏高，黄淮地区的生均教育经费普遍偏低（见图11-1）。可以说，在今后很长一段时期，推进区域内义务教育均衡发展，提高教育质量是我国及河南省义务教育所面临的主要任务。在这一发展目标下，我们应该加大对落后地区义务教育的投入力度，着力促进城乡间、县际间的义务教育公共财政资源配置的均等化。

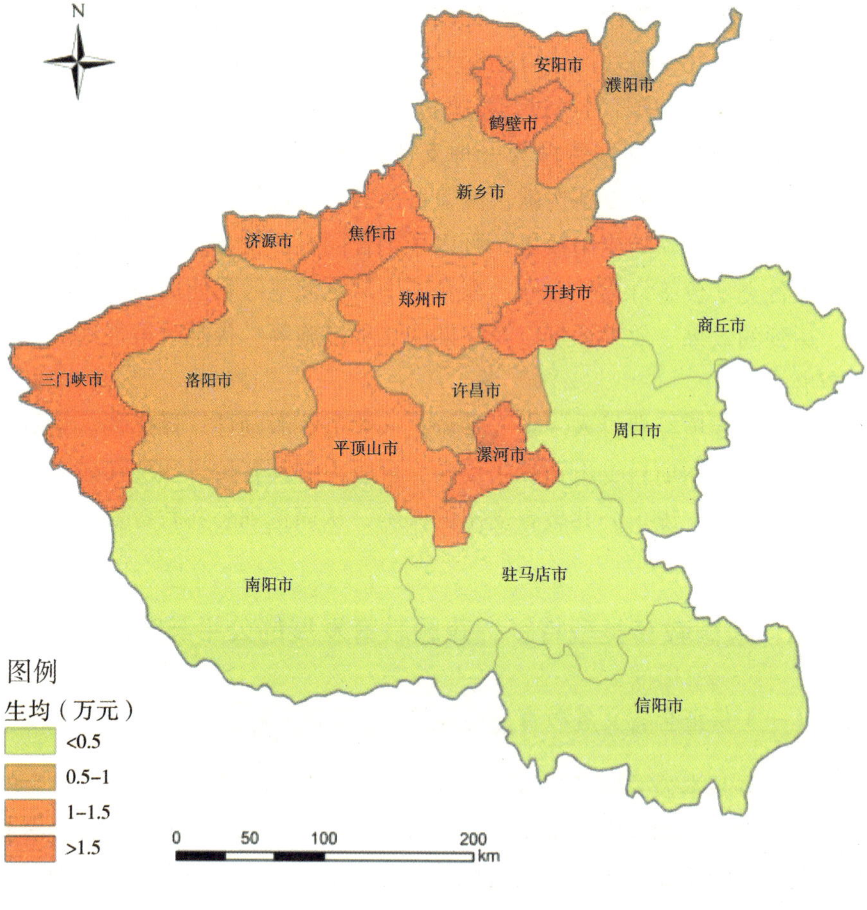

图11-1　河南省2015年各市生均教育经费分布

教育资源是开展教育事业的物质保障和基本条件，因此，教育资源的配置公平是教育均衡发展的逻辑起点。

1. 加大省级政府统筹省内各县（区）义务教育均衡发展的财政能力

（1）将义务教育的事权、财权重心适度上移，加大中央和省级政府统筹义务教育经费的力度，增加中央和省级政府承担义务教育经费比例，增强河南省推进本省义务教育均衡发展的能力。

（2）省政府要将缩小县（区）间义务教育拨款和办学条件差距作为推进全省教育公平的重点任务，从省情出发，做好义务教育经费预算规划，落实重大举措，保障2020年相关目标的实现。参照国家对省级财政转移支付的方式，实现省级政府对县市级政府教育经费的转移支付，从根本上解决河南省内县域间义务教育经费拨付不均衡的问题。在全省已有的义务教育生均经费拨款标准基础上，对贫困、困难县（区）的教育经费的缺口由省财政予以补足。

2. 深化办学体制改革，大力扶持民办义务教育发展

通过举办民办义务教育，适度扩大由家庭个人承担成本的选择性教育规模，缩小义务教育“吃皇粮”的比例，腾出更多财力用于抬高义务教育“底部”的投入水平，为困难家庭子女接受教育提供更多资助。

联合国和OECD的统计资料表明，部分发达国家、转型国家、发展中国家各级教育中的民办（私立）学校都有较大的比例。美国、英国的私立中小学规模所占比例均在10%以上，韩国、日本、巴西私立中学所占比例均在20%以上。这为家长和学生提供了比较充分的选择机会，降低了对政府财政教育经费的压力，使纳税人的钱更多地投向平民阶层和困难家庭子女的教育。我国有一亿多个独生子女家庭，“4 2 1”的三代家庭结构刺激了对青少年一代成才的期望值，家长倾向于选择更优质的教育，家庭智力投资和购买优质教育服务的能力也较强，加上我国儒家文化传统的影响，为我国提供选择性、优质、特色教育的民办学校发展提供了有利条件。今后，可以扩大民办教育规模，尝试允许和鼓励部分生源特别“拥挤”的公立中小学转制为准自收自支的事业单位，既能满足部分家庭择校的强烈愿望，又可以借此使中高收入家庭让渡一部分公共教育经费用于提升农村、农民工随迁子女的义务教育经费水平。

各级政府还应积极建立相关专项资金，以公共财政补助民办教育，例如，设立民办教育专项奖补资金、政府购买服务补助资金等。通过明确公

共财政对民办教育的扶持政策，政府将充分发挥财政资金的杠杆作用，引导更多的社会资金、资源进入民办教育，从而为社会提供更多优质的多样化教育选择。

（二）拓宽中等职业教育经费来源渠道，增加职业教育投入

发展职业教育对国家、企业和个人都有重大意义。对于国家来说，中等职业教育的发展既能为社会培养急需人才来满足经济高速发展需求，提升国民的整体素质从而增强综合国力；又能提高劳动者的就业能力，从而缓解就业压力、保持社会稳定等。鉴于职业教育的重大意义，国家针对中等职业教育的教育经费来源结构先后出台了很多的相关政策。1991年10月17日颁布的《国务院关于大力发展职业技术教育的决定》中提出，在国家政策规定的范围内，各地各部门应采取多种措施，扩大职业技术教育的经费来源。1995年5月17日颁布的《国家教委关于普通中等专业教育（不含中师）改革和发展的意见》中明确指出，中等专业学校要改变单纯依靠国家财政拨款办学的状况，在坚持国家财政拨款为主渠道的同时，实行多渠道筹措办学经费。1996年5月15日颁布的《中华人民共和国职业教育法》也指出，国家鼓励通过多种渠道依法筹集发展职业教育的资金。2004年9月14日颁布的《教育部等七部门关于进一步加强职业教育工作的若干意见》提出，要逐步建立政府、受教育者、用人单位和社会共同分担、多种所有制并存和多渠道增加职业教育经费投入等新机制；要积极探索吸收国（境）外资金、民间资本发展职业教育和培训的途径、机制。综上所述，我国中等职业教育经费的多方面来源渠道主要包括国家财政性教育经费，各种社会力量和个人的捐资，利用金融、税收等手段获得的经费收入，对受教育者收取的学费、培训费以及国（境）外资金和民间资本等。总之，目前我国中等职业教育实行的是政府、受教育者、用人单位和社会共同分担、多种所有制并存的多渠道教育经费投入机制。

职业教育是一种重视实际操作、实践性很强的教育，由于要培养技术性和技能型人才，在教育的实施过程中尤其强调学生的动手操作能力，由此导致要建设实训基地、购置实验设施设备、准备大量耗材，且购买的设备要随技术进步和市场变化不断更新。因此，中等职业教育的办学成本明显高于普通教育。世界银行早在1988年就指出，发展中国家职业教育生均教育成本通常比普通中学生均教育成本要高153%。按国际经验，职教与

普教的成本比约为2.5：1。有学者研究甚至认为好的职业教育生均经费投入应是普通中学的7倍。河南省当前职业教育生均经费水平与普通中学经费水平差距非常小，2006年、2010年、2015年河南省中等职业教育的生均经费分别是5245.42元、8708.81元和15722.29元；同期普通高中的生均经费分别是5005.48元、8120.05元和15072.35元。可以说，真正办好中等职业教育，相应的经费缺口还是巨大的。同时，由于经济社会的发展、独生子女政策，人们普遍对孩子接受的教育层次有着更高的追求和预期。所以，当前我国中等职业学校的学生普遍存在着“双低”的特点，一方面是入学分数低、家庭收入低（普遍来自城市中低收入家庭或者来自农村）；另一方面是来自于这些低收入群体的学生对中等职业教育的教育成本的承担能力有限。因此政府财政拨款应该在中等职业教育经费投入中发挥主渠道作用。

对于个人而言，接受中等职业教育有利于增加自身的人力资本，提高未来预期的个人收益，个人也应该承担少部分的教育成本，即交纳一定的学杂费。与普通教育相比，职业教育有更强的目的性，直接为经济发展和人们更好地就业而服务，中等职业教育培养的实用人才一般直接进入企业单位就业，因此用人单位、企业团体也应该承担一定的教育成本。总之，中等职业教育应该形成并完善国家政府财政拨款为主，学生缴纳少量的学杂费和企业经费重点加以补充的经费投入结构格局。

2010年以来，我国逐步实行了中等职业教育免费制度，完善了学生生活费补助制度，降低职业学校学生的学习费用。中等职业教育免费政策的实施、中央和地方财政的强力投入，标志着以政府投入为主的职业教育经费筹措机制正在形成，体现了政府在中等职业教育发展中的主导作用，对我国中等职业教育的加快发展提供了基础和重要支撑作用。然而，教育经费来源结构中，非财政性教育经费投入呈现出明显的萎缩现象（尤其是企业、行业对中等职业教育发展的经费补充作用微弱），对我国中等职业教育经费的增加不能起到良好的补充作用，未来仍须着力加强。

（三）构建高等教育经费筹措的长效机制

要充分发挥高校、社会及个人筹措高等教育经费的作用。在高等教育的受益者中，国家是高等教育的直接、最大的受益者，所以，即使高等教育采取多渠道筹措经费，政府作为主要投资者的责任和义务仍不可减少。

高等教育仍要坚持以政府投资为主，学生收取一定的学杂费，社会捐集资和民办学校举办者投入等多种来源途径的教育投资模式。

政府要继续切实保证财政性教育经费的“三个增长”的落实，以保障政府在投资高等教育的主渠道作用。对于学生个人而言，可以适当提高公立普通高校生均教育成本的家庭分担比例；根据不同类型、不同专业、不同学校在培养成本上的差别，综合不同类型高等教育个人收益的不同，修订完善学费收取标准；对热门专业制定较高学费标准，对属于艰苦行业、回报率低的专业降低学费标准，同时对家庭困难的学生由政府和学校给予减免和资助。

鼓励高校积极增加事业收入。一是提高产、学、研合作收入。高等院校拥有专业的科研团队、先进的仪器设备和国家对高校的相关优惠政策，在未来的科技研究和技术开发中有着较大的潜力和明显优势。凭借这些先天优势条件，高校应该通过组织承担纵向、横向课题，争取企业等有关单位的技术攻关项目等途径，将学校的科研与教学成果转化为社会资源，从而获得一定的社会效益。二是加快推进科技成果转化。当前高校的科技成果转化率较低，通过科技成果转化对高等学校经费投入的补充作用微不足道。未来高等院校可以通过规范科技成果（如专利、技术等）的转化行为，将科技成果转让给企业，促进高校与企业的紧密合作，同时获得相应的回报，这有可能成为未来高校经费增加的一个重要渠道。三是鼓励与企业联合办学，开展多种多样的系统专业教育或短期培训。高校可以逐步推行与企业、行业联合办学，借助当地政府对联合办学的优惠政策，扩大办学规模，提高办学效益，以广泛吸纳办学经费。

广泛吸纳私人、社会团体和企业的捐赠。中国历来就有捐资助学的传统，高等学校争取社会捐赠是未来高校应对经费短缺的重要策略之一。教育捐赠包括校友、慈善机构和私人企业的捐款和赠款，按捐赠内容的性质分为现金捐赠、证券捐赠、信托捐赠和实物捐赠。目前，国内不乏具备雄厚财政资金的企业家、社会团体等，但由于我国社会捐资助学存在着渠道尚不畅通、对社会捐赠的优惠政策不明确、民众的意识不够等问题，未来政府应积极鼓励教育捐赠行为，完善社会捐赠的政策法规（如应尽快制定《高等教育捐赠法》和企业、个人或社会团体捐赠教育的资金免税制度），建立合理的捐赠制度，通过投资与收益的合理配置，增加捐赠助学的吸引力，促使企事业、个人等高收入群体尤其是富人群体，热心参与教育捐赠事业，这将会为我国教育经费注入更多力量。

进一步加大的财政性教育经费投入不能仅仅根据现有的体制机制进行分配，而应该将一部分新增经费用于转换体制机制，通过梳理旧体制机制中混乱环节，重新界定模糊范围，从而建立起高等教育经费的长效保障机制。

总之，制定教育财政政策，不仅是提供教育经费的保障条件，还需要有历史的视野、国际的视野和全局的视野；要做到统筹兼顾各种类型教育，在不同的发展时期有所为、有所不为。

要进一步完善教育财政政策的制度基础，加强教育财政政策的法制建设。教育法制建设、依法治教给教育事业发展带来了持续的动力，4%的目标已经实现，在如何保障教育经费的机制性增长和教育经费的高质量增长，如何保证占GDP4%的投入用全、用足、用出效率，如何保证经费使用中不被截留、转移、损耗等问题上，都需要加强教育财政政策的法制与制度建设。

要加强关于教育财政的理论与现实问题研究，为提高教育财政政策水平提供智力支撑。相对于各级各类教育事业的研究来说，教育财政研究远远不够，存在“重使用，轻研究”的现状，无论是研究的广度、深度与教育财政政策的作用相比，都有较大差距。教育财政政策研究的观点、内容和方法都十分陈旧，发展缓慢，需要有目的性地大力扶持，集中力量重点攻关，积累数据信息、总结政策模式，创新研究方法，力争在各方面有所突破。

参考文献

一、学术著作类

[1]杨会良. 当代中国教育财政发展史论纲 [M]. 北京：人民教育出版社，2006.

[2]何东昌主编. 中华人民共和国重要教育文献1976—1990 [M]. 海口：海南出版社，1988.

[3]何东昌主编. 中华人民共和国重要教育文献2003—2008 [M]. 北京：新世界出版社，2010.

[4]何东昌主编. 中华人民共和国重要教育文献1990—2002 [M]. 海口：海南出版社，2003.

[5]中华人民共和国教育部. 共和国教育50年 [M]. 北京：北京师范大学出版社，1999.

[6]改革开放30年中国教育改革与发展课题组. 教育大国的崛起（1978—2008）[M]. 北京：教育科学出版社，2008.

[7]王善迈. 公共财政框架下公共教育财政制度研究 [M]. 北京：经济科学出版社，2012.

[8]王磊. 公共教育支出分析：基本框架与我国的实证研究 [M]. 北京：北京师范大学出版社，2004.

[9]杜育红. 教育发展不平衡研究 [M]. 北京：北京师范大学出版社，2000.

[10]陈忠联. 教育经费筹集的新思路 [M]. 北京：北京大学出版社，1997.

[11]魏宏聚. 偏失与匡正：义务教育经费投入政策失真现象研究 [M]. 北京：中国社会科学出版社，2008.

[12]教育部基础教育一司，中国教育科学研究院，国家教育咨询委员会义务教育均衡发展工作组编. 2010—2012义务教育均衡发展 [M]. 北京：

教育科学出版社，2012.

［13］杨晓霞. 义务教育均衡发展改革中的利益整合研究［M］. 北京：中国社会科学出版社，2014.

［14］李文利. 从稀缺走向充足——高等教育的需求与供给研究［M］. 北京：教育科学出版社，2008.

［15］中国学前教育研究会编. 中华人民共和国幼儿教育重要文献汇编［M］. 北京: 北京师范大学出版社, 1999.

［16］郝克明，谈松华. 走向21世纪的中国教育——中国教育发展战略研究［M］. 贵阳：贵州教育出版社，1997.

［17］郝克明. 中国教育体制改革20年［M］北京: 中州古籍出版社, 1998.

［18］罗尔斯. 正义论［M］. 北京：中国社会科学出版社，1998.

［19］廖楚辉. 政府教育支出的经济分析［M］. 北京：中国财政经济出版社，2004.

［20］上海财经大学课题组. 公共支出评价［M］. 北京：经济科学出版社，2006.

［21］普雷姆詹德. 公共支出管理［M］. 中国金融出版社，1995.

［22］理查德 · A. 金，奥斯河 · D. 斯旺森，斯科特 · R. 新威特兰. 教育财政：效率、公平与绩效［M］. 北京：中国人民大学出版社，2010.

［23］杨秀芹. 教育资源利用效率与教育制度安排——一种新制度经济学分析的视角［M］. 武汉：华中师范大学出版社，2009.

［24］约翰 · 希恩. 教育经济学［M］. 北京：教育科学出版社，1980.

［25］王红. 中国教育经费发展历程与未来展望［M］. 上海：上海科技教育出版，2016.

［26］张男星等. 高等学校绩效评价论［M］. 北京：教育科学出版社，2012.

［27］中南财经政法大学等. 2014中国地方财政发展研究报告——地方教育投入绩效评价研究［M］. 北京：经济科学出版社，2014.

［28］陈敬良等. 公共财政对教科文投入的方式及效能研究［M］. 北京：知识产权出版社，2012.

［29］王奇，冯晖. 高等教育绩效评估研究［M］. 北京：高等教育出版社，2012.

[30] 亚当·斯密. 国富论（上卷）[M]. 北京：商务印书局，1972.

[31] 李建民. 人力资本通论 [M]. 上海：上海三联书店，1999.

[32] 雅各布·明赛尔. 人力资本研究 [M]. 北京：中国经济出版社，2001.

[33] 西奥多·W. 舒尔茨. 人力资本投资——教育和研究的作用 [M]. 北京：中国经济出版社，2001.

[34] 加里·贝克尔. 人力资本 [M]. 北京：北京大学出版社，1989.

[35] 斯蒂格里茨. 经济学 [M]. 北京：中国人民大学出版社，2003.

[36] 世界银行. 1997年世界发展报告 [M]. 蔡秋生等译，北京：中国人民大学出版社，1997.

[37] 王善迈. 教育投入与产出研究 [M]. 石家庄：河北教育出版社，1996.

[38] 西奥多·W. 舒尔茨. 论人力资本投资（中译本）[M]. 北京：北京经济学院出版社，1990.

[39] 范先佐. 教育经济学 [M]. 北京：人民教育出版社，1999.

[40] 埃莉诺·奥斯特罗姆. 公共事物的治理之道——集体行动制度的演进（余逊达等译）[M]. 上海：上海三联书店，2000.

[41] 刘海峰. 公平与效率：21世纪高等教育改革与发展 [C]. 福州：福建教育出版社，2003.

[42] 保罗·A. 萨缪尔森，威廉·D. 诺德豪斯. 经济学 [M]. 北京：中国发展出版社，1992.

[43] 卫思祺. 教育投入理论与实践——以河南省为例 [M]. 北京：中国社会科学出版社，2013.

二、统计资料类

[1] 国家统计局. 中国统计年鉴 [Z]. 北京：中国统计出版社，2000-2016.

[2] 中国财政年鉴编委会. 中国财政年鉴 [Z]. 北京：中国财政经济出版社，2000-2016.

[3] 教育部，财务司. 中国教育经费统计年鉴 [Z]. 北京：中国统计出版社，2000-2017.

[4] 教育部，财务司. 1994-2015全国教育经费执行情况统计公告资料

汇编［Z］. 北京：中国统计出版社，2017.

［5］教育部，财务司. 全国教育经费执行情况统计公告资料［Z］. 北京：中国人民大学出版社，2010.

［6］国家教委计划建设司，教育部发展规划司. 中国教育事业统计年鉴［Z］. 北京：人民教育出版社，2000—2016.

［7］国家教育委员会财务司，上海市智力开发研究所. 中国教育经费年度发展报告（1996）［M］. 北京：高等教育出版社，1997.

［8］中华人民共和国统计局. 国际统计年鉴［Z］. 北京：中国统计出版社，1996—2014.

［9］经济与发展组织编，中国教育科学研究院译. 教育概览2011：OECD指标［M］. 北京：教育科学出版社，2012.

［10］经济与发展组织编，中国教育科学研究院译. 教育概览2012：OECD指标［M］. 北京：教育科学出版社，2013.

［11］经济与发展组织编，中国教育科学研究院译. 教育概览2013 ：0ECD指标［ M］. 北京：教育科学出版社，2014.

［12］河南省教育厅. 河南省教育统计年鉴，2005—2016.

［13］教育部社会科学司. 2015年全国高校社科统计资料汇编［M］. 北京：高等教育出版社，2016.

［14］教育部科学技术司. 2015年高等学校科技统计资料汇编［M］. 北京：高等教育出版社，2016.

三、学术论文类

［1］杨会良，袁树军，陈宓. 改革开放以来中国高等教育财政体制的演变、特征与发展对策［J］. 河北大学学报（哲学社会科学版），2010（3）：83.

［2］陈晓宇. 我国教育经费结构：回顾与展望［J］. 教育与经济，2012（1）：24–26.

［3］育文. 关于中国教育经费问题的回顾与思考［J］. 中国高等教育，1998（9）：8–15.

［4］谌雯. 多渠道筹措义务教育费用［J］. 教育与经济，1986（2）：4 –5.

［5］金辉. 多渠道筹资是发展农村教育的必由之路［J］. 教育与经济，

1985（4）：19.

[6] 曾满超，丁延庆. 中国义务教育资源利用及配置不均衡研究[J]. 教育与经济，2005（2）：37–38.

[7] 吴春霞. 中国城乡义务教育经费差距演变与影响因素研究[J]. 教育科学，2007（6）：4–7.

[8] 孙艳霞. 从政策道德性看义务教育城乡差距[J]. 教育发展研究，2006（11）：27–30.

[9] 郝文武. 平等与效率相互促进的教育公平量化指标和关系状态[J]. 高等教育研究，2010（8）：47–55.

[10] 瞿瑛. 本世纪初我国义务教育经费的城乡差距分析[J]. 教育导刊，2008（2）：25 –27.

[11] 王蓉. 我国高等教育的投入模式与改革[J]. 教育发展研究，2008（7）：16–20.

[12] 马芳. 地方高等教育投入多元化与民办高校投入机制研究[D]. 南昌：南昌大学，2005.

[13] 张颖. 我国高等教育投入结构变化及其影响因素研究[D]. 济南：山东大学，2013.

[14] 付建军. 从同质公平到差异公平：美国基础教育财政政策中公平理念的转变、应用与启示[J]. 外国教育研究，2011（9）：21 –25.

[15] 范先佐，郭清扬. 我国农村中小学布局调整的成效、问题及对策——基于中西部地区6省区的调查与分析[J]. 教育研究，2009（1）：21–25.

[16] 万明钢，白亮. “规模效益”抑或“公平正义”——农村学校分布调整中“巨型学校”现象思考[J]. 教育研究，2010（4）：34–39.

[17] 李祥云，陈建伟.财政分权视角下中国县级义务教育财政支出不足的原因分析[J]. 教育与经济，2010（2）：51–56.

[18] 伍国艳. 基于公平与效率的高等教育财政拨款模式研究[D]. 武汉：武汉理工大学，2006.

[19] 孙志军. 国际比较及启示：绩效拨款在高等教育中的实践[J]. 高等教育研究，2003（11）：88–92.

[20] 曾明等. 转移支付对县级公共支出的影响：以江西为例[J]. 清华

大学教育研究，2008（3）：33-39.

［21］岳昌君. 我国教育发展的省际差距比较［J］. 华中师范大学学报（人文社会科学版），2008（1）：122-126.

［22］彭锻炼. 财政分权与中等职业教育发展［J］. 华中师范大学学报（人文社会科学版），2007（11）：131-136.

［23］王海涛，武凤群. 政府主体下我国高等教育绩效评价分析［J］. 高等农业教育，2015（10）：16-20.

［24］陈亮，段兴民. 基于行为的工作绩效结构理论研究述评［J］. 科研管理，2008（2）：133-141.

［25］张民选. 绩效指标体系为何盛行欧美澳［J］. 高等教育研究，1996（5）：86-91.

［26］梁栩凌. 人力资本理论的渊源、流派和发展［J］. 北京机械工业学院学报，2005（6）：58-62.

［27］夏绘秦，董江潮. 对人力资本理论的探析［J］. 西北工业大学学报（社会科学版），2005（2）：43-46.

［28］张西栓. 高等教育投资的效益评价研究［J］. 中国电力教育，2008（2）：15-17.

［29］彭蕾蕾. 公共物品的内涵和处延综述［J］. 中国市场，2011（2）：22-23.

［30］张翼. 教育的产品属性辨析［J］. 河南社会科学，2003（6）：55-56.

［31］厉以宁. 关于教育产品的性质和对教育的经营［J］. 教育发展研究，1999（10）：9-14.

［32］王善迈. 社会主义市场经济条件下的教育资源配置方式［J］. 教育与经济，1997（3）：1-6.

［33］范先佐. 论教育成本的分担与补偿［J］. 华中师范大学学报（人文社会科学版），1998（1）：21-28.

［34］刘俊. 公共支出转型及其经济发展效应研究［D］. 开封：河南大学，2009.

［35］常世旺，韩仁月. 公众主导还是国家主导：1952—2006年中国财政支出增长影响因素研究［J］. 经济评论，2008（6）：9-15.

［36］朱米均. 西方新公共管理理论述评［J］. 党政干部学刊，2006（8）：28-29.

［37］杨东平. 教育公平是一个独立的发展目标——辨析教育的公平与效率［J］. 教育研究，2004（7）：26-31.

后　记

本书系河南中医药大学党委书记、郑州大学公共管理学院博士生导师别荣海教授主持的河南省教育科学规划重大招标课题《河南省教育经费使用绩效评价研究》（[2015]-JKGHZDZB-07）系列研究成果之一，是新乡医学院雒保军教授主持并荣获2016年河南省高等教育教学成果特等奖、河南省高等教育教学改革研究项目《开展二级院系绩效评价提升办学效益的研究与实践》（2012SJGLX026）的部分研究成果在河南省教育经费管理研究及实践领域应用的一次探索。

书稿的完成，首先要感谢别荣海教授、雒保军教授在项目研究和书稿写作过程中的悉心指导与不断鼓励，谨在此表示深深的谢意。华北水利水电大学系统工程与管理专业博士生导师杨雪教授，做为项目组特聘指导专家全面参与研究过程涉及的模型构建、评价指标及方法的选取，夏南参与了数据统计与分析；新乡医学院人文社会医学研究中心戎华刚教授、人事处郭跃伟副教授、新乡医学院财务处付守婷高级会计师、管理学院张军亮博士、聂丽博士、刘美成老师、李晓斌副教授、吕晖博士等课题组成员在本书撰写过程中给予了部分数据分析支持。河南财经政法大学的雒海潮博士、河南大学的王亚飞博士参与了部分数据的分析，新乡医学院生物医学工程学院李轶副书记和学生，以及管理学院的学生参与了部分数据的整理工作。谨在此一并表示衷心的感谢。

本书的完成同时得益于许多机构和个人的支持。感谢河南省教育厅、河南省教育科学规划领导小组办公室、新乡医学院发展规划处（河南省高等医学教育发展研究中心）、教务处、科技处、人事处、研究生处、大学生就业指导与服务中心、财务处、国有资产管理处、新乡医学院人文社会医学研究中心、管理学院及各二级教学单位、新乡市教育局和财政局、漯河市教育局、辉县市教育局等教学与行政部门提供了数据支持，给予很多帮助。感谢新乡医学院的领导、同事们对我的支持与帮助；感谢中国经济出版社的领导与相关人员，特别是杨莹老师、郑潇伟老师的辛苦付出和认真校对，才有了本书的顺利出版。

教育经费使用绩效评价是一个教育管理方面的难题，评价工作涉及各级各类教育、学校的方方面面；教育是一个复杂的大系统，难以用有限的指标进行描述；教育过程的复杂性、教育效果显现的滞后性等因素增加了评价的难度和准确度。我以课题为契机，大胆开展了此方面的积极尝试，期望能对教育经济领域的研究与管理实践提供一定的借鉴。教育经费绩效评价仍有很多难题有待解决，本书有很多不足有待完善，请各位专家同仁批评指正，这也将为我指明今后努力的方向。

张 睿

二〇一七年十二月